거꾸로 배움, 세번째 이야기

가르치고 배우며 함께 성장하는 길

교사, 학교 그리고 수업, 성장하고 있습니까?

최경민 · 이규진 · 김규태 공저

양 성 원

바꾸지 못하는 일을 받아들이는 차분함과
바꿀 수 있는 일을 바꾸는 용기와
그 차이를 구분할 수 있는 지혜를 주옵소서

– 니버의 기도

C·O·N·T·E·N·T·S

우리들의 이야기 순서

머리말

교사의 성장은 속도가 아니라 방향이다.

사회는 그리고 시대는 점점 교사들에게 혁신적인 변화만을 강요하는 듯하다. 언제부터인가 수업 개선, 학교 혁신, 수업 혁신이라는 말이 일상화되어 버렸으니 말이다. 일제식 강의 수업이 천대받기 시작하고, 학생들이 스스로 활동하는 수업이 각광을 받게 되었으며, 학교에서는 함께 모여서 수업을 성찰하고 좋은 수업을 함께 나누는 수업 친구, 수업 공동체가 형성되고 있다. 그러한 측면에서 학교, 수업, 교실은 질적으로 점차 성장하고 발전하고 있는 것은 확실한 것 같다. 그러나 정작 학생과 함께 학교의 핵심적인 역할을 해야 하는 교사들은 그러한 성장과 발전에 있어서 뒷걸음질치면서 힘들어하고 있으며, 어떻게 해야 될지 몰라서 성장과 발전이라는 바다 속에서 그저 허우적대고 있는 것 같은 느낌을 받는 것은 왜일까?

이러한 궁금증에서 시작한 이야기가 바로 거꾸로 배움이었던 것 같다. 2년 전, 활동중심 수업을 교실에 적용하는 방법을 통해 교사의 수업 전문성 신장을 위해 작게나마 도움을 주고자 첫 번째 이야기인 『교실에서 찾은 행복열쇠』를 출간하였고, 작년에는 학교와 교실 그리고 수업을 바라보는 새로운 시각을 알려줌으로써 학교와 수업을 학생 중심으로 바꾸어보고자 두 번째 이야기인, 『학생 바보, 교사의 용기』를 출간하게 되었다. 이러는 동안 학교와 수업 그리고 교사를 위해 스스로 많은 노력을 해왔으며, 주변 교사들과 함께 더욱 성장·발전하였으며, 여러 교사들에게 신선한 자극을 주어 발전과 성장의 기회를 제공해주었으리라 생각을 하였다. 아니 그런 줄 알고 있었다.

그러나 시간이 흐른 지금, 그러한 이야기들이 모두 아집이었음을 깨닫게 되는 것 같다. 그리고 그러한 깨달음이 거꾸로 배움, 세 번째 이야기의 시작이었던 것 같다. 거꾸로 배움, 첫 번째 이야기를 출간을 하면서 함께 공동으로 집필한 지도교수이신 김규태 교수님께서 거꾸로 배움은 시리즈로 해서 3권 정도를 출간하면 좋겠다는 의견을 개진하셨다. 교실 속 수업에 대한 이야기가 첫 번째였으니, 두 번째는 학교를 중심으로 한 이야기, 세 번째는 교사의 전문성에 대한 이야기로 펴내면 좋겠다고 하셨다. 처음 그 제안을 듣고는 그렇게 책을 펴내게 된다면 교사로서의 명예, 성취감, 남다름, 자부심, 자신감, 우월감 등을 가질 수 있을 것 같았다. 그러면 더 유명해지고 그로 인해 더 많은 부수입도 생길 것 같았다. 그래서 솔직히 그렇게 하고 싶었고 그렇게 하려고 했었다. 그러한 불손한 의도를 가지고서 두 번째 이야기를 써내려가기 시작했다. 시작이 그러했으니 글이 잘 써질리 만무하였다. 그런데 아주 조금씩, 천천히 글을 써내려가면서 궁금증이 생겨나게 되었다. 정말 지금의 이러한 학교 모습이 정말 괜찮은 건지 궁금해졌다. 그래서 질문을 던졌다. 학교란 무엇인가? 교실이란 무엇인가? 수업이란 무엇인가? 등 등... 이러한 질문들에 대한 생각을 정리하면서 두 번째 이야기를 출간할 수 있었다. 그리고 이러한 과정을 거치면서 처음에 가지고 있던 불손한 의도는 온데간데없이 사라지고 또 다른 궁금증이 생겨나게 되었다. 그렇다. 두 번째 이야기를 출간하면서 정말 큰 궁금증이 생겼다.

'교사, 과연 이대로 괜찮은 것일까?'라는 궁금증이 바로 그것이었다. 주변을 살펴보면 교사들은 3가지 정도로 분류되는 것 같았다. 아등바등거리며 승진하기 위해 전문직을 준비하거나 도서벽지 학교를 전전긍긍하는 교사들, 모든 것을 포기하고 자신의 행복을 위해 여러 취미활동을 하며 지내는 교사들, 좋은 수업이 무엇인지 고민하며 스스로 노력하고 함께 연구하려는 교사들로 말이다. 그런데, 과연 이러한 교사들 중에서 가장 행복한 교사는 누구일까? 아니면 실제로 성장하고 발전하고 있는 교사는 누구일까?

세 번째 이야기책을 출간하려는 지금 이 순간조차도 이 질문에 대한 궁금증이 해결되지 못했다. 아니 어쩌면 평생 해결되지 못할 것 같다. 그런데 이상한 것은 어떠한 유형의 교사들이든 간에 모두들 하나같이 이러한 말을 한다는 것이다. 교사로서 살아가기 너무 힘들어졌다고, 요즘은 교사 생활이 너무 버거워졌다고 말이다. 그래서 생각했다. 교사로서 어떠한 삶의 방식을 선택하더라도 모두가 힘들어하고 버거워한다고 말이다. 그리고 그러한 버거움의 원인이 어쩌면 급변하는 사회 변화 속에서 교사로서의 혁신과 발전, 변화만을 강요하는 요구 때문은 아니었을지 생각을 하였다. 아니 아마도 그 때문일 것이라고 우리들 스스로는 생각했던 것 같다.

우리들 역시 그러한 변화와 요구를 외치는 무리 속에 있었으니 말이다. 사회적 변화, 시대적 발전에 의해 수업을 성장시키지 못하고 변화시키지 못한 채 교과서와 일부 인터넷 사이트를 이용한 과거의 일제식 교사 중심 수업을 계속해서 해오는 교사들에게 채찍

질을 하면서 변화하라고, 발전하라고, 바뀌어야 된다고만 강요만을 했던 것 같다. 거꾸로 배움 첫 번째 그리고 두 번째 이야기가 모두 그러했던 것 같다.

삶은 속도가 아니라 방향이듯이, 교사의 성장 또한 속도가 아니라 그 방향이 중요했음에도 말이다. 그래서 세 번째 이야기를 써내려가기 전에 많은 고민이 있었고, 책을 쓰는 도중에는 그보다 더 훨씬 더 많은 생각과 고민에 휩싸였던 것 같다. 그래서일까, 본 저서를 탈고하고서, 한 달 정도는 아무것도 하지 못하고, 그저 생각에 잠기어서 지냈던 것 같다. 우리는 왜 그토록 속도에 집착을 했던 것일까? 그리고 속도를 늦추어서 누군가 내 앞을 앞질러 가는 것을 왜 그토록 두려워하면서 속도를 늦추지 못하고 더 빨리만 나아가려고 했던 것일까? 왜 주변을 살펴보지 못했던 것일까?

그러한 시간 동안 우리 또한 주변의 교사들과 별반 다르지 않은 평범한 교사였다는 사실을 알게 되었던 것 같다. 주변 교사들처럼 우리 또한 목적이 무엇이었든 간에 그저 더 빠르게 성장하기 위해서만 교사로서의 삶을 살아오고, 힘들게 버티며 지내온 것 같았다. 그렇다. 나 역시 주변의 많은 교사들과 함께 하고 있지만, 결국에 나 혼자 쓸쓸히 교사로서의 삶을 버티면서 힘들게 살아오고 있었음을 느끼게 되었던 것이다. 누구보다 더 빠르게 성장하기 위해, 다른 그 어떤 교사보다 더 빨리 더 멀리 나아가기 위해, 혹은 주변의 요구와 강요 때문에, 교사로서 살아가기 점점 더 힘들어지고, 학생들과 함께 살아가기 버거워질 때, 이 책이 한 순간의 쉼터를 제공해주었으면 한다. 교사로서 얼마나 빠르게 성장해야 하는지 그 속도가 궁금해서가 아니라 어떻게 성장하며 나아가야 할지 그 방향이 궁금해질 때, 다시 한 번 더 꺼내 볼 수 있는 한권의 인생적인 책이 되었으면 좋겠다고 두 손 모아 기도해본다.

9월의 어느 날에

빠른 속도가 아니라
느리더라도 바른 방향으로
교사와 학생이 서로를 가르치고 배우는
교학상장의 길을 함께 걸으며 성장하기를 바라는 마음으로

최경민, 이규진, 김규태 두 손 모아 드림

추천의 글 1

이 책 『가르치고 배우며 함께 성장하는 길』은 현재 구미 오태초등학교에 재직하고 있는 최경민 선생님이 중심이 되어 저술한 '거꾸로 배움'의 시리즈 첫 번째 이야기 『교실에서 찾은 아이들의 행복열쇠』와 두 번째 이야기 『학생 바보, 교사의 용기』에 이어 세 번째 이야기이자 시리즈 완결판으로, 교사와 학교 그리고 수업의 성장을 다룬 것입니다. 교수와 학습을 다룬 많은 책들이 대학 교수에 의해 저술된 것이 일반적이지만, 이 시리즈는 이 시대의 학교교육을 진정으로 고민하고 교수와 학습의 개혁을 통해 즐겁고 행복한 학교를 가꾸기 위해 노력하는 현장교사에 의해 저술된 것이라는 점에서 큰 의미가 있습니다.

거꾸로 배움의 첫 번째 이야기에서는 행복한 교실을 만들기 위한 거꾸로 배움의 방향성과 구체적인 방법을 다루고 있고, 두 번째 이야기에서는 학교, 교실, 교사, 수업, 교과서, 배움에 대해 갖고 있는 고정관념을 파헤치고 이에 대한 비판적 성찰을 하면서 새로운 접근 방안을 모색 · 실천하는 용기 있는 현장교사의 스토리를 담고 있습니다. 이번 세 번째 이야기에서는 '극히 평범한 교사가 바라보는 교사는, 학교는, 수업은 왜 성장하지 못할까?'라는 질문을 던지면서 교사와 학교 그리고 수업이 변화하고 성장해야 되는 이유와 그 방향에 대해 제시하고 있습니다.

세 번째 이야기의 대표 저자인 최경민 선생님은 학부에서 배운 교육이론과 대학원 지도교수인 김규태 교수님으로부터 학문하는 방법과 가르침을 받은 교육학적 지식을 학교현장에 실천 · 적용하면서 교사로서 끊임없는 교육적 고민과 자기성찰을 꾀하고 있고, 동료이자 선배인 이규진 선생님과 함께 아이들과 배움을 위한 교사의 성장, 거꾸로 배움이 활기차게 일어나는 학교의 성장, 배움의 내용이 아닌 방법으로 수업의 성장이 왜 필요하고 어떻게 이루어질 수 있는가를 진지하고 생생하게 보여주고자 하는 열정과 소명의식을 갖고 있다는 사실을 책 구석구석에서 엿볼 수 있습니다.

21세기 새로운 교육 패러다임인 뇌기반 교육의 시대에서 교사는 학생의 학습을 촉진

하고 돕는 조언자, 학생의 코치와 멘토, 끊임없이 탐구하는 연구자, 배움을 같이 하는 동료 학습자, 학생들의 협력학습을 조성하고 팀 구성원으로 활동하는 협력자, 학생들의 공동체 의식을 돕고 강화하기 위한 갈등해결자, 학습의 즐거움과 몰입의 본보기가 되는 모델, 새로운 아이디어와 전략을 적극 모색하는 창의적 사고자와 의사결정자로서의 역할을 수행해야 합니다. '가꾸로 배움' 시리즈의 완결판이자 거꾸로 배움의 결실인 『가르치고 배우며 함께 성장하는 길』을 통해 최경민 선생님과 이규진 선생님이야 말로 이러한 역할을 제대로 수행하고 있는 본보기 교사라는 점을 절실히 느낄 수 있습니다.

이 책은 저자들의 진솔하고 투박한 문체로 학교현장의 생생한 모습을 보여주고 있어서 부담 없이 가볍게 읽을 수 있는 교육수필과도 같고, 교실의 개혁과 거꾸로 배움의 실천적 발자취와 방향을 담고 있어서 다큐멘터리 형식의 교육보고서 또는 실행연구보고서와도 같으며, 또한 거꾸로 배움의 실천적 적용 방법을 교사교육, 학교와 학급 경영, 교수 학습 방법과 관련하여 언급하고 있어서 마치 현장감 있는 새로운 교육이론서와도 같습니다. 이런 면에서 이 책은 배움과 성장이 일어나는 학교 교실과 수업을 만들어보고자 고민하는 현장교사들에게, 미래의 교사를 꿈꾸며 좋은 수업을 탐구하고 시연하고자 노력하는 예비교사들에게, 그리고 대학에서 새로운 교수 학습 방법을 연구하고 가르치는 교수들에게 유용한 자료와 길라잡이가 될 것이라 확신하며, 이에 이 책의 일독을 강력히 추천합니다.

대구교육대학교 교육학과 교수
청파(靑坡) 정종진

추천의 글 2

21세기라는 피자 한판을 여섯 조각을 냈다면 우리는 이미 한 조각을 다 먹어 치우고 두 번째 조각을 집어 들고 있다. 그런데 우리는 아직도 20세기, 19세기 교육을 하고 있다. 농경사회, 산업사회, 지식정보사회를 지나 4차산업혁명 시대에 인공지능 기계가 의사와 변호사, 증권 분석가, 기자, 소설가, 교수와 교사를 대신하는 세상에 우리의 학교와 교육은 산업시대 공장식 모델에서 벗어나지 못하고 있다. 지식을 교과목과 학년과 학기, 학급으로 쪼개는 분업(分業)으로 가르쳤다가 지식의 부품을 다시 자동차 조립하듯이 합치면 전인(全人)이 될 것이라는 가설을 믿고 모두가 어깨동무하고 전국 획일(同時性)로 열심히 대량생산(大量生産) 대량교육을 하고 있다. 그래서 우리는 쓸데없는 교육으로 "많이 가르치고도 실패하는 교육"으로 학생과 교사, 학부모 국민들이 탈진하고 '지옥(입시)'에서 살고 있은 지 오래 되었다. 누가 지옥에 갔다와봤는지 '입시지옥'이 공공연한 교육용어로 굳어졌다.

학교는 가르치는 곳이 아니라 '배우는 곳'이라 학교(學校)인 것이다. 가르친다고 다 배우는 것도 아니고 가르치지 않아도 배우는 사람(學生)은 배운다. 가르치지 않고도 배우면 가장 경제적이다(경제를 따지는 사람들이 좋아하겠지). 배우는 사람이 호기심을 갖고 필요성을 느끼면 공부하지 말고 배우지 말라고 해도 공부하고 배운다. 그런데 어른들, 교사와 부모들은 배우는 사람들은 제쳐두고 무조건 가르칠 생각만 한다. 자기들은 배우지 않으면서 아이들만 가르치려고 한다. 침을 넣으려면 맥이라도 짚어보고 놔야 할 것 아닌가? 학교는 학생만 배우는 곳이 아니라 교사도, 교장도, 학부모도, 국민도 함께 배우는 곳이다. 자기들은 노동시간이 많다고 줄여야 한다고 하면서 아이들은 '근로기준법'도 없단 말인가? 한국의 어른들은 너무 잔인하다. 그 어린것들 가는 혈관 수도관과 전깃줄에 고압 수도와 전기를 마구잡이로 밀어 넣고 있는 것과 같다. 학교에서 가르치는 양도 벅찬데 또 학원까지 몇 개 더 보내고도 안심이 안 된다고 한다. 우리나라 대통령, 장관 국회의원, 지도자들이 학원 보낼 돈, 유학 보낼 돈이 없는 가지지 못한 가나한 사람들이 된다면 우리나라 사교육이라는 것은 어떻게 해서라도 필요 없게 만들 것이라고 본다.

바뀌어야 한다. 뒤집혀야 한다. 가르치기보다 배움에 초점을 맞춰야 한다. 이제는 '배움학'이라고 하는 사람도 있다. '거꾸로 교실' '거꾸로 배움'이 되기 위해서는 그림과 같이 '거꾸로 제도'가 되어야 한다. 학생과 교사를 최상위에 놓고 보는 것이다.

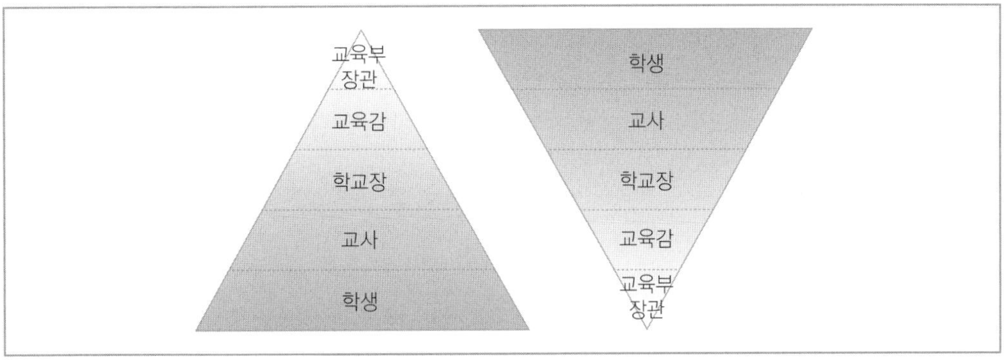

출처: 주삼환(2016)의 '21세기 한국교육'에서 제시된 '제도를 바꾸어라' 그림을 수정한 것임

이러한 생각을 학고 있는 때에 '가르치고 배우며 함께 성장하는 길'이란 이 책은 추천자와 마음을 함께 하는 책이다. 이 책은 전작(前作) '거꾸로 배음, 행복열쇠(최경민, 김규태. 2016. 양성원)'와 '거꾸로 배움, 학생 바보 교사의 용기(최경민, 김규태. 2016, 양성원)'와 시리즈를 이루고 있는 우리의 생각을 바꾸게 하는 교육현장에 바탕을 두고 있는 책이다.

세계 최고의 첼리스트 파블로 카살스가 96세 때 하루에 여섯 시간씩 연습하는 것을 보고 사람들이 이미 세계 최고인데 뭘 그렇게 연습할 필요가 있느냐고 물으면 "매일매일 발전하고 있는 것을 느끼기 때문"이라고 하였다고 한다. 교사와 부모는 학생만 성장시키고 발전시키려고 하지 말고 자신들도 배워 성장하고 발전해야 한다. 교사가 배워야 학생으로 하여금 배우게 할 수 있다.

이 책뿐만 아니라 전작 시리즈 도서까지 읽고, 연구, 실천하여 그야말로 '학습사회' 가 되었으면 하는 마음에서 기꺼이 여러분께 추천한다.

충남대학교 명예 교수(교육학) 주삼환

책장을 펼치면서…

스피드 광

그렇게 빠른 차로 순식간에 지나가버리면
추억이 들어올 시간도 없을지 몰라
느릿느릿 시간을 밟아가다 보면 알게 될 걸
인생은 선이 아니라 넓디넓은 면이라는 걸

어느 날, TV CF를 보면서 이러한 문구를 보게 되었다. 교사로서 우리는 빠른 사회 변화에 적응하기 위해서, 그리고 그러한 사회 변화에 뒤처지지 않기 위해서 수업 외적인 방법적인 측면만을 고려하면서 빠르게 더 빠르게 변화하려고만 해 온 것은 아니었을까라는 생각을 하게 되었다. 교실에서 함께 삶의 이야기를 만들어가면서 아이들과 함께 추억을 쌓을 시간도 없이, 정신없이 하루하루를 순식간에 지나쳐 버리고 있었던 것 같다. 우리 스스로는 잘하고 있고, 이것이 올바른 길이며, 아이들을 위하는 방향이라는 혼자만의 자만심에 빠진 채 말이다. 그러면서 어느 순간 고민에 빠지게 된 것 같다.

빠르게 변화를 추구하는 것이 교사로서의 삶인 것 일까?

2016년, 『학생 바보 교사의 용기』라는 저서를 펴내면서, 스스로 학교를 바라보는 교사들의 생각에 변화를 주고자 굉장한 노력을 하고 있고, 아이들의 배움과 학습을 위해 수업을 다르게 바라보고 기존의 암기식 수업에 변화를 주고자 스스로 굉장한 노력을 기울여 왔으며, 그러한 노력의 결실에 스스로 만족해하며 현실에 안주했던 것 같다.

어쩌면 그러한 생각으로 인해, 우리 반 아이들은 선생님과 함께 쌓아가야 할 추억, 행복을 빼앗겨 버렸을지도 모르고, 이로 인해 아이들에게 죄를 짓고 있었던 것은 아니었는지 반성해보았다. 이러한 반성의 시작이 이 책의 시발점이었는지도 모르겠다. 그리고 어쩌면 그동안의 노력에 안주하고 만족해했던 우리들 자신에 대한 반성이 이 책의 또 다른 시작이었는지도 모르겠다.

이만큼 노력하고, 이루었으니 된 것 같다.

이러한 안주와 자만어린 생각과 행동으로 인해 어쩌면 그동안 입으로만 떠들고 다니던 말뿐인 교사는 아니었었는지 스스로를 되돌아보는 시간을 가지게 되었다.

스스로를 되돌아보는 시간을 통해 교사로서 성장, 발전은 사회 변화의 흐름에 따라 빠르게, 혹은 그보다 더 빠르게 변화하는 것이 아니라는 사실을 조금씩 몸소 느끼게 된 것 같다. 인생이 선이 아니라 면이라는 사실을 느릿느릿 시간을 밟아가다 보면 알 수 있듯이, 우리 교사들의 삶 또한 선이 아니라 면이라는 사실을 느릿느릿 아이들과 함께 교실을 밟아가면서 느껴야 하는 것은 아니었는지 생각해본다.

교사로서의 삶은 어떠한 정상, 목표를 향해 선을 따라 나아가는 것이 아니라, 아이들과 함께 서로의 삶의 이야기를 통해 넓디넓은 삶이라는 면을 만들어가야 함을 지금에서야 비로소 조금씩 깨달아 가는 것 같다.

교사로서의 성장은 아이들과 함께 느리게 더 느리게 함께 걸어가는 과정 중에 이루어지는 것임에도 불구하고, 그동안 시대의 요구에 따라 변화, 개선, 혁신만을 강조하며, 그렇게 변하지 않는 선생님들에게 비판의 목소리만 높였던 아니었는지 미안한 마음과 속죄의 마음으로 글을 써내려가게 되었다. 시대의 요구와 변화에 따라 겉모습만 치장하며 수업을 바꾸어가는 것이 교사로서의 성장이 아니었음에도, 왜 그토록 우리들은 그러한 변화의 흐름 속에서 예전의 교육방법과 철학만을 강조하는 교사들에게 비판의 목소리만 높였던 것일까?

낮은 문을 통과하는 방법에는 두 가지가 있다고 한다. 그것은 허리를 꼿꼿이 세워 통과하는 방법과 허리를 숙여서 지나가는 것이다. 허리를 꼿꼿이 세워서 통과를 한다면 낮은 문에 머리를 부딪칠 확률이 높아지게 된다. 삶이 힘들고 괴롭다고 말하는 사람은 낮은 문을 지날 때 허리를 세우고 가다가 문에 머리를 부딪치는 유형은 아닐까? 이들은 자기 잘못은 생각하기 않고 오로지 문이 낮은 것만 탓하게 되니 말이다. 머리를 문에 부딪치는 진짜 원인은 허리를 숙이지 않은 자신이었음에도 불구하고, 그것도 모른 채

그동안 우리는 허리를 꼿꼿하게 세운 채,
낮은 문을 통과하려고 한 것은 아니었을까?

학교를 변화시키기 위해서, 교실을 변화시키기 위해서, 그리고 수업을 변화시키기 위해서라는 스스로 정한 바른 목표(사실은 바른 목표가 아닌 그저 스스로 바르다고 생각했던 자만어린 목표라고 하는 것이 더 맞을지도 모르겠다)를 가졌다는 잘못된 자만심을 가지고서, 겸손이라는 미덕을 잊어버린 채 교사들의 수업과 철학이 잘못되었다고 비판한 것은 아니었을까? 새로운 변화에 따른 수업 방법과 철학(철학이라기보다는 수업을 바라보는 관점이

라고 하는 편이 더 맞을지도 모르겠다)을 받아들이지 않거나 받아들이지 못하는 교사들을 보면서 우리가 아닌 변화하려 하지 않는 그들이 잘못하고 있는 것이라고 스스로 위안을 삼고, 스스로 만족하고 있었던 것은 아니었을까?

낮은 문을 통과하기 위하여 그에 맞게 허리를 숙이지 않고 있는 스스로의 모습을 바라보지 못하고, 허리를 곧게 세운 채 그저 문이 왜 이리 낮은 것인지 불만만을 토로하면서, 오롯이 사회적 변화의 흐름과 그에 따른 사회적 요구에 따라 수업을 변화하려하지 않고, 개선하려하지 않는 교사들만을 비판하고 있었던 것 같다.

교사의 성장, 수업의 성장이라는 교사로서의 목표는 중요하다. 그러나 목표에만 집작하면 할수록 그 과정이 주는 즐거움을 알지 못하며, 목표를 위해 가끔은 정당하지 못한 수단도 사용하게 될지도 모른다. 게다가 목표에 이루지 못하게 될 경우 자신의 능력에 회의가 생겨나게 될지도 모르며, 스스로 절망에 빠질지도 모른다. 어쩌면 저자들 역시 아무것도 알지 못한 채 그저 교사의 성장, 수업의 성장이라는 허황된 꿈을 목표로 가지고 있었던 것은 아니었는지, 그리고 그러한 목표만을 위해서 과정의 즐거움도 잊어버렸던 것은 아니었는지 모르겠다.

교사들이 지금의 순간, 순간을 소중히 여기고 아이들과 함께 행복한 하루하루를 만들어갈 수 있다면, 그러한 하루하루가 모여서 그 자체로도 교사로서의 의미 있는 삶을 살아갈 수 있을 텐데 말이다. 그러한 하루하루가 과정이 될 수 있고, 하나의 목표가 될 수 있을 텐데, 그동안 그것을 미처 깨닫지 못했던 것 같다.

교사의 성장은 느리게 더 느리게 이루어지는 것임을 그때는 알지 못했다. 솔직히 지금도 정확히 잘 알지는 못한다. 그래도 이제는 조금씩 알게 되는 것 같다. 교사의 성장은 단 기간에 누군가의 요구에 의해 이루어질 수 있는 것이 아니라, 교사로서 부끄럽지 않게 하루하루를 견디고 버티다 보면, 그러한 순간순간이라는 과정이 하나씩 하나씩 모여서 천천히 이루어질 수 있는 것임을 조금씩 깨닫는 중이다. 저자 역시 그러한 순간과 순간들이 모여서 조금씩 성장하고 발전하고 있는 중이니 말이다. 이 글을 읽고 있는 독자들 역시 각자의 자리에서 시간에 쫓겨, 마음에 쫓겨 목표만을 위해 열심히 앞만 보며 달려가고 있다면, 한 번쯤 마음의 속도를 늦춰보았으면 한다. 그들이 교사라면 더더욱 그러하기를 바래본다. 교사로서의 발전, 수업의 개선과 혁신이 아니라 학생들과 함께 삶의 이야기를 만들어가는 하루하루를 그리고 그러한 순간순간을 소중히 여기며 조금은 속도를 늦춰보기를 권해본다.

저자는 산에 오르는 것을 좋아하지 않는다. 산에 오르고 나면 반드시 산 아래로 다시 내려와야 하기 때문이다. 그래서 뚜벅뚜벅 힘들이지 않은 채 평지를 걷는 것을 좋아한다. 우리들 교사로서의 삶도 그러하지 않을까? 산의 정상을 향해서 힘들게 걸어가는 것이 아니라, 평지를 걷듯이 힘들이지 않고서 그저 하루하루 아이들과 함께 삶의 이야기를 만들어가는 것이 교사로서의 삶이 아닐까 생각한다.

하지만 과거에 교사로서의 저자는 산의 정상만을 쫓아서 달려가려고 한 것 같다. 저자뿐 아니라 많은 교사들이 어떠한 정상을 위해 쉼 없이 달려가고 있다. 지금 이 순간에도 말이다. 물론 그러한 순간순간이 모여서 지금의 저자가 있는 것임에는 부인할 수 없지만, 어쨌든 과거의 저자는 산의 정상을 위해 쉼 없이 달려가려고 마음을 먹었던 적이 있으며 정상을 위해 쉼 없이 내달리기도 했었다. 그렇게 쉼 없이 내달리는 저자를 보면서, 주변 사람들이 하나둘씩 승진을 위해서만 살아가는 교사라고 낙인을 찍었을지도 모르겠다.

그런데 정작 저자는 산의 정상이 어디인지도 몰랐었다. 그러한 쉼 없는 내달림이 정말 승진을 위한 것이었는지 조차도 스스로 몰랐었다. 흔히 말하는 학교장이 되기 위해, 혹은 그 보다 조금 더 높은 정상을 위해서, 그 어떤 것이 원하던 산의 정상이었는지 뚜렷한 목표의식도 없이 그저 다른 교사에게 뒤쳐지지 않기 위해서 위만 바라보며 달려갔던 것 같다. 게다가 그러한 산의 정상에는 교사가 함께 해야 할 아이들은 온데간데없이 사라지고, 오직 직업인으로써의 교사만 자리할 텐 데도 그것도 미처 깨닫지 못한 채 말이다.

그러한 과정 중에 어느 순간 나는 산의 아래를 살펴보게 되었고, 그 아래로 떨어지게 될 내 자신에 대해 불안감을 느끼기도 했던 것 같다. 그리고 아래로 내려가지 않기 위해서, 혹은 떨어지지 않기 위해서 더 많이 경쟁하며 살아가야 한다고 다짐하면서 교육이 아닌 그 외적인 면에 더욱 치중하며 교사로서 교사가 아닌 직업인으로서 교사의 삶을 그렇게도 아등바등 거리며 살았었던 것 같다.

하지만 이제는 좋아하지도 않았던 산을 헉헉 거리며 힘들게 억지로 오르는 것을 멈추고, 평소 좋아하는 평지를 뚜벅뚜벅 천천히 느리게 걷고자 한다. 오르고자 하는 정상이 어디인지도 모른 채 힘겹게 산을 올라가는 대신에 평지의 저 넘어 어떠한 목표지점을 위해서 한 발 한 발, 조심스럽게 평지를 뚜벅 뚜벅 쉼 없이, 그리고 천천히 더 천천히, 느리게 더 느리게 걷고자 한다.

그래서 인지 이제 조심스럽게 한발 한발 내딛으면서 도착한 목표지점이 정작 원하던 곳, 목표로 하던 곳이 아니더라도 괜찮을 것 같다. 그 만큼의 거리를 묵묵히 열심히 걸어왔으니 말이다. 그리고 다시 내려가지 않아도 되니 말이다. 또한 그러한 과정 중에 주변의 다양한 모습을 살펴보면서, 아이들과 함께 삶의 이야기를 만들어가면서 걸어왔기 때문에 괜찮을 것 같다. 그러한 과정 하나하나가 또 다른 목표가 되어서 교사로서의 삶으로 이어지게 될 것 같다. 그리고 그렇게 평지를 걷는 것을 시작하지 않았던 것보다 더 나은 곳에 아이들과 함께 있게 될 테니 말이다. 게다가 아이들과 함께 걸어간 그 곳에서 다시 조금 더 걸어가면 또 다른 목표 지점에 도달할 수도 있으니 말이다. 그래서 평지를 걷듯, 천천히 더 천천히 묵묵히 아이들과 함께 앞으로 걸어가고자 한다. 교사로서의 삶을 지켜가면서 아이들에게 부끄럽지 않게 느리게 더 느리게 말이다.

정상을 위해 산을 오르는 교사들은 과연 알까?

그들이 알고 있는 산의 정상이 자신이 생각했던 목표가 아니라면 다시 내려와야 한다는 사실을 말이다. 그리고 자신의 목표에 따라 또 다른 산의 정상을 향해 다시 올라가야 한다는 사실을 말이다. 그리고 그러한 산의 정상에는 교사가 항상 바라보아야 하고 함께 해야 하는 학생들이 곁에 없을지도 모른다는 사실을 말이다. 그저 교사로서 교사가 아닌 직업인으로써의 교사만 남을지도 모른다는 사실을 말이다. 그리고 또한 주변에 사람들도 하나 둘씩 사라지게 될지도 모른다는 사실을…

어느 해 친하게 지내지는 않았지만, 주위에서 유능하다는 말을 자주하는 선배교사를 같은 학교에서 알게 되었다. 함께 회식자리도 가지고, 많은 이야기를 나누기도 하였다.

그러던 중 이런 말을 그 선배 교사가 하였다.

"내가 바라는 곳이 교장일 것 같니? 나는 그보다 더 높은 곳을 향해 갈 것이고, 그러한 곳에 도달하게 될 것이다."

그리고는 이런 말도 함께 하였다.

"아이들을 위해서 교육을 위해서 나는 열심히 노력할 것이다."

이때까지만 해도 저자 역시 승진이라는 목표와 아이들의 교육이라는 목표가 함께 갈 수 있는 것이라고 믿었다. 아니면 그 선배교사의 말이 진심이었으면 좋겠다는 바람을 가졌는지 모르겠다.

이 선배의 말을 믿고 싶었다. 그래서 저자 역시 그 선배처럼 아이들을 위한다는 거짓된 목표, 교육을 위한하다는 거짓된 목표를 내세우며 열심히 정상을 위해 걸었던 것 같기도 하다. 물론 그 선배교사는 매우 빠른 나이에 승진을 하게 되었다. 지금도 그 선배교사는 그의 또 다른 선배 교사들을 매우 깍듯하게 대접하고, 선배 교사들에게 평판도 정말 좋다. 그런데 그 선배 교사를 따르는 후배 교사는 하나 둘씩 사라지고, 그를 좋아하거나 진정으로 따르는 후배 교사를 찾아보기 힘들다. 지금도 그 선배 교사 역시 후배교사들은 안중에도 없는 듯 행동을 하고 있으며, 그 주위에 있던 후배 교사들은 하나 둘씩 그의 곁을 떠나는 모습과 이야기를 전해 듣곤 한다. 아마도 그러한 교사들(산의 정상을 위해 쉼 없이 나아가는 사람들)은 산의 정상에 오르기 위해서 함께 걸어가야 할 동료, 후배, 그리고 학생들 보다는 자신을 정상으로 이끌어 줄 수 있는 사람을 찾게 되고, 그러한 사람에게만 친절을 베푸는 것 같다. 혹은 그러한 동료, 후배 교사들이 혹시나 자신을 앞질러 가지는 않을지 걱정 아닌 걱정을 할지도 모르겠다. 그 선배 교사를 보면서 산에서 떨어지지 않기 위해서, 오르던 길에서 내려오지 않기 위해서 그렇게도 열심히 경쟁 속에서 살아가는 것 같다는 생각을 하게 된다.

그러나 평지를 걸어가는 교사는 아니다. 목표지점이 자신이 원하던 그 목표가 아니더라도 다시 내려가서 또 다른 정상을 향해 돌아갈 필요가 없다. 그 곳에서 부터 또 다시 시작하면 되는 것이다. 그리고 평지를 걸으며 주변을 살펴보게 되고, 더 선배, 동료, 후배 선생님들과 함께 천천히 더 천천히 걸어가게 될 것이며, 아이들과 함께 삶의 이야기를 만들어가게 될 것이다. 평지에서는 각자가 가고자 하는 방향이 다양하며, 각자의 목표가 따로 있기 때문에 경쟁이 아닌 협력하며 걸어가게 될 것이며, 힘들어서 비틀거리거나 방향을 잃어서 헤매고 있으면 다른 누군가가 손을 내밀어 함께 걸어갈 수도 있을 것이다. 더 많이 주변을 살펴보면서 말이다.

그리고 산의 정상에 오르기 위해서는 누군가가 미리 닦아 놓은 길로 가야하며, 미리 만들어 놓여진 길 이외에 또 다른 길을 찾아 가는 것이 매우 어렵다. 누군가 미리 만들어 놓은 길을 따라서 올라가야 안전하게 올라갈 수 있다. 없는 길을 만들어서 가려고 하면 매우 험한 길을 만나게 되며, 방향을 잃어버리게 되고, 정상이 아닌 다른 길에 들어서게 될지도 모르며, 내려오는 길도 찾지 못하게 될지도 모른다. 그래서 정해진 길로만 그대로 따라서 걸어가야 한다. 그래서 일까? 산의 정상에 오르려고 쉼 없이 달려가는 사람들의 주변을 살펴보면 그러한 길을 닦아주고 안내해주는 선배, 혹은 상사에게는 매우 잘하지만 그러한 길의 뒤에서 따라오거나 옆에서 함께 걸어가고자 하는 동료, 후배와는 경쟁 속에서 살아가면서 함께 하지 못하는 모습을 발견하게 되는 것 같다.

그러나 평지를 걷는 사람들은 그렇지 않다. 이리 저리 어느 길을 가더라도 사방이 눈에 들어오며 안전한 길이 어디인지, 자신이 나아가야 할 방향이 어디인지를 알 수 있게 된다. 그래서인지 산에 오르는 사람처럼 땅만 쳐다보거나 위만 쳐다보며 걸어가지 않아도 되고, 주변을 더 많이 살펴보게 되면서 함께 걸어갈 수 있다. 그리고 천천히 느리게 걷게 되면서 지치거나 소진되지 않아서 중간 중간 쉬지 않아도 계속해서 걸어갈 수도 있다. 그래서 인지 평지를 걷는 것은 여러 가지의 길이 존재하며, 어떠한 길이든 스스로 정한 목표를 향해 안전하게 지치지 않고 계속해서 나아갈 수 있는 것 같다. 그리고 함께 이야기를 나누면서 만들어갈 수 있다. 각자 나아가고자 하는 방향과 목표가 다르지만, 걸어가는 길이 같은 동료, 후배, 혹은 선배교사들과 함께 많은 이야기를 나누고 공유하고 만들어감으로써 교사로서의 삶의 길을 만들어가게 되는 것 같다. 이렇게 교사들 각자가 만들어내는 교사로서의 삶의 이야기들이 함께 모이고 만나서 학교, 나아가서는 사회라는 면이 이루어지는 것은 아닐까? 그래서 교사로서의 삶은 선이 아니라 면이 된다는 사실을 깨닫는 것 같다.

우리 교사들의 길은 여러 가지가 있어야 한다. 저자 역시 그러한 여러 갈래의 길 중에 하나의 길을 걸어가고 있는 교사이다. 저자와는 조금 다른 길을 가는 교사라 할지라도, 나아가고자 하는 방향은 어느 교사나 비슷하다는 사실을 깨달으면서, 저러한 길을 뚜벅뚜벅 천천히 걸어가는 교사가 있구나? 라는 생각으로 저자의 이야기를 함께 읽어주고 들어주었으면 좋겠다.

이야기를 시작하기에 앞서, 마지막으로 잭 캔필드, 게이 핸드릭스(2007)의 『내 인생을 바꾼 한권의 책』 속 다양한 이야기 중 레이프 에스퀴스라는 교사의 이야기를 소개하며 본격적인 이야기를 시작해보고자 한다.

레이프 에스퀴스는 1992년 월트 디즈니 사가 수여하는 올해의 교사상을 받으며 폭발적인 관심을 받게 되고, 이러한 관심, 찬사, 칭송으로 매우 행복한 나날을 보게 될 것이라고 생각하였다. 그러나 그 속은 너무나도 참담하다고 밝히면서, 본인은 위선자에다 실패자 같다고 밝히고 있다. 그의 이야기는 다음과 같다.

교사 경력 9년째인 그는, 5학년의 극빈층 자녀를 대상으로 새로운 실험적인 수업으로 성과를 보였으며, 그의 연극교실은 폭발적인 인기를 끌게 되었다. 이러한 경험으로 아이들은 쑥쑥 성장하였으며, 그들의 가능성을 발견하게 되었다. 그러나 그 중 많은 아이들은 중학교에 진학하게 되면서 깡패나 마약소굴로 들어가고 있다는 사실을 알게 되었고, 이러한 사실이 마음을 좀 먹고, 성공적이지 못한 교사 생활을 하고 있다고 느끼게 되었다.

또한 대중의 갈채로 인해 알지도 못하는 사람들에게 욕설이 담긴 이-메일을 받기도 하였고, 차를 부수거나 긁는 등 무시무시한 일들이 벌어지기도 했다. 자괴감이 그 교사의 안을 갉아 먹었고, 밖으로는 충격적인 사건들로 폐인이 될 지경에 이르기도 하였다.

그 역시 많은 젊은 교사들처럼 학문적 성취에만 매달리는 실수를 저질렀다고 한다. 수학 점수 60퍼센트를 90퍼센트 수준까지 올려놓으면 유능한 교사인 것처럼 생각하였다. 그것도 멋진 일이기는 하지만 그렇게 한다고 아이가 좋은 사람이 될까? 좋은 사람을 길러내는 게 훨씬 중요한 일임에도 이 문제가 공론화되지 않는 것은 그만큼 힘든 일이기 때문이다. 지금 같은 사회에서 정말 어려운 것은 아이들을 좋은 시민으로 성장하도록 교육하는 일이다.

이런 그가 깨달은 것은 역할 모델이라는 것이었다. 정말 멋진 선생님이 되고 싶다면 학생들이 이렇게 되었으면 하고 바라는 그런 사람이 되어야 하지 않을까? 아이들이 열심히 공부하기를 바란다면 아이들이 아는 그 어떠한 사람들 중에서 가장 열심히 공부하는 사람이 선생님이 되어야 하지 않을까? 아이들이 친절하기를 바란다면 선생님이 가장 상냥한 사람이 되어야 하지 않을까?

다른 선생님들이 욕을 하더라도 그건 중요한 것이 아니다. 아무리 실패를 거듭하더라도 절대 그만두지 않아야 할 것이다. 그러면서 스스로에게 물어본다.

이게 가치 있는 일인가?

물론 이에 대한 대답은 상황에 따라 변화하기도 한다. 지금 이렇게 글을 써내려가는 순간에도 묻는다.

이게 무슨 가치가 있는 일일까?

우리가 쏟는 이러한 노력이 무슨 소용이 있겠냐 하는 순간도 있고, 이게 정말 많은 교사들에게 가치 있는 일인지 스스로에게 계속해서 물어보기도 한다. 물론 그 누구에게는 가치 없는 일일 수 있다. 하지만 이것이 내 일이라고 생각한다. 이제부터 하게 될 이야기들은 교사로서 내가 해야 할 일이라고 생각한다. 아니 어쩌면 모든 교사의 일일지도 모른다는 생각을 한다.

레이프 에스퀴스는 이러한 말을 마지막으로 하였다.

좋은 교사와 그렇지 않은 교사의 차이점은
좋은 교사는 포기하지 않는다는 것이다.

아마 우리들의 이야기가 많은 교사들에게 반감을 살 수도 있을 것이며, 가치 없는 일이 될 수도 있을 것이다. 그러나 이것이 우리가 생각하는 교사의 일이다. 포기하지 않고 관철하려고 한다. 교사라는 직업인으로서가 아니라 아이들이 바라고 원하는 선생님이 되기 위해서 말이다. 오늘 이 순간에도 우리는 더 많은 선생님들이 우리와 뜻을 같이하고, 함께 더 성장하기를 기도해본다.

1 PART

교사의 성장

이제 인간의 성취란 잘 만들어진 기계가
인간이 할 수 있는 것 보다
더 잘 한다는 것을 의미하게 되었다.
이제 교육의 주된 결실인,
풍요로운 의미로 충만한 삶의 성취는
무가치한 것으로서 폐기되고 있다.

\- 존 듀이, 민주주의와 교육, 1915

PART 1

교사의 성장

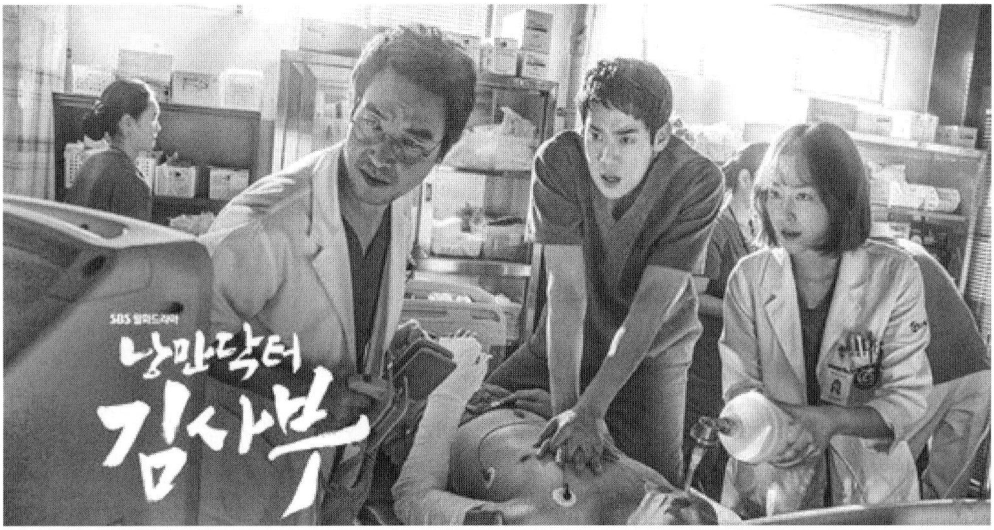

"선생님, 혹시 일을 그만두고 싶다는 생각을 해본 적이 있나요? 그만두고 싶을 때 어떻게 참고 넘기셨나요?"

"여태까지 고생한 것이 아까워서 못 그만둔 것도 있고, 이걸 그만둔다고 딱히 다른 걸 할 용기가 없었고.."

"그게 단가요? 신념이나 사명 같은 것이 아니고요?"

"그런걸 알려면 적어도 10년은 해봐야 되는 거 아닌가?
입으로 떠드는 것이랑 진짜 아는 것은 다르니까"

요즈음은 TV를 볼 시간도 없을 뿐 아니라, 드라마를 시간에 맞춰서 챙겨보는 것이 어려워서 예전에는 무척이나 즐겨 보던 드라마를 잘 보지 못하고 있지만, 저자의 기억에 남는, 그리고 무언가 생각할 겨를을 남겨주는 주인공들의 대사가 마음에 들어 다시금 챙겨보는 드라마가 생겼다. 바로 SBS에서 방송되었던 『낭만닥터 김사부』였다. 위의 대사는 이 드라마에서 나온 말이다. 직업에는 차이가 있지만, 그래도 왜 이 대사를 아직도 머리에 기억 하고 있는 것일까?

아마 저자도 그러했기 때문은 아니었을까하는 스스로의 생각을 해본다. 교사로서의 삶을 살아가기 힘든 시기도 많이 경험했고, 이러한 일로 이따금씩 교사라는 직업을 그만 두고 싶다는 생각이 들 때도 있었지만, 딱히 교사라는 직업을 그만둔다고 해서 다른 직업을 구할 자신도, 다른 직업에서 더 잘할 자신도 없었으며, 그동안 해온 것이 아까워서 못 그만두겠다는 마음을 많이 가졌던 것 같다. 교사로서의 성장이 아니라 그저 교사라는 직업을 지키기 위해서 어렵고 힘들게 버티며 겨우 견뎌왔던 것 같다. 어쩌면 교사라는 위치에 대한 역할보다는 교사라는 직업에 더욱 충실했던 것은 아니었는지 스스로에게 반문해본다.

물론 지금 와서 생각해보면 그러한 저자의 모습이 잘못된 것만은 아니었던 것 같기도 하다. 그렇게 힘들게 버티고 견디면서 어느 순간, 저자도 모르는 사이에 성장하고 발전해가고 있는 교사로서의 모습을 스스로 발견하기 시작했던 것 같기 때문이다.

이 드라마에서 주인공이 한 또 다른 대사가 있다.

> "열심히 살려고 하는 것은 좋은데 못나게 살지는 맙시다. 사람이 무엇 때문에 살아가는지 적어도 그건 알고 살아야 하지 않겠어요?"

아마 그럴 것이다. 어느 교사나 열심히 살아가고 있을 것이다. 그 이유가 열심히 아이들을 위해 수업을 하고 가르치기 위해서, 혹은 아이들에게 더 많은 지식을 쉽게 알려주기 위해서 교재 연구도 열심히 하고, 다양한 연수도 힘들게 듣고 어렵게 배워가면서 열심히 살아가고 있을 것이다. 하지만 이 드라마의 주인공이 말을 한 것처럼 똑같이 교사들에게 묻고는 싶다.

무엇 때문에 그렇게 열심히 교사로서의 삶을 살아가나요?

적어도 무엇 때문에 교사로서 그렇게 열심히 살아가고 있는지
그건 알고 교사로서 살아가야 하지 않을까?

주변을 돌아보면 저자들보다 정말 더 열심히 교재 연구를 하는 선생님도 많고, 훨씬 더 다양한 종류의 많은 연수에 참여도 하며, 그렇게 배운 것들이 사장되지 않도록 직접 교실 속에, 수업 속에 녹아들도록 더욱 열심히 연구하는 선생님들도 정말 많이 있다. 머리가 희끗희끗 변한 나이가 지긋하게 드신 선배 교사님들도 더 많은 것을 알고자, 그리고 배우고자 수업 연수며 컨설팅이며 열심히 참여하시는 모습을 보면서 저자들은 과연 저 나이에 저러한 열정을 가질 수 있을까라는 생각도 하게 된다.
그런데 묻고 싶다.

왜 그렇게 열심히 교사로서의 삶을 살아가고 있는지…

입으로 떠드는 것과 진짜 아는 것은 다르다. 그리고 무엇 때문에 살아가는지, 그리고 무엇 때문에 이렇게 열심히 교사로서의 삶을 살아가는지 정도는 적어도 알아야 하지 않을까.

단지 승진을 위해서가 아니라, 혹은 단지 나의 수업을 변화시키기 위해서가 아니라, 아니면 주변에서 누군가 좋다고 하니까 새로운 수업방법을 흉내 내면서 그저 따라해 보기 위해서가 아니라 교사로서 아이들에게 부끄럽지 않기 위해서 어떻게 살아가야하는지 정도는 알았으면 한다.

물론 이러한 말을 한다고 해서 본 저자도 누구에게나 떳떳한 교사로서의 삶을 살고 있지는 못하다. 다만 매 순간 순간 반성하고 성찰하며 교사로서의 삶은 어떠한지를 살

펴보면서 느리게 더 느리게 천천히 더 천천히 한발 한발을 내딛고 있는 중이다. 교사로서 학생들에게 부끄럽지 않기 위해 어떻게 살아가야 하는지를 매 순간 순간 고민하고 반성하고, 성찰을 하면서 말이다.

느리면 어떤가?
멈추지 않고, 정지되지 않고 하나씩 하나씩 나아가는 것
그것이 바로 교사로서 성장하는 모습이 아닐까?

최근에는 교사들이 수업 개선을 위해서, 혹은 수업 혁신을 위해서 너무나도 빠르게 변화만을 추구하려는 모습을 보게 된다. 물론 저자 역시 그러한 변화의 흐름 속에서 뒤처지지 않기 위해서 빠르게 더 빠르게 새로운 수업 방법을 교실에 적용하기 위해 갖은 노력을 기울여 오기도 했다. 이렇게 빠르게 변화를 추구하는 것이 잘못되었다는 말은 아니다. 저자 역시 그러했으니 말이다. 그런데 저자는 그러한 과정 중에서 나에게 맞지 않은 옷을 입은 듯, 그러한 모습을 아이들도 아는 듯, 새로운 수업 방법을 아무런 여과 없이 그대로 교실에 적용할 때 마다 아이들의 반응은 내 예상과 크게 벗어난다는 사실을 알면서 큰 좌절감에 빠지기를 수없이 반복했던 것 같다.

저자는 그때의 자신이 너무나도 안타깝다. 물론 그러한 순간순간이 모여서 지금의 저자가 있음을 부인하지는 않지만, 그때의 아이들을 생각하면 미안하고 또 미안하며, 아이들에게 대한 미안함 그것이 너무나도 안타까울 뿐이다. 마치 아이들에게 죄인이 된 듯 죄스러움까지 밀려든다. 지금도 그렇게 하고 있을지도 모를 선생님들을 생각하면, 그 반 아이들에게도 더욱 안타깝고 미안한 마음이 든다.

너무 빠르게 변화하는 사회 속에서 바쁘게 현실의 기대에 부응하기 위해서, 그리고 시대의 흐름에 따라가기 위해서 변화시키고 바꿔려고만 하는 교사들의 모습을 보면서, 이제는 그러한 행동이 버겁지 않을까 걱정이 되기도 하고, 언젠가 제풀에 지쳐 쓰러지지 않을까 안타까운 마음이 들기도 한다. 저자 역시 그러했으니 말이다. 혼자서 빠르게 변화하는 시대에 맞게 변화만을 추구하다가 어느 순간엔가 힘이 빠지고 지쳐버리는 순

간이 있었으니 말이다.

이때까지만 해도 교사의 성장은 한 순간에 번쩍이는 불빛처럼 긍정적인 충격으로 쉽사리 이뤄질 수 있는 것이라고 생각했던 것 같다. 교사의 성장은 지치지 않고 소진되지 않으며, 쉼 없이 천천히 느리게 끊임없는 걸음걸이를 통해 하나씩 하나씩 이뤄지는 것임을 그때는 몰랐었다.

요즘 이뤄지는 연수를 보면서 더욱 그러한 생각을 하게 되는 것 같다. 최근 연수를 가보면 체험중심, 실천중심을 강조하면서, 액션러닝 기법을 이용하여 실제로 참여하고, 체험해보는 연수가 주를 이루고 있다. 물론 과거의 강사 중심의 설명식 연수와 평가가 주를 이루던 연수 방식에서 탈피하여 교사들에게 도움이 될 수 있는 방법으로 연수가 변화되고 있다는 긍정적인 면을 살펴볼 수도 있다. 그러나 이들의 연수들 역시 과거의 연수와 별반 다르지 않게 수박 겉핥기식으로 이뤄지는 경우가 대부분이라고 할 수 있다. 또한 그보다 더 문제시 되는 것은, 그러한 참여 식 연수를 통해 한번 혹은 몇 번 함께 참여 해본다고 하여 과연 교사의 성장에 어느 정도 효과가 있을지가 더욱 의문스럽다.

교사의 생각과 가치관에는 변화가 없는데,
그저 겉모습만 꾸민다고 수업의 본질에 변화가 생길까?
교사의 성장은 과연 진정으로 이뤄질까?

수업의 성장은 교사의 성장에서 시작된다. 성장이라는 것은 단어 그 자체에서 한 순간에 이뤄질 수 없다는 뜻을 내포하고 있다. 창의력이 단박에 생겨나는 것이 아니라 긴 시간 자기의 생각을 가지고 자기의 생각을 창조할 때 만들어지는 것이듯, 교사의 성장 역시 교사로서 무엇 때문에 살아가고 있는지에 대한 자신의 생각을 끊임없이 관철해가는 과정을 통해 긴 시간 그러한 생각을 철학으로 만들어가고 아이들과 함께 삶의 이야기를 꾸려갈 때 이뤄질 수 있는 것이다.

그렇다면 교사의 성장이란 무엇일까?
교사가 성장하면 수업이 성장한다고 하였는데,
어떠한 수업 성장을 원하는가?

마음을 울리는 수업

저자는 교사로서의 성장을 통해 수업의 성장을 이루고 싶었고, 이러한 성장된 수업으로 아이들의 마음을 울리고 싶다. 깊은 울림을 수업을 통해 아이들에게 맛보게 하고 싶다. 이것이 바로 교사의 성장, 수업의 성장이라고 생각한다. 교사가 성장하면, 수업이 성장하며, 수업이 성장하면 학교가 성장하게 될 것이라고 믿는다. 아이들의 마음을 울리는 수업을 위해 교사로서 성장을 하고 싶었다.

이제 우리의 이야기를 시작하려고 한다. 더 많은 선생님이 우리와 함께할 수 있기를 기도해본다. 오천석 선생님의 교사의 기도를 함께 읽으면서 책장을 넘겨보기를 권해본다.

교사의 기도

-오 천 석-

오! 주님 내가 교실 들어갈 때에
나에게 힘을 주시어 유능한 교사가 되게 해 주소서
나에게 지식 이상의 지혜를 주시어
내가 준비한 지식을 아는데 그치지 말고
나에게 배우는 학생들의 삶의 중요성을 깨닫게 해 주소서

나에게 그들을 설득시킬 지혜를 주시어
냉담한 그들의 얼굴이 학습에 대한 관심으로 피어나게 해 주소서
학습에 큰 관심이 없는 학생들의 가슴속에
내가 관심을 불러 일으켜야 되겠나이다

배반기의 쌀쌀한 얼굴도 마다 않으신
당신의 그 친절을 나에게 주시어
가면 뒤에 숨어있는 고독한 학생들의 마음을 사로 잡게 해 주소서

나에게 당신의 그 인내를 주시어 실패해도 낙심 말 게
학생들에게 학습을 공부해서 새롭고 즐겁게 공부할 수 있도록
지도하는 교사가 되게 하소서
나에게 통찰력과 겸손을 주시어
나는 어른이라는 것과 학생들은 나만큼 자제력도 없으며
그 원하는 바도 다르다는 것을 올바르게 인식하게 해 주소서
가르치면서도 배우게 해 주소서
모든 지식을 다 갖추고 있더라도 사랑이 없으면
나에게 아무 유익이 없사오니
사랑을 꼭 실천해야 된다는 것을 배워 알게 해 주소서
주여 !
마지막으로 내가 받을 최대의 보상은 여기에서가 아니라
저 세상에서라는 것을 깨닫게 해 주소서
이 땅위에서 당신을 빛낸 공로로 내가 가르친 학생들과 함께
나는 천국에서 별처럼 빛나더라는 것을 알 게 해 주소서

CHAPTER

0

극히 평범한 교사가 바라보는…
교사는 왜 성장하지 못할까?

나는 평범한 교사다.

너무나도 평범한 교사다

교사는 왜 성장하지 않을까라는 의문을 풀기 위해서는 나의 경험에 비추어 먼저 말하고 싶다. 저자는 우리 초등학교 현장에서 흔히 만날 수 있는 아주 평범한 교사이다. 남들보다 뛰어나지는 않지만 그렇다고 뒤처지지도 않는다고 생각한다. 또한 지금 학생을 가르치고 지도하는 방법이 나름 괜찮다고 믿고 있으며 나만의 방식을 실천하며 묵묵히 살아가고 있는 평범한 교사이다.

세상은 변해가고 있지만 그것은 나와는 상관없다고 믿고 있던 저자에게도 큰 전환점이 발생한다. 그것은 동료교사를 만나면서 자신에 대해서 한번 생각해볼 수 있는 시간을 가지게 되었다. 저자와 그가 처음 인연을 맺은 지 벌써 10년째가 되어간다. 우리는 아주 젊은 날 함께 만났고 학교 안팎에서 4년이라는 시간동안 많은 이야기를 나누며 즐겁게 시간을 보냈다. 여러분들도 그런 경험이 있을 것이다. 동료교사들과 함께 어울려 오로지 시간가는 줄 모르고 행복하게 보냈던 시간들 말이다. 그리고 누구에게나 찾아오듯 이별의 시간이 오고 그렇게 서로 다른 학교로 전근을 가게 되면서 떨어져 시간을 보내게 되었다. 불과 3년의 시간이 흐르고 저자는 다시 그를 만나게 되었다. 아주 짧은 시간이었지만 그는 많이 달라져 있었다. 그리고 그것은 몇 년 동안 학교의 업무에만 치우치고 학생들을 가르치는 데에만 급급한 저자에게는 충격이었다. 같은 3년이라는 시간을 보냈는데 나만 홀로 시간이 멈춰있는 세계에서 살았다는 착각이 들었다. 저자는 교사로서의 정체성과 자신감이 무너짐을 느낄 수 있었다.

그는 저자에게 다양한 수업방법과 본인이 재미있게 연구하고 있는 수업방법에 대해서 이야기를 하고 함께 고민하고자 하였다. 하지만 처음에는 누구나 그렇듯 그를 승진에 치우쳐 현실과 동떨어진 주장을 하는 이상주의자처럼 보았다. 여러분들도 옆에서 새로운 변화를 이야기하는 사람들을 만나면 나와는 전혀 상관없고 저 사람은 승진을 위해서 저러는가보다는 생각을 가진 적이 있을 것이다. 처음에는 그런 이야기를 들으면서

'저런 방법도 있구나.'

라는 생각이 드는 한편 그건 이상적이고 현실과 동떨어진 이야기로만 들렸다. 프로젝트 학습, 거꾸로 학습, 다양한 학습방법들이 저학년 학생들에게는 아주 효과적이지만 고학년 학생들에게는 통하지 않는다고 생각했다. 아니 그렇게 믿고 있는 저자였기에 그의 말을 인정하지 않고 부정하고 있었다. 왜냐하면 지금까지 저자는 아무런 문제없이 나만의 수업방법으로 아이들을 잘 지도하였고 아이들 역시 나를 좋아하고 따르는 경우가 많았다. 주변 동료 교사들도 나와 같은 반응들이었다.

하지만 그가 옆에서 수업을 하면서 학생들이 달라지는 모습과 성장해가는 모습을 보면서 과연 "내가 하는 방법이 옳을 것이고 맞는 것이다."라고 자신 있게 말할 수 있는가라는 의문을 가졌다. 지금에 와서 돌이켜 볼 때 저자 역시 나의 방법이 맞고 다른 사람의 방법은 고려하지 않는 좁고 편협한 교사이었음을 알게 되었다. 흔히 교사 외의 직업을 가진 사람들과 심지어 우리 부모와 형제들도 이렇게 말한다. 교사의 대부분이 자신은 모든 것을 알고 있다고 착각하고 있고, 자신의 방법은 모두 맞고 다른 방법은 틀렸다고 억지를 부린다고 한다. 저자는 그러한 말을 들었을 때, 나는 그렇지 않고 합리적이며 다른 의견을 듣고 그것이 정당하고 바르면 수용할 줄 안다고 항변했었다. 하지만, 지금 돌이켜보면 그것 역시 나만의 착각이었다.

나 역시 새로운 변화와 성장을 두려워했던 것 같다.

지금 이 책을 읽고 있는 여러분들은 어떠한가?

여러분은 저자와 같이 수동적이고 자신만의 방법을 고집하고 있지는 않았는가? 한번 자신을 돌아보는 시간이 되었으면 한다.

입에 쓴 약이 몸에 좋다라는 말을 떠올리며 여러분들은 그동안 입에 쓴 약을 마다하고 달콤하고 맛있는 것만을 추구하는 것은 아니었는지 돌이켜보길 바란다. 사람은 자기 자신에게는 관대하다. 이런 말도 있지 않은가? 내가 하면 로맨스 다른 사람이 하면 불륜이라는 말을 보면 쉽게 납득할 수 있다.

여러분들도 그렇지 않았는가?

교사는 학생의 성장을 도와주는 중요한 존재라고 생각한다. 그런 중요한 역할을 맡고 있는 교사는 성장하지 않으면서 학생들의 성장을 돕는 다는 것 자체가 어불성설이 아닐까 생각해본다. 학생과 함께 교사도 성장하기를 바라는 마음으로 우리들의 이야기를 함께 읽어주고, 공감하며 함께 나아가기를 바래본다. 아주 천천히 더 천천히, 그리고 느리게 더욱 느리게 말이다.

CHAPTER

1

시대가 바라보는 교사는?

(인공지능 시대에서 교사의 역할은?)

2016년 3월, 세상을 뜨겁게 달궜던 사건이 서울에서 일어났다. 바로 이세돌 9단과 인공지능 알파고의 대결이다. 이 대결은 '인류와 인공지능'의 대결이라고까지 칭해졌으며, 바둑 대결 결과 인공지능의 일방적인 압승으로 끝이 나면서, 우리 사회에는 인공지능의 발달에 대한 경이로움과 놀라움을 가지는 동시에 앞으로 인간사회에 도래하게 될 인공지능 시대에 대한 두려움이 함께 공존하게 되었다.

그리고 얼마 전 TV 프로그램 중 '미운우리새끼'라는 프로그램을 보면서 김건모라는 가수가 자신의 외로움을 달래기 위해 스마트 폰 앱을 통해 가상의 대상(인공지능이라고 언급해도 좋을 듯 하다)과 대화를 나누는 장면을 우연찮게 보게 되었다. 영화에서나 볼 법

했던 로봇과의 대화, 로봇과의 사랑 등이 이제는 결코 상상에 그치지 않는 시대가 도래한 것이다.

이러한 알파고, 인공지능 시대를 일컬어서 '제4차 산업혁명'이라는 말이 생겨났으며, 교육계에서는 이에 대한 교육적인 측면에서의 이슈화로 인해 교사, 학생, 학부모들이 많은 관심과 함께 불안을 드러내게 되었다. 이와 함께 유엔 미래보고서에 따르면 2030년까지 현재의 일자리 중 20억 개의 직업이 인공지능으로 인해 사라지게 될 것이며, 향후 20년 내 현재 직업의 47%가 사라지거나 변할 것이라고 보고되었다. 또한 2016년 1월 세계경제포럼(WEF)에서는 2020년 까지 로봇에 의해 인간의 일자리 중 500만개가 사라지게 될 것이라고 예상하였다. 뿐만 아니라 제4차 산업혁명의 도래로 현재 초등학교에 입학하는 학생들의 65%는 현재 존재하지 않는 직업에 종사하게 돌 것이라고 예측하였다. 이로 인해 인공지능 시대에 대한 기대와 함께 우려도 커지도 있는 듯하다.

이처럼 인공지능이 몰고 올 미래 사회는 지금까지의 사회 변화와는 매우 다른 양상을 보이게 될 것이며, 우리가 예측한 것보다 훨씬 더 빠르고, 깊으며 넓게 나타날 수도 있다. 그리고 그 변화는 이미 시작되고 있을지도 모른다. 실제 몇몇 분야(스포츠 증권, 기상 예보 등)에서는 인공지능이 쓴 기사가 상용되고 있으며, 미국 뉴욕의 대형 로펌 회사는 인공지능 변호사 로스를 채용하여 실제로 사용 중에 있기 때문이다.

물론 이러한 미래사회에 대한 불안은 미래사회에 대한 불확실성, 다양한 발전 가능성으로 과거에도 언제나 동반되었다고 할 수 있다.

이처럼 사회의 변화는 과거에도 계속되어 왔던 것이며, 과거에도 미래 사회에 대한 불안은 여전히 존재했었다. 그런데 유독..

인공지능의 발달로 인해서 우리는 왜!
이렇게나 미래에 대한 불안감이 높아지는 것일까?
더욱이 교육적인 관심이 더욱 높아지는 이유는 무엇일까?

이는 인공지능의 발달이 이전의 기계 발달과는 다른 양상을 보이기 때문일 것이다. 그동안의 사회 발달, 기계발달은 인간이 지정한 프로그램에 의해 단순 기능을 반복적으로 수행하던 기계의 자동화와 달리, 지금의 인공지능 발달은 기계 자체의 내재적인 능력으로 스스로 판단하고 일을 수행할 수 있는 특징을 가진다. 이는 기계의 인간화라고 표현하는 것이 더욱 맞을지도 모르겠다. 즉, 과거의 발달과는 조금 더 진화된, 어찌 보면 인간 사회의 모습을 송두리째 변화시킬지도 모르는 미래사회가 도래할 거라는 불안에 의한 것은 아닐까라는 생각을 해본다.

그렇다고 해서, 여러 SF영화에서 보여주는 것과 같이 기계의 인간화에 대해서 두려움만을 가지는 것은 옳지 않을 것이다. 달리 생각해보면 서울에서 이루어진 알파고와 이세돌 바둑 기사의 대국으로 인해 우리는 생각보다 빠른 시일에 미래 사회를 예견하고 준비할 수 있는 기회를 맞이하게 된 것인지도 모르기 때문이다. 또한, 인공지능 기계 역시 인간이 만드는 것이며, 인간의 경험을 토대로 인간이 지시하는 업무나 일을 수행할 수 있도록 프로그램화한 것이 인공지능이기 때문이다. 즉, 인공지능이 실행될 수 있도록 만드는 역할 역시 인간의 몫이며, 인간만이 할 수 있는 일이기 때문이다.

그렇다면 이러한 인공지능을 발명하고 관리하는 인간을
만들어내기 위해 교육은 어떠한 변화를 꾀해야 할까?

우리는 이제 시대의 흐름에 대해 불안해하거나 두려움만을 갖거나, 혹은 희망찬 미래만을 꿈꾸는 것에서 벗어나 이러한 시대적 흐름에 따라 교육이 어떻게 변화해야 하는지에 대해 초점과 주의를 기울여야 할 시점인 것 같다.

현재 우리나라의 교육을 한 마디로 정의한다면 암기식 지식 교육이라고 할 수 있다. 기계의 인간화가 출현하고 있는 이러한 시대에 우리는 아직도 붕어빵을 찍어내는 기계처럼 학생들을 공부만 할 줄 아는 똑같은 모습의 기계로 만들어내고 있는 것은 아닌지 스스로 반성하고 성찰을 시작해야 하는 시기이다. 이제 아이들을 기계처럼 공부하게 하는 교육에서 벗어나 한 단계 높은 차원에서 인간만이 할 수 있는 인간적 능력을 개발하는 교육이 행해져야 할 시기인 것 같다. 빠르게 변화해가는 시대적 특성에 따라 다음세대를 교육하는 교육도 함께 성장해야 함을 의미하는 것이다. 물론 여기서 말하는 교육의 성장 역시 앞에서 계속 이야기가 한 것과 같은 맥락에서 살펴볼 수 있으며, 수업의 외적인 면이 아닌 수업의 내적인 면에서의 본질적인 성장을 말하는 것이라고 할 수 있다.

수업의 본질적 성장은 무엇인가?
이제 강조되어야 할 교육은 진정한 의미에서의 창의적 교육은 아닐까?

그런데, 그동안 우리는 창의성 교육을 어떻게 해왔는가?

우리는 그동안 창의성이라고 하면 위의 그림처럼 전구에 불이 반짝거리는 이미지를 떠올리곤 했다. 저자 역시 그러했으며, 아마도 이 글을 읽고 있는 독자 대부분이 그러할 것이다. 하지만 실제 창의성이라는 단어의 어원을 고려하면 다음과 같다.

> 과거 대부분의 사람들은 밭을 갈고, 곡식을 기르는 일을 하였다. 그에 반해 일부분은 사무실에 앉아서 편하게 일을 하는 사람들이 있었으며, 그러한 사람들에 대한 동경이 있었다. 사무실에서 일을 하는 사람들, 이들은 과거에는 대부분 예술을 하는 사람들이었다. 예술자를 의미하는 단어인 artist의 의미가 기술자라는 것을 살펴보면 이해가 될 것이다. 이러한 사람이 되기 위해 사람들은 숙련된 기술자에게 찾아간다. 그러면 기술자는 자신의 돈벌이를 최대한 뺏기지 않기 위해 처음 6년간은 자기 밑에서 허드렛일을 시킨다. 그리고 시간이 흐르면 다른 기술자들의 다양한 능력을 보고 오라고 하면서 4년간 여행을 다녀오라고 한다. 그렇게 10년의 세월이 흐른 뒤, 원하는 기술자가 되기 위해서는 자신을 가르쳐 준 스승과는 비슷하지만 다른 길을 가고 있다는 증거로 작품을 만들어내야 한다. 그러한 작품이 인정을 받고, 스승이 자신의 길과는 다른 방향을 찾아서 발전하고 있으며, 그러한 결과가 작품으로써 인정을 받게 되면, 길드에 소속되게 되며 이때의 작품을 마스터 피스라고 한다. 이처럼 오랜 시간 자신의 위치에서 열심히 노력하고 꾸준히 연구한 뒤에 발현되는 것이 바로 창의성이며, 이는 창의성(creativity)이라는 단어의 어원이 경작(cultivation)이라는 사실에서도 살펴볼 수 있다.
>
> – 조승연, 2015, 비즈니스 인문학 중에서

이렇듯이 창의성이라는 것은 단기간에 길러질 수 없는 것이다. 창의성의 어원이 경작이라는 단어인 것만 보더라도, 창의성은 오랜 기간 숙련된 상태에서 발휘되는 것임을 알 수 있다.

그러나 그동안의 우리 학교 교육은 어떠했는가?
창의성을 기른다는 명목 하에 새로운 것만을 찾거나,
남들과는 다른 생각만을 강조하거나,
어려운 수준의 지식만을 강조하고 있던 것은 아니었을까?

이제는 그동안의 단순 지식을 암기시키는 죽은 교육에서 벗어나서 학생들이 새로운 지식을 탐구하고 소통하며 창출할 수 있는 본질적인 의미에서의 창의적 교육이 필요하다. 그동안 우리 교실에서는 예상 밖의 엉뚱한 질문을 하는 학생들을 괴짜로 취급하며 왕따 아닌 왕따를 시키는 경우가 많았다. 그러나 이제는 이러한 괴짜스러운 생각과 질문이 참신함으로 돋보일 수 있는 교육 환경을 만들어야 할 것이다. 이제 우리 내 교실에서는 모난 돌이 정 맞는 교실이 아니라 모난 돌이 빛날 수 있는 교실 환경이 필요할지도 모른다. 알파고의 대결에서 이세돌 바둑 기사를 한 판을 이길 수 있었던 것은 그동안 사용했던 정공법이 아니라, 바로 그동안 사용하지 않던 창의적인 생각에서 발현되었던 변칙 수였기 때문이다.

여백과 여유가 있는 수업

창의적 교육을 위해서는 수업에서 여백과 여유가 있어야 한다. 교사는 가르치는 존재가 아니라 기다려주어야 하는 존재가 되어야 한다. 이러한 면을 잘 살펴 볼 수 있는 나라가 핀란드이다. PISA에서 오랜 시간 최 상위권을 유지하고 있으며, 이보다 더 아이들 스스로 공부하는 것에 흥미를 가지고 즐기고 있는 나라인 핀란드 교육 정책을 살펴보면, 그 핵심은 바로 협력에 가치를 두는 평등교육이라고 할 수 있다. 핀란드의 교육은 잘 놀아야 공부도 잘한다는 것으로, 모든 활동과 학습은 자기 주도적이며 자기 선택적이다. 이러한 교육 철학을 받아들여 우리나라에서도 2015년 경기도교육청 주도하게 전국 시도 교육감들이 '어린이 놀이 헌장'을 만들었다. 어린이 놀이 헌장은 어린이들에게는 놀 권리가 있고, 차별 없이 놀이 지원을 받아야 함을 강조한다. 아이들에게는 다양한 놀이를 경험하도록 해주어야 하며, 아이들로 하여금 학원을 포함하는 다양한 종류의 사교육으로 인해 저녁이 있는 삶을 박탈해서는 안 된다고 강조하고 있다. 이처럼 아이들의 창의성을 위해서는 여백의 교육, 쉼이 있는 교육, 놀이가 있는 교육이 역설적으로 필요하다고 할 수 있다.

이와 함께 창의적 교육에는 인문학적 상상력, 문화·예술적 감수성, 협력적 인성, 감성 능력 등 기계가 갖지 못하는 감성적 능력 함양도 함께 포함되어야 할 것이다. 또한 2015 개정 교육과정에서도 강조되는 6대 핵심역량(자기관리역량, 지식정보처리역량, 공동체 역량, 심미적 감성 역량, 창의적 사고 역량, 의사소통 역량) 역시 창의적 교육에 필요한 요목이 될 것이다.

학력? 인성?

흔히 우리나라 교육을 비판함에 있어서 그동안 학력 중심의 교육이었음을 반성하며, 인성 중심 교육으로 변화되어야 한다는 주장을 많이 한다. 그러나 인공지능 시대에는 학력과 인성이 모두 필요하며, 인공지능 시대의 역량 역시 학력과 인성으로 나눠진다고 할 수 있다. 교육은 개인이 사회적 존재로 살아가는 지적 성장의 과정인 동시에 더불어 살아갈 수 있는 인격적 성장도 함께 이뤄져야하기 때문이다.

물론 학력의 경우 기존의 주입식 교육을 넘어선 감성과 인성이 결합된 학력으로, 아이들이 생각할 수 있는 힘을 키울 수 있는 교육으로 성장되어야 함에는 그 누구도 반박할 수 없을 것이다. 학생들은 지식에 대한 주체적 판단자이자 논쟁자, 다양한 관점의 비교 토론자, 해석자가 될 수 있어야하기 때문이다.

그리고 인성은 다양한 구성원들이 함께 집단지성을 만들어 낼 수 있는 협력적 인성, 공감적 인성이 중요하다고 할 수 있다. 현대사회는 한 명의 지식인이 몇 백 명의 사람을 먹여 살리는 산업사회가 아니라, 공유의 원리 위에서 영리 추구의 원리가 작동하는 시대라고 할 수 있기 때문이다. 즉, 현대 사회는 한 사람의 영웅이 필요한 시대가 아니라, 모든 사람이 각자의 삶에서 영웅이 될 수 있는 여건이 필요한 시대라고 할 수 있다. 이러한 측면에서 함께 서로의 다양성을 인정하고, 그러한 다양성의 바탕위에 다름을 만들어낼 수 있는 공감적인 인성과 협력적 인성이 필요한 것이다. 또한 이러한 다름이 바로 창의적 사고라고 할 수 있다.

그렇다고 하여 이로 인해 과학·기술적 지식 교육을 부정하고, 인문주의적 교육에 대한 편향성을 가질 필요는 없다고 할 수 있다. 인공지능 시대 도래로 인해 새로운 교육의 필요성에 따라 소프트웨어 교육이나 코딩 교육의 중요성이 대두되고 있으며, 2018년부터 초·중·고등학생이 모두 코딩 교육을 받게 된다. 코딩교육은 자신의 생각을 현실로 만들어낸다는 측면에서, 그리고 프로그램적 사고훈련, 논리적 사고의 확장이라는 면에서 그 도입에 대해 개인적으로 긍정적인 측면이 많다고 생각한다.

물론 코딩 교육 도입에 있어서 반대를 하는 사람들의 의견에 따라 그 방법적인 측면에 있어서는 많은 고민을 거쳐서 제대로 된 방식으로 도입되고 실천되어야 한다는 사실에는 적극 동의한다. 이는 그동안 우리 교육이 그랬던 것처럼, 프로그램 언어를 배우고, 프로그램 자체에 대한 학습에서 치중되어서는 안 된다는 의미이다. 앞으로의 코딩 교육은 어떻게 프로그램을 사용하느냐에 대한 방법적인 측면을 강조하면서 자신의 사고를 논리적으로 풀어내고, 현실화하는 방법에 대한 교육이 주를 이루어야 할 것이다.

그리고 초등학교는 코딩교육에 대한 흥미와 관심, 재미를 느낄 수 있도록 학년별 수준에 맞는 프로그램 개발 및 선택이 중요할 것으로 생각된다. 코딩교육을 전 세계적으로 처음으로 도입한 마케도니아, 그리고 2016년부터 전 학년이 코딩교육을 배우는 핀란드 역시 학년별 특성에 맞는 프로그램을 개발 혹은 선정하여 운영하고 있다는 점에 착안하여 우리나라 역시 코딩 교육을 즐겁고 재미있게 배울 수 있는 방안 마련이 우선시되어야 한다고 할 수 있다. 즉, 코딩 교육을 실천함에 있어서 한 가지 분명한 것은 이러한 소프트교육을 한다고 하여 그것 자체에 매몰되어서는 안 된다는 것이다.

이와 더불어 인문학적 교육 역시 인공 지능적 기술 및 지식과 별개된 것이 아니라 둘이 서로 상호 연결되고 시너지적 상호작용을 할 수 있도록 이루어져야 할 것이다. 이는 2015 개정 교육과정이 문·이과 통합형 교육과정을 강조하는 것과 그 맥을 같이 한다고 할 수 있다. 인공지능 시대의 새로운 도전은 근대적인 분 과학 편제에 대한 해체적 사고를 요구하고 있으며, 기술적 편향, 인문학적 편향을 넘어서서 이 둘의 지식적 칸막이를 넘어서야하기 때문이다.

〈넘버-원이 아닌 온리-원 교육〉

그동안 우리의 교육은 일등만을 강조하는 넘버 원 교육이었다. 이로 인해 학생들은 경쟁에 의해 한 줄로 서게 되는 무한 경쟁 교육을 받게 되었다. 이제는 이러한 교육에서 벗어나, 오직 한 사람을 위한 교육, 온리 원 교육으로 학생 한 사람 한 사람의 개성과 소질이 피어날 수 있는 교육이 이뤄져야 하는 시대라고 할 수 있다.

수직적 서열화하는 교실 문화에서 수평적 다양성이 인정되는 교실 문화로 전환되어야 할 것이다. 대학의 졸업장이 각종 혜택을 받게 되는 특권적 문서가 되지 않도록, 누구나 인간적 삶을 누릴 수 있는 학교, 교실, 나아가서는 사회가 만들어져야 할 것이다.

누구나 행복할 수 있고,
누구나 인간적인 삶을 살 수 있는
그러한 사회를 꿈꿔보면 어떨까?

그 시작의 첫 단추는 교육의 성장이며, 이는 교사의 성장, 수업의 성장, 그리고 학교의 성장에서 비롯될 수 있을 것이다.

사회가 원하고 바라는 교사의 성장은 그동안의 학력 중심의 지식 위주의 암기식 수업을 버리는 것이 아니라 학력에 대한 다른 해석이 가미된 학력 중심의 교육, 그리고 그에 더해서 인성이 함께 중심이 될 수 있는 교육을 실천할 수 있는 교사로서의 성장이 아닐까?

그리고 현 시대가 원하는 교육은 진정한 의미에서의 창의적 교육이며, 이를 위해 분과학적인 근대적 사고에서 벗어나고, 결과 중심의 평가를 통해 아이들을 수직적 서열화하는 방식에서 벗어나서 교육과정을 통합할 수 있고, 아이들 개개인의 개성과 소질을 소중히 여기는 온리-원 교육을 실천할 수 있는 교사를 원하는 것은 아닐까?

CHAPTER

2

학생이 바라보는 교사는?

여행을 가는 길에 나침반을 꺼내 본적이 있는가?

물론 본 저자 역시 나침반을 꺼내면서 여행을 떠나 본적은 없다. 지금은 차를 타고 다닐 때 네비게이션이 길을 모두 안내를 해주고, 걸어 다닐 때 조차 스마트폰이 모든 길을 안내 해주는 시대가 되었기 때문에 굳이 나침반을 사용하지 않아도 되는 시대가 되었다. 하지만 이렇게 발전하기 전, 사람들이 길을 찾기 위해서 가장 먼저 꺼내든 물건이 바로 나침반이다.

흔히들 교사와 나침반을 이야기 하면서, 이러한 말들을 한다. 교사의 역할은 지식을 전달하는 것 뿐 아니라, 학생들이 어떠한 방향으로 나아가야 하는지 그 방향을 제시해주는 나침반을 대신해주는 역할을 해야 한다고 말이다. 그러나 여기서는 학생들의 방향을 제시해주는 교사가 되기 위해서 나침반 이야기를 꺼낸 것은 아니다.

나침반을 꺼내본 사람은 알 것이다. 저자는 아이들과 함께 과학 수업을 위해 나침반을 꺼내서 살펴본 적이 있다. 나침반은 꺼내자마자 자신이 가리켜야 할 방향을 바로 알려주지 못한다. 올바른 방향을 찾기 위해서 바늘은 이리저리 움직이게 되고, 이러한 움직임을 통해 바늘은 자신이 가리켜야 하는 올바른 방향이 어디인지 찾아가게 되고, 그러한 움직임이 멈췄을 때 비로소 바른 방향을 가리키게 된다. 이처럼 나침반 바늘이 올바른 방향을 가리킬 때까지 지켜봐주는 역할을 교사가 해야 되는 것 같다. 아이들은 어디로 나아가야 할지 몰라서 이리저리 방황도 하고 움직여도 보는 나침반 바늘과도 같은 존재이니 말이다.

흔들리는 나침반 바늘이 올바른 방향을 찾을 때까지 기다려주는 교사

학생들이 바라보는 혹은 원하는 교사의 역할은 바로, 이렇게 이리저리 움직이는 바늘이 올바른 방향을 찾을 때까지 지켜봐주고 기다려주는 것이라고 생각한다. 교사들의 역할은 어떠한 방향을 나아가라고 알려주는 것도 아니고, 이러한 방향이 잘못되었다고 알려주는 것도 아니며, 이러한 방향으로 나아가라고 올바른 방향을 제시해주는 것도 아니다. 그저 아이들이 자신이 원하는, 그들 스스로 가고자 하는 방향을 찾아갈 수 있도록 묵묵히 기다려 주는 역할이 교사의 역할인 것 같다. 나침반 바늘 자체가 바로 아이들이며, 이러한 나침반 바늘은 스스로 이리저리 움직이면서 언젠가 올바른 방향을 찾아간 뒤에 멈추는 것처럼, 아이들 또한 스스로 바른 길을 찾아갈 수 있는 잠재력을 갖추고 있다고 생각한다. 교사는 이러한 잠재력을 일깨워주기 위해 곁에서 묵묵히 지켜봐주고, 도움을 요구할 때 도움을 줄 수 있는 일정한 거리에서 아이를 보살펴주는 역할을 수행하면 되지 않을까?

즉, 교사의 역할은 학생들에게 무엇인가를 가르쳐주기 위함이 아니라 학생들이 스스로 바른 방향을 찾을 수 있을 때까지 기다려주는 것이다. 방황하는 아이들은 나침반이 방향을 찾기까지 이리저리 움직이는 것처럼 스스로 정한 바른 방향을 찾아가기 위해 이리저리 움직이고 있는 것이다. 이러한 아이들이 자신의 방향을 잘 찾아 갈 수 있도록 교사는 인내하면서 기다려주어야 한다. 길의 방향을 알려주는 나침반은 교사가 아닌 학생 개개인이며, 학생 개개인이 자신에 맞는 방향으로 바늘이 향할 수 있도록 옆에서 지켜봐주고 기다려주는 역할이 바로 교사인 것 같다.

그럼에도 불구하고, 교사는 기다려 주지 못하고,
무언가를 가르쳐주고 안내하기 위해 말을 한다.

아이들이 그들 스스로 방향을 찾아 갈 수 있도록 기다려주고, 지켜봐주고, 격려해주는 것이 교사의 역할임에도 불구하고, 교사들은 왜 마치 자기 스스로가 아이들에게 길을 알려주는 나침반인 것처럼 자꾸 아이들에게 어떠한 방향을 나아가라고 가르쳐주고, 일러주려고 하는 것일까? 그리고 왜 올바른 방향을 찾기 위해 이리저리 움직이는 나침반 바늘과 같은 아이들에게 이러한 방향을 가리켜야 한다고 자꾸만 알려주는 것일까? 기다려주지 못하고 바른 방향을 빠르게 찾도록 자꾸만 알려주는 것은 과연 무엇 때문일까? 이러한 질문을 스스로 하면서, 또 다른 질문이 함께 생겨났다.

교육부 혹은 교육청에서 원하는 교사는 어떤 모습일까?
혹은 학교에서 바라보는 교사는 어떤 모습일까?

이에 대한 답이 아마도 그동안 교사들이 올바른 방향을 스스로 찾아 가도록 기다려주고 지켜봐주지 못하고 자꾸만 이러한 방향으로 나아가야 한다고 알려주게 만들었던 이유, 교사가 나침반이 되도록 만들었던 이유가 아니었을까 생각하게 되었다. 그동안 교육부 및 교육청에서는 교사를 바라봄에 있어서, 수업의 전문성을 강조하였고 이에 따라 교실수업개선을 강조하고 있다. 여기에 더해져 2015 개정 교육과정에서는 수업개선이라는 말을 넘어서 교실수업혁신이라는 말까지 사용하고 있다. 교사의 전문성이라는 목적 아래 교실수업을 개선하고 혁신하는 교사의 모습을 원하고 있는 듯하다.

수업 개선?? 수업 혁신?? 이 말 속에는 무엇이 담겨있을까?

김태현(2016)은 『교사, 수업에서 나를 만나다』라는 저서를 통해 개선, 혁신이라는 말 속에는 나의 수업에 변화를 주어야 하며, 그러한 변화는 과거의 나의 수업과 나의 교실 수업 방법에 대한 반성과 잘못된 점을 찾는 것에서 시작되어야 한다고 말을 하고 있다. 그렇다 개선, 혁신이라는 말은 과거 우리들, 아니 나의 수업에서 무엇이 잘못되었는지에 대한 비판이 먼저 이루어져야 한다는 것이다. 그리고 금방이라고 무엇인가를 바꿔야 하며, 쉽게 누구라도 바뀔 수 있다는 의미가 내포되어 있다고 하였다.

우리들은 소나무가 푸르다는 걸 언제 알까?

그건 바로 겨울이다. 겨울 소나무를 살펴보면 우리들은 생각하게 된다. 소나무는 겨울에도 푸르른 잎을 자랑하며 사계절 내내 같은 모습으로 우리들에게 변하지 않는 본질의 중요성에 대해서 말하고 싶어하는 것은 아닐까라는 생각을 말이다.

봄이면 싹이 트고, 여름이면 대부분의 나무들은 잎이 풍성해지고, 가을이면 아름답게 단풍이 들기도 한다. 그러나 겨울이 되면 어떠한가? 앙상한 가지만 남게 된다. 대부분 나무들의 본질은 바로 이러한 앙상한 가지인 것이다. 어쩌면 나무들은 자신의 앙상한 가지가 자신이 가지고 있는 본질이라는 것을 숨기기 위해, 봄에는 새싹이 돋고, 여름에는 잎이 풍성해지고, 가을에는 단풍이 드는 것은 아닐까? 자신의 본질적인 모습을 숨기기 위해서 그렇게 자신의 겉모습을 치장하는데 더욱 신경을 쓰는 것은 아닐까?

그러나 소나무는 어떠한가? 4계절 내내 항상 같은 모습으로 우리들을 반긴다. 그렇다. 소나무의 본질은 언제나, 어느 순간에나, 어느 계절에서나, 어디에서나 언제나 동일하다.

그동안의 우리들의 수업은 어떠한가?
계절마다 다른 모습을 보이는 나무였는가?
아니면 언제나 같은 모습을 보이는 소나무였는가?

모르긴 몰라도, 우리들의 수업모습은 자신의 본질적인 모습을 숨기기 위해 계절별로 사람들의 눈을 속이기 위해 다양한 모습과 색으로 옷을 갈아입던 나무들과 별반 다르지 않았을 것 같다. 본 저자 역시 그러했으니 말이다. 앙상한 가지(본질)를 숨기기 위해 유행하는 수업 방법을 따라서 해보기도 하고, 변화를 주기도 하면서, 나의 몸에 맞지 않는 여러 학습 기법들을 여과 없이 그대로 우리 교실에 투입함으로써 수업의 겉모습만 아름답게 치장하려고 했던 것은 아니었을까? 우리들의 수업 본질은 앙상한 가지인 채로 말이다.

그렇다. 우리 교사들은 스스로의 본질적인 모습에 대한 관심이나 성장보다는 겉모습을 아름답게 치장하는 데 더욱 노력을 기울여 왔던 것 같다. 그래서 인지 우리 교사들은 수업 방법과 관련된 수 많은 연수를 듣고, 연수 때 배웠던 것을 직접 교실에 적용해보려고 하지만, 그러한 노력은 그리 오래 가지 못한 것은 아니었을까 생각한다. 그리고 오래 가지 못함에 대한 원인이 자기의 수업 본질적 성장이 이루어지지 않았음을 깨닫지 못하고, 다른 아름다움을 다시 찾아보고자 노력했던 것 같다. 연수를 통해 배운 내용과 학습한 내용의 교실 적용 실패 후, 또 다시 다른 연수를 받고, 또 다시 적용하고 실패하는 이러한 일련의 과정을 계속 되풀이 한 것인지도 모르겠다.

우리들의 그동안의 잦은 실패는 어쩌면, 우리들의 본 모습, 본질은 앙상한 가지 그대로 였기 때문일지도 모르는데 말이다. 아무리 아름답게 치장하려고 노력하고 겉모습을 바꾸려고 노력해봐도 시간이 흘러 추운 겨울이 되면 우리들의 본질은 앙상한 가지, 그대로 남아있게 되니까 말이다.

이제 우리들은 우리들의 본질이 무엇이었는지, 우리들의 본 모습은 어떠한지 속임없이 솔직하게 드러낼 필요가 있을 것 같다. 우리들은 소나무와 같이 그 본질이 언제, 어디서나 변화지 않는 나만의 수업(철학)을 찾아야 하지 않을까? 언제 어디서나, 나의 수업의 본질을 유지할 수 있도록 말이다. 나의 수업이 아름답다는 것은 겨울이 되면, 다른 나무들이 앙상한 가지만 남게 되는 그때가 추운 겨울이 되면 더욱 빛을 발하게 될 것이다. 지금 당장이 아니라 시간이 흐른 뒤, 우리 내 수업을 살펴보면 알게 될 것 같다.

그러나 교사의 수업 전문성 신장을 목적으로 하고 있는
교실수업개선, 교실수업혁신이라는 말은 어떠한가?

그동안 저자 역시 본질적인 모습은 살펴보지도 못한 채, 그저 교육과정에서 강조하고 있다는 이유로 인해 수도 없이 내뱉었던 수업 개선과 혁신이라는 말은 어떠한 의미가 내포되어 있을까? 모르긴 몰라도, 그동안 우리 교사들은 수업 개선과 혁신을 위해서 그동안 수업에 대한 본질적인, 혹은 근본적인 부분에 대해서는 그 어떠한 언급이나 고려 없이 그저 잎을 풍성하게 하는 데에만 치중했던 것은 아니었었는지 스스로 반문 해보았다.

수업을 개선하기 위해서, 나아가 혁신하기 위해서는 그동안의 수업을 부정하는 것에서 시작해야 한다는 의미가 내포되어 있는 것 같다. 굳이 부정까지는 아니더라도, 스스로 성찰하고 반성하면서 그동안의 수업이 무엇이 잘못되었는지 찾아보고, 잘못을 바로 잡기 위해 어떠한 무엇인가 반드시 변화를 주어야 한다는 인식이 담겨지게 된다. 마치 과거 나의 모습과 수업을 부정하고 바뀌어야 한다고 말을 하고 있는 것처럼 말이다.

하지만 과거 나의 모습, 그동안의 나의 수업도 교사로서 나의 본질은 아니었을까? 과거 나의 모습과 수업들이 하나씩 하나씩 차곡차곡 쌓여서 지금의 내가, 그리고 나의 수업이 존재하는 것임에도 불구하고, 그러한 나의 과거와 그동안의 나의 수업을 부정하고, 비판하면서 잘못된 점을 찾아서 개선하고 혁신하려고만 하는 것이 과연 올바른 선택일까?

어쩌면 이러한 수업 개선과 혁신의 강조로 인해 교사들은 수업의 본질이 아닌 외형만을 자꾸 바꾸려 하고, 예쁘게 꾸미려고 했던 것일지도 모르겠다. 수업 개선과 혁신을 위해 수업의 외형적인 모습을 바꾸지 못하거나 꾸미지 못한 교사들은 열등감에 휩싸이게 되며, 반대로 나의 수업 외형을 잘 꾸민 교사들은 상대적 우월감을 가지게 될지도 모르니 말이다.

수업에는 왕도가 없다.

그러나 지금 현실은 어떠한가? 지금 교육청, 교육부, 학교에서 바라보고 있는, 그리고 그들이 원하고 있는 교사들의 모습은 어떠한가? 수업에는 왕도가 있다는 인식을 교사들에게 은근슬쩍 심어주고 있지는 않고 있는가?

과거의 나의 모습을 존중하면서, 조금씩 성장하고 발전해나가는 것이 교실수업 개선이자 혁신이 되어야 하는데도 불구하고, 우리들은 그동안 바뀌어야 하는 변화의 측면에서만 교실수업 개선과 혁신을 바라보는 것은 아니었는지 반문해본다. 이제는 교실수업 개선, 혁신이라는 말 대신, 교실수업성장 혹은 발전이라는 말을 사용하면 어떨까? 교실수업을 바꾸기 위해 빠르게 변화하기 보다는 느리게 성장하고 발전하는 것은 어떠할까? 나의 수업 본질에 대한 나만의 인식을 가질 수 있도록 말이다.

피에르 쌍소는 『느리게 사는 것의 의미』라는 저서를 통해 다음과 같이 느림에 대해 해석하고 있다.

> 느림이란 더 빠른 박자에 적응하지 못한다는 의미가 아니다. 느림은 시간을 성급히 다루지 않겠다는 의지, 시간에 쫓겨 허둥대며 살지 않겠다는 의지, 세상을 넉넉하게 받아들이고 인생길에서 자신을 잃지 않는 능력을 키워가겠다는 의지의 확인이다.

교사들의 성장, 발전도 이러한 모습이어야 할 것 같다. 변화하지 못한다고, 시대의 흐름을 따라가지 못한다고 하여 적응하지 못하는 교사가 아니라, 그들 스스로는 자신을 잃지 않고 성급히 변화만을 추구하지 않으며 자신의 본질을 조금씩 키워가겠다는 의지를 가지고 있었던 것은 아니었을까? 그리고 그것이 바로 교사의 성장이자 발전이지 않을까 생각한다.

우리 교사들은 이처럼 느린 성장과 발전을 추구해야 할 것 같다. 그래야만 올바른 방향을 찾기 위해 헤매는 나침반 바늘과 같은 아이들이 자신이 원하는 방향을 찾을 수 있을 때까지 곁에서 지켜봐주고 격려해줄 수 있는 학생들이 원하는, 그리고 학생들이 바라는 교사가 될 수 있을 것 같다.

물론 저자 또한 수업을 변화시키기 위해(아니, 굳이 솔직히 말을 하자면 아이들을 위한 수업적 변화라기 보다는 다른 교사들보다 조금 더 나은 교사라는 인식을 심어주기 위해, 그리고 그를 통해 상대적 우월감을 가지기 위해서 수업의 변화를 추구했던 것 같다), 다른 교사들이 보았을 때 조금 더 나은 모습의 수업을 보여주기 위해 시대의 흐름에 따라 최신의 수업 방법을 적용도 해보고, 기존 수업 방법을 우리 교실에 맞게 변형시켜서 적용시켜보던 시기가 있었다. 그러한 시기에 『거꾸로 배움, 교실에서 찾은 아이들의 행복 열쇠』라는 저서를 쓰기도 하였다. 어떠한 경우인지 모르겠지만, 초판이 모두 팔리고 개정판까지 나오게 되었지만, 개정판을 다시 살펴보면서 참으로 부끄럽다는 생각을 많이 하게 되었다.

과연 왜 이러한 책을 펴내게 된 것일까?

그저 수업의 겉모습만 예쁘게(예쁘게도 아닌 것 같다. 그저 평범한 교사들과는 다른 방식으로 수업을 한다는 자랑을 하고 싶었던 것 같다) 포장지로 포장을 한, 수업의 본질은 변하지 않은 채 껍데기만 가득한 그러한 책을 왜 써내려가 갔던 것일까?

그 당시 본 저자는 수업 초반 5분 잡기, 협력 촉진 기술, 질문법, 협동학습, 액션러닝식 수업, 토의토론수업 등 수업 방법과 관련된 다양한 연수를 듣기도 하고, 책을 읽기도 하였으며, 관련 강의를 인터넷에서 찾아서 듣으면서 스스로 우리 교실에 적용할 수 있도록 연구하였다. 이러한 연구를 바탕으로 기존 수업 방법을 변형시켜서 교실에 어떻게든 적용하려고 노력하던 시기였던 것 같다. 그 당시 교사로서 본 업무에 충실한 것 같았고, 이러한 충실함에 아이들이 즐거워 하는 모습을 보면서 개인적으로 정말 뿌듯했고 행복했다.

그러나 지금와서 돌이켜 생각해보면, 그때 느꼈던 행복은 아이들의 교육과 배움을 위해 노력한 결실에 의한 것이라기 보다는, 아이들을 위해, 수업을 위해, 교육을 위해, 배움을 위해라는 거짓된 목표를 표방하면서 그저 주변의 교사들보다 더 열심히 연구하고 있으며, 실천하고 있으며, 다른 교사들과 다른 수업을 하고 있다는 상대적 우월감, 혹은 자만심이었던 것 같다. 그 당시에는 수업 시간과 수업 방법이 금방이라도 변화될 것 같았고, 변화된 것 같았으며, 아이들도 그러한 수업 변화에 매우 긍정적인 반응을 보이고 있다고 착각을 하였으며, 교사와 학생, 그리고 학부모가 모두 행복한 수업을 만들어가고 있음에 의심치 않았던 것 같다.

그러나 시간이 흐르면서 그러한 수업 외적인 변화가 점차 나에게는 병처럼 느껴지게 되었다. 처음에는 새로운 수업 방법에 열광하며 집중하던 아이들도, 반복적인 수업으로 인해 하나 둘씩 지루해하면서 집중하지 않고 힘들어하는 모습을 보이기 시작하는 학생들이 늘어났으며, 학부모들도 학습 내용과 교과서 진도를 걱정하기 시작하였다. 그 당시에는 정말 너무 힘들어서 병이라도 든 것 같았다. 그런데 시간이 흘러 지금에 와서 보니, 그 때의 그러한 병적인 경험과 패배감이 나에게는 오히려 약이 되었던 것 같기도 하다. 남을 흉내 내는 것에서 그치는 수업으로는, 성장하지 않는 본질적인 면은 감추어 둔 채 겉모습만 치장하려는 수업으로는 더이상 교사를 성장시킬 수도, 수업을 성장시킬 수도 없다는 사실을 깨닫게 되었다.

한 그루의 나무가 모진 비바람, 뜨거운 햇살을 받으며 조금씩 자라나듯이, 그러한 병적인 경험과 패배감으로 인해 수업도 수많은 시행착오 속에서 조금씩 성장하며 발전해가야 하는 것임을 비로서 몸으로 느끼고 깨닫고 체득하게 된 것 같다.

그러나 교육부, 교육청, 그리고 학교에서는 여전히 교사를 바라볼 때, 혹은 수업을 바라볼 때 방법이 얼마나 참신한가? 얼마나 활동중심인가? 얼마나 학생중심인가? 와 같이 방법적인 측면을 강조하고 있다.

물론 수업이라는 것, 특히 공개수업(교육청, 학교에서 흔히 교사나 수업을 바라보기 위해 실시되고 있는 것이 공개수업이므로 공개수업이라는 단어를 사용하게 되었다.)이라는 것이 평가의 측면이 더욱 강조되고 있고, 나의 수업을 누군가에게 평가를 받기 위해서 실시하는 것이 공개수업이라는 인식이 깔려있기에 그럴 수밖에 없는 것도 사실이다. 그러나 그러한 수업 방법적인 측면, 외적인 측면만을 강조하면서 수업을 변화시키려고 하고, 교사를 변화시키려고 하다보면 어느 순간, 교사들은 자신도 모르게 지치고 힘들어하다가, 쓰러져 버릴지도 모른다는 사실을 깨달았으면 한다.

사실 시대적 흐름에 따라 어떠한 학습 방법이 좋다고 하면 교육청에서는 그와 관련된 연수를 이름만을 바꿔가며 다양하게 실시하게 된다. 비슷한 연수를 주제명만 조금씩 바꿔가며 실시하게 되고, 교사들은 수년간 반복적으로 수업 기술에 대한 연수를 듣고 겉모양만 따라 하게 된다. 이런 연수를 통해 교사들은 각자 수업의 본질적인 측면에 대한 고민 없이 그저 연수를 통해 배운 수업 기술을 어떻게 수업에 적용하면 좋을지에 대해 더 큰 관심을 보이게 된다. 그리고 새로운 교실 수업 기술을 배우고 적용을 해야만 수업에 변화를 주었다는 생각을 가지게 되는 것 같다.

그러나 교사들 대부분은 경험했을 것이다. 연수를 통해 새롭게 배운 수업 기술을 적용을 하지만, 곧 그렇게 적용된 기술이 나의 것이 아님을 알고 금세 포기를 해버리게 되는 경험을 말이다.

왜 연수에서 배운 내용이 교실에서 적용이 안 되는 것일까?

그건 같은 내용을 가르치더라도 교사마다 다른 방식으로 학생들에게 전달하기 때문은 아닐까 생각한다. 수업을 통해 학생과 교사가 하나가 되었다는 생각이나 느낌을 받기 위해서는 수업 내용이나 방법이 교사의 생각과 마음을 관통할 수 있는 하나의 이야기로 엮여질 수 있어야 한다. 그렇게 하나로 엮을 수 있는 것이 바로 교사의 삶이라고 생각한다. 즉, 교사의 삶과 직접적인 연관을 가지는 교실 수업 내용은 아이들의 마음을 관통하고 교실 속 수업 내용을 통해 교사와 학생이 하나가 될 수 있는 것이다.

그렇다. 수업의 방법적인 측면은 그다지 중요한 것이 아닐지도 모른다. 방법적인 측면은 교사의 저마다의 삶의 방식과 과정에 의해 다르게 해석되어 활용될 수 있으니 말이다. 그러나 그동안의 연수는 이러한 방법적인 측면을 강조해 왔으며, 방법적인 측면에서 어떻게 수업이 이루어져야 하는지를 교사에게 일방적으로 획일화된 방향으로 알려주고자 했음을 부정할 수 없다. 이로 인해 연수에서 힘들게 배운 내용이 실제 교실에서 오래도록 적용되는 실례를 찾아보기 어렵지 않았을까 생각하게 된다.

다시 말을 하지만, 수업의 방법적인 측면은 중요한 것이 아니다. 수업을 통해 학생에게 교사의 마음이 어떻게 전달되느냐가 중요한 것이다. 이러한 면에서 이제부터는 수업의 방법적인 측면이 아니라, 수업의 본질적인 측면, 다시 말해 교사의 삶에 관심을 가지고, 그러한 교사의 삶을 함께 살펴보고 어루만져 줄 수 있는 연수, 혹은 공개 수업과 수업 나눔이 이루어져야 하지 않을까 생각하게 된다.

그러나 실제 교실 속 모습을 들여다보면 교사의 삶보다는 수업의 방법적인 측면을 더욱 강조하고 있으며, 교사들 또한 자신의 삶이라는 본질적인 측면이 아닌 수업 방법이라는 외적인 측면에 더욱 치중하고 있음을 쉽게 발견하게 된다. 저자의 수업과 교실 모습 속에서도 이를 쉽게 발견할 수 있었다.

교사로서 그러면 안 되지만… 그래도 갑작스러운 일처리로 인해 아이들의 수업 시간에 일을 하게 되는 경우가 가끔씩 있다. 아니 더러… 혹은 그보다 훨씬 더 자주 있기도 하다. 어쨌든… 이러할 때가 되면 아이들의 활동모습을 살펴보지도 못하고, 함께 하지도 못한 채 컴퓨터에 앉아서 공문을 작성하게 된다. 그러면 으레 아이들은 나에게 오지 않는다. 이상하게도 아이들이 먼저 느끼는 것 같다. 평소에는 먼저 다가와서 장난도 치고 수업 시간에 귀찮을 정도로 질문을 엄청 많이 하던 아이들도 그때(급하게 공문을 처리하고 있거나 업무를 보게 되는 경우)가 되면 질문도 하지 않을 뿐더러 자기들끼리 무언가를 하게 된다. 아마 많은 선생님들이 그러할 것이며, 이 때문에 많은 선생님들이 수업에 집중할 수 있도록 업무 경감을 요구하고 있는 것인지도 모르겠다. 그러나 교사들의 이러한 요구에도 불구하고 업무 경감에 대한 노력의 결실이 피부로 와 닿는 경우는 극히 드물다.

실제 이러한 일도 있었다. 교사 업무 경감과 관련하여 도교육청에서 공문이 내려왔다. 사실 이러한 공문이 학교로 내려왔다는 사실도 5달이 지나서야 알게 되었다. 겨울 방학 계획을 발표하는 자리에서 한 선배 교사가 이러한 공문에 대한 내용을 언급하면서, 그동안에 교사들이 형식적으로 작성해오던 겨울 방학 연수물을 이제는 따로 작성하지 않아도 된다는 내용이 포함되어 있다는 사실을 알려주었다. 5달 전에 내려 온 공문이었음에도, 본교 교사들은 아무도 그러한 사실을 인지하지 못하고 있었으며 이에 대한 어떠한 언급도 듣지 못했다. 이에 학교에서는 교육청에 질의를 하였는데, 그 공문은 다른 교육청의 사례를 안내하는 차원이었으며, 아직 본 교육청에서는 연수물 작성에 대한 입장을 기존대로 처리하도록 하겠다는 대답을 들었다.

이에 그 공문에 대해 언급을 해준 선배 교사가 교육청에 다시 전화를 하여, 공문의 내용에 대한 것과 취지에 대하여 말을 전하였다. 다소 격양된 목소리가 오고가기도 하였다. 어쨌든 이러한 일이 있고서, 하루가 더 지나고 나서 교육청에서는 그 부분에 대해서는 학교장의 재량으로 처리하도록 할 테니, 학교에서 결정을 하라는 말을 전해주었다.

이처럼 교사 업무 경감을 위해 교사들은 많은 노력을 기울이고 있고, 이미 많은 부분 경감이 된 부분도 있지만 교육청별로 받아들이는 정도와 운영되는 정도에 차이가 있다. 이미 교사 업무 경감에 대한 가이드라인(교육부 하달 공문이었음)이 나온 상태임에도 불구하고 본 저자가 소속된 교육청에서는 크게 관심을 두지 않은 상태였으며, 학교 재량으로 떠 넘겨버리는 실정이니 말이다.

어쨌든 상황이 이러하다 보니, 학교 현장에서 교사들은 수업 시간에 공문을 처리하거나 업무를 보게 되는 경우를 대비하기도 한다. 그러할 때 어떠한 것을 아이들에게 제공하면 좋을지, 혹은 업무를 보더라도 아이들이 스스로 수업에 참여할 수 있도록 하기 위해 어떻게 수업이 이루지면 좋을지 방법적인 측면에 더욱 관심을 보이기도 하는 경우가 더러 있다.

상황이 이러하다 보니 본 저자의 수업 모습에 대해 다른 교사들은 이러한 측면으로 우리 교실 수업을 바라보기도 하는 것 같았다. 참고로 저자의 수업은 전 교과를 통합하여 교육과정 재구성을 통한 프로젝트 학습을 1년간 지속적으로 실천해 왔으며, 지금도 실천 중에 있다. 물론 근본적인 의미에서의 프로젝트 학습이라고 말 할 수 없을 지도 모르지만, 활동과 활동들이 서로 분절되지 않고 계속 이어지면서 공동의 결과물을 이끌어 내기 위해 스스로 참여하는 것을 기본으로 하여 팀이 함께 문제를 해결하도록 노력하고 있다. 그리고 그러한 문제들 역시 큰 주제는 저자가 운영 중에 있는 교사 공동체의 성찰과 협의 하에 어느 정도 정해주지만, 그 안의 세세한 주제 및 활동 내용들은 최대한 학생들이 스스로 찾고 정하여 스스로 그리고 함께하여 적극 참여할 수 있도록 하고 있다. 또한, 아이들에게 제공하는 큰 주제의 틀 안에 교사의 삶의 이야기가 묻어날 수 있도록 노력도 함께 하고 있기도 하다.

이러다 보니 굳이 저자가 하나부터 열까지 모든 것을 세세하게 챙겨주거나 설명해주지 않아도 되는 경우가 많다. 그래서 인지 수업시간에 가끔씩 급한 공문을 처리하더라도 아이들의 수업과 배움에는 큰 지장을 주지는 않는다. 물론 이 또한 저자의 개인적인 생각인지는 모르겠지만 말이다.

어쨌든 이러한 상황에서 우리 교실을 우연찮게 들리게 된, 친하게 지내는 선배 교사 우리 교실의 모습, 아이들의 활동 모습을 보면서 이러한 말을 하였다.

"정말 훈련이 잘 되었네요"

그런데 이 말을 친한 선배 교사만 한 것이 아니라, 어쩔 수 없이 참석해야 하는 수업 시간 내 출장이나 연수로 인해 보결 수업이 배정되어서, 우리 교실에 보결 수업을 들어 오시게 된 선생님들께도 하나같이 비슷한 말을 들었다.

그런데 정작 나는 아이들을 훈련시킨 적이 없다. 그저 그들이 함께 문제를 해결함에 있어서 어떻게 함께 하면 좋을지, 그리고 서로의 의견을 어떻게 교환하고 모으면서 함께 문제를 해결해 나가면 되는지를 스스로 알 수 있게 기회를 제공해 줄 뿐이었다. 그러나 주변 교사들의 눈에는 그저 수업을 위해 학생들을 잘 훈련시킨 것으로만 보였으며, 주변 교사들은 어떻게 하면 초등학교 저학년 아이들이임에도 불구하고 그렇게 열심히 스스로 활동을 할 수 있게 하는지 수업 방법에 관심만을 가지는 것 같다. 저자의 수업에 대한 이야기는 뒤에서도 조금씩 계속이어서 하도록 하겠다.

어쨌든 이러한 상황(아이들이 함께 모여서 스스로 문제를 찾고, 함께 해결할 수 있게 만든 상황)이다 보니 수업시간에 업무를 보게 되는 경우가 자주 생기게 되었다. 물론 그러하면 안되겠지만, 잦은 업무 처리와 많은 양의 업무로 인해 수업시간에 업무를 보는 경우가 자주 생기게 된다. 업무를 보기 위해서 그러한 상황을 만든 것이 아님에도 불구하고 말이다. 이러한 상황에서 다른 교사들은 본 저자가 왜 그렇게 할 수 밖에 없었는지, 혹은 그렇게 할 수 있는 상황을 위해 그동안 어떠한 노력을 기울여 왔는지, 혹은 왜 그렇게 하고 있는 지 등 교사의 삶에 대한 관심이나 궁금증 보다는 어떻게 아이들을 훈련시켜왔고 어떻게 수업을 하고 있는 지 수업 방법에 대한 외적인 측면에 더욱 관심을 가지고 흥미로워하는 것 같다.

또한 앞의 저자의 이야기를 통해 이러한 상황에 대해 본 저자가 진정으로 하고 싶은 말은 이렇게 업무를 보거나, 컴퓨터 앞에 앉아 있을 때, 우리 교실의 아이들이 저자의 곁으로 오지 않는다는 것이다. 그 당시에는 아이들이 업무를 방해하지 않기 위해서, 혹은 선생님을 배려하기 위해서 라고 큰 착각을 했던 것 같다. 그런데 지금 와서 생각해보니 그것이 아니었다. 단지 그러한 시간 속에는 교사의 삶이 묻어나지 않았기 때문이었다. 대부분의 수업시간에 저자는 아이들과 함께 호흡하고, 나의 삶이 아이들의 마음을 관통하도록 많은 이야기를 함께 나누면서 아이들과 활동을 함께 하거나 함께 이야기를 나누면서 아이들의 모습을 사진으로 혹은 동영상으로 남겨준다. 이러할 때면 아이들은 나에게 정말 스스럼없이 다가온다. 정말 친한 삼촌처럼, 혹은 형, 오빠처럼 다가와서 말을 걸고, 이런 저런 이야기를 나누기도 하며, 때로는 교사에게 말을 하고 싶어서 툭툭 치는 아이들까지도 있다. 아이들은 선생님은 어릴 때 어떠했는지를 매우 궁금해 하며 함께 공감하는 시간을 가지려한다. 이러한 시간에 잠시 지쳐 교사 의자에 앉을 때 조차도, 아이들은 저자를 가만히 두지 않으려고 한다. 자기들이 하고 있는 것들을 나에게 가지고 와서 보여주는 아이들도 있고, 조금은 필요 없는 것(이것 역시 교사의 관점이겠지.. 그 아이에게는 정말 필요한 것일 수도 있다. 그래서 나는 필요없는 것이라는 생각을 하지 않으려 한다. 아이들의 관점과 시각에서 바라보고자 한다)처럼 느껴지는 질문들(이러한 아이들의 모습과 질문들을 함께 나누다 보면, 앞서 말을 했던 것처럼 방향을 찾기 위해서 이리저리 움직이는 나침반 바늘과 같은 아이들이라는 생각을 하게 된다. 아직은 어떠한 방향을 가리켜야 할지 몰라서 이리저리 움직여보는 나침반 같은 아이들의 모습을 보면서, 교사들은 아이들의 곁에 서서 지켜봐주고, 격려해주면서 나침반 바늘이 그들이 바라고자하는 바른 방향을 가리킬 수 있도록 교사로서 본인은 어떠한 삶을 살아왔으며, 살고자 노력하고 있는지를 수업을 통해 알려주면 좋을 것 같다.)도 정말 수없이 던지기도 하며, 일일이 교사의 대답을 들으려고(이래서 인지 주말이 지나고 난 뒤, 월요일 1교시 수업은 아이들의 이야기를 들어주고 함께 이야기를 나누는 시간을 가지느라 수업을 하지 못하는 경우가 대부분이다) 한다.

이처럼 아이들은 수업과 활동 속에서 교사의 이야기가 들어있는지, 교사의 삶이 묻어있는지를 몸소 직접 느끼고 그에 따라 행동할 줄 아는 순수한 존재인 것 같다. 그리고 아직은 자신이 어떠한 방향을 가리켜야 할지 몰라서 이리저리 움직이는 나침반 바늘 같은 존재인 것 같다. 이러한 아이들에게 교사들의 수업 기술이 얼마나 세련되었는지, 얼마나 유행을 따르고 있는 지, 시대의 흐름에 따라 얼마나 잘 따라가고 있는지, 혹은 방법적인 측면에서 얼마나 활동적이며 학생 중심적인지는 크게 중요하지 않은 것 같다. 교사가 수업을 통해 전하고자 하는 말 혹은 이야기가 들어있는지, 그리고 함께 삶의 이야기를 나누려고 노력하고 있는지가 중요한 것 같다. 그리고 아이들을 위해 곁에서 기다려주면서 지켜봐주고 있는지, 그들이 필요할 때 도움을 주면서 격려해주기 위해 자리를 지키고 있는지, 그리고 격려를 해주고 있는지가 중요한 것 같다.

아이들이 바라는 것은 수업의 기술적인 면이 아닌
교사의 삶과 이야기가 들어있는 수업인데
교사들은 방법에만, 기술에만 얽매여 있는 것은 아닐까?

이제는 새로운 수업 기술에만 얽매여서 교사, 혹은 수업을 바라보기보다는 그 속에 교사의 이야기와 삶이 묻어있는지, 그리고 그를 통해 아이들과 마음이 통해 하나가 될 수 있는 수업을 하고 있는지가 중요한 것 같다.

수업의 본질은 무엇인가를 가르쳐주기 위함이 아니라,
아이들이 스스로 자신의 방향을 찾을 수 있도록
기다려주고 지켜봐주고 격려해주는 것은 아니었을까?

그것이 바로 학생이 원하는 교사, 혹은 수업은 아니었을까? 이제 우리 교사들은 학생이 원하는 수업의 본질이 무엇인지, 학생이 바라는 교사의 본질은 무엇인지에 대해 함께 이야기를 나누고 고민하고 성찰해 볼 필요가 있는 것 같다.

학생이 원하는 선생님이 되고 싶나요?
그러면, 아이들을 바라보자

교사가 교사로서의 삶을 잘 살아가고 있는지, 아이들을 위한 수업을 잘하고 있는지,

아이들의 배움을 위해 노력하고 있는지, 그리고 그러한 노력이 헛된 것이 아닌지를 확인하는 방법은 학생의 모습을 통해서만 가능한 것 같다. 아이들이 어떠한 반응을 보이는지, 아이들이 교사에게 다가오는지, 아이들은 어떠한 표정을 짓고 있는지, 아이들이 어떠한 행동을 하는지, 하나부터 열까지 아이들을 바라보고 생각해보자. 그것만이 아이들이 바라는 교사가 되고 있는지, 그러한 수업을 하고 있는지를 알 수 있는 유일한 방법일테니 말이다.

이번 장의 이야기는 얼마 전, 읽게 된 『올 에프 선생님』(미하모토 마사하루, 2014)의 이야기를 전하며 마무리하고자 한다.

미아모초 마사하루(2014)는 자신의 삶의 이야기를 담은 책을 발간하게 되었다. 그는 흔한 교사들과는 전혀 다른 학창시절을 보낸 사람이다. 초등학교 3학년때부터 공부와는 담을 쌓고 살았으며, 학창시절 내내 친구들로부터 괴롭힘과 따돌림을 받아왔으며, 전 과목 모두 F, F, F 일생인 성적표를 받는 것이 당연한 학생이었다. 중학교를 졸업할 무렵 그가 아는 한자라고는 자신의 이름뿐이었고, 수학은 구구단 2단까지만 겨우 외우고 있었으며, 아는 영어 단어는 'book'이 전부였던 학생이었다. 고등학교에 진학을 하지 않고,

일찍 일을 시작하였으며, 힘들게 목공서에서 일을 하고 있던 그를 깨우쳐 준 것은 스물세 살 때 tv 다큐멘터리를 통해 알게 된 아인슈타인의 상대성 이론과의 만남이었다. 이 계기로 물리학에 흥미를 가지게 되고, 다시 초등학교 3학년 수학 문제집을 구입해서 독학으로 공부를 하기 시작하였다. 스물네 살에 야간고등학교에 입학을 하고, 주위 모든 사람이 불가능하다고 여겼던 국립대학교에 3년 후에 입학하게 된다. 그리고는 9년 동안 물리학에 빠져 지내게 되었으며, 서른 여섯 살에 모교에 수학교사로 교단에 서게 되었다.

올 에프 선생님의 주인공 이야기를 천천히 읽어가면서 이러한 생각이 들었다.

그래,
어쩌면 우리 아이들이 원하는 선생님은 이러한 선생님이 아닐까?

우리 주변의 교사들은 모두 학교가 인정하는, 사회가 인정하는 바람직한(?) 삶을 살아온 사람들이 대부분이다. 저자 주변의 선생님들을 살펴보면 대부분 학창 시절 모범생에 가까운(?) 생활을 하였으며, 성적 또한 우수한 편에 속한 자들이 대부분이다. 학창시절 어느 정도의 높은 성적이 보장되어야만 교대(혹은 사대)에 진학이 가능하며, 그러한 높은 성적을 받은 친구들과 임용고시라는 경쟁(학교급별로 경쟁률에 큰 차이를 보이기는 하지만)을 통해서 합격한 자들만이 교사가 될 수 있다. 그래서 인지 교사라는 직업 자체가 가지는 이미지는 그래도 학창 시절 열심히 공부하였고, 바람직(?)한 생활을 하였으며, 모범생에 가까운 학생이었을 거라는 인식을 많이 가지게 된다.
그래서 교사들은 공부를 못하는 학생, 공부에 취미가 없는 학생, 방황하는 학생, 은둥형 외톨이 학생, 항상 꼴찌만 하는 학생 등 사회에서 소외된 아이들을 이해하는 것에 어려움이 따르는 건지도 모르겠다.

흔히 교사들은 이러한 말을 많이 한다.
"공부를 잘 하는 아이들은 그냥 놔둬도 모든 다 잘한다"

그렇다면 우리 교사들이 더 많이 신경쓰고 배려하고 이해하고 아껴줘야 하는 아이들은 소외된 아이들은 아니었을까?

그런데도 교사들은 여전히 소외된 아이들보다는 모범적인 아이들을 더 많이 아껴주고 있었던 것은 아니었을까?

실제 학부모와의 면담을 하면서 선생님에 대한 안 좋은 인식을 가지는 어머님을 몇 분을 알게 된 경우도 있었다. 이야기를 들어보면 학창시절 모범적인 아이들과의 차별적인 대우로 인해 선생님에 대한 좋지 않은 인식을 가지고 있음을 알 수 있었다.

그렇다면, 우리 사회에도 올 에프 선생님처럼 전교 꼴찌, 인생 낙오자 출신의 선생님이 한 번 쯤은 나와도 좋지 않을까?

이런 선생님은 사회에서 소외된 아이들의 마음을 누구보다 더 잘 이해할테니 말이다.

수업시간에 집중하여 참여하고, 교사의 질문에 항상 정답만을 말하고, 이에 항상 우수한 성적표를 받아들고, 혼보다는 칭찬을 많이 들어오고, 언제나 인정을 받으며 학창시절을 보내왔으며, 경쟁이라는 학교 전쟁터에서 항상 승리만 하면서 교사라는 직업을 가지고 교단에 선 선생님들이 과연 수업에 참여를 하지 못하고, 모르는 것 투성이 인 아이들의 삶을 제대로 이해할 수 있을까?

그리고 이렇게 교사가 된 우리들은 주변의 교사들과의 또 다른 경쟁에서 이기기 위해 항상 새로운 수업 기술과 방법에만 얽매였던 것은 아니었을까? 나 또한 그러하지 않았을까?

진정으로 아이들의 학습과 배움을 위해 새로운 수업 기술과 방법에 대한 다양한 연수도 듣고, 연구도 하고, 교실에 적용을 했던 것일까? 아니면 그저 다른 교사들보다 더 나은 수업을 보여주기 위해서, 주변 교사들과의 보이지 않는 경쟁에서 승리하기 위해서 새로운 수업 기술과 방법을 적용했던 것은 아니었을까?

학생들이 원하고 바라는 선생님은 옆의 교실과는 다른 방식으로 수업하고, 활동중심의 참여식 수업을 잘 하는 선생님이 아니라, 올 에프 선생님과 같이 아이들의 삶을 더 잘 이해해줄 수 있는 선생님은 아니었을까?

아이들이 진정으로 바라고 원하던 선생님은 나의 마음을 꼭 자기의 마음처럼 이해하고 헤아려줄 수 있는 선생님은 아니었을까?

학생들을 이해하고 배려하고, 내 마음같이 헤아려줄 수 있는, 그러한 선생님의 진정한 삶의 이야기가 담긴 수업이 바로 아이들이 바라는 그리고 원하던 수업은 아니었을까?

아이들은 누구나 빛날 가능성을 가지고 있으며, 사소한 계기만 있으면 누구나 열심히 할 수 있고 빛이 날 수 있는 존재들이다. 그러한 사소한 계기는 교사의 진심어린 헤아림, 교사의 삶의 이야기가 진심으로 담겨있는 교사와 학생의 마음을 관통할 수 있는 수업을 통해서만 이루어질 수 있지 않을까?

방향을 찾아가는 나침반 바늘과 같은 아이들에게 필요한 것은 그렇게 방황하면 자신이 원하는 방향을 찾아갔던 교사의 삶의 이야기가 아니었을까?

그리고 그러한 이야기가 담겨진 수업을 통해 찾고자 했던 방향을 찾아 갈 수 있도록 옆에서 지켜봐주고, 기다려주고, 필요로 할 때 조언도 아낌없이 해 줄 수 있는 그러한 교사를 학생들은 원하고, 바라고, 꿈꾸고 있었던 것은 아닐까?

올 에프 선생님은 이러한 말을 했다.

아무리 밑바닥 생활을 하더라도 꿈과 희망을 버리지 않으면, 행복을 거머쥘 기회가 온다. 그리고 그러한 행복의 기회에서 중요한 것은 사람과의 만남이다.

여기서 사람이란 학생들에게는 교사가 주된 대상이 아닐까?

따스한 사람들과 마음을 나누면 사람은 변할 수 있다고 한다. 그러한 따스한 사람이 바로 교사가 되어야 하지 않을까?

아이들에게 따뜻한 사람이 되고 싶다. 그들의 마음을 헤아려주고 어루만져줄 수 있는 따뜻한 선생님이 되고 싶다. 방황하는 아이들이, 방향을 찾기 위해 이리저리 움직여보는 아이들을 위해 어느 정도 거리를 두고서 지켜봐주고, 격려해주고, 마음을 헤아려주면서 아이들에게 마음으로, 진정으로 따뜻한 선생님이 되고 싶다. 그리고 나의 삶의 이야기가 묻어나와서 학생의 마음을 관통할 수 있는 그러한 따뜻한 수업을 하고 싶다.

그래서 인지 몰라도 조금이나마 아이들이 선생님에 대한 부담을 줄여주고, 모든 것을 알고 있을 것 같기만 한 선생님이 아니라 선생님도 우리들과 똑같은 학교생활을 해 온 사람이라는 것을 알려주고자 노려했던 것 같다.

그래서 간혹 아이들이

"선생님은 학교 다닐 때 공부 잘했나요?"

라고 물어오면, 으레 이렇게 답을 했던 것 같다.

"아니! 선생님도 너희들처럼 공부를 무척이나 싫어했고,
공부하기 싫어서 맨날 반에서 꼴찌를 했단다."

그러면 아이들은 하나같이 모두가 이렇게 말한다.

"에이! 거짓말하지 마세요!
맨날 꼴찌만 했는데 어떻게 선생님이 되었어요?
우리 엄마가 선생님이 되려면 공부를 잘해야 된다고 말 했어요."

그러면 다시 이렇게 말을 한다.

"아니야. 진짜 선생님도 공부하기가 너무 싫었고,
공부도 무척이나 잘 하지 못 했단다.
그런데 어떻게 선생님이 될 수 있었을까?"

초등학교 저학년이라서 그런지 몰라도, 아이들은 이런 나의 질문에 그거야 모르죠라고 말을 하면서도 무척이나 궁금해 한다.

궁금해 하는 아이들을 보면서, 더 이상 대화를 이어가지는 않았다. 그냥 그저 이러한 대화로 아이들에게 사소한 계기를 제공해주고 싶었던 것 같다. 이러한 사소한 계기들이 모이고 모여서 아이들이 원하는 목표를 이룰 수 있는 기회가 마련될 테니 말이다.

'어쩌면 새로운 도전을 꿈꾸는 이들은 모두 꼴찌가 아니었을까?'

올라갈 일밖에 남지 않은 꼴찌이기에, 꼴찌의 또 다른 이름은 바로 희망일 것이다. 그리고 선생님들은 자신의 삶의 이야기를 통해 이러한 희망을 아이들에게 전해주어야 하는 존재가 아니었을까?

학생의 마음을 헤아릴 수 있는, 꼴찌의 마음까지도 자신의 마음처럼 깊이 이해할 수 있는 선생님이 필요하지 않을까?

교육이 점차 방향을 잃고, 방황하고 있으며, 선생님과 학생들 모두 힘들다고만 외치고 있는 지금의 학교 교육에서 진정으로 필요한 것은 무엇일까? 새로운 수업 기술, 방법일까? 아닐 것이다.

그것은 바로!

학생의 마음을 진심으로 이해하고 헤아리며, 그동안 살아온 삶의 이야기를 통해 아이들의 마음을 어루만지는 수업으로 감동을 선사할 수 있는 선생님이 아닐까?

그리고 아이들의 마음을 진심으로 이해하고 헤아릴 줄 아는 선생님은 아이들을 위해 기다려주고, 지켜봐주고, 필요로 할 때 진심어린 깊은 조언을 해주지 않을까? 지금의 아이들은 잘못된 방향으로 나아가는 것이 아니라 그저 방향을 찾기 위해 이리저리 방황을 하고 있는 것임을 알고 있기에 올바른 방향을, 가고자 하는 방향을 스스로 찾을 수 있을때까지 기다려주고 지켜봐주게 되지 않을까?

올바른 방향이 이거라고 알려주고 알려줄수록 더 어긋나고자 하는 것이 아이들임을 알기에 말이다.

강금주(2013)는 『사춘기로 성장하는 아이 사춘기로 어긋나는 아이』라는 저서를 통해 이러한 말을 하였다.

사춘기 어린이를 대하는 부모(본 저자는 교사라고 말을 바꾸어도 좋을 듯 하였다)들은 아이들의 말에 마음과 귀를 열기보다는 부모(교사) 자신의 말을 하기에 급급하다고 한다. 그러는 동안 아이들은 자신은 지금 존중받고 있으며, 소중하게 대접을 받는다는 느낌보다는 지시를 받고 있다는 느낌을 더 많이 가지게 된다. 아이들에 필요한 것은 일방적인 지시와 판단과 명령이 아니라, 따뜻한 이해와 수용의 대화인 것이다. 아이를 존중하는 것, 그것이 바로 사춘기로 성장하는 아이의 해답인 것이다.

교사는 아이들이 어긋난 방향으로 나아가는 것에 대한 두려움을 가지게 되며, 이러한 두려움으로 인해 아이들을 몰아치게 되며, 더 많이 지시하고 판단하고 명령하게 된다. 말로 상처를 주고, 구구절절 잘못을 지적하게 된다. 이렇게 해야 한다고 지시를 하면 할수록 아이의 마음은 굳게 닫히게 될 것이다. 마치 조개를 열기 위해 칼로 조갯살을 파고들면, 더욱 굳게 입을 다무는 조개처럼 말이다.

이제는 아이들에게 대한 교사들의 그러한 두려움을 떨쳐 버리고, 아이들 그 자체를 받아들이는 여유를 가져보면 어떨까?

아이를 있는 그대로 존중하고, 인정해주며, 기다려주고, 지켜봐주는 교사가 되어보면 어떨까?

이것이 바로 학생이 그동안 진정으로 바라고, 원하던 선생님은 아니었을까?

CHAPTER

3

교사가 바라보는 교사는?

교원능력개발평가, 근무성적평가, 성과상여금

이들의 공통점은 무엇일까? 아마도 글을 읽고 있는 독자가 교사라면 눈치 챘을 것이다. 아니, 교사가 아니더라도 눈치는 챘을 것 같다. 바로 현재 학교에서 이뤄지는 교원평가의 종류이다. 1969년 제정된 교육공무원승진규정 제18조에 의해 근무성적평가라는 이름으로 교원평가가 처음을 실시된 이후, 2001년부터 교육에 대한 책무성을 배경으로 하여 교원성과금제도가 실시되었으며, 2010년부터는 교원 전문성 제고를 위해 교원능력개발평가가 실시되고 있다.

본 저자는 이번 장에서 학생들의 학습능력 향상을 위한 교원 전문성 신장을 목적으로 하는 교원평가 자체를 부정하고자 하는 것은 아니다. 학교 컨설팅을 해주는 시간에 이런 부분에 대해 이야기를 나누면 혹자는 저자에게 전교조에 가입되어있는 교사냐고 묻곤 한다. 저자는 전교조에 가입되어 있지도 않았을 뿐더러, 전교조를 별로 좋아하지 않는 교사 중에 하나이다. 그러나 여기서 저자가 언급하고자 하는 것은 이러한 평가 제도로 인해 발생하게 되는 교사들간의 불신이며, 교사들 스스로 서로가 서로를 평가하고 평가 받는 존재로 전락되고 있는 학교 문화에 대해 말을 하고자 하는 것이다.

3가지 종류의 평가는 평가목적이나 방법, 내용적인 측면에서 조금씩 상이한 면을 가지고 있지만 교원 전문성 신장이라는 공동의 목적을 가지고 있다. 그러나 이러한 평가 제도로 인해 교사들은

'무엇을 잘해야 훌륭한 교사인가?'
'나의 업무능력에 대해 정당하게 평가받고 있는가?'

와 같은 심리적 혼돈 상황을 겪게 된다. 전문성 신장을 목적으로 한다지만 현장에 있는 교사들은 평가를 바라볼 때 전문성 신장의 측면에서 이러한 평가들을 고려하는 것이 아니라, 그 사람이 얼마나 업무를 잘 처리하는 가, 아니면 얼마나 업무 수행능력이 우수한 교사인가에 초점을 두고서 서로를 평가하게 되는 것이다. 교사의 본질적인 전문성은 업무 수행 능력이 아니라 수업 속에서 찾아야 하는 것임에도 불구하고 말이다.

앞서 언급 했듯이, 교사는 성장해야 하는 존재인 동시에 이를 위해서 서로가 서로를 위로하고 위로 받아야 하는 존재라고 할 수 있다. 그리고 여기서 말하는 성장이라 함은 오랜 시간의 고통을 견뎌내면서 이뤄질 수 있는 것이다. 그렇다면 우리는 왜 그러한 고통을 감수하면서까지 아이들을 더 잘 가르치기 위해, 그리고 학생들의 배움이 더 잘 일

어날 수 있도록 하기 위해 더 많이 연구하고 공부해야 하는 것일까?

인간은 누구나 위로를 받고 싶어하는 존재라고 한다. 교사 또한 그렇다. 교원 평가라는 제도 아래 서로가 서로를 평가하고 평가받기 위한 존재가 아니라, 서로가 서로의 수업과 이야기를 통해 위로하고 위로받는 존재가 되어야 한다는 말이다.

그러나 현실은 어떠한가?

교사들은 교실에서는 학생들에게 평가를 받고, 교실 밖에서는 교사들에게 평가를 받고, 학교 밖에서는 학부모들에게 평가를 받는 존재가 되어가고 있다. 교사들은 언제 어디서나 평가를 받으며 살아가는 존재가 되어 가고 있으며, 언제 어디서나 평가에서 자유롭지 못한 그러한 존재가 바로 교사인 것이다.

물론 시대의 변화에 따라 교육의 개혁과 변화는 필연적이며, 이에 따른 교사 평가 제도 또한 필요한 제도임에는 반박하지 않는다. 이러한 교원 평가제도는 그렇다 하더라도, 우리들의 수업 자체는 평가를 하거나, 평가를 받는 것이 되어서는 안 된다고 생각한다.

사람들은 누군가로부터 이해받지 못할 때 누구나 너무 억울하고 속상해진다. 교사도 그러하다. 교사도 이해받지 못한다고 느껴질 때 억울하고 속상해진다. 그것이 교사들의 수업에 대한 것이라면 더욱 그러할 것이다.

본 저자 역시 그러했다.

2016년, 한 해는 교사로서 나라는 존재에 대해 큰 고민을 하며 이해받지 못함에 대해 억울하고 속상한 마음을 너무 크게 가졌던 시간이었다. 아이들의 배움을 위해, 교육과정 중심의 학교를 만들어가기 위해 많은 노력도 하고 다른 선생님과 많은 것을 함께 하고 싶었지만, 오해와 불신으로 인해 억울하고 속상한 마음을 많이 가졌던 한 해였던 것 같다. 그래도 함께 했던 공동체 선생님, 나의 교육 이야기에 동의를 해주시는 몇분의 선생님들과 그들의 위로와 응원덕에 힘을 얻으며 1년을 학교를 위해, 혹은 교육을 위해, 그리고 배움을 위해 버티고 견디며 어떻게든 살아 갈 수 있었던 것 같다.

한 해를 힘들게 버티면서 느낀 것은 우리 교사들에게는 서로의 이야기와 고민을 들어주고

서로를 위로해줄 수 있는 공동체가 꼭 필요하다는 것이었다. 공동체가 필요하다는 연구 결과 및 여러 책들을 통해서 알게 된 지식에 의한 것이 아니라 실제 학교에서 생활을 하고 함께 살아가면서 피부로 느낀 결과 우리 교사들에게 지금 가장 필요한 것은 공동체라는 것을 알게 되었다. 공동체에 대한 이야기는 뒤에 다시 나누도록 하겠다.

본 저자의 이야기는 뒤에서 계속 이어가도록 하고 여기서는 잠시 접어두자. 학교 현장에서는 수업에 대한 평가로 인해 수업 공개에 대한 부담감이 날이 갈수록 커지고 있다. 그동안 교사들은 공개 수업을 하고서 평가를 받거나 비평을 받았지, 수업을 통해 서로를 위로하고 위로 받을 수 있는 기회가 별로 없었다. 날이 갈수록 수업 공개는 평가를 받는 시간으로 변질되어가고 있다. 아니다. 모르긴 몰라도 변질이라기 보다는 처음부터 그러했을 것 같다. 교사들에게 수업 공개하는 날은 특별한 날에 실시되는 것으로, 평소와는 다른 방식으로 수업을 해야 하는 날로 인식되어 있으며, 참관을 하러온 교사에게 나의 수업을 평가받는 시간이라는 생각이 보통의 교사들이 공개 수업에 대한 인식이라고 할 수 있따. 상황이 이러다 보니 수업 공개가 일상 수업을 보여주기 보다는 평소에는 잘 하지 않던 방법으로 공개 수업을 하는 경우가 대부분이었다. 다른 교사에게 보여주기 위해서 말이다.

물론 최근에는 이에 대한 반성으로 수업 공개에 대한 인식과 방법에 많은 변화를 주고 있기는 하지만, 그 또한 내 일상의 수업을 공개하여 수업에 대한 진지한 고민을 말하고 서로 위로를 해주지는 못하고 있는 것이 사실이다. 왜냐하면 수업을 공개하는 것은 나의 능력을 평가받기 위한 것이고, 참관자들은 수업을 잘하느냐 못하느냐를 측정한다는 생각을 대부분 가지고 있기 때문이다. 그래서 그런지 주위 교사들 대부분은 공개 수업에 대한 좋은 기억보다는 불편한 기억들이 더 많은 것 같다. 교사들은 수업 공개 후에는 참관을 하러 온 교사, 컨설턴트, 혹은 관리자들에게 평가 받고 지도를 받아야 하는 것으로 생각하고 있으며, 이로 인해 교사는 자신이 하고 싶은 수업, 일상의 수업을 공개하기 보다는 주위의 시선과 평가에 주눅들어 인위적인 수업으로 공개를 하는 경우가 일상화 되었다. 마치 나의 앙상한 가지 같은 수업적 본질을 감추기 위해 겉모습만 치장해 가는 나무들처럼 말이다.

물론 앞서 언급했듯이 이러한 비판의 목소리로 인해 많은 변화를 꾀하고 있는 것 또한 사실이다. 이에 대한 대안으로 교사의 수업 행위를 예술적으로 보기, 학생의 배움을 중심으로 수업 보기, 교사의 내면을 중심으로 수업 보기 등 여러 형태의 수업협의회 방식이 등장하여 수업비평이 아닌 수업나눔을 실천하는 성찰형식의 새로운 형태의 수업공개가 나타나기 시작하였다(김태현, 2016). 물론 이런 대안적인 방식이 교사들에게 많은 도움이 되고, 수업협의회에 대한 교사의 새로운 시각을 갖게 한 긍정적인 측면은 존재하였지만, 이 또한 수업자의 소외 현상이라는 한계점을 보이기도 하였다.

수업자의 소외 현상?

이건 또 무슨 말일까? 수업협의회를 함께 하다보면 수업자의 시선으로 수업을 바라보고 이야기를 하는 것이 아니라, 참관자의 시각과 지식, 생각으로 수업을 바라보고 이야기를 나누고 있는 상황을 자주 보게 된다. 저자 역시 수업 컨설팅을 가다보면, 수업자의 수업 의도, 수업자의 삶에 초점을 두기 보다는 알고 있는 지식을 총동원하여 수업을 평가하고 비평하려고 했으니 말이다. 수업 컨설팅이라고는 하지만 이 또한 하나의 평가라는 인식이 지배적이었으니 어쩔 수 없었을지도 모르겠다. 이러한 수업협의회에서는 수업자의 삶이 아니라, 참관자의 다양한 해석만이 남게 되는 것이다. 그러다보면 우리는 수업 협의회를 통해 좋은 수업이 무엇인지 그 틀 안에서 서로 이야기를 나누게 된다. 그리고 이러한 좋은 수업에 대한 틀은 참관자들이 가지고 있는 각자의 시선과 관점에 의해 만들어지게 된다. 수업은 어떻게 구성되어야 하고, 이렇게 학생과 대화하고 질문은 어떻게 해야 한다라는 이야기가 서로의 다른 관점에서 오고가게 되는 것이다. 물론 좋은 수업이 무엇인지 서로의 이야기를 나누는 방식은 기존의 수업 협의회에서는 찾아볼 수 없었던 긍정적인 변화임은 틀림없다. 그러나 이러한 좋은 수업에 대한 서로의 관점 나누기에 초점이 맞추어지게 될 경우, 수업자의 삶에 대한 이야기는 쏙 빠지게 되며, 이로 인해 수업자가 소외된 상태에서 수업 자체에 대한 이야기만 수업 협의회에 남게 되는 것이다. 이것이 바로 수업자의 소외 현상이다.

수업을 바라볼 때 가져야 할 기본적인 자세는 평가와 분석이 아니라 수업자에 대한 이해이다(김태현, 2016). 물론 수업을 바라보면서 그에 대한 나의 생각과 판단이 끊임없이 생겨나기 때문에 나의 틀로 판단하고 생각할 수 밖에 없게 된다. 하지만 수업협의회는 오롯이 수업자가 중심이 되어야 한다. 이처럼 수업 협의회에서 중심이 되고, 주인공이 되어야 하는 수업자에 대한 이야기는 쏙 빠진채, 그저 좋은 수업은 무엇인지, 수업은 어떻게 해야 하는지 등 수업에 대한 이야기만 남겨지면 알맹이는 없이, 껍질만 남게 되는 수업 협의회가 되어 버릴지도 모른다. 교사에게 필요한 것은 수업에 대한 날카로운 분석이 아니라, 수업자의 그동안의 수고와 노력에 대한 위로이며, 그동안 고생한 교사들을 위한 잠깐의 쉼이 었을지 모르는데 말이다.

우리들은 얼마나 힘들게 버티면서 살아오고 있는가?

주변의 누구에게라도 평가를 받으면서 힘들게 버티면서 학교 살이를 해오고 있는 존재가 바로 교사들이다. 이러한 교사들에게 수업협의회 시간만이라도 함께 수업자의 삶에 대한 이야기를 나누면서, 그렇게 힘들게 버티며 살아오고 있는 우리들 스스로에 대해 서로가 서로를 위로하며, 수업자에게 잠깐의 쉼을 제공할 수 있는 시간이 되면 어떨까? 좋은 수업이란 무엇인지 아는 것이 그렇게 중요한가? 한 교사의 삶의 이야기를 들여다보고, 쉼 없이 힘들게 버티며 달려온 그를 위해 함께 위로해주는 것이 더 중요하지 않을까?

이번 장의 이야기는 한 편의 시로 마무리하고자 한다. 교사들도 위로받고 싶은 날이 있다. 아니 매일 매일 위로받고 싶을지도 모르겠다. 지금이라도 옆 반의 선생님에게 위로해주는 건 어떨까? 지금이라도 우리 반 선생님에게 위로해주면 어떨까?

천 마디의 설명보다는 정다운 눈길 한번이, 마음을 감싸줄 수 있는 위로 한마디, 이해의 한마디가 더욱 가슴에 와 닿아 그 사람의 힘든 버팀과 견딤에 힘이 될 수 있을 것이다.

위로받고 싶은 날이 있다.

위로받고 싶을 때,
막역한 서슬픔이 목까지 치밀어 올라,
더 이상 그 감정을 자제하지 못하고,
눈물로 터져버렸을 때

참고 또 참았던 감정이 폭발해 버려
아무 말도 하지 못한 채
그냥 멍하니 아무 생각 없이 앉아 있을 때

백 마디 말보다는
따스한 한 번의 포옹으로
위로받고 싶다.

이해받고 싶은 날이 있다
뭔가에 비위가 틀어져 견딜 수 없음에
말도 안 되는 소리를 두서없이 늘어놓을 때

가슴속에 차곡 차곡 쌓아 놓았던 불만들을
극히 이기적이 입장에서
억지를 부리며 털어 놓을 때

천 마디 설명보다는
정다운 한 번의 눈길로 이해 받고 싶다

살다보면
갑자기 이런 날도 있지 않을까?

– 아침편지 중에서

CHAPTER

4

나, 스스로 바라보는 교사는?

내가 바라보는 나라는 교사는 어떠한 사람일까?

본 저서를 쓰기 시작하면서 스스로에게 가장 많이 한 질문이 바로 이것인 것 같다. 나라는 교사는 어떠한 사람일까? 학생에게, 학부모에게, 다른 교사들이 아니라 바로 내 자신이 바라보는 나라는 교사는 어떠한 사람일까?

주위의 그 누구도 아닌 나 스스로 나를 객관적으로 바라보는 것이 가능한 것일까... 굳이 객관적이지는 않더라도, 그래도 아이들에게 어떠한 교사인지, 아니면 스승인지, 아이들의 기억에 나는 어떠한 선생님으로 기억이 될는지 등 등 많은 생각과 고민이 요즘 내 머릿속을 복잡하게 만들고 있는 것 같다. 이러한 복잡한 심점을 가진 채 컨설팅이라는 이름으로, 연수라는 이름으로 나의 이야기를 가지고, 혹은 나의 학교 살이를 가지고 많은 선생님들과 만남을 가지고 있지만, 정작 스스로 나라는 존재와 독대를 한 적은 없었던 것 같다.

과연 나는 올바른 길을 가고 있는 것일까?

저자는 아이들의 배움을 위해, 그들의 더 나은 삶을 위해 아이들과 함께 교실과 수업을 만들어가고 있는 것일까? 학생이 바라보는 나라는 교사, 동료교사가 바라보는 나라는 교사가 어떠한 사람인지도 중요하지만, 정작 중요한 것은 나라는 존재에 대해 스스로 창피함을 가지지 않고, 자존감을 가지는 것이 중요한 것은 아니었을까? 스스로 바라보는 나라는 교사가 어떠한 사람이었는지를 살펴보지 못한 채 주위의 시선만을 너무 신경쓰면서 지냈던 것은 아니었을까? 이런 의미에서 스스로의 주제의식을 가져보려고 한다.

TV 프로그램을 거의 보지 않는데, 어느 날 이런 저런 생각들로 복잡한 머리를 비우기 위해(비우기라기보다는 그냥 멍하게 있기 위해) TV 리모컨을 지고서 이 채널 저 채널을 아무런 생각 없이 스쳐가듯이 보고 있었다. 그러던 중 K-POP STAR 라스트 찬스 재방송을

보게 되었다. 시즌 1과 2를 재미있게 봤던 터라 그냥 관심 있게 보게 되었다. 한 어린 소녀가 나와서 노래를 부르는데 정말 너무 잘 부르는 것이었다. 우아! 이렇게 부르면 당연히 통과 되겠지 라는 생각을 하면서 말이다.

그런데 노래를 듣는 내내 심사위원 중의 한 명인 박진영의 표정이 별로 좋지 못한 것이었다. 나는 시즌 1과 2에서 박진영의 심사평을 들으면서 생각지도 못했던 말들을 듣게 되고 일정 부분에 대해 내가 알지 못했던 부분을 알게 되었으며, 그의 말에 많은 공감을 했던 터라 무슨 말을 하게 될까 왠지 더 궁금해지고 기대 되어졌다. 아니나 다를까 심사평은 정말 최악이었다. 노래를 정말 잘 부르기는 하지만, 노래를 부르는 기계같다는 것이었다. 그러면서 우리는 노래를 기계처럼 잘 부르는 사람을 원하는 것이 아니다. 기계처럼 잘 부르는 사람보다는 이상하게 못 부르는 사람을 원한다고 말을 하였다. 참 이상한 말이지 않나? 오디션 프로그램은 노래 잘하는 사람을 뽑는 프로그램임에도 불구하고, 기계처럼 노래를 잘 부른다고 탈락을 시키려고 하는 심사위원의 말에 나는 또 다른 생각에 잠기게 되었다.

앞에서 언급했듯이 나는 케이팝 스타 시즌 1과 2를 즐겨보았다. 케이팝 스타의 심사위원의 심사평을 듣는 것이 재미있었고, 이를 통해 노래를 듣는 귀에 변화가 오는 것을 느꼈기 때문이다. 이전에는 그저 노래를 잘 부르는 사람의 노래를 듣기만 했는데, 이 프로그램으로 인해 노래를 부르는 목소리가 아니라 노래를 부르는 사람의 감정에 더욱 집중하면서 음악을 듣게 된 계기가 되었던 것 같다. 아마도 기계처럼 노래를 부른다는 소녀의 심사평도 이와 같은 맥락인 것 같았다. 박진영은 심사평을 하면서 흔히 이런 말을 자주 한다.

1~2%의 다른 점이 느껴져야 한다.

같은 상황, 같은 노래라고 할지라도 그 노래를 부르는 사람의 감정에 따라 노래가 다르게 불려지고, 그에 따라 듣는 사람마다 받아들여지는 느낌도 다를 수밖에 없다. 하지만 노래를 부르는 사람이 어떤 마음으로 어떤 이야기를 하고 싶은 것인지에 대한 자신만의 주제의식을 가지고서 진심으로 불러주는 노래는 그 이야기가 어떠하든, 느낌이 어떠하든 다 들어주고 싶은 마음과 기분이 들게 되는 것 같다. 이것이 박진영 심사위원이 말한 1~2%의 다른 점이 아니었을까 생각을 한다.

그렇다면 어떠한 노래가 사람의 마음을 움직이고 집중하게 하는 것일까? 그것은 바로 노래를 부르는 사람의 진솔한 이야기라고 생각한다. 요즘 수많은 오디션 프로그램이 생겨나면서, 세상에 노래를 잘 부르는 사람이 이렇게나 많을 수 있구나라는 사실을 새삼 깨닫게 되었다. 그러나 노래를 매우 잘 부르는, 그렇게나 많은 사람 중에서 듣는 사람들의 심금을 울릴 수 있는 사람은 몇 몇 안 되는 것 같다, 그러니 그렇게나 많은 노래를 잘 부르는 사람 중에 TV에서 계속적으로 볼 수 있고, 노래를 부를 수 있는 사람은 극히 드문 것이 아니었을까?

그렇다면 노래를 잘 부르는 수많은 사람 중에 우리의 마음을 울리고, 계속적으로 듣고 싶어지는 노래를 불러주는 가수가 될 수 있는 사람은 무엇이 다를까? 본 저자는 그것이 바로 그 사람의 주제의식이라고 생각하게 되었다. 나만의 주제의식을 가지고 노래를 진솔 되게 부르는 사람의 노래는 듣는 사람의 마음을 움직이고, 감정에 자극을 주어서 집중하게 하는 것 같았다.

그렇다면, 주제의식이란 무엇인가?

주제의식이란 한 이야기 속에 내재된 혹은 밖으로 드러나는 작품 전체를 대변하는 것이라고 한다. 많은 사람들은 글을 읽을 때 이러한 주제의식을 생각한다고 하지만, 겉으로 드러난 스토리만으로도 즐겁고 재미있게 작품을 읽거나 받아들이는 것이 대부분이다. 그러나 좋은 평가를 받는 작품은 결국 주제의식에 대한 논평이 빠질 수 없게 된다. 그리고 주제의식을 강조하는 이유는 작품을 가장 차별화할 수 있는 방법이기 때문이라고 한다. 이러한 의미에서 사진작가 이상엽은 사진 기술의 발달로 인해 사진작가가 찍는 사진과 일반인이 찍는 사진에 큰 차이가 없어졌다고 한다. 그러나 사진으로 무엇을 찍느냐, 바로 주제의식을 소유했느냐 안 했느냐에 의해 반드시 그 둘에는 큰 차이가 존재하게 된다고 말을 하였다.

이쯤에서 본 저자는 주제의식이라는 말을 교사에게 적용해보려고 한다. 교사들은 나라는 존재에 대해서, 스스로 바라보는 교사로서의 나라는 존재에 대해서 다른 교사와 차별화되는 나만의 분명한 그리고 확고한 주제의식을 가지는 것이 필요할 것 같다. 혹자는 이를 교육철학이라고 말을 할지도 모르겠다.

나라는 존재에 대한 교사로서의 주제의식은 무엇일까?

산의 정상에 오른 적이 있는가?

서문에서도 말을 했듯이, 본 저자는 개인적으로 산을 무척이나 좋아하지 않는다. 산을 오르면 반드시 다시 내려와야 하기 때문이다. 그런데 산을 좋아하는 지인에게 왜 산을 좋아하느냐고 물어봤다. 그랬더니 위와 같은 사진을 나에게 보여주며 말을 한다.

"아픔과 힘듦을 견디고 버티며 인내하는 시간을 거치고 나면,
나에게 한없이 큰 행복을 주는 곳이기 때문이다.
그리고 그러한 인내의 시간 또한 나의 마음에는
행복이 들어가 있기 때문이다."

이 말을 듣고서 친구의 이 말이 어떠한 의미인지 궁금해서 산에 한번 진짜 올라가 볼까라고 생각을 하게 되었던 것 같다. 이 말을 들은 것이 벌써 6개월 전인데, 아직도 산에 오르고 있지 않은 것을 보면 저자 역시 매우 게으른 사람이 아닐까 생각도 하게 된다. 바쁘다는 핑계로 오르지 못한 것도 있지만, 굳이 따지고 보면 바쁘다는 것은 핑계일 뿐이고 산에 오르고자 했던 마음이 부족했던 것 같다.

산에 오르는 것보다는 아이들과 함께 교실에서 삶을 나누고, 이야기를 나누고, 그것을 위해 동료 교사와 함께 공동성을 회복해가는 시간들이 저자에게는 산에 오르며 친구가 느꼈을 행복보다 작지 않은 행복이었던 것 같기도 하다. 누군가는 산을 오르며 느꼈던 행복이, 본 저자에게는 수업에 대한 나눔으로 행복을 느꼈기에 굳이 산을 오르지 않았다고 말을 하는 것이 더 옳을 것 같다.

그렇다. 나에게 교사로서의 주제의식은 이러한 산의 정상을 오르기 위한 버팀(인내)과 그러한 과정 중에 스스로 느끼게 되는 나 혼자의 행복이라기보다는 주변 교사들과 함께 아이들과 우리들의 삶을 함께 나누고, 행복한 이야기를 만들어가기 위해 함께 인내하고, 그러한 과정 중에 느낄 수 있는 함께하는 행복이었던 것 같다. 교사가 행복해야 학생도 행복하다고 생각한다. 교사가 수업 준비로 인해 힘들어 하기만 하고, 수업을 하는 것이 지루하고 어렵기만 하다면, 과연 그러한 힘듦 속에서 계획되어지고 실천되어지는 수업으로 아이들은 행복한 감정을 느낄 수 있을까? 나는 단연코 아니라고 말하고자 한다.

아이들의 행복, 그리고 이를 위해 교사들이 함께 모여서 행복하게 이야기를 나누기 위해, 저자는 그렇게도 힘들고 어려웠던 수업과 배움이라는 고통을 잘 견뎌내고 버티어 온 것 같다. 물론 그러한 고통의 인내가 저자에게는 오히려 행복으로 다가오기도 했다. 하지만 이쯤 되면 독자들은 저자에게 이런 질문을 던질지도 모르겠다.

왜 이러한 고통을 감수하면서까지 수업을 고민하고,
아이들의 배움을 위해 힘든 길을 걸어가고 있는 것일까?

그건 바로 인내와 행복이라는 저자의 주제의식 때문인 것 같다. 저자의 수업을 통해 아이들이 즐거움과 행복감을 느낄 수 있도록 같은 교과서 내용을 보더라도 저자만의 삶의 이야기가 묻어나도록 해석을 하려고 하였다. 같은 교과서 내용이지만 아이들의 행복을 위해, 그러한 인내의 시간을 견디고 버티고 있음을 아이들에게 알려주고자, 아이들이 스스로 수업을 통해 행복하고 즐거운 시간을 보내고 있다는 것을 깨닫게 하고자 그렇게 힘든 길을 견디고 버티며 묵묵히 걸어올 수 있었던 것 같다.

이를 통해 학원 강사와 다른 교사로서의 수업적의 본질적인 측면에서의 차이, 질적인 차이를 보여주고 싶었으며, 앞으로 다가오게 될 미래 사회를 대비하기 위해 인공지능과 경쟁하며 살아가야 하는 우리 아이들을 위한 수업의 본질적 성장 등 차별화된 모습을 보여주고 싶었던 것 같다. 물론 이 역시 다른 교사들과의 경쟁에서 상대적 우월감을 보이기 위해서, 그리고 이를 통해 그러하지 못한 교사들에게 상대적 박탈감을 주기 위해서가 아니라 그러한 교사들과는 다른 방향으로 학생을 바라보고, 수업을 바라보며, 교육과 배움을 실천하는 교사가 있음을 알려주기 위해서 말이다.

수업을 통해 이러한 주제의식을 아이들에게 알려주고 싶었다. 그게 교사로서 나 자신이 나를 바라보는 나만의 교사 모습이었던 것 같다. 그러면서 저자는 스스로에게 다시 이러한 질문을 해본다.

나는 왜 지금 교사가 되었을까?
나는 지금 과연 교사로서 바른 길을 가는 것일까?

김태현(2016)은 그의 저서를 통해 교사는 하얀 눈앞에 서야 한다. 온 세상을 적막하고 평화롭게 만드는 설경의 가장 자리에 서야 하고, 고요함 속에서 내면의 소리에 귀를 기울여야 한다고 하였다. 이런 내면의 탐색은 어둠에서 이뤄지고, 이 어둠은 절망의 어둠이 아니라 홀로 나를 대면하는 고독의 장소라고 말을 하였다.

이러한 고독에 대한 이야기를 읽어보고, 저자 역시 왜 교사가 되었는지 스스로 고독 속에서 자신과 홀로 대면하려 한다. 현재 살아있는 산악계의 전설로 꼽히는 라인홀트 메스너가 얼마 전 처음으로 우리나라를 방문하였다. 그가 이러한 말을 하였다.

"인간은 어쩔 수 없이 혼자입니다. 혼자 지내는 것에 익숙하고, 배워야 합니다. 혼자 등반하면 완전한 자유를 느낍니다. 무정부주의자가 됩니다. 무엇으로부터도 속박을 받지 않아요. 하지만 그런 고독을 감당하려면 많은 연습을 해야 합니다. 산에 혼자 오르면 고독이 엄습해 질식할지 모른다는 불안이 밀어닥치기도 합니다. 그런 두려움을 통해 죽음까지 이해하게 됩니다. 고독이 더 이상 파멸을 의미하지 않게 됩니다. 고독과 고요 속에서 새로운 자신을 얻어요. 놀라운 느낌이죠. 두려움이 아닌 힘이 되는 그것이 바로 '흰 고독'입니다. 이러한 두려움은 감정입니다. 그런 두려움에 맞설 수 있는 것은 마지막 순간에 오는 의심을 극복할 수 있는 지식과 경험입니다. 그리고 철저한 준비입니다."

그동안 고독이란 외로움과 같은 것 이라고 생각한 것 같다. 혼자 있으면 왠지 외로워 보이고, 쓸쓸해 보일 것 같았다. 그래서 곁에 누군가 없으면 불안해지기도 했었다. 그래서 지금까지 혼자서 밥을 먹거나, 술을 마시지 못하고 있었을지도 모른다. 아직도 고독이라고 하면 외로움이 먼저 떠오르고 느껴져서 별로 좋아하지는 않는다.

그러나 가끔씩 혼자서 산책을 하거나, 조용히 걷는 시간을 가지거나, 운전을 하고 있을 때 고독이라는 것을 경험하게 되고, 우연찮게도 그러한 시간에 자신과 대면하는 경험하기도 한다. 그래서 인지 예전에는 혼자서 운전할 때면 시끄럽게 노래를 틀어놓고서 신나게 노래를 따라 부르면서 운전을 하였지만, 이제는 아무런 노래 소리 없이 그저 운전에 집중하면서 오롯이 자신에게 집중하여, 스스로에게 대화를 건네면서 운전하는 것에 조금은 익숙해지고 있는 건지도 모르겠다. 그리고 함께 아닌 혼자서는 잘 걷지도 않던 내가, 밤에 가족들이 모두 잠든 늦은 시간에 가끔씩 집을 나와서 아파트 담벼락을 조용히 걸으며 오롯이 자신과 마주해보는 고독의 시간도 경험해보면서, 그러한 고독한 시간을 조금은 즐기게 된 건지도 모르겠다.
누군가 말을 하지 않았던가.

아픔만큼 성숙한다고…

이러한 아픔의 오랜 시간을 견디고 버티면서 저자 스스로는 고독이라는 것을 오롯이 나와 내가 대면하여, 나의 내면의 소리를 들을 수 있는 시간이라는 사실을 깨닫게 된 것 같다. 고독은 자신의 외로움을 표현, 표출하는 시간이 아니라 그 자체를 나와 내가 만나서 즐기는 시간이라는 사실을 알게 되었다.

교사도 한 인간이다. 그러므로 교사 또한 어쩔 수 없이 혼자인 존재가 된다. 공동체를 꾸리고, 공동성을 회복한다고 하여도 교실에서 아이들 앞에서면 혼자가 된 기분이 들기도 하는 것이 이 이유 때문인 것 같기도 하다. 이럴 때 느껴지는 고독을 극복할 수 있는 것은 고독을 통해 알게 된 나의 내면에 대한 지식과 그러한 경험들, 그리고 이러한 경험을 통해 계획하게 되는 철저한 준비라고 할 수 있다.

철저한 준비라고 하여 수업 지도안을 시간에 맞게, 주어진 형식과 틀에 맞게 구성하여 계획적인 수업을 하라는 의미는 아니다. 여기서 저자가 의미하는 철저한 준비란 수업을 통해 아이들과 함께 이야기를 나누고자 하는 스스로의 뚜렷한 주제의식을 반드시 가지고 있어야 한다는 의미라고 할 수 있다. 뚜렷한 주제의식이 없다면, 수업 본질적인 측면이 아니라 외적인 방법이나 기술적인 측면을 강조하게 되면서, 수업의 본질에는 어떠한 성장도 없이 그저 외형만 가꿔가게 될지도 모르니 말이다.

이러한 주제의식은 앞서서 계속 말을 하고 있던 수업의 본질이라고도 말을 할 수 있을 것 같다. 스스로 어떠한 주제의식을 가지고 실천을 하느냐에 따라 수업의 질적인 측면이 결정이 되는 것 같다. 자신의 주제의식은 종국에는 교육 철학이 될 수 있을 것이며, 이러한 주제의식을 실천하려는 태도는 교육 신념이 될 수 있을 것이다.

그저 말뿐인 교사, 입만 번지르르하게 말만 하는 교사가 되지 않기 위해서, 고독 속에서 자신과 만나서 많은 대화를 나누어 보고, 실천을 다짐하고, 신념을 고찰하여 교실에서 직접 적용하고 실천하려고 노력하고 또 노력하려고 한다. 적어도 지금은 그러한 노력을 계속하고 있는 중이다. 아이들에게 참된 학습, 의미 있는 배움, 나눔의 행복을 주기 위해 크지는 않지만 작은 실천이라도 꼭 몸으로 직접 옮겨서 행동하도록 노력하고 있다. 저자의 교육 철학이 교육 신념으로 표현 될 수 있도록 말이다.

수업으로 아이들에게 전하고자 하는 주제의식이
바로 내가 교사가 된 이유가 아니었을까?
그리고 주제의식을 실천으로 옮기려는 나의 신념이
바른 길로 교사의 길을 가고 있는지에 대한 답변이 아닐까?

물론 처음으로 교사가 되기 위해 교육대학교에 입학했을 당시에는 이러한 생각보다는 수능 점수에 따라서, 앞으로의 취업을 위해서 선택을 했음을 부정하지 않는다. 나는 교육대학교라는 학교가 있는지도 몰랐을 뿐 아니라, 선생님이 되기 위해서는 사범대(교육대학교라는 존재를 전혀 몰랐기에)를 가야하는 줄로만 알고 있었으니 말이다.

잠시 나의 과거 이야기를 하자면 이러하다. 고3 수능 후, 나는 평소보다 낮은 수능 결과로 인해 많은 좌절감과 불행함을 느끼게 되었고, 자존감이 많이 떨어지게 되었다. 그래도 재수를 하기 싫었기에 점수에 맞혀서, 그리고 평소에 내가 공부를 하면서 재미를 느꼈던 물리학을 더 알고 싶어서 그와 관련된 종합대학교 학과에 입학하게 되었다. 또한 이때 당시 들어간 대학교가 국립 대학교였기에, 집에서도 부모님이 그렇게 불평을 하거나 싫어하는 내색은 없었던 것 같다. 어쨌든 그렇게 들어가서 인지 몰라도 1년 동안 정말 열심히 친구들과 술만 마시며 놀러 다닌 기억이 난다. 지금 생각해보면 그때는 정말 철이 없었다. 아무런 주제의식도 없이 그저 친구들과 몰려서 놀러 다니는 것이 제일 좋았던 것 같다. 그렇게 1년을 보내고 군대에 바로 들어가게 되었다. 이것도 함께 놀던 친구를 따라서 아무런 생각 없이 지원해서 입대를 하고

30개월 동안 군 복무를 하게 되었다.

군복무기간 동안 참으로 많은 생각을 한 것 같다. 이때 고독이라는 것을 처음으로 알게 되었던 것 같다. 추운 겨울 보초를 서면서, 깜깜한 저녁 하늘 아래서 느껴지는 고독함 속에서 오롯이 나 자신과 만나는 시간을 가지게 된 것 같다. 그러면서 군대에서 수능을 다시 준비하게 되었다.

내가 꿈꾸던 선생님 혹은 약사가 되고 싶다는 생각을 하면서 말이다. 물론 이때에도 교육대학교의 존재는 알지 못했고 사범대에 진학하기 위해서, 혹은 약대에 진학하기 위해서 공부를 하게 되었다. 그러나 알다시피 군대에서 하고 싶은 만큼 공부가 잘 되었을 리 없다. 그래도 주위의 도움으로 수능 전 약 2주간은 공부를 정말 열심히 할 수 있었고, 수능을 무사히 치를 수 있었다. 수능 점수 발표 및 대학 입시 원서 제출은 군대에 있었던 관계로 따로 휴가를 나오지 못해서 직접 하지는 못하였다. 어쩔 수 없이 아버지와 동생에게 부탁을 했다. 그때 동생이 나의 수능 점수가 아깝다는 말을 하면서 교육대학교에 원서를 내주었다. 지금 생각해보면 교육대학교에 입학원서를 제출하게 해준 지금은 정형외과 의사로서 환자들을 치료하고 수술하는 것이 즐겁다고 말을 하는 나의 동생에게 진심으로 감사한 마음을 가지고 있다. 형제이다 보니 속에 있는 말을 솔직하게 서로 터놓고 이야기 하는 것이 쑥스러워서 직접 말로 표현하지 못했지만, 이러한 진심어린 감사하다는 말을 이 글을 통해 전하고 싶다.

어찌됐든 이런 저런 우여곡절을 겪으면서 어찌어찌하다가 교육대학교에 들어가고 지금은 초등학교에서 아이들을 가르치는 일을 업으로 하게 되었다. 이렇듯 교사로서의 첫 출발, 첫 시작, 첫 걸음은 아무런 주제의식 없이 그저 주변의 도움으로 되었지만, 교사로서 첫 발을 내딛는 순간(혹은 그보다는 조금 늦게, 아니 솔직히 말하면 훨씬 더 시간이 흐른 뒤) 생각이 조금씩 변하기 시작한 것 같다. 아마도 수업을 통해 아이들에게 무엇을 전해야하는지 스스로 고민하기 시작하였기 때문이었을 것 같다.

물론 첫 발을 내딛던 그 날, 나는 교사가 되었다는 즐거움에 다른 것은 생각하지 않고 그저 그 자체로도 만족해하면서 1년 정도의 시간을 즐겼던 것 같다. 본 저자 역시 시작은 그저 그렇게 교사가 되었다는 것에 만족해하며 즐겼던 것 같다. 아마 모르긴 몰라도 대부분의 교사들이 그러할 것 같다. 첫 술에 배부를 수 없고, 시작한 사람은 하지 않은 사람보다 낫다고 하였다. 늦었다고 후회하고 망설이지 말고 지금부터라도 시작하면 된다.

무엇을 시작하면 좋을까?

이 글을 읽고 있는 여러분이라면 꼭 수업을 통해 내가 아이들에게 전하고자 하는 주제의식, 그리고 신념은 무엇이었는지 다시 한 번 더 고독 속에서 나와 내가 대면하여 찾아보는 오롯이 나를 위한 시간을 가져보는 것에서 그 시작을 찾아보기를 바래본다.

혹자는 고독이라는 것은 누군가와 함께 있음에도 느낄 수 있는 것이라고도 한다. 함께 걷고 있는 듯 보이지만, 서로 다른 방향을 바라보고 있음을 문득 알게 될 때 고독이 시작되기도 한다. 그러나 다른 사람으로 인해 비춰지는 고독의 의미는 부메랑처럼 돌아와 나의 모습을 비춰낼 수 있다고도 한다. 타인에 의해 알게 된, 그리고 보여지는 나의 고독을 피하려고 하지 말고, 더 깊이 고독 속에서 나와 만나보는 시간을 가져보기를 바래본다. 고독은 혼자 있을 때도 느껴지고, 누군가와 함께 있을 때, 조차도 문득 소리 소문 없이 찾아오는 것이니 말이다.

곁에 있는 선생님들과 이야기를 나눠보면, 문득 문득 교사들은 그러한 고독의 시간을 견디지 못하는 존재인 것 같은 생각을 하게 된다. 항상 아이들과 함께 생활을 해서 인지, 고독하면 안 되는 존재라고 생각을 하는 것 같다. 공동체를 꾸려서 바쁘게 다른 교사들을 위해 시간을 할애하고, 아이들의 배움을 위해 시간을 바쁘게 사용하게 되면서 교사들 자신을 위해서 스스로 사용되어지는 시간은 잘 살피지 못하는 것 같다. 그리고 항상 사람들(교사들, 학생들, 학부모들 등)과 함께 대면하며 지내야 하는 교사들이기에 다른 직업인들보다 더욱 더 고독에 익숙하지 못한 것 같다. 물론 교사 뿐 아니라 현대인이라면 누구나 고독을 느끼며 어느 정도 익숙해지기는 하겠지만(혼술, 혼밥이란 말이 일상화되어 진 것을 보면 더욱 그러하다는 생각을 하게 된다), 교사들은 그러한 고독을 잘 견뎌내지 못하는 것이 아닌가라는 생각을 하게 된다. 그런 의미에서 교사들도 자기의 인생을 살기 위해 자기 내면을 들어다보는 고독의 시간이 필요한 것 같다.

학교생활을 하는 동안 가끔씩, 아주 가끔씩 주위의 교사들에게서 벗어나서, 교실 내 학생들에게서 벗어나서, 그리고 학부모들에게서 벗어나서 오롯이 자기와 마주하는 시간을 가져보기를 권해본다. 스스로에게 질문하고, 스스로가 그 질문에 답을 해보는 오롯이 자기를 만나는 그러한 시간을 말이다.

기시미 이치로(2015)는 『미움 받을 용기』라는 저서를 통해 이러한 말을 했다.

"고민을 없애려면 우주 공간에서 홀로 살아갈 수밖에 없다.
무인도에 살지라도 머나 먼 바다 저편에 있는 누군가를
떠올리게 되고 혼자 있는 밤일지라도
누군가가 새근새근 자는 소리에 귀를 기울이며,
어딘가에 누군가가 있는 한 고독이 닥치게 되어 있어"

무엇을 할 수 있건, 무엇을 알고 있건 마침내 괴로운 일은 어느 누구라도 혼자서 해결해야 하는 것이라고 하였다. 하지만 현대인은 이러한 고독에 익숙하지 못한 것 같다(어느 정도 고독에 익숙해지는 것처럼 보이기는 하지만, 이는 외로움을 견디기 위함이라는 생각을 가지고 있으며, 오롯이 자기와 마주하는 고독의 시간을 스스로 찾고 견디어내는 사람을 주변에서는 잘 찾을 수 없는 것 같다). 이처럼 고독에 익숙지 않아서 인지 몰라도, 직장을 그만두고 싶을 때가 언제였냐는 질문에 직장인들의 80퍼센트가 그 이유로 인간관계의 어려움을 그 원인으로 뽑았다는 뉴스를 접하게 되었다. 물론 인간관계는 많은 사람들이 관심을 가지고 노력을 하지만 쉽게 해결되지 않는 일이기는 하다. 서로의 생각과 사고가 다르니 말이다. 그런데 이렇게 인간관계에서 큰 어려움을 겪는 이유는 서로의 다름을 인정하지 못하지 못하는 것도 큰 원인이 되겠지만, 실제로 학교에서 10년째 생활을 하면서 느낀 원인은 다름을 인정하지 못하는 것보다는 스스로 혼자만의 고독된 시간을 견디지 못함이 더 큰 것 같다. 이로 인해 직장 생활에 더 큰 어려움을 토로하는 듯하다. 서로가 서로의 다름을 인정하고서 타인과 어느 정도의 일정한 거리를 두는 것이 중요하며, 그러한 거리를 두고서 오롯이 자기와 자기가 만나는 고독의 시간을 즐길 줄 아는 지혜가 필요한 것 같다.

교사들은 더욱 그러한 것 같다. 일정한 거리를 두지 못하고, 고독의 시간을 즐기기 못하고서 다른 학교로 전근을 가는 경우를 자주 보게 되니 말이다. 동료교사들과의 인간관계 때문에 학교를 옮겨 다니기는 교사도 보게 되었고, 학생들과의 인간관계 형성의 어려움으로 교사라는 직업에 대한 회의감을 느끼기는 교사도 보게 되었으니 말이다. 이제는 서로의 다름, 교사들 간의 다름, 학생과 교사의 다름을 인정하고서 어느 정도 거리를 두고서 서로를 인정하고 지켜보면 어떨까? 주변의 인간관계로 인해 힘들어하면서 타인을 원망하거나 스스로를 다그치는 시간대신, 그러한 시간에 자신을 힘들게 하는 인간관계를 잠시 내려놓고 스스로를 위해 잠시 쉬어보는 시간을 가졌으면 한다. 그리고 그렇게 내려놓은 시간에 나와 내가 대면하는 시간, 나의 마음 속 이야기를 들어보는 시간을 가져보기를 바래본다. 나와 내가 대면하는 그러한 시간에 나의 주제의식, 교육신념과 만나게 될지도 모르니 말이다.

사이토 다카시(2015)는 그의 저서 『혼자 있는 시간의 힘』을 통해 고독에 대해 다음과 같은 말을 하고 있다.

> 혼자서 음악을 들으며 느긋한 시간을 보내는 것은 고독의 시간이 아니다. 음악을 들을 때 선율에 몸을 맡기게 되기 때문에 아무런 생각도 하지 않게 된다. 고독이란 자신과 마주하는 시간 혹은 자신의 능력을 충분히 키우는 시간이라고 할 수 있다. 음악을 들으며 아무런 생각 없이 혼자서 보내는 시간이 고독의 시간은 아니다. 뇌를 뜨겁게 달아오르게 하는 지적인 생활이야말로 누구나 경험해야만 혼자 있는 시간, 고독의 시간의 본질인 것이다.
>
> 혼자일 때 느끼는 외로움이나 허전함은 때때로 자신을 괴롭히지만, 지금의 과정을 스스로 응원한다면 고독에 대한 적응력이 높아지게 된다. 고독을 잘못 다루면 위험해진다. 이 위험을 기회로 바꾸기 위해서 고독을 다루는 기술이 필요하다.
>
> 혼자 있는 시간을 어떻게 보내느냐에 따라 우리의 인생은 달라진다. 혼자 있는 시간은 부정적이지도 긍정적이지도 않은 중립적인 상태라고 할 수 있다.
>
> 최근에는 블로그나 트위터등과 같은 SNS가 대중화되면서 속마음을 풀어놓는 사람들이 늘어나고 있지만, 정작 진짜 자신과 만나서 마주하는 사람은 줄어들고 있다. 블로그나 트위터는 상대로부터 내가 원하는 반응을 얻고 싶다는 기대를 가지게 된다. 그 뿐 아니라 오고가는 말들이 가벼우며, 아무리 많은 말을 주고받아도 진짜 마음은 전해지지 않는 공허함이 생겨난다.
>
> 외로움이 무섭고, 공허함이 두렵다고 혼자 있는 시간을 외면하려 하지 말아야 한다. 인간은 고독을 통해, 혼자 있는 시간을 통해 나와 마주하는 시간만이 온전히 자기만을 위한 재충전의 시간이 될 수 있기 때문이다

이쯤에서 고독 속에서 오롯이 자시에게 집중하며, 자기와 자기가 만나서 대면(정말 수도 없이 대면한 것 같다)해서 알게 된 나는 왜 지금 교사가 되었고, 과연 바른 길로 가고 있는지에 대한 나만의 주제의식, 신념이 무엇이었는지를 이야기하면서 이번 장의 이야기를 마무리하고자 한다.

〈수업으로 아이들에 전하고자 하는 나의 주제의식〉

수업을 통해 나는 아이들이 함께 하는 행복을 느끼게 해주고 싶다. 협동, 협력은 우리들의 삶에 가장 중요한 기반이 될 것이다. 나와 네가 만나서 우리를 이루고, 우리가 함께 소통하며 문제를 해결하게 되는 협력은 인간만이 가질 수 있는 gift(선물, 재능)임을 알게 해주고 싶다.

그리고 함께 문제를 해결하게 되면서 자신의 존재에 대한 자존감을 느끼게 해주고 싶다. 스스로를 사랑하고, 스스로에게 관심을 갖고, 스스로에 대해 믿음을 가질 수 있게 해주고 싶다. 협력을 함에 있어서 스스로 선택하고 결정하는 기회를 제공해주며, 지금, 여기, 순간순간에 집중하도록 도와주고 싶다.

함께 성장하는 기쁨을 느끼게 해주고 싶다. 그리고 스스로 배움에 대한 열정을 가질 수 있도록 해주고 싶다. 이를 위해 주어진 교과서 내용을 나만의 방식으로 그리고 아이들의 흥미에 따라 다르게 해석하고 싶다. 이를 바탕으로 아이들이 즐거워 하는 수업, 교사가 행복해지는 수업, 무엇인가 배움의 의미를 찾게 되는 수업을 하고 싶다.

〈수업으로 아이들에게 실천하고자 하는 나의 신념〉

교사가 행복해야 교실이 행복하고, 교실이 행복해야 학생도 행복하다.
내가 하고 싶은, 그리고 학생들도 하고 싶은 수업을 한다.
협력 이전에 개개인의 생각과 사고를 더 많이 이끌어낸다.
각자의 생각과 사고가 기반이 된 상태에서 함께 문제를 찾아보게 한다.
토론이 아닌 토의가 중심이 되는 수업 시간을 가진다.
스스로 생각하는 시간과 많은 생각을 표현하는 시간을 충분히 제공한다.
말하기보다는 들어주는 방법을 먼저 체득하도록 도와준다.
칭찬이나 벌이 아닌 활동지를 이용하여 아이들이 집중할 수 있도록 한다.
배움의 길을 벗어나지 않도록 일정한 거리를 두고서 아이들을 지켜본다.
도움을 요청하는 아이들이 나를 쉽게 찾을 수 있는 거리를 유지한다.
스스로의 성찰, 협력적인 성찰의 기회를 제공한다.
단순 암기에 의한 지필 평가는 지양하고, 교사 평가가 아닌 상호 평가를 중시한다.
즐거운 수업 속에서 아이들은 배움의 의미를 스스로 찾을 수 있도록 한다.

지금 이 글을 읽고 있는 여러분도 주변의 모든 소리를 끄고, 주변에서 나를 힘들게 하고 있는 그 어떤 것에 대한 생각도 모두 끄고서, 눈을 감고 심호흡을 크게 하고서 오롯이 자기와 만나는 시간을 가져보기를 바래본다. 고독에 익숙해지기 위해서는 수많은 고독의 시간을 직접 경험하고 견뎌내어야 하니 말이다.

지금 당장 자기 스스로에게 질문을 해보라. 그리고 고요한 고독의 시간에 스스로에게 답을 찾아보라.

"나는 누구인가?"
"나는 어떠한 사람인가?"
"나는 어떠한 사람이 되고 싶은가?"

CHAPTER

5

아이들을 위한,
배움을 위한 교사 성장

교육이란 말로 가르치거나 남의 말을 듣기만 하는 과정이 아니라 능동적이고 건설적인 과정이다. 이는 비록 현실에서는 제대로 지켜지지 않지만 이론적으로는 널리 인정받는 원칙이다. 이 원칙을 말로 설명해야 하는 현실이 안타까울 따름이다. 설득하고 설명하고 글로 적어야 한다

앞의 글은 100년 전, 1916년 존 듀이가 쓴 글이다. 100년도 더 된 옛날이야기 같지만, 이 이야기가 아직도 우리 내 학교에 그대로 적용이 되어 진다. 100년도 더 지난 이전에 교육이라 함을 능동적이고 건설적인 과정이라고 주장되어 왔음에도 불구하고, 오늘날에서 조차도 우리 내 학교에서는 이 같은 원칙이 실행이 되고 있기는 커녕 인정조차 받고 있지 못하고 있는 것 같다.

2016년 3월부터, 저자는 한 가지 결심을 하게 되었다. 그동안 물에 들어가는 것이 무섭고, 물속에서 숨을 쉬지 못하는 답답함이 무척이나 싫어서 수영이라는 것을 배워볼 생각조차 하지 않았다. 그렇게 35년이라는 세월을 살아오면서 물에 들어가는 것이 어느 순간 너무나도 무섭다는 생각을 하게 되었다. 그런데 갑작스럽게 어떠한 영문이었는지 모르지만, 수영이라는 것을 배워보고 싶어졌다. 나의 두 딸아이가 물에 빠졌을 때 적어도 그 둘을 구할 수 있는 능력을 갖추고 싶다는 마음이 들었기 때문이었던 것 같다. 혹은 세월호 사건(다시는 그러한 일이 일어나지 않기를 진심으로 바라고 있으며, 아직도 세월호에 갖쳐서 목숨을 잃은 수 많은 학생들을 생각하면 가슴이 답답해지고 마음이 먹먹해지기도 한다)으로 인해, 행여나 그러한 일이 나에게 닥쳤을 때 교사로서 적어도 한 명의 아이라도 더 구출할 수 있는 능력은 가지고 싶다는 생각이 들어서 일지도 모르겠다.

그런데 왜 갑자기 수영 이야기를 하지라는 생각이 들지도 모르겠다. 저자는 여기에서 수영 이야기, 혹은 세월호 사건 이야기를 하려고 하는 것은 아니다. 이렇게 수영을 시작하고, 함께 수영을 배운 사람들과 친분이 쌓이고 어느 날 함께 회식자리를 가지게 되었다.

그렇게 모르던 사람들이 회식자리를 가지게 되면 흔히들 묻는다.

하시는 일이 어떻게 되세요?

이러한 질문에 저자는 당연히 아이들을 가르치는 교사입니다 라고 당당하게 말을 한다. 물론 이러한 당당함은 직업적인 측면에서 사회적 인식에 의한 당당함이 아니라 저자 스스로 아이들을 위해 조금씩 성장하는 교사로서의 나의 모습에 당당하기 때문이었다. 그러면 누구라도 할 것 없이 어느 순간엔가 물어온다.

"요즘 아이들 참으로 말을 안 듣죠. 그런 아이들을 가르치느라 고생 많으시겠어요.
가르치는데 듣지 않는 아이들, 자는 아이들은 어떻게 다루세요?
그리고 하루 종일 그렇게 말을 하고 나면 목이 아프다고 하던데, 선생님은 어떠세요?"

다른 직업군이 사람들과 모임을 가지는 자리에서는 교사라는 직업에 대해 참으로 많은 이야기와 질문을 듣게 된다. 그렇게 듣게 되는 많은 이야기들은 두 가지로 구분되는 것 같다.

직업적인 측면에서 공무원으로써의 안정감에 대한 이야기, 그리고 사회적인 측면에서 교사라는 직업으로서의 학생들과 겪게 되는 어려움이다. 직업적 측면에서의 안정감에 대해서는 잠시 미뤄두고자 한다(어려운 사회적 상황에서 교사가 가지는 직업으로서의 메리트에 대해서 귀가 닳도록 들어서 이제는 더 이상 이에 대해 반박을 하거나 이렇다 저렇다는 말을 하는 것이 힘든 것이 사실이기 때문에 말을 접어두고자 한다). 잠시가 아니라 직업적인 측면에서의 교사라는 직업이 가지는 메리트에 대해서는 저자 역시 동의를 하고 있기에 말을 아끼도록 하겠다. 그러한 직업인으로서의 교사라는 직위에 만족해하고, 그러한 직위를 누리고 지내는 교사들이 잘못되었다는 말을 할 수 없기 때문이다. 어차피 교사도 하나의 직업이기 때문에 말이다.

여기에서는 교사라는 직업으로서 학생들과 함께 생활하며 겪게 되는 어려움에 대한 이야기만을 하고자 한다. 교사라는 직업의 어려움에 대한 이야기를 자세히 들여다보면 하나같이 교사라는 직업은 아이들 앞에서 지식을 말로써 가르치는 존재라는 인식이 깔려있음을 발견하게 된다. 물론 지금의 어른들은 그러한 방식으로 수업을 받아왔기 때문에, 그리고 우리들 세대 역시 그러한 방법으로 수업을 받아왔고 우리가 생각하는 교사의 모습 또한 그러하기 때문에 어쩔 수 없다는 것에는 저자 역시 동의한다. 또한 우리들은 수업이라고 하면 흔히들 교사는 교실 앞에 서서 칠판에 열심히 판서를 해가며 설명을 하고, 아이들은 선생님의 설명을 들으며 판서에 따라 공책에 열심히 필기하는 모습을 떠올리게 된다. 선생님이라고 하면 떠올리는 이미지가 그러하다보니 하루 종일 수업을 하고 나면 목이 많이 아플 텐데, 괜찮으냐는 질문을 자주 듣게 되었던 것 같다. 이런 사람들에게 저자는 이러한 말을 한다.

"아니요. 전혀 목이 아프지 않아요. 말을 잘 하지 않거든요. 그냥 아이들이 하는 것을 지켜보고 도와달라는 요청이 오면 옆에서 도와줄 수 있도록 지켜보기만 해요. 그리고 아이들 옆에서 직접 말하기 때문에 큰 목소리를 내는 경우도 극히 드물어서 목이 아프다거나 하지는 않은 것 같아요."

이렇게 말을 하고 나면, 주변 사람들은 모두들 의아해하고 이해를 하지 못한다는 표정으로 저자를 쳐다보기도 한다. 오히려 저자를 이상한 교사로 생각하는 것 같기도 하다. 뭐 이런 사람이 선생님이라는 건지라는 생각과 함께 말이다. 혹시 어떤 이들은 교사들은 정말 편한 직업이구나라는 생각을 할지도 모르겠다.

하지만 나는 기본적으로 교사는 침묵해야 한다는 생각이 강하다. 도널드 핀켈(2010)은 『침묵으로 가르치기』라는 저서를 통해 이렇게 말을 한다. 교사가 수업을 이끌어 가지 않는 이유는 첫째, 학생들끼리 교재에 관한 질문을 생각해 와서 해결할 시간이 필요하기 때문이고, 둘째, 학생들이 교사에게 의지하지 않고 집단으로 탐구하는 능력을 기를 수 있기 때문이며, 셋째, 학생들의 정서적, 지적 발달에 더욱 도움이 되기 때문이라고 언급하였다. 이러한 의미에서 저자 역시 수업 시간에 많은 말로써 학생들에게 가르치려고 하지 않을 뿐이다. 말하기 싫어서가 아니라, 그저 편하게 교사라는 역할을 수행하기 위해서 아니라 아이들이 함께 모여서 탐구하면서 문제를 해결할 수 있는 충분한 시간을 제공하기 위해서이다.

그러나 이것이 학생들의 자학자습이 되지 않도록, 학생들을 방치한다는 인식을 주지 않기 위해서, 학생 스스로 노력하게 하는 동시에 교사가 보는 앞에서 노력하게 해야 한다는 철칙은 가지고 있다. 이를 위해 교사가 가져야 할 것이 권력인지 아니면 권위인지를 구분 짓고자 하였다. 권력은 아이들에게 넘겨주고, 권위는 교사가 가지고 있을 수 있도록 하였다. 이래야만 민주적 수업 분위기가 조성이 될 수 있으니 말이다. 민주적 수업 분위기란 민주적으로 운영된다는 뜻이 아니라 권력과 권위를 구별하는 민주주의 구성 원리에 따라 운영이 된다는 뜻이기 때문이다(도널드 핀켈, 2010).

이쯤에서 하나 더 질문을 하고 싶다.

여러분이 생각하는
아이들을 위하는 위대한 스승이란 누구인가요?

우리는 흔히들 이상적으로 생각하는 위대한 스승에 대한 고정관념을 가지고 있다. 도널드 핀켈(2010)은 위대한 스승에 대해 다음과 같이 말을 하고 있다. 우리는 누구나 학교를 다녔고, 학교를 다니면서 고마운 은사 한 분쯤은 금방 떠올릴 수 있다. 그렇다면 이렇게 여러분이 떠올린 위대한 스승은 누구인가?

초등학교에서는 위대한 스승이라고 하면 흔히 학생들을 잘 돌보는 교사라고 한다. 그러나 중·고등학교나 대학에 올라가면 그러한 좋은 교사에 대한 이미지가 조금씩 변화하게 된다. 이는 우리 문화에서 흔히 일컫는 위대한 스승의 모습에 한층 더 가까워진다는 의미라고 할 수 있다. 우리가 생각하는 위대한 스승은 어떤 모습일까?

그것은 바로 우리 문화 속 위대한 스승은 우선 수업을 열정적으로 하며, 지식을 매우 잘 가르쳐주는 사람이다. 그리고 수업 및 강의에 필요한 지식이나 자료를 완벽하게 소화하고, 어떤 질문이 나와도 막힘없이 술술 대답을 해주며, 듣고 있으면 넋이 빠질 정도로 뛰어난 언변능력을 가지고 있는 사람이다. 또한 그러한 교사는 매우 신바람 나게 설명을 하고, 애매모호한 부분 없이 명쾌한 해석으로 학생들에게 제시하며, 학생들이 몰랐던 부분에 대해 뻥 뚫어주기까지 한다.

이러한 수업이 끝나고 나면 학생들은 감동을 하고, 그도 자기 선생님처럼 해당 과목 혹은 지식에 통달하면 좋겠다고 생각을 한다. 그리고 오늘 받은 감동을 그대로 이어가기 위해 다시금 책을 잡아보고, 열심히 공부하려 한다. 그러나 시간이 흐르면서 점차 자신은 그러한 스승의 발끝에도 미치지 못할 것이라는 의구심도 생기게 된다.

이것이 우리 문화에서 의미하고, 우리나라의 대부분의 사람들이 떠올리는 위대한 스승에 대한 이미지일 것이다. 저자 역시 그러했으니 말이다. 이제는 위대한 스승에 대한 우리들의 이러한 이미지에 변화를 주어야 할 시점이 아닌가 한다.

솔직하게 학교 현장에서 교사들은 각종 학교 업무로 인해 학생들의 교육에 대한 관심이 그만큼 줄어들고 있는 것은 아닌가 걱정이 된다. 이로 인해 학교 현장에 있다 보면 교육과 배움의 필수 불가결한 관계를 잊어버리고 지내는 분들을 종종 보게 되니 말이다. 감당할 수 없는 학교 업무로 인해 좋은 교육에 대한 본인의 뜻을 제대로 펴지도 못하는 선생님들을 더러 보게 되기도 한다. 이런 교사들을 살펴보면 자신이 정해 놓은 그만의 좋은 수업, 그만의 좋은 교육의 틀 안에 스스로를 가두고, 학생들도 가두면서, 스스로의 공로를 자기 스스로 평가해버리기도 한다(도널드 핀켈, 2010).

그래도 수업 자체는 매우 훌륭하였을 것이다. 그런데 과연 학생들은 그를 통해 무엇을 배웠을까? 교사는 학생의 배움을 최우선에 두어야 한다. 그를 위해 교사의 가르침은 목표에 이르는 수단이라고 생각을 해야 할 것 같다.

그래서 우리는 위대한 스승에 대해 위에서 언급했던 그러한 이미지를 쉽게 떨쳐낼 수 없었을 지도 모르겠다. 그렇다고 해서 위에서 언급한 위대한 스승이 안 좋다는 의미로 말을 하려고 하는 것도 아니다. 다만 다른 방식으로 좋은 교육을 실천하려는 교사들에게도 위대한 스승의 자리를 조금은 마련해주는 것은 어떨까하는 의미에서 말을 하는 것이다. 위대한 스승의 현란한 수업도 좋은 교육을 전달하기 위한 여러 방법 중에 하나이므로, 다른 방식으로 좋은 교육을 실천하려는 교사들에게도 위대한 스승의 여러 자리 중에서 한 자리를 차지할 수 있는 기회를 주어도 되지 않을까?

학교 현장에서 아이들과 함께 호흡하고 살아가면서, 아이들의 이야기가 끊이지 않는 경우가 더러 있다. 아니 요즘은 자주 있다. 초등학교 2학년인데도 말이다. 저자는 아이들의 그러한 이야기를 들어주는 것이 너무나도 좋고 행복한 시간이다. 또한, 저자뿐 아니라 이렇게 아이들의 이야기를 들어주고, 경청해주는 것만으로 학생들에게도 소중한 경험을 제공해주는 것 같았다.

흔히 교사는 배우가 되어야 한다고 한다. 교사는 뛰어난 배우가 되어야 하고 수업과 교육은 그에 맞는 멋진 공연이 되어야 한다고 한다. 솔직한 심정으로 저자는 이 말을 들었을 때 자괴감에 빠지기도 하였다. 아이들 앞에서 멋진 배우가 될 자신이 전혀 없었기 때문이다. 그렇다면 저자처럼 멋진 배우가 되지 못하는 교사는 위대한 스승이 될 수 없는 것일까?

아니다. 굳이 멋진 배우가 되지 않아도, 수업이 멋진 공연이 되지 않아도 위대한 스승은 될 수 있을 것이다. 아니 그렇게 믿고 싶다. 저자가 그러하니 말이다.

좋은 교육은 아이들의 생각을 넓혀주는 것이라고 생각을 한다. 그리고 생각을 넓혀줄 수 있는 기회를 다양하게 마련해주는 것이 수업이라고 생각을 한다. 이러한 의미에서의 교육에서 교사는 말로 가르쳐야 할 필요성이 상대적으로 많이 축소된다고 할 수 있다. 아이들의 생각을 넓혀주는 것은 멋진 배우처럼 말하고 행동하는 교사의 뛰어난 말솜씨와 연극이 아니라, 학생들 스스로의 대화 속에서 일어날 수 있는 것이기 때문이다. 그리고 교사는 그러한 아이들의 대화를 경청하면서 어떠한 말을 해주면 좋을지 고민하고 기다려주면 될 것 같다.

이처럼 저자가 생각하는 위대한 스승은 흔히 말을 하는 멋진 배우가 아니라, 진지한 경청자, 혹은 관객이 되어주면 될 것 같다. 교실에서, 혹은 수업에서 멋진 배우 역할을 해야 하는 것은 어찌 보면 교사가 아니라 학생들이기 때문이다. 수업의 주인공은 학생들이며, 교실의 주인 또한 학생들이니 말이다. 그리고 멋진 배우로써 학생들의 하모니가 만들어내게 되는 이야기가 바로 멋진 공연, 즉 수업이 되어야 한다고 생각한다. 그러한 멋진 배우인 학생들, 그리고 그러한 학생들의 하모니가 만들어내는 멋진 공연인 수업을 진지하게 경청하고, 바라보고, 지켜봐주는 관객의 역할이 바로 교사가 되어야 하지 않을까?

그동안 우리 사회의 고정관념으로 인해 우리 교사들은 어쩌면 말을 해야 한다는 고정관념을 가진 것은 아니었었는지 반문해본다. 도널드 핀켈(2010)의 말처럼, 침묵으로 가르치면 좋은 교육의 의미가 바뀌게 되며, 교육이라는 말 자체의 의미도 달라질 것이다.

멋진 배우로서의 교사가 말하는 뛰어난 말솜씨에 의해서 아니라, 아이들은 책을 통해, 친구들과의 소통을 통해, 그리고 다양한 경험을 통해서, 어쩌면 자연을 통해서 더 많은 것을 배우게 될지도 모른다. 그리고 수업을 위한 멋진 배우는 교사가 아니라 학생이 되어야 할지도 모른다. 아니 학생이 되어야 할 것이다.

그러나 여전히도 우리는 이러한 아이들의 배움의 기회를 우리 문화 속 고정관념이 가지는 위대한 스승이 되고자 하는 교사들의 현란한 말솜씨에 의해 빼앗고 있었던 것은 아닐까? 어쩌면 우리는 그러한 기회박탈로 인해 아이들에게 잘못을 저지르고 있는 것은 아닌지 곰곰이 생각해보게 된다.

루소의 에밀에 실린 말을 떠올리며 이번 장의 이야기를 마무리하고 한다.

학생에게 교훈을 말해 주지 마라,
오직 경험을 통해 배워야 한다.

이 말은 요즘 시대 교사들에게 한 번쯤 다시금 생각을 하게 하는 말인 것 같다. 그동안 우리는 사회가 정해놓은 고정관념에 의한 위대한 스승이 되기 위해서 아이들에게 수많은 교훈을 주려고 했던 것은 아니었을까? 교실이라는 무대에서의 멋진 배우는 교사가 아닌 학생들이었으며, 멋진 배우로써의 학생들은 다양한 경험을 통해 배워야 하는 존재임에도 불구하고, 여전히 우리 교사들은 스스로 멋진 배우기 되기 위해서 말로써 학생들에게 교훈을 인위적으로 암기시키고 있었던 것은 아니었을까? 학생들에게 멋진 배우로 기억되기 위해서 말이다. 이제는 생각을 바꿔보자.

교실이라는 무대에서의 멋진 배우는 교사가 아닌 학생이며
학생들의 하모니가 만들어내는 멋진 공연이 바로 수업임을…

2 PART

살아나는 학교, 학교의 성장

우리는 이제 도덕적이고
온전한 인간이 점점 더 부지불식간에
상업적이고 협소한 목적을 지닌
인간에게 자리를 내주고 마는 단계에 당도했다.
과학의 경이로운 진보에 도움을 받은 이 과정은
거대한 영역에 걸쳐 권력을 얻고 있다.
이는 인간의 도덕적 균형 감각을 뒤흔들며,
영혼 없는 조직체의 그늘 아래
인간적 면모를 가리고 있다.

– 라빈드라나트 타고르, 민족주의, 1917

PART 2

살아나는 학교, 학교의 성장

"왜 아이들이 공부를 하지 않는지 모르겠어요.
초등학교 고학년만 되도 벌써부터 교실에서 잠을 자는
아이들이 생겨나고 있어요. 초등학교 때부터 이러니
중학교, 고등학교에 가면 어떻겠어요?"

요즘 초등학교 고학년 담임 선생님들을 만나면 공부를 하지 않는 아이들, 수업에 관심이 없는 아이들, 벌써부터 수업시간에 잠을 자는 아이들 때문에 골머리를 앓고 있다는 말을 종종 듣게 된다. 그리고 그러한 불평 섞인 말을 듣는 횟수가 날이 갈수록 점차 늘어나고 있다.

분명 교육학에서는 학생들을 스스로 학습할 의지가 있는 존재로 전제하면서, 학생의 배움을 강조하고 있는데 교실의 실제 모습은 왜 이론과는 정 반대로 흘러가는 것일까?

1990년대 말부터 등장하기 시작한 교실붕괴, 수업붕괴, 나아가서는 학교붕괴라는 용어로까지 사회적으로 확산이 되면서 최근에는 공교육의 위기설이 끊임없이 제기되고 있다. 학교붕괴라는 용어 속에는 수업 중 무질서나 교사의 통제력 상실 등을 포함하는 수업의 붕괴, 무단결석이나 자퇴, 학교폭력, 집단따돌림 등을 포함하는 학생 생활지도 붕괴, 이로 인해 나타나는 학교교육의 본질적 기능 약화를 내포하고 있다(송연주, 이상수, 2015). 학교붕괴에 대한 수많은 이야기가 불거져 나오고 있지만, 사실 학교는 수 십 년 전과 비슷한 형식과 체제로 여전히 잘 굴러가고 있는 것처럼 보인다. 솔직히 잘 굴러가고 있는지는 잘 모르겠지만, 그저 그렇게 수 십 년 동안 같은 모습으로 굴러가고 있기는 하다. 수 십 년 동안 같은 모습을 유지하고 있음에도 불구하고,

최근에 이렇게 학교붕괴라는 단어가 크게 불거져 나오고
사회적으로 이슈가 되고 있는 이유는 무엇일까?

본 저자는 어쩌면 학교붕괴라는 단어가 최근에 이토록이나 이슈가 되고 있는 이유가, 진정으로 학교가 붕괴되었기 때문이 아니라 사회가, 혹은 학생과 학부모가, 그리고 시대가 학교에게 요구하는 것이 점차 변화되고 있음에도 불구하고 학교는 성장하지 않은 채 과거의 모습 그대로를 유지하려하기 때문에 그런 것은 아닐까라는 생각을 하게 되었다.

과거에는 학교 이외의 장소에서 교육받을 기회가 풍부하지 못하던 시대였지만, 현대에는 일상화된 각종 사교육과 인터넷 강의로 인해 학생들은 지적 정보를 학교이외의 다양한 장소와 방법을 통해서 충분히 습득할 수 있는 시대가 되었다. 그만큼 수 십 년 동안 같은 모습으로 굴러오고 있는 학교가 교육적인 측면에서 이전 세대에서 누렸던 지위와 역할을 이제는 더 이상은 누리지 못하는 위치에 놓이게 된 것이다.

이제 학생들은 학교에서 제공해주던 교과 수업과 지식을 학교가 아닌 다른 매체를 통해 획득하는 것이 그만큼 일상화되었다. 교재를 따라가며 설명하는 수준의 교실 수업은 충분히 다른 매체(사교육, 인터넷 강의 등)를 통해 접할 수 있게 된 것이다. 그래서 학생들은 학교에 흥미를 잃고, 수업에 관심을 잃어버리기 되면서 교실붕괴, 수업붕괴가 생겨

났으며, 이로 인해 더 나아가서 학교붕괴라는 단어가 생겨나고, 우리들은 그러한 학교붕괴를 직접 경험하고 있는 것은 아닐까 생각한다.

그렇다면, 학교붕괴는 누구에 의한 것일까?

솔직히 이 질문에 대부분의 교사는 학생들 때문이라고 책임을 전가하기도 한다. 교사들로부터 공부에 관심 없고, 교실에 앉아 있기 싫어하고, 수업시간에 잠만 자며, 배울 것은 학원에서 다 배워오는 학생들로 인해 학교가 붕괴된다는 말을 자주 듣게 된다. 그러나 분명히 말을 하지만, 교육학에서는 학생들을 배울 의지가 있는 존재라고 설명한다. 유명한 교육학자들의 이야기를 완전히 무시하지 않을 거라면, 배울 의지가 있는 학생들이 학교를 붕괴했다는 말은 아마도 맞지 않을 것 같다.

그렇다면 그렇게 배울 의지가 있는 학생들에게 공부가 재미없고, 수업시간은 잠을 자는 시간이라는 인식을 심어주는 교사들이 학교붕괴의 책임인 것일까?

솔직히 그동안 학교붕괴는 어쩌면 학교에서 아이들을 가르치고 있는 교사가 만들어낸 것은 아니었을까 생각했다. 변화하는 사회와 교육환경을 고려하지 않은 채 수 십 년 채 똑같은 방식으로 굴러오던 학교가 학교붕괴를 자초한 것은 아니었는지 생각을 하면서 말이다. 그래서 교육을 위해 끊임없이 고민하던 교사들이 점차 학교를 떠나게 되고, 교실에 앉아 있기를 거부하는 학생들이 점차 늘어나고 있는지도 모른다는 결론을 얻기도 하였다. 하지만 교사들의 책임이라고 했다면 그것은 학교붕괴가 아니라 교실붕괴, 수업붕괴라고 말을 하는 것이 더욱 맞지 않았을까? 그런데 이미 교실붕괴, 수업붕괴라는 말을 교사들조차도 사용하고 있다.

그래서 본 저자는 학교 붕괴의 원인은 바로 학교 그 자체에 있지 않았을까 하는 생각을 하게 되었다.

이제 학교도 교사와 함께 성장해야 하는 시대라고 할 수 있다. 학교 스스로 성장할 수 있는 힘을 길러야 할 것 같다. 스스로 성장하지 않은 채, 과거의 모습 그대로 굴러가고 있는 학교 그자체로 인해서 학교붕괴라는 단어가 생겨난 것은 아니었을까? 게다가 학교 스스로 성장하지 않는다면 지금의 학교붕괴는 더욱 가속화되지 않을까 걱정하게 된다.

학교붕괴를 걱정하는, 아니 공교육으로서의 학교가 사라지고 있음을 이야기를 하는 한 권의 책을 알게 되었다. 바로 송상호(2010)의 『학교시대는 끝났다』라는 책이었다. 과거에도 그랬고, 현재에도 그렇듯 지금의 학교는 산업사회시대에 태어난 모습을 그대로 간직한 채, 그 형태를 그대로 유지하며 흘러가고 있는 곳이 대부분이다. 이러한 산업시대의 전유물인 학교는 학생들을 가정과 사회로부터 일정 수준 격리시킨 채 교실에 수용시켜 왔다. 이러한 모습의 학교는 과거 산업사회의 눈부신 성장을 이끌어 왔으며, 이로 인해 그에 대한 권위, 위력이 막강한 시대를 보냈었다. 그러나 현대 사회에서는 그러한 학교의 권위와 위력이 도처에서 위협받고 있으며, 학교에 대한 비판어린 목소리가 여기저기서 불거져 나오고 있다. 이에 송상호(2010)는 학교제도의 수명이 다하고 있다고 지적하기도 한다.

손상호(2010)는 학교 때문에 고통당하고 괴로워하며 심지어 자살의 문턱에까지 이르는 청소년들에게 조금이라도 숨통을 트여 주기를 바람에서 본 저서를 출간하게 되었다고 밝히고 있다. 그는 그의 지인들 중 교사들로부터 이러한 말도 들었다고 한다. 현재 중고등학교 교실엔 '착한 선생과 무서운 선생'만 존재하고 있다. 착한 교사는 아무리 능력이 있고 실력이 좋다고 하더라도 아이들을 통제하지 못하는 선생을 의미하며, 무서운 선생은 청소년들의 모든 행동을 엄격하게 통제하고 처벌함으로써 아이들이 말을 잘 듣는, 아니 잘 따르는 척을 해주는 그러한 선생을 의미한다고 하였다.

하지만, 학교붕괴가 큰 문제가 되고 있고, 탈학교론이 강조되고 있는 현 시점에서도 학부모들에게 학교는 여전히 학생들에게 없어서는 안 되는 소중한 장소라는 인식이 강하게 자리 잡고 있다. 그러나 여전히 학교라는 장소를 강조하는 학부모들 역시, 학교를 통해 스펙을 쌓아야 출세를 할 수 있는 지금 우리 사회의 현실 때문에 모르는 척 눈을 감고 있는 학부모들, 아니면 그래도 학교에 가면 무엇이라고 배우겠지 라는 생각으로 속고 있는 학부모들로 분류된다 한다.

게다가 교육부(정부)에서는 '공교육 진흥법'을 시행하면서 사교육을 근절하고 공교육을 강화하겠다는 방침도 내세우고 있다. 그러나 공교육 강화를 강조하는 지금 이 순간에도 정작 학교, 교실의 모습을 살펴보면 학생들에게 수업시간은 그들에게 부족했던 잠을 보충할 수 있는 수면 시간인 것 같다고 한다. 실례로 한 초등학교 교장선생님은 학교를 순회하고 나서, 학생들 중 30%는 몰라서 잠을 자고, 30%는 학원에서 다 배워서 잠을 자고, 30%는 학원 숙제를 하느라 깨어 있는 것 같다고 언급하기도 했다고 한다.

하지만 그렇다고 하여 본 저자는 『학교시대는 끝났다』에서 언급을 하는 것처럼 이러한 문제점을 해결하기 위해서 학교 밖에서 그 해답을 찾는 것은 바른 방법이 아니라고 생각한다. 우리나라처럼 국민 대부분이 학교는 어릴 때부터 누구나 반드시 다녀야 하는 곳으로 인식하고 있으며, 학교제도 존재 자체에 관해서 어떠한 의견을 표현한다는 것 자체를 상상도 할 수 없는 절대적 존재로 생각하고 있는데 사회에서 '학교 없는 사회'는 불가능 할 것이기 때문이다.

그렇다면 과연, '학교 없는 사회'는 정말 행복 할까?

이 질문에 본 저자는 단연코 아니라고 답을 하려고 한다. 학교라는 장소 그 자체는 아이들에게 하나의 추억이 될 수 있으며, 행복한 공간이 될 수 있다. 다만, 그동안 학교가 가지고 있었던 모순성, 불평등성, 비인간적인 모습에서 성장하여 인간적인 모습의 학교로 발전해야 함이 그보다 더 우선시 되어질 경우에 말이다. 이제는 더 이상 학교가 상급학교로 진학하기 위한 곳, 혹은 내신을 받기 위한 곳이 아니라 아이들의 교육을 위한 곳, 아이들의 배움을 위한 곳으로의 성장과 발전이 필요하다고 할 수 있다.

더 이상 학교 스스로 성장하지 못하고, 지금의 모습 그대로를 유지한 채, 과거를 그대로 답습하게 된다면 붕괴의 속도는 더욱 빨라질 것이며, 결국에는 일리히가 주장한 탈학교론[1]이 현실화될지도 모르는 일이다.

그렇다면 이제 학교 구성원들은 함께 모여서 질문을 해보자.

학교의 성장, 어떻게 이뤄지면 좋을까?

이에 대한 학교 구성원들의 이야기, 해답들이 앞으로 우리 학교가 나아가야 할 방향은 아니었을까?

교육을 위해, 아이들의 배움을 위해 교육과정을 성장시키고, 발전시키는 것에서 더 나아가서 학교 자체의 성장도 함께 이야기 나누고, 의견을 모아보면서 학교 제도의 성장과 발전도 함께 이루어보는 그러한 모습을 기대해보고 싶다.

---

1) 일리히는 학교교육에 의존하는 환상 중의 하나로 공부가 가르침의 결과라고 믿는 것이지만 대부분의 사람들은 그 지식의 대부분을 학교 밖에서 얻는다는 것을 지적 하였다. 그리고 '학교화 사회'가 20세기 후반에 전 세계적으로 극단에 이르러 학교로 대표되는 교육자체를 망치고 있기에 '학교 없는 사회'로 되돌아가야 한다고 주장하였으며, 이것이 탈학교론의 모태가 되었다. 하지만 '학교 없는 사회'로 돌아가자는 말이 자칫 모든 학교를 폐지하는 의미로 왜곡될 수 있다고 하여, 1995년 매트 헌이 엮은 『Deschooling Our Lives』의 추천사에서 "당시 내 글은 학교를 없애자는 주장은 아니었다. 당초 나의 주장은 미국에서 국교가 폐지되 온 것처럼 국가에 의한 학교제도를 폐지하자는 것이었으며, 이러한 학교교육제도를 폐지함으로써 공공재원을 낭비하지 않고, 사회적 특권을 주는 시스템을 없애자는데 의의를 둔 것이었다"고 명료화하였다. 즉, 그가 강조한 것은 교육을 강제된 의무사항으로 고착화시키는 학교의 흐름을 역전시켜야 한다는 것이었다(오창순, 2012).

CHAPTER

0

극히 평범한 교사가 바라보는… 왜 학교는 성장하지 않으려 할까?

사회가 급변함에 따라 학교도 그에 발맞춰 성장과 변화를 해나갈 필요가 있다. 이러한 변화는 1990년대에 학교개혁이라는 말로, 2000년대에는 학교혁신이라는 용어로 사용되어 왔다. 하지만 현재까지의 학교개혁 정책들은 거의 실패했다는 평가를 받아오고 있다. 그 이유로 다양한 원인들이 있겠지만, 그 중 한 가지는 국가가 학교의 변화를 주도하면서 학교현장의 요구나 방식들을 무시한 채 진행되었기 때문이다. 이러한 학교개혁의 정책은 학교의 부담을 가중시키는 방향으로 진행되어 왔다는 의견이 많다.

그렇지만 지금까지의 학교개혁이 여러 부정적인 결과를 초래해왔다고 하여 교육개혁들이 포기되거나 사라지지는 않을 것이다. 우리가 이미 알고 있듯이 사회는 계속 변화되고 있으며 그에 따라 학교도 적절한 변화와 성장이 요구되고 있기 때문이다. 교육부와 교육청에서 상명하달식의 학교개혁으로 인해 많은 부정적인 결과와 문제점을 야기시켰다. 이에 대한 여러 대안 중 하나인 학교단위에서 시작된 변화와 성장을 중심으로 혁신을 진행하고 있는 혁신학교들이 화두로 떠오르고 있다.

혁신학교란 진보 성향의 교육감들이 2006년부터 '전인 교육'을 표방하며 만든 자율학교를 의미한다. 혁신학교는 학급의 학생수를 25명 이하로 제한한 소규모 학교로 운영한다. 입시위주의 획일화된 교육체제에서 벗어나 주도적이고 창의적인 학습능력을 배양하는 데 초점을 둔 새로운 학교의 형태이다. 현재 다양한 지역에서 서울형 혁신학교, 강원행복더하기학교, 무지개학교 등으로 실시되고 있다.

하지만 이러한 혁신이라는 말은 왠지 강한 거부감이 생긴다. 혁신의 사전적 의미를 살펴보면,

'낡은 것을 바꾸거나 고쳐서 아주 새롭게 한다'

라고 정의하고 있다. 그렇다면 지금까지 해왔던 우리 학교 교육이 잘못되어왔는가? 저자는 그렇지 않다고 단호히 말할 수 있다. 그런데 왜 우리는 학교의 변화와 성장을 이야기하고 있는가!

그 이유는 학교 교육 그 이유를 찾기 보다는 우리 사회의 빠른 변화와 발전에서 찾을 수 있다. 문명의 발전은 많은 편리함을 제공하기도 하지만 동전의 양면과 같이 다른 문제점을 야기시키기도 하였다. 따돌림, 등교거부, 학교폭력 등과 같이 현재 우리 사회에서 이슈화되고 있는 부분들이다.

이러한 사회적 변화에 따른 문제점들을 해결하기 위해 세계 각국의 교육 현장에서는 다양한 형태로 학교의 성장과 변화를 도모하고 있다. 그러한 사례들을 살펴보면서 앞으로 대한민국의 학교 성장을 위해서 어떤 방향으로 나아가야 될지를 살펴볼 필요가 있다.

"체험을 통한 수업으로 몸과 마음이 함께 성장해가는 즐거운 학교, 일본 키노쿠니 학교" 연령과 학년에 상관없이 같은 관심을 가진 학생들이 모여서 한 반을 이루어 학습주제를 공동으로 수행해가는 프로젝트 학습을 중심으로 수업을 해가고 있다. 이러한 프로젝트 학습을 통해 몸을 움직이고 스스로 생각하고 시간을 들여 과제를 수행하며 문제해결에 몰두하는 것이 그 목적이 되는 것이다.

안선회(2015)는 학교혁신을 "학교에서 학생들의 학습과 성장이 타당하고 효과적으로 이루어지도록, 학교체제와 학교문화, 그리고 학교에서의 교육과 학습 실천을 의도적이고 능동적으로 개선하려는 활동이나 과정"으로 정의하고 있다. 세계 각국에서 실시되고 있는 다양한 혁신학교의 의미를 보면 기존의 것을 완전히 무시하고 배제하면서 진행되는 것이 아니라 학습자 중심의 맥락에서 다양한 학습방법과 전략들이 적용되고 있는 것이다.

그래서 저자는 학교혁신이라는 말 보다는 학교성장이라는 표현을 선택하게 되었다. 미래를 살아갈 우리 학생들이 사회이 구성원으로서 살아가는 데 필요한 능력을 성장하는 데 도움을 주고자 하는 것이다.

그렇다면 어떻게 학교가 성장해야 할까? 우리들이 이야기와 함께 여러분도 공감하고 함께 성장하고 발전해나가기를 바래본다.

CHAPTER

1

다른 시각으로 바라본 학교경영

(학교는 기업이나 사업체가 아닙니다)

경영(經營)이란 기업이나 사업 따위를 관리하고 운영한다는 뜻을 가지고 있다. 경영이라는 단어의 뜻에서도 알 수 있듯이 기업이나 사업에서 사용되는 단어를 우리는 아무런 제약 없이 학교에서도 사용한다. 학교 경영이라는 말로 말이다. 그런데 나는 묻고 싶다.

학교경영이라는 말이 맞는 말인가?

다시 한 번 더 말을 하지만 경영이라는 단어는 기업이나 사업체에서 사용되는 말이다.

그렇다면 학교가 기업이 될 수 있는 건가?
아니면 사업이 될 수 있는 건가?
절대 아니다!!!

학교는 교육을 위한 곳이며, 학생들의 배움과 성장을 위한 공간이다. 기업 혹은 사업은 그 성과가 분명하게 드러난다. 일 년간 투입한 금액에 대비해서 산출된 혹은 벌어들인 금액이 얼마인지를 따져보면 일 년간의 성과가 눈에 바로 드러나게 된다. 가시적으로 드러나는 투입대비 실적 혹은 성과를 높이기 위하여 경영은 분명하게 필요하다. 그렇다면 학교는 어떻게 실적을 혹은 성과를 알 수 있는 것일까?

교육이라는 것, 아이들의 성장과 발전이라는 것은 1년이라는 기간 동안 드러나지 않는 경우가 대부분이다. 아니 교육적인 측면에서는 그 전부가 1년이라는 기간 동안 가시적으로 그 성과가 드러나는 부분이 없다고 해도 과언이 아닐 것이다.

몇 년 후 한 아이가 인성적인 측면, 학력적인 측면에서 많은 성장을 이루었다고 가정해보다. 그런데 몇 년 후 한 아이의 성장에 있어서 지금의 1년이 지대한 영향을 미쳤을지 어떻게 알까? 학교는 1년의 학교 살이 만으로는 그 성과를 측정하거나 평가 받는 것이 절대 불가능한 집단이다. 그래도 학력적인 측면은 그나마 측정이 어느 정도 가능하다고 할 수도 있다. 단, 학력적인 측면을 시험 성적으로 한정하였을 경우에만 해당된다. 그래서 국가수준 학업 성취도 평가가 시행이 되었으니 말이다. 물론 본 저자는 학력적인 측면 역시 1년의 학교 살이로 평가가 불가능하다고 생각을 한다. 그 이유는 앞과 같다. 한 아이가 학력으로 성장하고 발전하였다고 했을 경우, 언제 적의 배움으로 그러한 성장과 발전이 있었는지 측정이 불가능하기 때문이다. 한 아이가 배움을 통해 아는 내용이었지만, 실수로 인해 혹은 다른 환경적 상황으로 인해 올바른 점수를 획득하지 못할 경우에는 어떻게 할 것인가? 그 학생은 배워서 아는 것임에도 성적표에는 틀렸다고, 그리고 모른다고 기재되어 나오니 말이다.

학력적인 측면이야 어쨌든, 아이들의 성장과 발전을 인성적인 측면, 핵심역량적인 측면을 함께 고려했을 경우에는 그 성과에 대한 측정이 더욱 더 불가능해진다. 인성과 역량은 점수로 환산될 수도 없을 뿐 더러, 시험을 통해서 길러질 수 있는 것들이 아니기 때문이다. 즉, 측정이 절대 불가능한 영역일 뿐 아니라, 1년이라는 단기간의 성장만을 살펴보는 것으로는 절대 그 효과성에 대한 평가가 불가능한 것이다.

이렇듯 아이들의 교육과 배움을 모표로 하고 있는 학교라는 조직에 대한, 경영 평가가 어려움에도 불구하고, 세계 각국은 학교조직에 대해 평가를 시행하고 있으며, 우리나라도 예외가 아니다(박대휘, 2014). 그 예로 1996년부터 시행되고 있는 시・도 교육(지원)청 평가, 1997년부터 서울시교육청에서 시행되기 시작한 학교평가, 2009년 전집 평가로 시행되고 있는 전국수준 학업성취도 평가를 들 수 있다(김규태, 2012). 한편, 외국 사례를 들면, 미국의 '효과적인 학교운동(effective school movement)'을 들 수 있다. 효과적인 학교는 투입요건(학생들의 가정배경, 학습능력 등)이 비슷한 조건의 학교 중에서 상대적으로 학업성취가 높은 학교를 말한다(Hoy & Miskel, 2013). 그래서인지 학교를 평가함에 있어서 학생들의 인성적, 역량적인 측면보다는 학력적인 측면만을 고려하는 경우가 많게 된 것 같다.

또한 학교경영이라는 말을 아무런 여과 없이 사용하게 되면서, 대부분의 학교 교육과정에는 특색사업이라는 말을 사용하고 있기도 하다. 누가 그렇게 하라고 지시한 적도 없음에도 불구하고 보통 1년에 3개 정도의 특색사업을 거창한 이름을 붙여서 만들어내고 있다. 경영이라는 말도 어울리지 않는데, 하물며 그 안에 사업이라는 말까지 사용하고 있는 것은 왜 그런 것일까?

학교 경영에 대한 이야기를 시작하기에 앞서, 이에 대한 학교 이야기부터 해보도록 하겠다. 매 학년 초, 흔히 2월에서 3월은 각 학교 연구부장, 혹은 교육과정부장은 눈 코 틀 새 없이 바쁜 시기를 보내게 된다. 바로 특색사업을 포함한 학교 교육과정 작성 때문이다. 이렇게 바쁜 시기를 보내는 것이 진정 교육과 배움을 위한 학교교육과정을 계획하기 위함이라면 그나마 그러한 바쁨이 지나고 난 뒤 만족감, 행복감이 찾아올지도 모른다. 그러나 대부분의 학교에서는 매우 예쁜 혹은 거창한 이름으로 학교교육과정을 만들어내고, 다른 학교와 차별화된 특색 사업을 만들어내면서 각각의 특색 사업에 색다른 이름을 붙이느라 정신이 없다. 그리고 이를 위해서 이번 학년도에는 어떠한 사업을 구성하면 좋을지를 고민하면서, 교육과 배움이 아닌 업무 중심의 학교교육과정을 작성함에 눈 코 틀 새 없이 바쁘다.

그리고 여기에 또 다른 큰 문제점이 생겨나게 된다. 거의 2달에 걸쳐서 매우 힘들게 작성한 학교교육과정을 살펴보면, 많은 학교들이 매년 150쪽에 달하는 책 한권을 만들어 내고 있다. 그러나 정작 이렇게 몇 몇 사람의 땀과 열정으로 만들어진 학교교육과정 책자를 자세히 살펴보는 교사는 거의 아무도 없다. 심지어 이렇게 힘들게 만들었던 연구부장 조차도 살펴보지 않으니 말이다. 저자가 그러했고, 주변 연구부장 교사들이 그러했다. 직접 학교교육과정을 만드는 데 가장 열심히(?) 참여한 교사들도 보지를 않는데, 학교 내 다른 교사들이 과연 학교교육과정 책자를 살펴보겠는가? 아마 대답은 아닐 것이다. 그나마 책자를 살펴볼 때가 있기는 하다. 바로 학기말, 혹은 학년말 수업 시수를 확인하고 시수 놀음을 할 때 사용되기는 한다. 그 이외의 대부분의 시간을, 교사들은 학교교육과정 책자를 받게 되면 바로 책꽂이(책꽂이는 그나마 괜찮다. 책꽂이에 넣으면 그나마 눈에 보이기도 하고, 찾아보기도 쉬우니 말이다. 심지어는 눈에 보이지도 않는 캐비넷 안에 넣어둔 채 1년을 그렇게 학교교육과정이 무엇인지도 모른 채 살아가기도 한다. 아니 어쩌면 그렇게 학교교육과정이 무엇인지 모르고 살아도 별 문제가 없는 것이 더 큰 문제인 것인지도 모르겠다.)에 넣어두게 된다. 아마 각자 학교의 교육과정이 어떻게 구성되어 있는지, 어떠한 내용으로 꾸려져 있는지 관심조차 없을 것이다. 이에 정성식(2014)은 『교육과정에 돌직구를 던져라』라는 저서를 통해 이러한 학교교육과정을 캐비넷 교육과정이라고 칭하기도 하였다.

물론 학교교육과정을 캐비넷에 넣어둔 교사들이 잘못되었다는 비판하기 위해서 이렇게 언급하는 것이 아니다. 학교교육과정이 잘못되었기 때문에, 학교교육과정이 교사들이 수업을 함에 있어서 필요 없는 내용을 구성이 되었기 때문에 그러하지 않은지 생각하게 되었다. 연구부장을 처음 맡고서, 대부분의 교사들이 열심히 제작한 학교교육과정을 살펴보지 않음에 있어서 화가 나기도 하고, 왜 안 보는 건지 이해를 하지 못할때도 있었다. 하지만 지금은 아니다. 그러한 교사들이 잘못 된 것이 아니라, 학교교육과정이 잘못된 방향으로 구성되어 있는 것이 문제였던 것이다.

정성식(2014)은 이러한 학교교육과정 구성을 포함한 그와 관련된 의문점을 해결하고자 교육청에 문의를 한 결과 학교교육과정 작성 및 제출에 대한 법적 근거는 없다는 답변을 받았다고 하였다. 그러면서 법정 장부와 학교장 장부의 종류를 다음과 같이 정리하였다.

순	장부명	구분	비고
1	학교생활기록부	법정 장부	재학생은 전자문서로 관리 졸업생은 졸업과 동시에 출력하여 이중 관리
2	학교생활기록부정정대장(재학생)		학기중에는 전자문서로 관리, 학년도 종료 시점에 출력하여 보관
3	졸업대상/수료대장		전자문서로 처리 후 출력하여 보관
4	학교생활기록부정정대장(졸업생)		학기 중에는 전자문서로 관리, 학년도 종료 시점에 출력하여 보관
5	결보강일지	학교장 장부	전자문서로 보관
6	학교교육과정편제 및 시간배당표		
7	지필평가일람표(과목별)		
8	수상대장		
9	수행평가일람표(과목별)		
10	진급반편성일람표		
11	월말출결통계표		
12	학교일지		
13	학기말성적일람표(과목별)		
14	학생이동부: 전입/편입/재입/복학		
	학생이동부: 전출		
	학생이동부: 자퇴/퇴학/제적/휴학		
	학생이동부: 추가입학/입력누락자		
	학생이동부: 계열/학과/반변경		
15	전체가정통신문		

출처. 정성식(2014). 교육과정에 돌직구를 던져라. p.31

이처럼 법적근거도 없는 학교교육과정, 제출에 대한 의무사항도 없는 학교교육과정임에도 불구하고 150쪽에 달하는 책 한권을 만들어내기 위해 매년 2월 달, 3월 달이 되면 학교 내 몇몇 교사의 교실 불은 늦은 밤에도 꺼지지 않고 있는 것이었다. 또한 따로 정해준 형식이 없음에도 불구하고 대부분의 학교교육과정의 양식은 일정한 틀이 정해져 있는 것처럼 유사하게 진술되고 있기도 하다. 이제는 이러한 틀에 박힌 형식이 아니라 교육과 배움이라는 내용에 충실한 학교교육과정이 만들어질 수 있으면 좋겠다.

그리고 이를 위해서는 학교를 기업이나 사업체처럼 바라보며 경영을 해야 하는 곳, 혹은 어떠한 사업을 만들어서 운영해야 하는 곳으로 여기면 안 될 것 같다. 학교는 기업도 아니며, 하나의 사업체도 아니니 말이다. 초·중등교육법 제23조 제1항에 명시되어 있지 않은가?

학교는 교육과정을 운영하여야 한다.

라고 말이다. 사업이 아니라 교육과정을 운영해야 하는 곳이 바로 학교라는 것을 법을 통해서도 알 수 있다. 또한 여기서 말하는 교육과정은 두툼한 한권의 책으로 이뤄진 학교교육과정이 아니라, 국가수준 교육과정에 충실하면서 틀에 박힌 형식이 아닌 아이들의 배움과 교육을 위한 내용이 중심이 될 수 있는, 학교가 아닌 학생이 중심이 되는, 업무나 사업이 아닌 교육과 수업이 중심이 되는, 교사의 일방적인 가르침이 중심이 아닌 학생들 스스로의 배움이 중심이 될 수 있는 그러한 교육과정을 의미할 것이다.

어느 컨설팅에서 물어본 적이 있다.

왜 그렇게나 두꺼운 학교교육과정이 필요할까요?

이러한 질문에 돌아온 대답은 역시나... 다른 학교에서 그렇게 하니까요, 이렇게 해야 학교교육과정이 만들어진 것 같고, 교장 선생님이 이렇게 해야 나중에 100대 교육과정에 제출할 때 편하다고 말씀을 하시니까요 라고 말들을 한다.

그렇다. 어쩌면 우리는 그동안 학교교육과정을 그 자체로 바라보는 것이 아니라 다른 용도로 사용하기 위해서 하나의 용도로 바라보고 있었던 것이며, 이를 위해 그렇게도 열심히 150쪽에 달하는 책을 매년 열심히 만들어내고 있는 것이다. 학교교육과정은 1년간 학교 교육의 기본이자 기틀이 되어야 하며, 학생들의 배움과 수업을 위해 하나의 목적내지 목표가 되어야 하는 것임에도 불구하고, 우리는 학교교육과정을 다른 것을 위한 하나의 용도로 사용하고 있었던 것 같다. 그래서 인지 대부분의 교사들은 학교교육과정 책자를 받아들고는 그대로 캐비넷에 넣었던 것일지도 모르겠다. 교실에서 수업과 교육, 배움을 위해서 필요한 것이 아니라, 학교평가를 위해 혹은 기관 보고서를 작성하기 위해 필요한 것이 학교교육과정이라는 인식을 대부분이 가지고 있으니 말이다. 그래도, 이렇게나 두툼한 책으로 학교교육과정을 완성하고, 책으로 만들었다는 연구부장 자신만의 만족감, 어느 공모대회에 기관보고서를 제출할 때 유용하게 사용하기 위한 효율성 및 효과성 등 약간의 불손한 의도가 담겨있다고 하더라도, 그렇게 열과 성을 다해 학교교육과정을 매년 두툼한 한권의 책으로 새롭게 재창조하며 만들어내는 전국의 연구부장, 교육과정 부장에게 격려의 큰 박수를 보내고 싶다. 저자 역시 그렇게 해왔으니 스스로에게도 대견하다는 말을 하고 싶다. 그것도 4년 동안이나 말이다. 4년 동안 연구부장이라는 역할을 수행하면서 조금씩 생각이 성장하고 발전(발전이라고는 하지만, 이 또한 저자가 생각하는 관점에서의 발전이라고 할 수 있다. 혹자는 발전보다는 변화라고 여길지도 모르겠지만 말이다)하게 된 것 같다. 학교교육과정에 대해 이러한 인식(학교교육과정은 연구부장이 작성하는 것이며, 기관 보고서 작성을 위해 만들어지는 것이며, 수업보다는 교사들의 업무와 관련된 내용으로 구성이 되며, 형식적으로 만들어내는 것이라는 인식 등 등)은 교사들의 잘못이 아니라, 학교교육과정 자체의 잘못이라는 생각을 하게 되었으며, 이렇게 학교교육과정이 흘러가게 된 원인이 바로 학교를 기업이나 사업체처럼 바라보면서 학교를 경영하려고 했기 때문은 아니었을까 라는 생각을 하게 되었다.

우리는 왜 학교교육과정 책자를 펼치지도 않은 채,
캐비넷 속에 넣어두는 것일 까?

아마도 이글을 읽고 있는 독자들은 이 질문에서 저자가 하고자 하는 말이 무엇일지 답을 할 것이라고 예상하며, 그러한 예상처럼 이 질문에 대해 저자는 그 해답을 학교경영에서 찾아보려고 한다. 이 말을 꺼내기 위해 서두가 너무 길었었나하는 생각이 들기도 한다. 그러나 이러지 않으면 학교경영에 대한 다른 시각을 가지기 어려울 것 같았어 어쩔 수 없이 이런 저런 학교 이야기를 먼저 하게 되었다.

이렇게 학교경영이라는 단어를 비판적으로, 굳이 비판적이라기보다는 다른 시각으로 바라보고자 노력하는 본 저자는 참 아이러니하게도 모대학교 대학원에서 현장교사들을 대상으로 학교경영이라는 제목으로 강의를 진행하였다. 그런데 학기말 기말과제 제출 및 한 학기 수업에 대한 소감문에서 선생님들이 부르는 저자의 별명을 알게 되었다.

학교경영 비판자…
왜 그렇게 나를 불렀을까?

아마도 이 질문에 대해 강의를 들었던 선생님들의 답을 듣지 않더라도, 모르긴 몰라도 독자들은 아마도 저자의 한 학기 강의 내용이 어떠했을지 '학교경영 비판자'라는 단어 하나만으로도 짐작을 할 수 있을 거라고 생각한다. 이 과목을 강의하기 위해서 수없이 많은 고민을 했던 것 같다. 학교는 경영하는 곳이 아니라고 생각을 하고 있는 저자가 과연 한 학기동안 학교경영에 대해 강의를 한다는 것이 가당키가 한 한 말일까?

학교경영에 대해 비판적인 시각에서 바라보고 있는데
대체 무엇을 강의하라는 것일까?

그러면서 이 과목 강의를 저자에게 의뢰하고 맡겨주신 지도교수님을 살짝(아니, 조금 더 많이) 원망하기도 했었다. 하지만 이 상황을 다른 방향으로 생각해보면서 스스로 생각하게 되었다. 어쩌면 이러한 기회에 더 많은 선생님들과 함께 학교경영에 대한 다른 시각에 대해서 이야기 나눠볼 수 있는 보다 의미 있고 뜻깊은 시간이 마련될 수도 있을 것 같다는 생각을 말이다. 물론 학교경영 강의를 듣기 위해 수강신청을 한 선생님들은 학교경영이 무엇인지 전반적인 내용에 대한 이론적 강의를 듣기를 원했는지도 모르겠지만, 그러한 이론적 내용은 저자의 설명보다는 인터넷을 통해, 그리고 다양한 서적을 통해서 더 많이 알 수 있고, 더 자세한 지식을 얻을 수 있다고 생각을 했다. 실제 우리 반 수업이 늘 그렇듯이 말이다.

이렇게 많은 고민과 걱정 속에서 시작하였지만, 저자는 마음 속 진솔한 이야기를 통해, 그리고 학교의 진실 된 모습에 대한 이야기를 나누면서 무사히 한 학기 강의를 무사히(?) 끝낼 수 있었다. 한 학기동안의 짧지 않은 기간의 강의를 통해 저자가 여러 선생님들에게 하려고 했던, 혹은 이미 이야기를 했던 다양한 이야기와 말들을 요약하면 아래와 같이 몇 개의 문장(한 학기동안의 강의내용을 정리한 것으로, 선생님들과 함께 나누었던 약간은 격양되었던 강의 내용을 정리하는 것이라서 단어 사용에 있어서 읽는 사람에 따라 약간은 저돌적이고 강압적이라는 느낌을 줄 수도 있다)으로 정리가 될 것 같다.

지금까지의 학교경영은 그 출발점부터가 잘못된 것 같다. 학교는 경영이 불가능한 곳임에도 불구하고, 일반 기업이나 사업체처럼 경영이 가능하다는 인식을 가지고서 시작을 했으니 말이다. 그러므로 학교장, 교감은 이제는 더 이상 학교를 경영할 수 있는 곳이 아니라, 그저 관리가 필요한 곳이라고 여겨야 할 것이다. 그리고 그러한 관리는 중앙집권적인 방법이 아니라 교사를 위하는 방법으로 나아가야 한다. 주변의 시선, 주변의 평가를 위해 학교를 관리하는 것이 아니라 교사들이 학교에서 안정감을 느끼면서 서로의 공동성을 회복하고 수업과 배움에 집중할 수 있도록 해주어야 한다. 주변의 말에, 학부모의 말에 따라 관리해서는 안 된다. 학교장이 교사를 위해서 관리를 하는 대신, 교사는 학생과 학부모를 위해주면 된다. 학교장은 교사를, 교사는 학생과 학부모를 위하고 그들의 말을 적극 경청해주는 학교관리가 이루어진다면 학교의 분위기, 학교 문화가 어떻게 변화될까? 모르긴 몰라도, 지금보다는 서로를 위하고, 서로를 위로하고, 함께 무언가를 하기 위해 관계를 중시하는 공동성이 회복된 하나의 공동체가 되지 않을까? 교사들이 함께 하는 모습 속에서 학생들도 저절로 함께 하는 방법을 배우게 되지 않을까?

아마도 이렇게 정리가 될 것 같다. 물론 한 학기동안의 강의를 통해 선생님들에게 던지고자 했던 요점은 학교경영이 필요 없다는 말이 아니다. 학교경영은 필요한 것이지만, 이전과는 다른 시각에서 바라보고 시작할 필요가 있다는 것을 말하고 싶었다. 그렇다면,

학교경영을 어떻게 바라봐야 할까?

저자는 수없이 이 질문을 스스로에 던져보고 다양한 답변을 찾아보려고 노력했지만, 학교경영을 어떻게 바라보고, 어떻게 시작하면 좋을지 도통 손에 잡히지를 않았다.

왜 학교경영을 다른 시각에서 바라보지 못했을까?

곰곰이 생각하고 고민한 결과, 그동안 줄곧 학교경영이라는 것은 학교장의 일이며 책임이라고 생각을 하고 있었기 때문이었다. 다른 조직과 달리 학교라는 조직은 학교장이 혼자서 만들어갈 수 있는 조직이 아니다. 물론 다른 조직들도 수장이 혼자서 만들어가거나 이끌어가지는 못하지만, 특히나 학교는 다른 조직과 달리 학교장이 만들거나 이끌어가지 못한다. 학교는 교육하기 위한 곳이며, 실제 교육은 각자의 교실에서 이루어지고 있으며, 학교장이 가지는 교실에 대한 통제권이 그다지 크지 않기 때문이다. 즉, 학교는 학생과 교사가, 더 나아가서는 학부모와 지역사회가 함께 만들어가는 조직이며, 이들을 모두 학교 구성원이라고 일컫는 이유도 아마 이 때문일 것이다. 이러한 의미에서 학교경영 또한 이들이 함께 이뤄내야 하는 것이라고 생각한다. 그럼에도 불구하고 우리들은 흔히 경영이라는 단어를 학교에 적용시킴으로써, 학교경영을 학교장의 일로 떠넘기고 있었으며, 일선의 교사들은 이로 인해 학교경영에 대해 무관심한 상태에 있었다는 사실을 깨달았다. 그래서 학교교육과정 책자 또한 펼쳐보지도 않은 채 캐비넷 안에 넣어두었을 것 같다. 스스로 경영은 나와는 상관없는 학교장의 일, 혹은 그와 관련된 연구부장, 교육과정부장 등 몇몇 교사들과 관련된 일이라고 생각을 하면서 말이다.

이러한 학교경영에 대한 질문과 깨달음을 얻어가는 동안에, 미국에서 제작한 영화 한 편을 감상하게 되었다. 물론 영화라는 매체의 특성상 매우 비현실적일 수도 있으며, 재미와 감동을 위해 억지스럽게 만들어낸 이야기일 수도 있었지만, 참으로 어이없게도 본 저자는 한 편의 영화를 통해 학교 경영에 대한 또 다른 시각은 어떠해야 하는지에 대한 해답 아닌 해답을 얻을 수 있었다.

학교경영에 대해, 앞으로 우리가 지향해야 할 학교경영의 시각을 살펴 볼 수 있었던 영화 제목은

'억셉티드(accepted)'였다.

영화를 보지 못한 분들이 있다면 꼭 한번쯤 보기를 권해드리며, 영화에 대한 대략적인 줄거리를 설명하자면 아래와 같다.

주인공은 고등학교 졸업 후, 8개의 대학으로부터 불합격 통지를 받고서, 부모에게 긍정적으로 설득하려고 하지만 실패한다. 이에 주변의 따가운 시선과 비참함을 느끼고, 이러한 상황을 모면하기 위해 있지도 않은 가짜 대학교를 만들게 된다. 온라인 사이트 개설로 인해 수 많은 사람들이 입학을 하게 되고, 돌려보내려 하지만 모든 친구들이 어디에도 합격을 받지 못한, 흔히 말하는 루저들임을 안 주인공은 돌려보내기 못하고 모두를 합격시키게 된다. 어떻게 학교를 경영해야 할지 모르는 주인공은 주변 대학교를 살펴보러 가지만, 그 속에서 학생들의 즐거움, 흥미, 배움이 없고, 그저 시험을 위해 공부만 하는 기계같은 학생들의 모습을 발견하

게 된다. 그리고 다시 가짜 대학교로 돌아와 학생들에게 배우고 싶은 것이 무엇인지 조사를 하게 되고, 그것을 바탕으로 강좌를 만들고 함께 모여서 서로 하고 싶은 것을 하게 된다. 물론 이러한 일이 발각이 되면서 법원에 회부되게 된다. 주인공의 진심어린 답변과 이야기를 통해 학교는 임시 허가를 받으며 영화가 끝이 난다

이 영화 속 장면 중 학교경영에 대해 다른 생각과 시각이 있음을 알려주는 장면이 있다. 바로 영화의 마지막 법정에서의 판사, 그 지역 명문대학교의 총장, 그리고 주인공의 대화 장면이었다.

법정에서 주인공이 속해있는 지역의 유명한 명문대학교 총장과 법정의 판사는 학교가 만들어지고 승인을 받기 위해서는 세 가지가 필요하다고 하였다. 그것은 바로 운영할 수 있는 시설, 교육을 책임 질 교수, 그리고 교육 내용인 교육과정이 필요하다고 말을 한다.

영화를 보았다면 알 수 있겠지만, 학교로 승인을 받기 위해서 시설적인 측면은 어쩔 수 없이 존재해야 한다고 생각한다. 물론 그렇다고 하여 그동안 교실 선진화를 목적으로 도입되었던 첨단 전자기기가 즐비한 교실 갖추기처럼 최신의 장비 및 시설이 필요하다는 주장에는 동의하지 않는다. 다만, 아이들이 함께 모여서 이야기를 나누고, 소통하며 문제를 해결하기 위해서, 그리고 함께 모여서 뛰어 놀 수 있는 물리적 공간으로써의 장소와 같은 시설이 필요하다는 것에 동의를 한다. 그리고 학교라는 장소가 아이들에게 안전한 장소로써, 아이들을 위해 보호하고 있다는 안정감을 주기 위해서라도 시설은 당연히 필요하다고 할 수 있다.

그러면서 주인공에 다음의 질문을 이어간다.

교수진은 마련되어있는가?

그러자 주인공과 뒤에 앉아있던 친구들이 모두 자리에서 일어섰다. 그리고는 저마다 자신의 특기와 장기를 살려서 서로가 서로를 가르쳐주고 배우고 있기 때문에 그들 모두

가 교수라고 말을 한다. 여러분은 어떻게 생각하는가? 학교 현장에서 많은 교사들이 활용하고 있는 교수법 중에 하브루타 학습법이 있다. 하브루타는 유대인들의 주요 학습법으로써 친구들끼리 서로 짝을 지어서 질문을 통해 서로 가르쳐주고 배우는 것이 핵심이다. 정답을 알려주는 교육이 아니라 아이 스스로 생각할 수 있는 힘을 길러주기 위한 학습법으로써, 친구들끼리의 또래 가르치기로부터 시작이 된다.

그렇다면 학생들도 교수가 될 수 있고,
선생님이 될 수 있는 것은 아닐까?

그리고 판사가 다시 묻는다.

교육과정은 마련되어 있는가?

그러자 법정 뒤에서 낙서가 가득한 커다란 화이트보드 판 하나가 들어온다. 낙서처럼 보이던 화이트보드 판 적혀있던 글들은 낙서가 아니라, 주인공의 대학교에 들어와서 배우고 싶은 것, 하고 싶은 것이 무엇이냐는 질문에 대해서 주인공이 만들어 놓은 가짜 대학교에 들어온 학생들의 답변들을 빼곡하게 적어 놓은 글들이었다. 그리고서는 말을 한다.

"이것이 바로 우리 학교 교육과정이다"

라고 말을 한다. 물론, 국가수준 교육과정이라는 국가가 지정해주는 기본적인, 혹은 기틀이 되는 교육과정의 틀이 존재하는 우리나라와 같은 경우에는 학교 혹은 교실에서 이루어지는 교육과정의 모든 내용을 학생들이 배우고 싶고, 알고 싶고, 하고 싶어 하는 것들로만 구성하여 계획하고 실천하는 것이 절대 불가능한 것임은 분명하다.

하지만 한번 쯤 생각해볼 수 있지 않을까?

아이들이 하고 싶고, 배우고 싶고, 알고 싶은 것들로
가득한 학교 교육과정은 어떠할까?
그것이 바로 진정한 학교 교육과정이 아닐까?

그러면서 주인공은 마지막으로 이러한 말을 한다.

"Cause you don't need teachers or classrooms or – or fancy highbrow traditions or money to really learn. You just need people with a desire to better themselves"
"정말로 배우는 데는 교실이나 선생이나 화려한 전통 따위나 돈이 필요 없거든요. 필요한 건 오로지 자신을 개선시키고자 하는 사람뿐입니다."

학생들은 자신들이 배우기 위해서는 학교, 교실이라는 공간도, 선생님이라는 인적 요소도, 전통이나 돈이라는 물질적인 측면도 필요 없다고 하였다. 단지, 오로지 학생들에게는 스스로 개선하고 싶어 하는 마음과 의지가 가장 중요하다고 말을 하였다. 이 영화에서 진정으로 하고 싶었던 말은 이것이었던 것 같다.

나는 가치 있는 사람인가?
미래를 꿈꿀 수 있는 사람인가?
꿈을 이룰 수 있는 사람인가?

라는 질문에 시원하게

"그래!"

라고 외칠 수 있도록, 현재 교육에 대한 비판과 풍자, 그리고 이에 대해 앞으로 나아가야 할 교육의 방향이 무엇인지를 영화를 통해 보여주고자 했던 것 같다. 물론 영화이기 때문에 가능할지는 모르겠다. 하지만 영화 같은 학교를 꿈꿔보는 것이 잘못은 아니지 않은가? 실제 대안학교의 모습, 혹은 배움과 교육으로 유명한 해외 학교 사례를 살펴보면 위 영화에서 보여주는 학교의 모습과 비슷한 점을 많이 찾아볼 수 있으니 말이다.

그리고 영화에서 보여 지는 미국 교육모습과 우리나라 교육 모습은 크게 다르지 않았다. 우리나라처럼 미국 또한 아이들은 학교라는 공간에, 전통이라는 틀에 갇혀서 그동안 해오던 방식에 따라 교육이 이뤄지고 있었으며, 학생들의 즐거움, 흥미, 배움, 관심에는 무관심한 채, 그저 오로지 더 많은 지식을 심어주기 위한 교육, 일류 대학입학을 목적으로 하는 학교 교육이 이뤄지고 있었다. 마치, 학교는 단지 일류 상급 학교 진학을 위해 존재하는 것 같았다. 그리고 상급학교에 진학하지 못하는 것은 인생 실패라는 인식을 가지고 있는 것 같다. 마치 우리나라처럼 말이다.

이로 인해 영화를 보고나서 실제 우리 학교의 교육과정, 우리 교실에서 이뤄지는 교육과정을 다시금 살펴보는 계기가 되기도 하였다.

과연 나는 아이들의 이야기, 아이들의 삶,
아이들의 흥미와 관심을 얼마나 많이 교육과정 속에 녹아들게 만들었을까?

물론 국가수준 교육과정이 존재하는 우리나라의 경우, 학교교육과정은 국가수준 교육과정에 준한 형식 및 내용을 갖춰야 하는 것은 당연하다. 또한 그러한 기준이나 기본이 될 수 있는 국가 수준 교육과정의 필요성에 대해서 동의한다. 그러한 기준과 기본이 존재함으로써 교사들이 가르치고, 아이들이 배워야 할 내용이 무엇인지 편하게 알 수 있으니 말이다. 무엇을 어떻게 가르치고 배워야 할지 고민하거나 불안해하지 않아도 되니 얼마나 좋은 제도인가?

국가수준 교육과정의 존재로 인해 많은 교사들은 불안해하지 않아도 되며, 국가에서 정해준 틀 안에서 자유롭게 교육과정을 구성하여 운영할 수 있는 장점을 가진다. 하지만 문제는 대부분의 교사들이 교육과정을 살펴보기 보다는, 교육과정이 곧 교과서라는 인식을 가지고서 교과서 혹은 지도서만을 살펴보면서 교재를 연구하고 있는 것이다. 이에 대해서는 이야기가 길어질 것 같으며, 3부에서 계속 이어가도록 하겠다.

어쨌든 기본적인 틀이나 바탕은 국가수준 교육과정에 따르되, 나머지 부분은 학교 내 교사, 학생, 학부모의 이야기와 삶이 담길 수 있게 학교교육과정, 그리고 교실 교육과정을 만들 수는 없을까?

위 그림은 억셉티드 영화에서 주인공이 판사에게 보여주었던 그들의 교육과정이다. 어떻게 보이나? 굳이 종이형식이 아니어도, 그들이 하고 싶은 것, 배우고 싶은 것으로 가득한 학교교육과정, 교실 교육과정도 가능하지 않을까?

형식이 아닌 내용을, 주어짐이 아닌 만들어 감을, 교과서나 지식이 아닌
학생들의 삶과 이야기가 가득담긴 학교 교육과정을 꿈꿔보고 싶다.

우리나라에 덮친 경제위기와 신자유주의 교육정책으로 인해 학교의 공공성과 민주주의는 위기에 처하게 되었다. 또한 경쟁중심과 능력중심의 학교 교육은 아이들로 하여금 배움으로부터 멀어지게 만들었고, 교사들을 기계적으로 가르치는 존재로 만들어가고 있으며, 학교를 제도적 행정 중심의 기업이 되도록 조장하고 있는지도 모른다. 이로 인해 끊임없이 사회를 위해, 교육을 위해, 그리고 학교를 위해 계속적으로 만들어지고 실시되어 지고 있는 여러 교육정책을 살펴보면 실망스러운 생각에 사로잡히는 것도 사실이다. 이에 대한 이야기는 다음 장부터 해서 계속 이어가도록 하겠다.

어쨌든 학교를 대상으로 실시되는 교육정책을 살펴보면, 학교를 도구로 여기는 것 같으며, 사회의 발전을 위해서, 혹은 사회의 안녕을 위한 도구로 교육을 사용하는 것 같다는 생각을 한다. 학교는 사회의 발전을 위해서 존재하는 것이 아니며, 학교의 발전이 곧 사회의 발전이 된다는 인식을 가져서도 안 될 것 같다. 학교는 그저 학생들을 위한 장소이며, 교육과 배움을 위한 곳이 되어야 할 것이다.

사회적 문제가 발생하면 갑작스럽게 교육 종류가 하나 추가가 되고, 그렇게 교육을 하는데도 사회적 문제가 발생함으로 모든 책임을 학교와 교사에게로 전가시키는 것 같다는 느낌을 저버릴 수 없으니 말이다. 어떠한 말을 하려는지 독자들은 이해할 거라고 믿는다. 자세한 언급은 정치적 성향을 띠게 될 것 같아 자제하려고 하고 있으며, 저자 역시 정치에는 큰 관심이 없기 때문이기도 하다. 어쨌든,

이제는 교육, 배움, 그리고 수업을 중심으로 한
학교 교육 경영이 이루어지도록 '조용한 혁명'이 필요한 시점이 아닐까?
함께 협력하며, 학교 구성원 모두의 참가를 촉진하는 학교교육 경영 개혁이
이루어지기를 바라는 것은 저자, 혼자만의 바람이 아니기를 희망해본다.

학교경영은 학교장만의 일이 아니라 학교 구성원 전체의 일이며, 함께 이루어나가야 할 것이다. 학교경영이 바로 교육이며, 교육 그 자체가 바로 학교경영이니 말이다. 교육은 어느 한 사람의 노력으로 가능한 것이 아니다. 그러니 학교 구성원 모두가 협력하는 그러한 학교교육 경영 개혁을 꿈꿔보고자 한다.

"전 이런데 익숙해요. 얼굴에 다 쓰여 있어요. 내면이 아닌 외모만 보고 판단하신다니 안타깝습니다."
"당신은 학생들의 창의력과 열정을 도둑질했어요. 그게 진짜 범죄지요."
"절망 속에서도 대단한 일이 생겼어요. 삶은 가능성으로 충만해요. 부모들은 그런 걸 원하잖아요. 가능성 말이에요. 저희는 인가를 받으러 왔는데 이런 생각이 드네요. 이제 상관없어요.

그딴 건 필요 없어요. 저희가 한 건 진짜였으니까요. 진실이란 게 없는 세상이라 보면 알 수 있죠. 진정한 교육엔 교사, 전통, 돈 따위는 필요 없어요. 더 나아지길 원하는 사람들만 있으면 되죠."
"저희는 멈추지 않고 배우고 성장할 거예요. 저희 안에 있는 이상을 잊지 않을 거예요."

위의 대사들은 영화『억셉티드』에 나온 주인공의 대사들 중에 저자가 마음에 들었던 것들을 모아놓은 것이다. 여러분도 한번 쯤 정독하면서 이런 저런 생각들을 떠올리면서, 고독이라는 자신의 내면을 들어다 보는 그런 시간에 다시 한 번 더 하나 씩 하나 씩 자세히 읽어보기를 권해본다. 그래서 이에 대한 저자의 생각은 잠시 묻어두려고 한다. 아마도 여러분의 생각과 별 반 다르지 않을 것 같으니 말이다. 단, 이것 하나만 말하고 싶다.

아이들에게 범죄자(?)가 되지 말자

교육의 목적은 아이들의 창의력과 열정을 자극시키고, 가능성의 길을 다양하게 열어주는 것이다. 그러나 영화에서 말하는 것처럼 어쩌면 우리는 학교교육과정이라는 이름 아래 아이들의 창의력과 열정을 빼앗아가고 있는 범죄자(?)일지도 모른다. 그리고 아이들의 미래를 위한다는 명목 하에, 우리는 아이들이 누려야 할 현재의 행복을 빼앗아 가고 있는 범죄자일지도 모른다.

체계가 잡힌 안전한 길만이 아이들에게는 효과적일까?
이를 위해 학교를 경영하는 것이 올바른 일일까?

이 글을 읽고 있는 여러분도 지금 여러분이 가지고 있는 직업을 어린 시절부터 가지고 싶었던 것이 직업이었나요? 그것이 여러분이 스스로 가지고 있던 꿈은 맞는 것인가요? 아니면 주변의 시선과 요구에 의해 따라가다 보니 그러한 직접을 어쩌다보니 가지게 된 것은 아닌가요?

우리 아이들의 인생과 삶은 가능성으로 가득 차 있다. 우리 어른들, 교사들은 아이들의 가능성을 열어주어야 한다. 교사는 아이들의 가능성을 믿어야 하는 존재이다. 즉, 교사는 아이들의 가능성을 만들어주는 존재가 아니라 아이들이 가지고 있는 가능성을 열어주는 존재인 것이다. 아이들의 가능성으로 가득한 학교교육과정을 오늘도 본 저자는 꿈꿔보려고 한다. 아니 내가 있는 학교에서는 아이들의 가능성으로 가득한 학교교육과정을 만들어보고 싶어진다.

함께 하고 싶지 않은가?

지금이라도 당장 교실에서, 아님 학교에서 물어보라

무엇을 배우고 싶나요?

이것이 학교경영의 또 다른 첫 출발점이 될 테니 말이다.

CHAPTER

2

교육과 배움의 교수학습이 중심이 되는 학교 만들기

기원전 4세기경, 아리스토텔레스는 인간 삶의 목적은 행복이라고 말한바 있다. 그로부터 수세기가 지난 현재에도 우리는 누구나 행복한 삶을 살기를 원한다. 사람마다 행복한 삶에 대한 생각이나 정의는 다르지만, 대부분의 사람들은 추상적인 수준에서 행복을 최고의 선으로 간주하며 인생의 목적으로 생각한다(홍은숙, 2012). 그렇다면 한 인간으로서 인간다운 인간으로의 성장을 목적으로 하는 교육 역시, 그 목적은 행복이 되어야 한다고 할 수 있다.

하지만 이러한 이상과는 달리 우리 사회 현실과 교육 현실은 반대의 방향을 치닫고 있는 것 같다. 이에 대한 증거로 흔히들 알고 있는, 세계적으로 매우 낮은 수치를 보이는 한국인의 행복지수를 들 수 있다. 2016년 전 세계 나라의 행복지수를 비교한 결과, 한국은 58위를 차지했다고 한다. 또한 글로벌 리서치 업체인 스웨덴의 유니버섬이 세계 57개국에서 일하고 있는 젊은 직장인을 대상으로 행복지수를 조사한 결과 한국 직장인은 57개국 중 최하위권인 49위에 머물렀다고 한다.

한국 사람들, 직장인을 대상으로 한 설문조사 결과가 이러한데 학생을 대상으로 한 결과는 다를 것이 있을까? 당연히, 한국 어린이와 청소년이 느끼는 행복 지수 또한 OECD국가 중 꼴찌인 것으로 나타났다. 학생들의 결과 또한 당연한 결과가 아니었을까?

과연 불행한 학생, 대한민국만의 문제일까?

학생의 불행에 대한 연구 결과는 비단 우리나라에 국한된 것만은 아니었다. 숀 아처라는 미국 하버드 연구원이 하버드 대학에 다니는 학생들을 조사한 결과 재학생 5명 중 1명이 우울증에 걸려있으며, 재학생의 70%가 행복하지 않다고 응답하고 있었다. 세계적으로 가장 유명한 대학에 다니는 학생들도 행복하지 않다고 한다.

왜 많은 사람들은, 특히 학생들은 행복하지 않은 것일까?

공부하는 것이 즐겁지 않기 때문이 아닐까? 그런데 앞서 언급했던 영화인 accepted(억셉티드)의 주인공이 만든 허구의 학교에 있는 아이들은 한없이 행복해 보였다. 물론 영화일 뿐이기는 하지만, 영화 속 허구의 학교에 속한 학생들은 왜 그렇게나 행복한 모습을 보일 수 있었을까? 반면 영화에서 등장하는 유명한 명문대학교에 다니는 학생들의 모습은 왜 그렇게나 불행해 보였을까?

그건 학생들이 배우고자 했던, 그리고 알고자 했던 내용으로 가득했던, 학생들이 진정으로 가고 싶어 하는 학교였는지 아니었는지의 차이였던 것 같다. 즉, 학생들이 행복했던 이유는 가고 싶어 하고, 부모들이 보내고 싶어 하며, 교사들이 스스로 기쁨과 보람으로 가르치며 자랑스럽게 학생들을 초대할 수 있는 학교였기 때문인 것 같다.

그래서인지 현 정부가 들어서면서 학교교육 개혁의 일환으로 행복학교 정책이 시행되었다. 여기서 말하는 행복학교는 행복을 학교교육을 통해서 구체적으로 구현하고자 특별히 지정된 학교를 의미한다고 하였다(김순남, 이병환, 2016). 그런데 행복은 개인마다 생각하는 정의가 다르며, 학생들 또한 개개인이 느끼는 행복의 정도와 이유에는 큰 차이를 보이게 될 것이다.

그렇게 주관적인 개념이 강한 행복인데,
과연 학생 모두의 행복을 구현시킬 수 있는 행복교육이 가능한 것일까?

그런 이유 때문이었을까? 행복학교와 일반학교의 학생 행복 정도에 차이가 없었음이 밝혀졌으며, 행복학교 운영 기간에 따라서도 학생들이 느끼는 행복 정도에는 차이가 없음이 밝혀졌다. 즉, 학생들 개인별로 생각하는 행복에 대한 정의가 다르고, 그러한 행복은 어떠한 프로그램을 적용한다고 해서 높여줄 수 없는 것임이 밝혀졌다(김순남, 이병환, 2016).

이미 학생들은 과도한 시험과 입시 경쟁으로 심신이 매우 지쳐있다(송경오, 2011). 이러한 아이들에게 일정한 기간 동안 행복을 높여주기 위해 인위적으로 프로그램을 적용한다고 하여, 지쳐있는 심신이 활기를 찾고, 행복감이 높아질리 만무하다. 물론 이렇게 학생들의 행복지수를 높여주기 위해 행복교육이라는 것을 새롭게 실천하고자 한 노력 그 자체에는 박수와 격려를 보내주고 싶다. 다만 그 방법적인 측면이나 내용적인 측면에 있어서 잘못된 것들이 많았던 것은 아니었을까? 그렇다면,

학생들이 생각하는 행복이란 무엇일까? 학생들은 어떠할 때 행복을 느낄까?

이 질문에 대한 여러 해법들이 행복학교의 첫 출발점이 되었어야 할 것이다. 아이들이 생각하는, 그리고 원하던 행복은 그러한 것이 아님었음에도 불구하고, 행복학교에서는 아이들의 행복을 높여줄 수 있다고 여겨지는(교사의 관점, 성인의 관점에서 말이다) 프로그램을 새롭게 만들어서 적용하고, 연구하는 것만에 치중하고 있었던 것 같다. 또한 연구학교 혹은 시범학교로 행복학교가 운영이 되어지면서, 아이들의 행복 증대라는 본질적인 목적보다는 일부 교사들의 승진 가산점 획득이라는 불손한 의도가 개입되기도 하면서, 행복 학교라는 연구 목적보다는 그 이외의 것에 더 많은 관심을 가지게 되는 불손한 공모 동기가 숨겨지게 되었음을 부정할 수는 없다. 어찌됐든 연구학교에 대한 이야기는 다음 장에서 계속 이어가도록 하겠다.

이제 다시 행복 학교에 대한 이야기로 돌아오자.

아이들이 행복한, 그리고 진정한 의미에서의 행복한 학교가 되기 위해서는 학교가 즐거워져야 하고, 교실이 행복해져야 하고, 수업이 재미있어져야 한다고 생각을 한다.

이를 위해서 본 저자는 우선적으로 학교가 성장해야 한다고 생각한다. 아이들의 배움을 위한 교수학습이 중심이 될 수 있는 학교, 아이들의 삶의 이야기와 교사의 삶의 이야기가 묻어 날 수 있는 학교로 성장해야 한다고 생각한다. 그래서 인지 최근에는 여러 학교에서 교수학습 중심의 단위 학교 운영에 대한 관심이 높아지고, 실제 그렇게 운영을 하려고 노력하는 학교도 많아지고 있다.

많은 단위학교에서는 교사들이 수업을 통해 행복을 느끼도록, 행사나 업무 중심이 아닌, 수업 중심의 학교 문화 형성으로 수업과 교육, 그리고 아이들의 배움에 집중할 수 있도록 하고 있으며, 이를 바탕으로 한 교사의 전문성을 길러 성장하고 발전하기 위해 학교 차원에서 스스로 많은 노력을 하고 있기도 하다. 그리고 이를 위해서, 최근에는 학교 경영 및 행정에 있어서 무언가를 더하거나 추가하려 하기 보다는 지금의 것에서 수업, 배움과 관련 없이 치러지는 일회성의 행사 및 업무를 줄여나가면서 점차 하나 둘씩 덜어내고 빼려고 노력하는 학교도 자주 접하게 된다.

그런데 여기에도 복병이 숨어있기는 하다. 아이들의 행복을 위해, 행복한 학교를 만들기 위해 단위학교에는 교육과 배움과 관련 없는 것들을 빼내려고 갖은 노력을 기울이고 있음도 불구하고, 어느 사이엔가 교육부 및 교육청의 공문과 요구사항에 의해 그렇게 덜어내고 빼어진 부분에 또 다른 무언가가 채워지면서 매년 단위학교의 이러한 노력은 결국 제로섬이 되어서 수포로 돌아가는 경우를 더러 경험하게 된다. 실제 본교에서도 학생들의 경쟁만을 야기하는 일회성 행사를 최대한 지양하려고 많은 노력을 기울여 왔으며, 기존의 보여주기식의 일회성 행사를 교육과정 속에 녹아들게 함으로써 수업 시간에 방해가 되는 행사를 없앴다. 그런데 이러한 노력이 무색하게도, 보건 교육, 영양 교육이 학교 교육과정에 들어오게 되면서 보건 및 영양과 관련된 각종 보여주기 식 행사가 담당교사의 지시하에 학년별로 치러졌음을 학년말에 알게 되었다. 학교 교육과정의 총 담당자라고 할 수 있는 연구부장이었던 저자도 모르는 사이에 보여주기 식 행사가 다시 생겨나고 있었던 것이다. 학생들의 교육과 배움을 위해, 그리고 수업시간을 보장하기 위해서 보여주기식 행사를 없앴음에도 불구하고, 또 다른 교육 정책으로 인해 그 부분이 또 다른 행사도 채워지게 된 것이다.

그래서 여러 단위학교의 덜어내는 노력에 학교장뿐 아니라, 전 교직원이 함께 동참하여 학교를 평가받기 위한 조직이 아니라 함께 서로 소통하고 신뢰하면서 학생들의 배움과 교육을 위한다는 공동성을 회복할 수 있는 조직으로 이끌어나가야 할 것으로 생각된다. 누구 한 사람의 노력으로는 불가능한 것이에도 말이다. 주변의 시선, 요구, 제도, 공문에 의해 이끌려가는 학교가 아니라 행복한 교사를 위해, 행복한 아이를 위해 교육과 배움이 강조될 수 있는 교수·학습 중심의 학교로의 성장이 필요할 것으로 판단된다.

또한 교육의 목적을 학습자들의 바람직한 행동의 변화라는 측면에서 정의한다면, 수업 및 학습 속에서 학생들은 스스로의 배움이 있어야 하고, 그 배움의 주체 역시 교사가 아닌 학생이 되어야 한다고 말할 수 있다. 이와 더불어 교사는 학습자들의 배움을 위해 함께 배우는 조력자가 되어야 할 것이다.

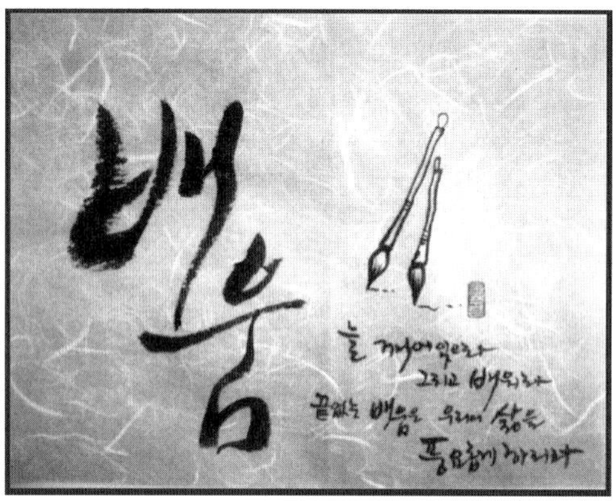

그러나 전통적인 교육학에서는 이러한 학생의 배움에 대한 측면을 간과하면서 교사의 가르침을 더욱 강조하였고, 이를 위해 교사는 객관적 지식을 일방적으로 학습자들에게 전달하는 권위자로 여겨 왔음을 부정할 수는 없을 것이다. 즉, 전통적 교육이론에서 학생은 교사의 가르침을 일방적으로 받아들여야 하는 대상으로 이해되었던 것이다. 물론 학습자들의 스스로의 배움이 중요하다고 하여, 그리고 전통적인 교육이론이 가르침을 강조했다고 해서 학습자들의 배움만을 강조해야 한다는 것은 아니다.

오히려 학습자들의 배움만을 강조하게 될 경우 이 또한 또 다른 오류에 빠질 수도 있기는 하다. 왜냐하면 교육에서의 배움은 교육과정 혹은 교육적인 측면에서의 진정한 배움이 일어났는지에 초점을 두어야하기 때문이다. 그래서 현대 사회에서의 학교 교육은 가르침과 배움을 둘 다 중요하게 여길 수 있는 교수-학습이 이루어져야 할 것이다. 다만, 그 동안 가르침에 더 많은 강조점을 두어 왔다는 점을 인식하고 있다면, 이제는 의도적으로 배움을 조금 더 강조하면서 이 둘(가르침과 배움)의 균형을 맞출 필요가 있기에 배움을 조금 더 강조하고자 하는 것이다.

특히, 지식 정보사회로 일컬어지는 현대 사회에서는 매일 매일 접하지도 못했던 많은 양의 새로운 지식과 정보들이 쏟아져 나오고 있다. 학교에서 배운 지식은 학습자들이 살아가게 될 미래 사회의 생활에 필요하지 않은 것들이 되어가고 있다. 실제 교사들 대상으로 실시한 설문조사에서도 역시 77%의 교사들이 지금 교실에서 배우고 있는 지식 중 절반 이상은 미래 사회에 필요 없는 것들이라고 응답을 하였다. 이러한 시대적 변화에 따라 교수-학습 방법적인 면에서도 기존의 교과서와 교사의 설명식으로 이루어지던 보편화된 교수-학습 방법에서 벗어나 학생중심, 활동중심, 배움 중심, 학습중심의 다양한 교수-학습 방법이 대두되고 강조되게 되고 있는 것도 이 때문일 것이다. 즉, 이러한 정보기술과 학습이론이 진보하는 시대적 변화, 그리고 아이들의 학습과 배움을 강조하는 사회적 변화로 인해 교수학습이론의 새로운 패러다임이 강조되고 있는 것이다.

많은 학자들은 학습이란 경험이나 연습의 결과로 발생하는 비교적 지속적인 행동의 변화를 의미하는 것으로, 질병이나 약물 등에 의한 일시적인 변화나 성숙에 의한 자연적인 행동의 변화는 학습에서 제외된다고들 정의 내린다. 우리들은 흔히 학습이라는 용어를 사용함에 있어서 수업이라는 용어와 혼용하여 사용하는 경우가 많다. 그러나 엄밀히 따지자면, 수업은 교사가 주체가 되어 일정한 목표를 가지고 인간을 가르치고 만들기 위해서 일방적으로 이루어진다는 의미가 강한 반면, 학습은 아이가 주체가 되어 한 인간을 기르기 위해 상호작용하며 능동적으로 이루어지는 의미가 강하다. 이로 인해 흔히들 "수업한 것을 학습하게 된다."라는 말을 자주 하게 된다.

현대사회에서 강조하는 학습과 배움에 초점을 두는 교수학습이론은 수동적인 학습자에서 능동적인 학습자로 변화시켜야 하며, 아이들에게 맥락을 고려하지 않은 일반화되고 보편화된 지식이 아니라 아이들의 삶의 모습과 이야기가 녹아들어있는 진정한 의미에서의 학습과제와 지식이 중심이 되는 학습을 강조하고 있으며, 고정된 학습 시간이 아니라 융통성 있는 학습 시간을 허용하는 것이 중요하게 강조하고 있다.

이러한 교수-학습이론의 새로운 패러다임, 즉 학생들의 학습과 배움에 초점을 둔 교수학습이론에서는 각자, 혹은 그들(학생) 모두의 삶, 생활과 관련된 진정한 의미에서의 실제 과제를 팀 단위로 협동하게 함으로써 각자가 학습에 대한 주도권을 가지고서 팀(모둠)이 함께 학습하고 배울 수 있도록 융통성 있는 지침을 제공해야 한다.

그리고 지식정보화 사회가 요구하는 교육 또한, 학습자들이 스스로 자신의 학습과 배움에 대한 주도권을 가지고서 능동적으로 학습하고 배울 수 있는 존재가 되어야 함을 강조한다는 점을 감안할 경우, 이 시대가 요구하는 교육 패러다임은 흔히들 알고 있듯이 구성주의로 귀결된다고 할 수 있다.

이러한 교육 패러다임의 변화에 따라 최근에 더욱 각광받고 있으며, 우리나라 교육의 문제 혹은 현실을 해결할 수 있는 학습방법으로 프로젝트 학습법의 관심이 더욱 높아지고 있다. 이에 최근에는 교육과정 재구성을 통해 프로젝트 학습을 실천하려는 학교가 점차적으로 증가하고 있는 추세라고도 할 수 있다.

하지만 학교 현장에서는 프로젝트 학습에 대한 교사들의 오해가 많은 것이 사실이다. 교육과정 재구성과 함께 항상 뒤 따라오는 말이 프로젝트 학습으로서, 교육과정 재구성을 통해 수업을 성장시키고자 하는 노력이 제대로 된 결실을 맺기 위해서는 바로 프로젝트 학습을 반드시 실천해야 한다고 생각하기도 한다. 물론 이에 대해서 본 저자 역시 동의하는 부분이 많으며, 교육과정을 재구성한 후 수업하기 위해서는 프로젝트 학습이 가장 적절하다는 판단을 하였다.

이는 본 저자가 여기서 언급하고 있는 프로젝트 학습은 그동안 대학교 강의 혹은 다양한 교수-학습 관련 연수 등을 통해 배우고 알게 되었던 다른 다양한 학습 방법과는 방법적인 측면이나 이론적인 측면에서 큰 차이가 있다고 생각하기 때문이다.

프로젝트 학습은 기존에 배운 다른 교수-학습 방법처럼 어떠한 규칙에 따라 일정한 과정이나 방법에 의해 정형화된 틀이 존재하는 것이 아니다. 프로젝트 학습은 어떠한 틀에 의한 것이 아니라 아이들의 진정한 배움을 위해 아이들이 느끼고 있는 문제점이나 과제를 찾도록 하고, 그러한 문제나 과제를 해결하기 위해서 다른 친구들과 함께 모여서 다양한 소통과정과 방법으로 해결 방법을 찾고, 해결책을 마련하거나 해결에 대한 어떠한 결과물을 만들어 내도록 하는 하나의 프로세스(과정)에 불과한 것으로, 그러한 과정에 있는 학습이라는 어떠한 교수・학습이라도 프로젝트 학습이 될 수 있는 것이다. 즉, 학생들이 스스로 자신이 알고 배우기를 원하는 것, 그리고 함께 해결하고자 하는 문제를 찾도록 하고, 그 문제를 친구들, 혹은 선생님, 그리고 주변의 다양한 사람들과 함께 해결할 수 있는 경험을 제공해 주며, 최종적으로 어떠한 결과물(산출물)을 만들어내는 경험을 제공해주는 일련의 과정 자체가 프로젝트 학습인 것이다. 또한 그러한 과정 중에 학생들의 학습에 도움이 될 수 있고, 수업에 필요하다면, 교사들은 설명식 수업, 토의토론수업, 액션러닝식 수업, 거꾸로 교실(플립드 러닝), 협동학습, 팀 기반학습 등 다양한 수업 방법을 필요에 따라 어떠한 것이라도 사용해도 된다. 이런 의미에서 프로젝트 학습은 기존의 다양한 교수-학습방법을 모두 포괄할 수 있는 교수-학습 방법이라고도 할 수 있다.

또한, 프로젝트 학습의 목적 중의 하나는 학생들로 하여금 학습과 배움에 흥미와 관심을 가지게 하는 것이다. 그리고 이러한 흥미와 관심으로 학습과 배움에 스스로의 몰입도를 높이기 위해서 배움과 학습의 내용을 학생들이 스스로 찾을 수 있는 기회를 제공하게 되는 것이며, 이를 통해 수업에서 이루어지는 일련의 과정들이 모두 학생들에게 유목적적인 활동이 될 수 있게 하는 것이다. 또 한 가지 중요한 점은 프로젝트 학습은 활동 후 학생들의 결과물에 대한 평가보다는 결과물을 얻기까지의 과정 자체를 중요시 여긴다는 것이다. 즉, 학생들이 결과물을 얻기 까지 협력하여 문제를 해결하는 과정을 함께 경험하면서 서로 느끼고, 깨닫고, 체득하게 될 능력을 강조하고 있으며, 이는 액션러닝, 팀 기반학습 등 구성주의에 기반 한 교수-학습 방법의 공통적 목표라고도 할 수 있다. 그리고 이러한 과정 중에 학생들이 스스로 깨닫고 체득하게 되는 것이 바로 바른 인성이 될 것이다, 아이들이 갖춰야 할 핵심역량이 될 것이다.

아이들의 바른 인성 및 2015개정교육과정에서 강조하는 6대 핵심역량[2)]은 교사의 보편화된 방식으로 이루어지는 일방적으로 이뤄지는 교수-학습 방법으로는 함양이 절대 불가능하다고 할 수 있다. 인성과 역량이라는 것은 교사가 지도한다고 하여, 가르친다고 하여 암기하고 기억함으로써 깨닫게 되는 것이 아니기 때문이다. 이것(인성과 역량)들은 아이들이 스스로 체험하고 활동하며 깨달으면서 몸소 체득해야 하는 것으로, 이를 실현할 수 있는 학습방법 중이 하나가 바로 프로젝트 학습이라고 말을 하고자 한다. 그리고 그러한 학습방법 중의 하나가 프로젝트 학습인 것은 사실이지만, 그러한 학습 방법 중에서 아마도 가장 강력한 학습방법이 바로 프로젝트 학습이라고 말을 하고자 한다.

본 저자 역시 2016학년도에 1년 동안 초등학교 2학년을 대상으로 하여, 전 교과 교육과정을 재구성하여 프로젝트 학습을 실천하였다. 그 결과 아이들은 교실 속 수업에 대한 부담감이 사라지게 되었으며, 수업시간에 졸거나 딴 생각에 잠겨있는 학생들이 사라지게 되었다. 그 대신 즐겁게 활동에 참여하고, 적극적으로 자신의 의견을 제시하고, 친구들의 의견을 경청하면서 함께 문제를 찾고, 해결하면서 무엇인가를 만들어내려는 아이들의 모습을 발견하게 되었다. 학부모의 반응 또한 매우 긍정적이었으며, 아이들이 학교를 즐거워하고, 수업 시간에 행복감을 느낀다고 하면서 매우 만족해하셨다.

물론 프로젝트 학습이 교육과 배움이 중심이 되는, 교수・학습 중심의 학교 만들기라는 커다란 과제에 대한 유일한 하나의 해결방법이 될 수는 없을 것이다. 그러나 교수・학습 중심의 학교 만들기를 위한 또 다른 하나의 방향을 제시해줄 수는 있을 것 같다.

앞서 언급했듯이 흔히들 국가수준 교육과정이라는 기본 틀이 존재하는 우리나라와 같은 경우 프로젝트 학습이 실천되는 것은 매우 어려운 일이라고 말을 하고 있다. 그러

---

2) 자기관리 역량, 지식정보처리 역량, 창의적사고 역량, 심미적 감성 역량, 의사소통 역량, 공동체 역량
- △ 자아정체성과 자신감을 가지고 자신의 삶과 진로에 필요한 기초 능력과 자질을 갖추어 자기주도적으로 살아갈 수 있는 자기관리 역량
- △ 문제를 합리적으로 해결하기 위하여 다양한 영역의 지식과 정보를 처리하고 활용할 수 있는 지식정보처리 역량
- △ 폭넓은 기초 지식을 바탕으로 다양한 전문 분야의 지식, 기술, 경험을 융합적으로 활용하여 새로운 것을 창출하는 창의적 사고 역량
- △ 인간에 대한 공감적 이해와 문화적 감수성을 바탕으로 삶의 의미와 가치를 발견하고 향유하는 심미적 감성 역량
- △ 다양한 상황에서 자신의 생각과 감성을 효과적으로 표현하고 다른 사람의 의견을 경청하며 존중하는 의사소통 역량
- △ 지역・국가・세계 공동체의 구성원에게 요구되는 가치와 태도를 가지고 공동체 발전에 적극적으로 참여하는 공동체 역량

나 본 저자가 초등학교 2학년을 대상으로 1년 동안 직접 전(全)교과 교육과정을 재구성하여 전(全) 차시를 프로젝트 학습으로 실천한 결과, 국가수준 교육과정이 있더라도 프로젝트 학습이 가능하였으며, 그 결과 그에 대한 효과성(아이들이 행복해하는 수업, 즐거워하는 수업, 그리고 무엇인가를 배워가는 수업) 또한 매우 뛰어나다는 것을 알 수 있었다.

수업 시간을 매우 즐거운 놀이시간처럼 여기는 아이들, 그로 인해 수업에 대한 높은 흥미와 관심을 보이는 아이들로 인해 학교에 보내는 것이 만족스러운 학부모들, 프로젝트 학습을 실천하지 않는 다른 학급과 비교하여 월등히 높은 평가 결과로 인해 안심하고 프로젝트 학습을 실천하는 교사들(저자가 근무하는 학교의 2학년 학급 수는 8학급이며, 그 중 4개의 학급에서만 프로젝트 학습을 실천하였고, 그 이외의 학급에서는 흔히 말하는 교사 중심의 전달식 수업을 실시하였음)로 인해 학교 구성원 모두가 프로젝트 학습에 대한 높은 만족감을 보일 수 있었다. 이러한 장점 및 효과성에 대해 만족해하는 것은 비단 저자 뿐만이 아니었으며, 이와 관련하여 여러 서적을 통해 간접적으로 알 수 있었다.

그 중 강인애, 정준환, 서봉현, 정득년(2011)은 『교실 속 즐거운 변화를 꿈꾸는 프로젝트 학습』이라는 저서를 통해 프로젝트 학습으로 재미있는 수업 또는 진지한 놀이와 같은 수업을 직접 경험하고 실천할 수 있었으며, 실제 사례에 대하여 자세히 안내를 하고 있었다.

물론 학교의 이런 저런 실정을 고려해 보았을 때, 학교 현장에서의 프로젝트 학습에 대해 가지게 되는 많은 오해들은 어찌 보면 당연한 것일 수도 있다. 교육과정 재구성과 함께 항상 뒤 따라오는 말이 프로젝트 학습으로써, 이로 인해 교육과정 재구성을 통해 수업하기 위해서는 프로젝트 학습을 반드시 실천해야 한다는 생각을 가지도록 만드는 것 같기도 하다.

그러나 저자가 본 저서를 통해 지금 언급하고 있는 프로젝트 학습이 학교 성장을 위한 다른 교수·학습 방법으로써, 학교가 스스로 성장하도록 돕기 위한 하나의 해결책이 될 수 있다고 말을 하는 이유는 바로 그동안 대학교 강의 혹은 다양한 교수-학습 관련 연수 등을 통해 배웠던 다른 교수·학습 방법과는 방법적인 측면이나 이론적인 측면에서 커다란 차이점이 있기 때문이다.

가장 큰 차이점은 바로 프로젝트 학습은 기존에 알고 있던 여타 다른 교수-학습 방법과 달리 어떠한 규칙에 따라 일정한 과정이나 방법이 정해진 정형화된 틀이 존재하지 않는다는 것이다. 아이들의 진정한 배움을 위해 아이들이 느끼고 있는 문제점이나 스스로 해결하고 싶어 하는 과제를 찾도록 하고, 그러한 문제나 과제를 해결하기 위해서 다른 친구들과 함께 모여서 다양한 소통과정과 방법으로 해결 방법을 찾고, 협력하여 해결책을 마련하거나 해결에 대한 어떠한 결과물을 만들어 내도록 하는 하나의 프로세스(과정) 자체가 바로 프로젝트 학습이라고 할 수 있다. 즉, 학생들이 원하거나 해결하고자 하는 문제를 스스로 찾는 기회를 제공해주고, 그 문제를 친구들과 함께 해결할 수 있는 경험의 기회를 제공하며, 이를 통해 어떠한 결과물(산출물)을 만들어내는 과정 그 자체를 중요시 여기는 학습법이 바로 프로젝트 학습이라는 것이다. 또한 그러한 과정 중에 필요하다면 교사들은 설명식 수업, 토의토론수업, 액션 러닝 식 수업, 거꾸로 교실(플립드 러닝), 협동학습, 팀 기반 학습 등 다양한 수업 방법을 필요에 따라 어떠한 것이라도 사용해도 괜찮은 것이다. 이런 의미에서 프로젝트 학습은 기존의 다양한 교수-학습방법을 모두 포괄할 수 있는 교수-학습 방법이라고 할 수 있다.

그리고 프로젝트 학습을 실천하려는 목적 중의 가장 핵심은 바로 학생들로 하여금 학습과 배움에 흥미와 관심을 가지게 하는 것이다. 이렇게 높아진 학생들의 흥미와 관심을 통해 학습과 배움에 스스로 몰입하도록 함으로써 배움과 학습의 내용을 학생들이 스스로 찾을 수 있는 기회를 제공하게 되는 것이며, 이로 인해 수업에서 이루어지는 일련의 과정들이 모두 학생들에게 유목적적인 활동이 될 수 있는 것이다. 또 한 가지 중요한 목적 중의 하나는 프로젝트 학습 활동 후 학생들의 결과물에 대한 평가보다는 결과물을 얻기까지의 과정 그 자체를 중요시 여기는 것이다. 학생들이 협력하여 어떠한 하나의 결과물을 얻기까지 협동하여 문제를 해결하는 과정을 함께 경험하면서 서로 느끼고, 깨닫고, 체득하게 될 능력을 중시 여기다고 할 수 있다. 그리고 이러한 목적은 비단 프로젝트 학습에만 국한된 것이 아니라, 액션러닝, 팀 기반 학습 등 구성주의에 기반 한 교수-학습 방법에서 공통적으로 나타나는 성격이라고 할 수 있다. 그리고 이러한 과정 중에 학생들이 스스로 깨닫고 체득하게 되는 것이 바로 바른 인성이 되고, 핵심역량이 될 수 있는 것이다.

현재 학교교육의 목적으로 강조되고 있는 아이들의 바른 인성 함양 및 2015개정교육과정에서 강조되고 있는 6대 핵심역량[3])의 함양은 그동안 이루어져왔던 교사의 보편화된 방식의 일방적인 교수·학습 방법으로는 제대로 된 함양이 절대 불가능하다고 할 수 있다. 이것들은 아이들이 스스로 체험하고 활동하며 깨달으면서 몸소 체득해야 함양이 가능한 것으로, 이를 실현할 수 있는 학습방법 중의 하나가 바로 프로젝트 학습이며, 그러한 다양한 학습방법 중 가장 효과적이며 강력한 방법이 바로 프로젝트 학습이라고 말하고자 한다.

그러므로 교수학습이 중심이 되는 교육과 배움을 위한 학교 경영은 학생들에 의한, 학생들의, 그리고 학생들을 위한 참된 교육의 실천이라고 생각을 하며, 그러한 실천 방

---

3) 자기관리 역량, 지식정보처리 역량, 창의적사고 역량, 심미적 감성 역량, 의사소통 역량, 공동체 역량
- △ 자아정체성과 자신감을 가지고 자신의 삶과 진로에 필요한 기초 능력과 자질을 갖추어 자기주도적으로 살아갈 수 있는 자기관리 역량
- △ 문제를 합리적으로 해결하기 위하여 다양한 영역의 지식과 정보를 처리하고 활용할 수 있는 지식정보처리 역량
- △ 폭넓은 기초 지식을 바탕으로 다양한 전문 분야의 지식, 기술, 경험을 융합적으로 활용하여 새로운 것을 창출하는 창의적 사고 역량
- △ 인간에 대한 공감적 이해와 문화적 감수성을 바탕으로 삶의 의미와 가치를 발견하고 향유하는 심미적 감성 역량
- △ 다양한 상황에서 자신의 생각과 감성을 효과적으로 표현하고 다른 사람의 의견을 경청하며 존중하는 의사소통 역량
- △ 지역·국가·세계 공동체의 구성원에게 요구되는 가치와 태도를 가지고 공동체 발전에 적극적으로 참여하는 공동체 역량

법 중의 하나로 본 저자는 프로젝트 학습을 강력하게 제시하는 것이다.

이러한 프로젝트 학습을 실천하기 위해서는 우선 교사 공동체가 기본적으로 구성되어 있어야 하며, 서로 신뢰할 수 있는 공동성이 갖춰져야 한다. 교육과정 재구성과 프로젝트 학습은 교사 개인의 노력으로도 가능할지 모르겠지만, 그동안 프로젝트 학습을 실천했던 저자의 개인적인 경험의 결과, 공동체를 통해 함께 계획하고 실천을 해야 하는 부분이 더욱 크다는 것을 알게 되었기 때문이다.

물론 저자 또한 혼자서 열심히 갖은 고생을 하며 노력을 했던 경험이 있다. 그러한 경험들이 하나씩 하나씩 차곡차곡 쌓여서 2016년에는 전체 수업을 프로젝트 학습으로 구성하고 운영할 수 있기도 했다. 그렇게 혼자서 학년에서 튀는 수업을 하고 있을 무렵, 어느 한 명의 선배 교사가 저자에게 이러한 말을 해 왔다.

"혼자서 이렇게 수업하기 안 힘드세요?"
"자신만 혼자서 튀는 다른 방식의 수업으로 인해
주변 선생님들도 힘들어 하지는 않던가요?"

그때 나는 커다란 망치로 누군가가 나의 머리를 때리는 듯 정신적 충격을 받았다. 혼자서 힘들게 열심히 노력하며 달려온 길이 누군가에는 불편한 모습으로 보여 질 수도 있었겠구나 라는 생각을 하게 되었다. 적어도 동 학년 정도는 함께 해야 한다는 것도 이때 느끼게 되었던 것 같다. 그래서 당장 함께 할 수 있는 선생님들을 찾아보았고, 공동체를 꾸리기 시작한 것 같다.

물론 다들 알겠지만, 쉽게 꾸려지지는 않았다. 어렵게, 그리고 매우 힘들게 겨우 공동체가 꾸려지게 되었고, 공동체로 인해 힘든 날도 많이 겪기도 하였고, 서로 다투기도 하면서 학년이 붕괴되기도 하였지만, 함께 끝까지 견디고 버텨준 여러 선생님들께 감사의 말을 본 저서를 통해 다시 한 번 더 전하고자 한다. 이에 대한 자세한 이야기는 나의 두 번째 저서인『학생 바보 교사의 용기』에 담겨있다. 우리들의 교육과정 재구성과 프로젝트 학습이 궁금한 독자는 이 책을 꼭 사서 한번 쯤 정독해보는 시간을 가져보기를 권해본다.

다시 본래의 이야기로 돌아오자. 이렇듯 교육과정 재구성과 프로젝트 학습을 위해서는 함께 할 수 있는 교사공동체가 필요하며, 공동체 문화가 형성된 학교에서는 당연히 학생들의 교육과 배움을 강조하는 교수·학습 중심으로 교육과정을 함께 만들어가는 상황에 놓이게 될 것이다.

이처럼 교육과정 자율화를 실천하고자 노력하는 학교와 교사들도 많이 있기는 하지만, 실제로 학교현장에서 직접 실천에 옮기지 못하는 데에는 우리나라 교육과정이 중앙 집중 형 결정 체제이며 획일화하려는 경향의 영향도 무시 할 수 없다(김소영, 이윤소, 2015). 물론 지금까지의 국가수준교육과정이 다수에게 교육의 기회를 제공하였고, 우리나라가 문맹에서 벗어나고 교육의 양적 증가에 지대한 영향을 미쳤다는 사실은 부인하지 않는다. 하지만 변화하고 있는 시대적 상황, 그리고 앞서 언급했던 교육 환경의 변화와 교육의 질적인 변화를 고려했을 때 학습자들의 다양한 요구를 충족시키기에는 중앙 집중적이며 획일적인 교육과정으로는 부족한 점이 매우 많은 것이 사실이다.

그래서 인지 7차 교육과정 이후로는 수시 개정 체제로 교육과정 개정의 원칙으로 교육과정 개정 방법이 변한 것인지도 모르겠다. 그러나 이러한 수시 개정 체제에서도 여전히 국가 교육과정이 중앙 집중적으로 이뤄지다 보니 그 변화와 성장의 속도가 사회적 그리고 학생들의 요구와 변화를 충족시키는 것에는 무리가 있을 수밖에 없다. 즉, 중앙 집권적인 국가교육과정의 실행은 교육 수요자가 기대하는 교육 실행을 충족시키기에는 미흡한 점이 많다는 것이다.

중앙집권적인 교육과정에 대한 이러한 문제점을 해결하는 방안을 찾은 결과, 김소영, 이윤소(2015)는 아래의 그림처럼 텍스트 중심의 피라미드식 구조의 교육과정 구조에서 컨텍스트 중심의 매트릭스 구조의 교육과정 구조로의 변화가 필요하다고 주장하고 있다는 사실을 알게 되었고, 본 저자 역시 그들의 주장에 어느 정도 공감을 하게 되었다.

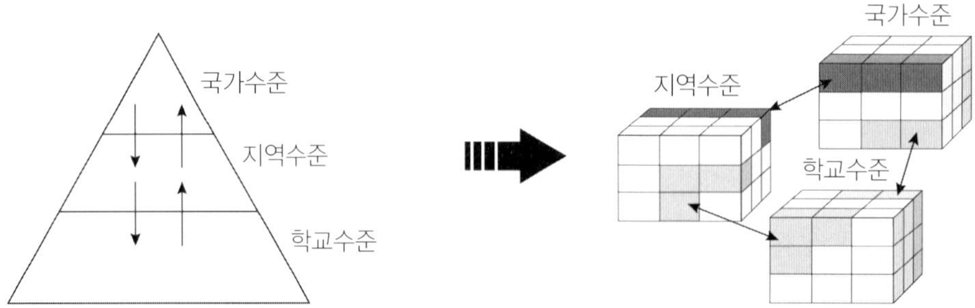

텍스트 중심의 피라미드식 구조　　　　컨텍스트 중심의 매트릭스 구조

* 출처: 김소영, 이윤소(2015) p.58

컨텍스트는 문맥, 맥락, 연관관계를 의미하는 개념으로 교육과정 문서와 연관되는 모든 주변 상황을 의미한다고 할 수 있다. 즉, 국가 수준, 지역 수준, 학교 수준이 지금처럼 종적인 상하 관계가 아니라 입체적 관계로 각각이 가지고 있는 현상, 과제, 맥락에 따라 원활히 연계되고 소통될 수 있는 관계 형성을 강조하는 교육과정 구조임을 알 수 있다.

이를 위해서는 우선적으로 교사가 스스로 자신이 교육과정의 주체임을 인식하고 자율권을 적극 발휘할 수 있도록 교육과정에 대한 책임감과 전문성을 길러야 할 것이다. 교육과정과 교사에 대한 이야기는 3부에서 이어가도록 하고, 여기서는 잠시 접어두고자 한다.

어쨌든 교육과정 재구성은 교사의 철저한 준비 없이는 절대 불가능한 일이다. 국가교육과정이 주는 틀을 깨지 않고서, 벗어나지 않은 범위에서 최대한 교사가 교육과정을 재구성하고 창의적으로 개발하기 위해서는 교사의 자발적인 성장이 필요하다.

즉, 교사의 성장이 곧 학교의 성장으로 이어지는 것이다.

교육과 배움의 교수학습 중심의 학교가 만들어지기 위해서는 교육과정 운영에 대한 자율권을 국가가 최대한 보장해주는 제도도 중요하며, 그에 따라 국가와 학교간의 중간단계에서 국가적 목표와 학교 목표를 잘 융화 시킬 수 있는 지역 교육(지원)청의 역할도 중요하다. 물론 그보다 더욱 중요한 것은 교사의 자발적인 참여이며, 이를 위한 교사의 성장이다.

시대적 요구에 따라 학습자의 수준이 높아지고, 특색 있고 개별화된 교육의 질에 대한 관심과 요구가 더욱 증대되고 있는 요즘, 국가 수준 교육과정의 틀에서 벗어나 교육과정 결정의 권한을 지역과 학교로 분산시키는 노력이 필요하다. 또한 이와 함께 교육과정 전문가로서 교육과정을 재구성할 수 있는 교사로서의 성장 또한 함께 이루어져야 할 것이다.

그러면 자연스럽게 교사 공동체가 형성이 되면서 학교 문화가 변화하게 될 것이며, 문서화된 공문 중심의 학교가 아니라 교육과 배움의 교수학습 중심의 학교가 만들어 지게 될 것이다. 시대 변화와 요구에 따른 프로젝트 학습의 중요성 강조에 의해 교육과 배움이 강조되는 교수·학습 중심의 학교 만들기가 필요하며, 이를 위해서는 큰 학교 스스로의 성장이 필요하다고 할 수 있다. 이제는 기존의 제도와 형식주의, 행정중심의 학교에서 벗어나 교수·학습이 중심이 될 수 있는 학교로의 변화가 필요한 시점이다. 그러한 측면에서 본 저자는 수업 공개와 수업 지도안에 대한 변화에 대해서 추가적으로 이야기를 나누고자 한다.

가. 수업 공개의 변화

교사의 교수 학습을 확인하고 평가하는 방법으로 그동안 다양한 공개수업을 학교에서 실천하고 있었다. 학부모 공개 수업, 동료 교사 공개 수업, 상시 공개 수업, 시·도 단위 공개 수업 등 굉장히 다양한 종류의 공개수업이 이뤄지고 있으며, 이로 인해 교사는 언제나 수업을 통해 자신이 가지고 있는 교사로서의 수업 전문성에 대해 평가 받기 위해 존재하고 있는 듯 느끼기도 한다. 이는 수업을 공개하는 것 자체가 교사의 능력을 평가 받거나 평가하기 위함이라는 인식이 지배적이었으며, 공개수업을 참관하러 온 교사 혹은 평가단 역시 교사가 수업을 얼마나 잘했느냐 못했느냐를 측정하거나 평가하기 위한 것이 공개 수업의 목적이라는 인식이 만연해 있기 때문이다. 그래서 현직 교사들은 수업장학, 수업컨설팅, 수업 연구 등 공개 수업과 관련된 그 어떠한 교육 정책에 대해서도 좋지 못한 인식을 많이 가지고 있는 것 같다. 이로 인해 교사는 언제나 평가를 받아야 하는 존재가 되어 가고 있고, 누군가로부터 언제나 지도를 받아야 하는 존재가 되어가고 있는 것 같다. 평가로부터 자유롭지 않은 존재가 교사가 되어버리면서, 교사들은 언제나 늘 주의의 시선과 평가를 신경 써야 하면서 누구에게도 자유롭지 못한 존재가 되고 있다.

이제는 수업 공개에 대한 인식이 변화되어야 한다. 교수·학습이 어떻게 이뤄지고 있는지를 확인하고 분석하며, 이를 바탕으로 평가를 하거나 평가를 받기 위한 것이 공개수업이 아니라 한 교사가 교사로서 어떻게 성장하고 발전하고 있는지에 초점을 두는 수업 공개, 그리고 그 과정과 그 과정 속에서 교사가 어떠한 고민거리를 가지고 있으며, 그러한 고민을 통해 어떠한 교수-학습을 왜 실천하고 있는지를 이해하는 데 초점을 두는 수업 공개가 이루어져야 한다. 이를 위해서 수업을 참관하거나 평가하는 교사 혹은 관리자는 자신이 가지고 있는 생각과 판단에 따라 수업자의 행위를 자신의 틀에 따라서 판단하거나 평가해서는 안 된다.

이러한 수업 공개에 대한 인식 변화로 인해 최근에는 수업 행위를 예술적으로 바라보기, 학생의 배움을 중심으로 수업 바라보기, 교사의 내면을 중심으로 수업 바라보기 등 다양한 형태의 수업 협의회 중심 수업 공개 방식이 등장하고 있다. 이러한 새로운 형태의 수업 협의회는 공통적으로 교사를 측정과 평가, 분석의 대상으로 바라보지 않고 교사의 새로운 성찰을 이끌어내는 것을 강조하고 있다(김태현, 2016). 이러한 수업 협의회 방식은 교사들로 하여금 새로운 시각을 갖게 하고, 수평적 분위기에 서로의 이야기를 가지고 소통하게 되면서, 서로에게서 조언을 들을 수 있게 된다는 장점을 가지게 된다.

물론 이러한 수업 협의회에서도 잊으면 안 되는 중요한 문제점이 있다. 바로 수업자가 수업 협의회의 중심이 되어야 한다는 것이다. 수업을 참관하게 되는 교사 혹은 관리자들이 가지고 있는 각자의 틀에 따라서 수업을 해석하는 것이 아니라 수업자의 삶의 모습, 수업자의 시선에서 수업을 바라봐야 한다는 의미이다. 흔히 수업 협의회를 살펴보면 어느 순간부터인가 수업자의 고민과 시선은 협의회에서 사라지고, 수업을 바라봤던 관찰자의 시선과 관점에 따라 좋은 수업이 무엇인지에 대한 협의회가 진행되고 있음을 자주 발견하게 된다. 수업자가 오늘의 공개 수업을 위해 어떠한 고민을 거쳤고, 그러한 고민 속에서 현재 어떤 교육적 행위를 실천하고 있는지를 이야기하고 함께 나눌 수 있어야 한다. 좋은 수업이 어떠한 수업인지에 대한 서로의 이야기 나눔도 중요하지만, 수업 협의회 시간은 오롯이 수업자가 어떠한 고민을 거쳐 왔으며, 그러한 고민의 결과 어떠한 교수・학습을 실천하고 있는지 등 수업자가 중심이 되어 처음부터 끝까지 모든 협의회가 이뤄져야 한다.

이를 위해서는 오롯이 수업자의 시선에서 수업에 대한 이야기를 나누어야 한다. 그리고 이러한 분위기가 가능하도록 관리자는 분석과 평가를 위한 수업 공개가 아니라, 수업자의 수업 이야기를 들어보고 함께 새로운 성찰의 기회를 가질 수 있는 수업 공개가 가능한 학교조직문화가 형성될 수 있도록 노력해야 할 것이다.

좋은 수업이 무엇인지 아는 것이 중요한가요?
아니면 수업자의 고민을 함께 알아보고, 수업자의 삶의 이야기를
들어보면서 함께 공감하며 삶을 나누는 것이 더 중요할까요?

선택은 이 글을 읽고 있는, 혹은 교실에서 아이들과 함께 수업을 실천하면서 다양한 교사들과 함께 수업 협의회에 참석하게 될 교사들의 몫일 것이다. 하지만 교사도 하나의 인간이며, 위로 받으며 힘을 얻게 되는 존재이다. 어떠한 선택이 더욱 바른 선택일까?

나. 수업 지도안의 변화

수업 공개에 대한 이야기를 하게 되면 항상 뒤따라 나오는 것이 수업 지도안에 대한 이야기일 것이다. 수업 지도안은 학습 지도안, 수업 설계안, 교수-학습 과정 안, 교수-학습 계획안 등 다양한 이름이 불리고 있지만, 요즘에는 대부분 교수-학습 과정안이라는 용어가 표준적인 명칭으로 자리하고 있다. 그리고 교수-학습 과정안은 흔히 세안과 약안으로 구분되어진다. 세안은 단원 전체에 대한 분석이 포함되는 것으로, 단원명, 단원의 개관, 단원 목표, 과제 분석, 교재 연구, 학생 실태 조사, 단원 지도 계획, 본시 학습 전개 계획, 참고 문헌, 학습 자료 등 수업과 관련된 상세한 내용이 모두 포함되어 진다다. 반면 약안은 세안의 상세한 내용 중에서 본시 학습 전개 계획만을 의미하는 것으로 대부분 일정한 모양과 내용으로 구성된 표의 형식으로 만들어진다(이규혁, 2013).

암묵적으로 우리는 수업 지도안을 작성할 때 암묵적으로 네 가지 측면을 고려하게 되며, 이러한 네 가지의 측면으로 인해 지도안에 대한 문제점이 발생하기도 하는 듯하다.

첫째는 수업 지도안은 매우 상세하게 작성해야 한다는 것이다. 수업 지도안은 어느 누가 보더라도 그 수업 지도안을 가지고 수업이 가능하도록 자세하게 작성되어야 한다고 한다. 이는 계획을 치밀하게 세워야 성공적으로 수업할 수 있으며, 그것이 바로 좋은 수업이라는 인식 때문이다. 그러나 이는 교사와 학생이 함께 소통하며 만들어가는 교실 수업의 복잡한 실제적인 상황을 고려하지 못하고 있는 것이다. 교사들은 세세하게 계획되어진 수업 지도안에 따라 수업을 진행하게 될 경우, 학생의 요구와 변화에 따르지 못하고 자신이 세운 계획과 지도안에 얽매여 꼼짝하지 못한 채 지도안에 계획되어진 절차에 따라 수업을 계속 진행할 수밖에 없는 경우를 자주 경험하게 된다. 특히 공개 수업의 경우에는 참관자들에게 수업 지도안이 모두 배부가 되며, 참관자들 또한 지도안에 따라 수업이 잘 진행이 되는지를 보려하기 때문에 수업을 공개하는 교사는 평상시 수업과 달리 공개 수업 때는 학생들의 반응에 따른 수업의 변화보다는 지도안의 계획에 따라서만 수업을 계획적으로 진행하고자 노력하게 된다. 본 저자 역시도 평상시 수업에서는 학생들에게 활동시간을 충분히 제공하고자 노력하고 있으며, 아이들의 활동을 중간에 멈추는 경우가 잘 없지만, 공개 수업 때는 한 차시 동안 계획된 모든 활동을 보여주어야 한다는 강박관념으로 인해 학생들의 활동을 중간에 멈추게 하면서 활동 시간을 충분히 제공하지 못하기도 하고, 아이들의 사고와 의사소통을 중간에 가로막기도 하는 잘못을 범하기도 한다. 공개 수업을 참관을 하러 가거나 컨설팅을 위해 수업을 참관하다 보면 이런 잘못을 범하게 되는 모습을 흔하게 관찰하게 된다.

흔히 교사를 수업 전문가라고 말을 한다. 수업 전문가로서 교사가 되기 위해서는 수업 지도안에 세워진 계획에 얽매이기보다는 학생들의 반응에 따라 교육적 의미를 통찰하여 배움이 일어날 수 있도록 유연하게 계획을 수정할 수 있는 능력을 갖추고 있어야 함은 자명한 사실이다. 수업의 목적은 아이들의 진정한 배움이지, 계획된 지도안대로 수업을 얼마나 잘 실천했느냐가 아니기 때문이다. 이런 의미에서 공개 수업을 참관하는 교사들 혹은 관리자들 또한 수업을 참관함에 있어서 지도안만을 뚫어져라 쳐다보면서 얼마나 잘 계획을 지키면서 수업을 진행하는지 평가하듯이 살펴보기 보다는, 학생들의 반응을 세세하게 살피면서 수업을 하는 교사가 아이들의 그러한 반응에 어떻게 대처를 하면서 수업을 유연하게 대처하면서 수업을 진행해 나가는지 교사의 그동안의 노력에 함께 공감하며 살펴보는 것이 수업 전문가로서의 교사를 바라보는 우리들의 관점은 아니었을까 생각을 하게 된다.

둘째, 수업 지도안은 일정한 형식에 얽매어서, 일정한 틀과 내용에 맞게 작성해야 한다는 점이다. 대부분의 수업 지도안에는 학습 주제, 학습 목표, 학습 모형, 집단 조직, 자료, 판서 계획 등이 포함되어 있다. 내용이 포함되는 형식(표)적인 모양과 그 안에 들어있는 유형에는 약간의 차이가 있을지 몰라도, 대부분의 수업 지도안에는 이러한 내용들이 포함되게 된다. 그리고 도입, 전개, 정리로 구분(물론 교수·학습 모형에 따라 다른 이름으로 정리되고 불리기도 하지만, 모든 학습 모형의 단계는 도입, 전개, 정리로 구분될 수 있으며, 이에 본 저자는 모형 별로 서로 다른 이름으로 명명되어진 학습 단계를 암기하기 보다는 도입, 전개, 정리로 단계를 구분 짓고, 각 단계별로 모형의 성격에 맞게 활동 내용을 적어가도 될 것 같다는 의견을 조심스럽게 제시해보면서 도입, 전개, 정리로 구분되어진다고 하였음을 밝힌다)되는 수업 과정과 각 단계별로 할당되는 정확하게 구분되어지는 시간 계획도 포함된다. 이러한 수업 지도안의 형식은 가르치고 배우는 활동이 무엇인지를 특정한 방식으로 사고하고 행동하도록 만들게 한다. 그 예로 학습 모형을 들 수 있다. 학습 모형은 수업을 어떻게 하는 것이 좋은지를 구상하는 아이디어라고 할 수 있다. 그런데 수업을 함에 있어서 알려져 있지 않은 수업 모형도 존재하며, 이미 알려져 있는 수업 모형 중에서 현재 수업을 함에 있어서 적용 가능한 수업 모형이 있더라도 그러한 수업 모형을 적용하지 않는 편이 더 적합한 수업도 분명하게 존재한다. 하지만 이러한 상황을 고려하지 않은 채, 기존의 수업 모형에 대한 고정관념이 자리하고 있는 것이 사실이다. 이런 상황에서 어느 정도 적합하다고 판단되어지는 어떠한 수업 모형이 수업 지도안에서 하나의 고정된 형식으로 자리 잡게 된다면, 교사는 선택된 수업 모형에 따라 수업 내용을 계획하게 되고, 수업과 맞지 않더라도 그 모형에 맞게 자신의 수업 내용을 바꾸어 가게 되는 수업과 모형이 서로 주객이 전도되는 현상이 발생하게 된다.

셋째, 수업 지도안은 지식을 시간 단위(초등은 40분, 중고등은 50분)로 분절해서 제시하며, 이러한 분절된 지식은 다시 도입, 전개, 정리 활동의 단위로 구분되어 가르칠 수 있도록 계획된다. 그러나 지식은 시간의 흐름에 따라 이처럼 균일하게 분절되는 것이 사실상 불가능하다. 지식들 중에는 위계적 순차성을 기초하여 누적적으로 학습하는 것이 불가능한 것들이 대부분임에도 불구하고, 우리들의 수업 지도안은 시간을 단위별로 분절함으로써 지식을 표준화하여 등분화가 가능한 것으로 여기고 있는 것인지도 모르겠다. 이러한 수업 지도안과 인식이 만연한 교실에서는 앞에서 설명을 한 프로젝트 학습을 수행하기가 어려울 것이다.

넷째, 수업 목표는 행동적 언어를 사용하여 진술되어야 한다는 점이다. 행동적 목표 진술에 대해서는 찬반 논쟁이 지속적으로 이뤄지고 있는 것 또한 사실이다. 흔히 행동주의 및 행동적 목표 진술을 찬성하는 교사들은 수업 목표를 행동적 용어로 진술해야 한다고 한다. 그래야 수업을 효율적으로 진행할 수 있으며, 얼마나 많은 아이들이 수업 목표를 달성했는지를 가시적으로 확인할 수 있다고 한다. 또한, 행동적 용어로 진술하면 수업 전개를 구체적으로 제시할 수 있으며, 수업 운영의 내적 일관성을 유지할 수 있으며, 본 수업의 종착점(목표)이 무엇인지를 분명하게 제시할 수 있어서 명확한 평가 지침을 제공할 수 있다고 한다.

하지만 현대사회 및 지금의 학교 교육의 진정한 목적 및 목표를 아이들의 바른 인성 함양과 핵심 역량 함양이라고 바라볼 경우, 행동적 용어로만 모든 교육(수업) 목표를 진술하는 것은 불가능하다는 것을 알 수 있다. 이는 인성과 역량 함양은 가시적 행동의 변화로 확인하기 어려운 점이 많기 때문이다. 또한 수업은 매우 역동적인 것으로 교사와 학생의 만남과 상호작용을 통해 수업 내용이 변화되기도 하고, 이러한 과정 중에 수업 목표가 바뀔 수도 있고 발현될 수도 있다. 그러므로 교수-학습은 매우 역동적이라는 인식을 가지고 있는 구성주의적 관점에서는 행동주의적 목표 진술에 대해 비판적인 시각을 가지고 있으며, 획일적인 목표 진술 대신에 교사와 학생의 소통을 통해 아이들이 관심과 흥미를 가질 수 있는 유의미한 맥락 지향적 수업 목표 설정을 권장하고 있다.

물론 지금까지 언급한 수업 지도안에 대한 다양한 쟁점도 해결되어야 할 중요한 문제점 혹은 해결해야 할 상황이기는 하지만, 더욱 중요한 것은 학교 현장의 교사들 대부분은 이러한 수업 지도안을 거의 작성하지 않는다는 것이다. 교사가 귀찮아서 수업 지도안을 작성하지 않으며 이에 대해 비판하기 위해서 이러한 말을 꺼내는 것이다. 이러한 이유는 교사의 잘못된 행동으로 인한 것이 아니라, 교사들이 이미 수업에서 무엇을 어떻게 해야 할지 그동안의 경험을 통해 능숙하게 적응되어 있기 때문에 지도안을 굳이 작성하지 않더라도 수업을 진행함에 있어서 무리가 없기 때문이다. 그런데 형식화되어 있는 공식적인 수업 지도안은 이런 교사들의 상황에 관심을 기울이지 않고, 촘촘하게 설계하여 수업을 진행하게 함으로써 교사 중심적으로 수업 공개를 하게 만들고, 지도안을 작성함에 있어서 불편함을 제공하게 된다. 즉, 계획된 스케줄에 따라 수업 시간을 관리하게 하고, 계획된 수업이 한 차시 안에 모두 이루어지기 위해서 예기치 않은 학생의 질문에는 대답을 하지 못하게 하거나 대답을 회피하게 만들기도 한다. 왜냐하면 지도안의 계획대로 수업이 진행되지 않을 경우 교사는 수업 역량이 부족하다는 평가를 받을 수도 있기 때문이다. 계획된 스케줄에 따라 이루어지는 수업에서는 교사와 학생이 함께 즐거움을 공유하는 순간은 존재하지 않으며, 계획된 지도안에 종속되어 교사가 소외되고, 학생들도 소외된 채 그저 계획되어진 지도안만 남아있게 되는 교실 장면을 발견하게 될 것이다.

그래서 이제는 수업 지도안에도 변화가 필요한 시점이라고 할 수 있다. 관리자들 또한 세세하게 계획되어지는 수업 지도안의 형식에 얽매이기 보다는 수업 아이디어를 다른 교사와 소통하면서 서로 도움을 주고받을 수 있는 측면에 초점을 맞추어서 지도안의 형식을 자유롭게 허용할 필요성이 높다고 할 수 있다. 형식에 얽매인 지도안에서 탈피하여 수업을 잘하기 위해서, 그리고 수업 아이디어를 서로 공유하기 위해서라는 2가지 측면이 고려되어진다면 지금의 지도안 보다는 진정한 의미에서의 수업 나눔이 이루어지지 않을까 한다. 이러한 수업 지도안이 학교별로 만들어질 수 있다면, 수업 지도만으로도 교사들의 협의와 성찰, 수업 나눔이 중심이 될 수 있는 학교조직문화가 형성될 수 있을 것이라고 기대한다. 실제 저자의 학교에서는 기존의 수업 지도안에서 탈피한 배움 과정 안이라고 이름 지어진 수업 지도안을 만들어서 적용해보았다. 이에 대한 이야기를 소개하면서 수업 지도안의 변화에 대한 본 저자의 이야기를 마무리 짓고자 한다.

〈배움 과정 안으로 수업을 함께 계획하기로 약속한 우리들〉[4)]

가르치는 행위는 예술에 비유한다. 여기에는 몇 가지 의미가 내포되어 있다. 하나는 전통과 관습에 얽매이지 않고 창의적인 수업을 실천하라는 것이다. 그리고 또 다른 하나는 목적과 수단이 분리되어서는 안 된다는 것이다. 그럼에도 불구하고 우리는 수업하기 전에 수업의 방향과 목적을 이미 설정하고 있다. 그 어떠한 예술 작품도 방향과 목적을 미리 설정하고 시작하지 않는다. 최종 작품을 완성하기 까지 무엇을 만들려고 하는지 알지 못한다. 수업도 그래야 한다. 교사와 학생의 만남에서 시작을 하고 함께 구성해나가야 한다. 하지만 이러한 말이 무책임한 준비 없는 수업을 말하는 것이 아님을 모두 알고 있을 것이다.

수업하기 전에 우리는 모두 수업 목표를 미리 정해놓고 있다. 그리고 학생들에게 동기유발을 통해 목표가 무엇인지 예상하게 한다. 과연 동기유발이 정말 잘 되었다고 하여 이번 시간 수업 목표를 아이들이 유추해내는 것이 가능할까? 아이들과 교사의 정해진 규칙에 의해 보여주기 식 수업으로 아이들이 미리 알고 있는 것을 발표하게 하는 것은 아니었는지 스스로에게 물어봤다. 필자 역시 그러하였다. 동기유발은 오늘 학습할 문제 혹은 목표를 아이들이 맞출 수 있도록 만들어져야 하며, 동기유발 후에는 아이들이 목표나 문제를 유추해야 한다고 생각하였다. 그래서 사용한 방법이 문장을 적어 놓고, 핵심 단어에 괄호를 넣는 것 이었다. 그러면서 행동적 언어로 목표를 기술해야 한다고 한다.

우리들은 함께 모여서 배움 중심, 학습 중심 수업에서 그 결과를 가시적으로 아는 것이 가능한가? 행동적 언어로 표현될 수 있는가?라는 질문을 던져보았다. 배움이라는 것은 눈으로 보이지 않기 때문에 수많은 선생님들이 고민하고 걱정한다. 과연 우리 아이들이 배우고 있는지? 내가 원하는 배움이 일어나고 있는지?

4) 최경민, 김규태(2016). 학생 바보 교사의 용기에서 요약 발췌한 내용임.

이러한 질문들에 우리들 스스로 답을 정하고, 이야기를 나눠보면서 내린 결론은, 우리는 행동적 목표 진술 대신에 배움을 강조하는 맥락 지향적 수업 목표를 설정하고자 한 것이었다. 그러면서 우리는 프로젝트 별로 1개 혹은 2개의 지도안은 공동 지도안을 작성하여 함께 수업을 해보기로 하였다. 물론 이러한 이야기가 계기가 되어 우리 학교에서의 교사 대상 공개수업 지도안은 학년 별로 공동 지도안을 작성하게 되었다.

그리고 우리는 수업 지도안에 대해서도 다시 한 번 꼼꼼하게 살펴보았다. 그동안 우리 학교에서는 지도안을 작성할 때 세세하게 작성할 것을 요구하였고, 계획을 치밀하게 세우도록 요구받았다. 지도안을 보고서 어느 선생님이라도 그러한 수업을 할 수 있도록 말이다. 그리고 이렇게 세세하게 계획을 세워야 수업이 성공한다는 인식이 깔려있었다. 수업의 성공을 어떻게 발견할 것인가? 행동적 목표도 사용하지 않기로 결정한 우리 동 학년인데, 수업의 성공을 어떻게 무엇으로 발견하겠는가? 그래서 우리는 수업 지도안을 버리고자 하였다.

단, 수업 지도안을 버리고 바꾸기 위해서 우리는 수업 아이디어를 서로 공유하고 서로에게 도움이 될 수 있는 방향으로 만들어가기로 하였다. 그리고 수업 지도안이라는 말에서 배움 과정 안이라는 말로 바꾸었다.

흔히 수업 지도안에는 목표와 내용, 학습자 특성, 교수 환경과 맥락 적 요소가 들어가게 된다. 우리는 과감하게 이 모든 것을 지워버리기로 하였다. 또한 프로젝트 학습을 통해 한 차시 수업이 아니라 연 차시 수업의 계획이 많은 우리들에게 기존 수업 지도안은 매우 불편한 것이 많았다. 수업 지도안에 들어가 있는 모든 수업 요소를 매번 검토하는 것도 큰 어려움이 있었다. 그래서 우리는 다음의 그림과 같은 배움 과정 안을 만들어 보았다.

배움과정안 마음 주제 입력하기 주제차시: 총 차시

1. 이런 의도로

관련 성취기준	재구성 이유

2. 계획하고

인성교육 전략	기본 인성 요소								주요 인성덕목	인성 교육 중점
	존중	협동	자존	효능	배려	자신	책임	조절		

주제 재구성 개요	

차시	차시별 활동 내용	관련 교과 및 단원	차시별 주제	교수·학습 방법
I				

3. 실천해서

차사별 내용 및 주제 넣기

4 성찰해요

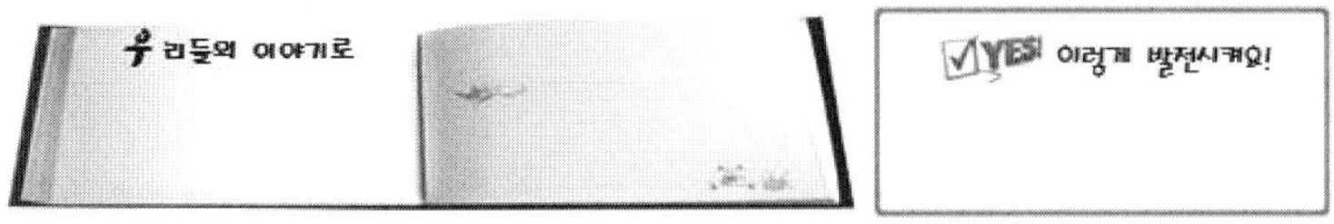

살펴보면서 어떠한 생각이 들었는가? 아주 간단하게 만들었다. 우리가 계획하는 프로젝트 주제가 교육과정에서 제시하는 어떠한 성취기준에서 출발한 것인지 알아보고, 재구성을 한 이유도 적어보게 하였다. 그리고 어떠한 인성 요소를 길러주기 위함인지 알아보고, 주제 재구성에 대한 개요와 차시별 활동 내용과 관련 교과, 단원, 차시별 주제 및 활용한 교수・학습 방법으로 계획하도록 하였다. 기존 수업 지도안에서 제시해야 한다고 한 것에서 빠진 것이 있는가? 빠진 것이 있지만, 필요한 요소들은 모두 포함이 되었다. 그리고 실천해서의 차시별 내용 및 주제에서는 간략하게 아이들의 활동 내용과 모습을 함께 만들어가기로 하였다. 마지막으로 우리가 제일 고민한 부분은 성찰해요 부분이다. 우리들이 함께 배움 과정을 계획하고, 함께 실천함에 있어서 가장 중요하게 생각한 부분이 바로 우리들의 성찰이다. 계획과 실행을 통해 느꼈던 것, 그러한 과정 중에 반성하고, 다시 스스로 재구성한 활동에 대해 함께 모여서 반성하고 성찰하는 것이 배움 과정안을 함께 만들어가는 과정 중에서 가장 중요한 활동이라고 생각을 하였다.

그리고 수업 성찰 부분에서는 김현섭(2013)의 저서 『수업을 바꾸다』에서 착안하여 일부 보완하여 운영하였다. 우리들이 함께 수업을 성찰하고 나눔을 실천한 방법이다. 이처럼 우리는 동 학년 중심의 학습 공동체를 매우 중요하게 생각하고, 함께 많은 노력을 해왔으며 지금도 함께 진행하고 있다.

학습 공동체는 어쩌면 지금 학교가 지니고 있는 문제점을 교사들이 함께 해결 나가게 해주는 최선의 방법일지도 모르겠다. 물론 그 형태가 연구 동아리, 학년 중심 체제, 학습 공동체, 소모임 등 다양할 수는 있다. 그러나 한 가지 분명한 것은 이제 교사들도 다른 기업의 직장인들처럼 팀을 꾸리고서 함께 해야 한다는 것이다.

사회적으로 학교가 붕괴되고 있다는 걱정을 많이 하고, 학교 교육을 신뢰하지 못하여 학교에 다니게 하는 대신 홈-스쿨링을 선택하는 학부모도 조금씩 증가하고 있는 추세라고 한다. 이러한 따가운 사회적 시선에서 우리가 벗어나고, 더욱 떳떳하게 우리들이 그러한 문제를 해결하는 방법은 교사들이 함께 서로의 수업을 나누고, 교육 철학을 공유하고, 더욱 다양한 시각에서 수업을 바라보면서 우리들이 스스로 해결책을 찾아가고 실천하는 것이다. 그러한 관계지향적인 공동체를 중심으로 한 학교 조직 문화가 형성되기를 희망해본다.

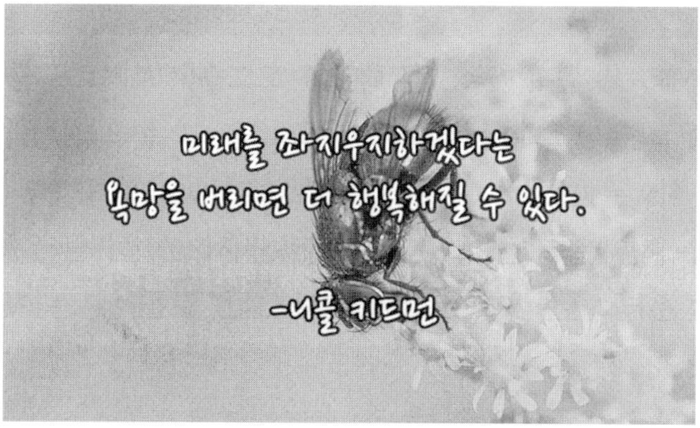

"미래를 좌지우지하겠다는 욕망을 버리면 더 행복해질 수 있다."

미국의 유명한 여배우는 이러한 말을 했다고 한다.

어쩌면 우리 교사들은 학생들의 미래를 좌지우지 할 수 있다는 잘못된 욕망으로 행복하지 못한 것은 아닐까? 그로 인해 우리 아이들 역시 행복하지 못한 것은 아니었을까?

행복한 교사, 행복한 학생, 행복한 학교는 무엇인가를 더하거나 추가하는 욕망이 아니라 무엇인가를 빼거나 버리는 내려놓음부터 시작해야 하는 것임에 함께 동의하기를 바래본다.

마지막으로 다시 묻고 싶다.

"선생님~ 선생님은 학생의 미래를 선생님이 좌지우지 할 수 있으며,
그들의 더 나은 미래를 위해 내가 무엇인가를 더 주어야 하고, 알려주어야 하고,
가르쳐주어야 한다고 생각하지는 않았나요? 그러한 욕망이 교사를 불행하게 하고,
학생도 덩달아서 불행하게 하지는 않았을까요?"

CHAPTER

3

왜 함께 해야 하나?
교사 공동체 중심의 학교 만들기

(배움의 공동체로 함께하는 학교 만들기)

지금까지 계속 이야기를 하고 있는 학교 성장은 정부가 아닌 교사가 그러한 학교 성장의 중심에 서서 주체적으로 움직여야 한다고 한다(Fullan, 2003). 그리고 교사 개개인의 노력도 중요하지만, 교사가 함께 모여서 교육공동체로서 회복되어야 한다는 목소리가 늘고 있다(신현석, 2006). 이러한 관점은 학교를 효율적인 관점에서 관료적인 조직으로 간주하려하기 보다는 구성원들 간의 관계를 중시하는 하나의 공동체로서 학교를 바라보아야 한다는 점을 강조한다고 할 수 있다. 또한 요즘 부쩍 심각성이 드러나고 있는 교실붕괴, 수업붕괴, 나아가서는 학교붕괴를 해결할 수 있는 대안으로 교육공동체가 부각

이 되고 있다(송연주, 이상수, 2015).

흔히들 교사들을 교육 전문가라고 말하곤 한다. 그러나 교사 개개인이 전문가임에도 불구하고

이처럼 교육 공동체의 중요성이
날이 갈수록 더욱 강조되는 이유는 무엇일까?

보통 교사는 '가르치는 사람'을 호칭하는 말로 사용되며, 법적 용어는 교원이다. 교사는 흔히 스승, 교육자로 불리며, 이는 가르치는 행위를 통해 학생들의 교육적 변화를 일으키는 역할을 하는 존재이기 때문이다. 이러한 교사에게 교사 전문성은 그 무엇보다 중요하다. 하지만 많은 교사들은 학생들을 가르치면서 자신에게 이러한 말을 자주 묻는다.

"학생지도를 위해 얼마나 부족함이 없도록 했으며,
그러기 위해 스스로 얼마나 교직에 대한 전문성을 가지고 있을까?"

교육의 질은 교사의 질을 넘을 수 없다는 말이 사회적으로 통념화 되었으며, 실제적으로 교육의 성패를 좌우해온 가장 큰 요인 역시 교사라고 할 수 있다. 교육의 질적 개선을 위해 모든 노력이 더해진다고 하더라도, 그 핵심 역할을 담당하는 교사가 앞장서지 않는 한 결코 교육 개선은 성공을 기대할 수 없는 것이다. 교사는 교육의 주체로서 학생들의 지적영역 뿐 아니라, 정서적, 도전적, 사회적 성숙에도 깊은 영향을 주는 중요한 위치에 놓여있다. 특히 오늘날처럼 교육의 수많은 위기 속에서 교사들의 역할과 책임이 더욱 강조되는 이유와 교사의 전문성에 대한 논의가 끊임없이 이어져 오는 이유도 아마 이 때문이라고 할 수 있을 것이다.

흔히 교직을 전문직이라고 말을 한다. 물론 교사의 전문성에 대해서는 의사, 법조인, 성직자, 대학교수와 같은 신 전문직의 수준에는 미치지 못하겠지만, UNESCO에서 제시한 교권관련 권고를 통해서 교직 또한 전문직이라는 데에는 어느 누구도 반대 의견을 달 수 없을 것이다.

"교직은 전문직으로 간주되어야 한다. 그것은 엄격하고도 계속적인 연구를 통하여 습득 유지되는 전문지식과 전문화된 기술을 필요로 하는 공공적인 업무의 하나이다."

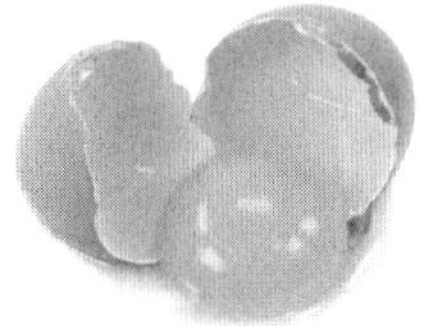

하지만 교사가 이러한 전문성을 갖추기 위해서는 기존의 정형화되어있던 교사가 가지고 있는 고정된 틀에서 깨고 나와야 한다. 더 많은 사람을 만나고, 이질적인 문화를 함께 공유하고, 외부와 끊임없이 다양한 관계를 맺을 수 있어야 한다. 하지만 흔히 교사들은 스스로를

깨지기 쉬운 계란 껍데기 같은 존재

라고 말을 한다. 깨질까봐 스스로를 드러내기 싫어하고, 이로 인해 흔히 수업 공개를 하고 나면

나 오늘 깨졌다

라는 말을 흔히 한다.

도대체 깨질까봐 두려운 것이 무엇일까?

모르긴 몰라도, 교사들이 스스로 깨질까봐 두려워하는 것, 그건 바로 수업이 아니었

을까 생각을 하게 된다. 수업을 통해 자신의 전문성을 드러내보여야 할 존재가 교사임에도 불구하고, 수업이 깨질까봐 두렵고, 이로 인해 수업에 대해서는 상호 불간섭주의가 교사 문화로 자리 잡고 있기도 하다. 수업 후 협의회 시간에는 수업에 대한 얘기만큼은 묻지 않는 것이 불문율처럼 지켜지고 있는 것이 바로 교사 문화이다. 그래서 인지 공개 수업 후, 수업 협의회에서 서로의 수업 나눔, 삶의 나눔이 이루어지기 보다는 좋은 수업이 무엇인지 각자의 생각과 관점 나눔으로 인해 수업자가 소외되는 수업 협의회가 이뤄지고 있었는지도 모를 일이다. 이로 인해 교사들은 스스로 그들만의 폐쇄적인 문화를 만들게 되었고, 그 문화 안에서도 또 다른 나만의 담을 교실 문을 통해 쌓으면서 홀로 지내는 존재가 교사들인 듯하다.

그러나 교사가 전문성을 되찾고, 교육 전문가, 수업 전문가로서 사회적으로 누구에게라도 인정을 받기 위해선 그들 스스로 만들었던 폐쇄적인 교사 문화를 깨고 나와야 하며, 수동적인 방어자의 위치에서 벗어나서, 끊임없이 배우고 소통할 줄 아는 능동적인 교사로 성장해야 한다. 이러한 변화와 성장의 시작이 바로 교사의 전문성을 되찾아오는 첫 걸음인 것이다.

흔히 사회적으로 전문직으로 인정을 받는 직업 중의 으뜸이라고 하면 의사를 들게 될 것이다. 이에 교사 역시 의사와 같은 과정을 거치면서 전문적 역량을 쌓아가야 한다. 의사들이 자신의 전문성을 쌓아가는 방법을 보면, 의사들은 많은 환자들의 증상을 살펴보고, 기존 사례 연구를 통해 전문 역량을 점차 쌓아가게 되며, 특이한 케이스가 발견될 경우 모든 의사들이 함께 모여서 서로의 의견을 나누고 소통하는 시간을 공개적으로 가지게 된다. 교사들도 이처럼 다른 교사들의 수많은 수업 사례를 함께 연구하며 자신만의 전문 역량을 쌓아가야 한다. 하지만

그동안 교사의 전문성을 찾기 위해 혹은 높이기
위해 많은 교사들은 어떠한 노력을 해왔는가?

모르긴 몰라도, 교사들은 전문성 신장을 위하여 다양한 교육, 연수, 혹은 유명한 학자들의 책을 통해서 공부를 했을 것이다. 그리고 흔히들 연수(혹은 공부)를 마치고 나면 이

러한 말들을 많이 한다.

"꼭 교실에 돌아가서 이번에 배운 내용을 사용해봐야지."

하지만 실제 교실로 돌아간 수많은 교사들 중, 연수를 통해 배운 내용을 실제로 적용하여 실천하는 교사들은 이런 저런 다양한 이유로 인하여 극히 드물다. 이것은 교사들이 실제 수업을 통해 전문성을 신장시키기보다는 책이나 이론을 통해 알게 된 지식에 얽매이기 때문일 것이다. 교사에게 필요한 전문성은 이러한 이론에 얽매인 지식이 아니라, 교실에서 아이들과 함께 실천할 수 있는 산지식인 것이다. 의사들이 자신의 전문성을 찾기 위해 수많은 환자들의 증상을 살피고, 기존 사례 연구를 살펴보는 것처럼 교사들도 임상 전문가가 되어야 하며, 자신이 갖고 있는 교실과 아이들이라는 임상의 천연자원을 자세히 들여다보고 인식을 가져야 하는 것이다.

최근 많은 교사들은 이러한 관점에 따라 자신의 수업을 비디오로 찍고, 이 기록을 활용해서 조금 더 깊이 있는 연구를 종합적으로 실천하고 연구하고 있다. 이것이 바로 임상 연구이며, 수업 사례 연구이며, 실천의 산지식인 것이다.

흔히 현대 사회에서의 배움은 일평생을 두고서 해야 하는 것이라고 한다. 그래서 학생들에게 역시 미래를 위해서 현재를 포기하고 공부만 하라고 가르쳐서는 안 된다고도 말을 한다. 배움은 일평생 동안 이뤄져야 하는 것이며, 학창시절 역시 그러한 과정 중에 일부분임을 학생들에게 일깨워줘야 한다. 그렇다면, 교사 또한 그러 할 것이다. 교육대학교에서 학습하고 배웠던 교육은 완성된 교육이 아니다. 그러나 그동안 많은 교육대학교에서는 대학교에서의 배움이 완성된 것이라고 가르쳐 왔던 것 같다. 우리 역시 그렇게 배워왔으며, 그로 인해 교직에 나가서 또 다시 배우기 힘들어하고, 자신이 그동안 배워왔던 지식이 깨어져 버리는 것을 감당하기 어려웠을지도 모른다. 우리는 이미 완성된 교육을 다 받아왔다고 알고 있었으니 말이다. 우리는 이미 완성된 교사라고 착각을 하면서 말이다.

하지만 이제는 그러한 대학 교육은 준비 교육일 뿐이라는 인식을 가져야 할 것이다. 교사는 교직에 첫발을 내디딘 이후 퇴직할 때 까지 현장의 교육, 교실의 수업, 교실 속 아이들에 의해 계속적으로 배우고 성장해야 하는 존재인 것이다. 그렇다. 교사는 생애를 통해 교사가 되기 위한 과정을 계속해서 걸어야 하는 것이다.

이에 Sergiovanni와 Starratt(2007)는 교사의 전문성 개발은 학교와 교사에게 행하는 것이 아니라, 교사가 자시 자신을 위해 행하는 것을 의미하며, 교사의 전문성과 전문적 기능발달 뿐 아니라 개인으로서 교사의 변화를 포함하는 포괄적인 의미를 지닌다고 하였다. 하지만 그동안 교사들은 자기 개발이나 전문성 신장을 위해서 교육, 연수 등에 초점을 두고 있었던 것이 사실이다. 이제는 이러한 좁은 개념에서 벗어나 교사들이 향상된 수준의 전문적 능력을 달성하고, 학교에서 교사 개인의 역할 기대에 대한 이해를 넓힐 수 있도록 교사자신과 주변 환경에 대한 끊임없는 인식으로 성장의욕을 키워 가는 과정으로써 교사 전문성 개발을 이해해야 할 것이다.

교사 전문성에 대한 관심은 인적자원개발이 국가의 경쟁력 강화에 핵심이 되는 지식정보화시대에서는 국가 수준에서의 쟁점이 되었다. 특히 천연자원이 부족한 우리나라의 경우에는 더욱 더 질 높은 인적자원 개발의 양성을 위해 교육을 중요시 여기고 있었으며, 이러한 교육의 핵심이 바로 교사의 전문성이라고 할 수 있다. 공교육에 대한 신뢰성 부족, 끊임없이 높아지는 비판의 목소리는 어쩌면 이러한 교사의 전문성과 자질에 대한 비판의 목소리는 아니었을까 생각하게 된다. 이제는 사회의 변화에 따라, 교사 스스로의 교직능력을 향상시킬 수 있는 전문적 자질이 요구된다고 할 수 있다.

앞서 언급했듯이 그동안 많은 교사들은 자신들의 전문성을 대학교 때의 학습, 혹은 대학원에서의 학습과 교육으로 완성이 되었다는 인식을 많이 하고 있었다. 이에 손우정 교수는 '배움의 공동체'라는 책을 통해서 교사는 교사가 되고 나서야 비로소 교사가 되며, 대학의 교사 교육은 완성 교육이 아니라 양성 단계의 교육으로 준비 교육이라고 하였다. 즉, 교사는 생애를 거쳐서 교사가 되는 과정의 길을 걸으며, 교직에 첫발을 내디딘 이후 퇴직할 때까지 현직 교육에 의해 성장한다고 할 수 있다.

이런 의미에서 교사는 가르치는 전문가이기도 하지만, 배우는 전문가가 되기도 해야 한다. 교사 전문성 신장의 원동력은 바로 교실을 중심으로 하여 아이들, 동료 교사와의 다양한 만남을 통해 끊임없이 스스로 반성하고 성찰하며 배우는 것이다. 이러한 의미에서 학교 교육 현장에서는 교육 공동체라는 말이 생겨나게 되었으며, 서로 배우는 관계를 형성하고 함께 다양한 수업 사례를 가지고 연구하고 성찰하며 함께 교학 상장하여 성장하며 전문성을 높여가야 한다.

사토 마나부의 배움의 공동체 론은 학교를 중심으로 하여 학교 개혁의 중심은 교실 개혁이라는 교실 개혁에 관한 구체적인 전망을 제시하는 이론이다. 이는 곧 수업 개혁의 열쇠는 교사에게 있으며, 교사 변화와 학교 변화를 통해 수업개혁을 추구하고자 하는 것이다.

사토 마나부는 학급붕괴와 같은 교실의 문제를 해결하는 방안으로 배움을 중심으로 한 수업 개혁을 제시하였으며, 그에 대한 실천 방법으로 배움의 공동체를 제시하고 있다. 여기서 배움이란 일반적으로 생각하는 주체적이고 능동적인 행위로서의 배움이라기보다는, 몸과 마음을 열고 다른 사람의 소리에 귀를 기울여서 들어주는 수동적인 감각에 뿌리를 둔 수동적 능동성의 성격이 짙다고 할 수 있다. 사토 마나부는 이러한 의미에서 배움의 공동체는 교실 커뮤니케이션의 변화라고 일컫고 있으며, 교사의 역할이 결정적이라고 말을 한다. 교실에서 서로 귀를 기울여 듣는 관계를 형성하는 것은 교사의 풍부한 지식과 끊임 없는 노력이 필요한 과제이기 때문이다.

또한 사토 마나부는 여기에서 더 나아가 『수업이 바뀌면 학교가 바뀐다』라는 저서를 통해 배움의 경험 자체를 교육과정이라고 정의하면서, 새로운 교육과정의 창조를 강조하였다. 즉, 배움의 경험을 창조하는 일이 바로 교육과정이며, 이러한 교육과정을 만드는 과정은 배움의 경험에 대한 디자인, 배움의 경험을 창조하는 교실 실천, 그리고 배움의 경험에 대한 성찰과 평가 등의 3단계 거치게 되며, 그 중 교실 실천이 가장 중요하다고 강조하였다.

이처럼 배움의 공동체로서의 학교는 수업 창조를 기본 축으로 하여 학교 스스로의 성장이 전개된다. 서로 수업을 공개하고 전문가로서 서로에게서 배우면서 성장하는 연대를 중요시 여기는 것이다. 우리나라 학교에서 현재 가장 심각한 문제 상황 중 하나를 꼽으라고 하면 바로 동료성의 쇠퇴를 들 수 있다. 학교의 성장은 교사 공동체를 통해서 이뤄질 수 있음에도 불구하고 우리 내 학교문화를 살펴보면, 교사들의 동료성에 문제가 있음을 발견하게 된다. 이처럼 교사들의 동료성 구축을 방해하는 요인으로는 초등학교에서는 교실의 장벽, 중등학교에서는 교과 장벽을 들 수 있다. 이러한 각각의 장벽을 허물고 서로의 수업을 자유롭게 공개하고 서로 비평하며 교육 전문가로서 서로 배우면서 동반 성장을 실천할 때 비로소 학교 성장이 시작될 수 있으며, 진정한 의미에서의 배움의 공동체가 형성된다고 할 수 있다.

그러나 우리나라에 제대로 정착하기 위해서 공동성 회복만이 문제점인 것은 아니다. 배움의 공동체는 경청을 강조한다. 이는 일본의 문화에서 크게 벗어나지 않는 것이다. 일본은 어린 시절부터 다른 사람에게 피해를 주지 말 것을 철저하게 배우면서 자란다. 이 때문에 다른 사람의 이야기를 경청하는 자세가 몸에 배게 된다. 그러나 우리나라 아이들은 이에 비해 에너지가 넘치고 역동적인 면이 강하다. 또한 협력적 배움에 대한 이야기를 많이 하지만 이에 대한 구체적인 방법이나 기술을 충분하게 제시하지 못하고 있다.

그런데도 굳이 꼭 학교 공동체가 필요한 것일까?

사회의 변화적인 측면을 고려했을 때, 사회의 급격한 변화에 따라 학교 교육의 질적 수준 향상 및 학교의 본질적인 기능인 공동체적 기능의 수행에 대한 사회적 요구가 매우 높아지고 있다(오찬숙, 2014). 이에 교사들은 자신의 전문성 및 역량을 높이기 위해 다양한 방법을 시도하고 있으며, 교사들 스스로 소속감을 느낄 수 있는 공동체로의 변화를 강조하고 있다.

또한, 김태현 선생님은 『교사, 삶에서 나를 만나다』라는 저서를 통해 개인의 행동이 많은 사람에게 노출되는 교사들은 각별히 조심을 기울이고 교육적인 의미를 담아 행동을 해야 한다고 하였다. 그런데 동료 교사, 관리자, 학생으로부터 자신의 이러한 노력을 이해받지 못하고 능력이 없다는 소리를 들으면 큰 낙담 속에 지내게 된다고 한다. 누군가로부터 이해받지 못할 때, 너무 억울하고 속상하게 된다. 그래서 교사들은 동료 교사와 마음으로 더 깊게 연결되기 위해서 삶을 나누어야 하며, 이를 넘어서 수업을 서로 이야기할 수 있어야 한다고 하였다. 그리고 수업 혁신, 학교 혁신, 교육 개혁 등도 어떤 특별한 프로그램과 시스템에 의해 이루어지기도 하지만, 결국 그러한 프로그램과 시스템이 성공하기 위해서는 교사 간에 마음과 마음으로 연결되는 유대감이 있어야 한다.

즉, 현재 우리가 직면하고 있는 많은 교육 문제의 대안적 방안으로 교육 공동체가 대두되고 있으며, 전문성 함양을 위한 학습조직으로서의 학교 공동체, 교사 학습 공동체가 큰 주목을 받고 있다. 교육의 진정한 변화는 교육공동체 구성원들의 노력과 정성이 있을 때 가능하며, 이러한 개혁은 학교 구성원들의 자발적 참여와 협력, 헌신을 통해서 가능하다. 전문성 개발을 도모하는 학교 공동체는 아래로부터의 교육개혁이라는 측면에서 학교 성장을 위한 중요한 대안으로 주목받고 있으며, 진정한 의미에서의 교육개혁을 위해서는 자발적인 참여와 협력이 가능한 학교 교육 공동체 중심의 학교문화를 만들어가는 것이 중요하다.

교육 공동체의 강조로 현재 많은 학교에서는 교육공동체로 변화하려는 움직임을 보이고 있다. 그럼에도 불구하고 여전히 학교관련 문제, 나아가서는 학교 붕괴 현상이 여전히 지속되고 있다. 심지어는 학교 붕괴를 막기 위한 다양한 노력에도 불구하고, 이러한 학교문제가 완화되기보다는 교육적 현안에 대한 학교, 학생, 학부모와 교육당국 간의 갈등은 오히려 더욱 심화되고 있는 실정이다(대전일보, 2011.07.04.). 즉, 기존의 학교 교육 공동체는 교육 공동체라는 단어를 사용하고는 있지만, 실질적으로는 협력과 연대가 강조된 공동체라기보다는 기관이나 법규적 제도 중심으로 구성되어 있는 말뿐인 허울 좋은 교육 공동체였다는 것을 반증하는 듯하다. 또한 교육공동체를 구현하는 과정에서 실현되어야 할 것으로 제시되는 많은 상항들이 그저 교사들의 인식 수준에 머물러 있을 뿐 아니라, 이를 실천하기 위한 공동체 정신도 아직 부족하다고도 할 수 있다(정영수, 2004).

진정한 의미에서의 교육 공동체 중심의 학교를 만드는 일은 위의 사진처럼 매우 험난한 길이 될 수도 있을 것 같다.

그러면 우리는 무엇부터 시작해야 할까?

우선은 교육 공동체에 대한 개념부터 확실히 해야 할 것이다. 교육 공동체에 대한 개념은 학교를 어떻게 바라보느냐는 관점과도 매우 밀접한 관련이 있음을 알 수 있다. 관료적인 조직으로의 학교인지 공동체적인 조직으로의 학교인지를 가르는 이분법적인 사고보다는 모든 학교가 이 두 가지 성격을 모두 가지고 있는 이중적인 성격을 지니고 있음을 이해해야 한다. 물론 현재의 학교는 관료제적인 성격이 강한 학교가 많으므로, 의식적으로 공동체적인 성격을 강화함으로써 이 둘의 성격이 서로 조화를 이룰 수 있는 학교로의 성장이 필요한 것은 사실이다.

또한 학교 공동체에 대한 개념과 그 특성은 학자들마다 조금씩 다른 면을 보이고 있다. 그러나 공통적으로 첫째, 구성원들 사이에 공동으로 공유하는 가치가 있어야 하고, 둘째, 가치와 신념, 감정을 통해 함께 결속해야 하고, 셋째, 소속감을 느끼게 하는 공동의 활동이 필요하고, 넷째, 상호 보살피고 지원하는 인간관계 형성이 필요하고, 다섯째, 구성원들의 헌신에 의해 목표 혹은 과업 달성에 모두가 몰입해야 하고, 여섯째, 형식이나 절차가 아니라 목표, 가치, 동료애와 같은 내부적인 방식에 의해 함께 통제가 되어야 하며, 마지막으로 지도성과 리더십은 공동체적 연대를 통해 이루어져야 한다.

이러한 공통적인 특성을 바탕으로 학교 공동체는 교사들의 지속적인 능력 개발과 전문성 향상에 헌신하는 전문적 공동체로서의 학교, 교사들이 함께 사고, 성장, 탐구, 몰입하여 함께 배우는 학습공동체로서의 학교, 그리고 공유된 목표를 달성하기 위해 봉사자로서의 합의된 리더가 존재하는 리더 공동체로서의 학교가 바로 흔히 말하는 학교 교육 공동체라고 할 수 있다.

그렇다면, 공동체 형성에 무엇이 필요할까?

이러한 학교공동체가 형성되기 위해서는 필요한 요건이 있다. 첫째, 좋은 교육이 무엇인지, 우리가 원하는 교육이 무엇인지에 대한 구성원들 간의 협의와 함의가 있어야 한다. 이렇게 되어야만 교사들은 자신들이 하는 교육의 방향이 무엇이고, 이러한 교육이 기여하는 바가 무엇인지 뚜렷하게 인식하게 됨으로써 학교에서도 이러한 공동체를 통해 교사들이 성취하려고 하는 것이 무엇인지 알게 된다. 둘째, 학교 구성원들이 함께 공동의 프로젝트를 추진해야 한다. 이로써 구성원들이 교육 목적과 가치를 공유할 뿐 아니라, 공동의 활동을 통해 이를 재생산하게 되는 과정을 거치게 된다. 이를 통해 학교 공동체는 교육 활동의 목적이 무엇인지 함께 분명하게 인식하고, 그러한 교육 활동의 목적의 가치에 대한 모두가 동의하고 공유할 때 의지가 발현되고, 이러한 의리를 통해 공동의 프로젝트를 추진함으로써 공동의 목표를 지향하는 학교 공동체가 형성될 수 있는 것이다.

물론 이러한 경우에도 한 가지 중요한 인식이 있다. 바로 서로의 의견 차이가 있음을 발견하더라도, 서로 다른 사고의 차이를 없애거나 누구의 의견이나 사고를 바꾸려고 해서는 안 된다는 것이다. 다만, 서로의 생각과 사고의 다름을 존중하고 배려하며, 협력함으로써 그 차이를 수용해나가는 학교 문화의 생성이 함께 필요하다. 이러한 문화가 생성될 때 학교 구성원들은 서로 상호 의존하고 상호작용을 하게 된다. 이렇게 형성된 학교 공동체는 학교 구성원들로 하여금 소속감, 신뢰감, 안전성 등을 증진시키는 효과도 가져오게 될 것이다.

그렇다면 이러한 학교 공동체 형성을 위해 학교는 어떻게 성장해야 할까?

학교 공동체는 공동체를 형성하고자 하는 의지를 가진 사람들이 출현하다고 하여 간단하게 형성되는 것이 아니다(저자 역시 그러한 의지를 가지고 1년간 정말 열심히 공동체를 꾸려나가고자 하였지만, 생각이 서로 다르고, 서로의 의견이 다름을 인정하고 받아들이지 못한 채 서로 다투고 비판하며 등을 돌리고서 1년을 살아갔던 경험을 실제로 겪었으니 말이다). 그래서 학교공동체가 형성되기 위해서는 제도적 변화, 문화적 변화, 구성원의 변화가 모두 함께 이루어져야 하는 것 같다. 물론 다행스럽게도 요즘에는 학교경영방식의 변화와 더불어 학교 구성원들의 공동체적 문화에 대한 관심이 높아짐으로써 이에 대한 문화적, 그리고 구성원의 변화는 점차 이루어지고 있는 상황이기는 하다. 물론 이러한 변화의 추세에 따라 제도적인 변화도 뒤따르고 있지만, 기존의 관료적 조직으로의 학교경영과는 다른 경영 원리가 필요하다는 사실로 인해 제도적인 학교 경영 측면에서의 변화가 더욱 요구되는 것 또한 사실이다.

이러한 측면에서 노종희(1996)는 학교 공동체 형성을 위한 경영 원리를 다음과 같이 제시하였다. 첫째, 평등과 협동의 원리에 입각하여 학교 구성원들의 의견을 존중하고 받아들이는 평등주의 사상이 필요하다. 둘째, 자율과 개방의 원리에 입각하여 중앙통제, 엄격한 상하관계, 하향식의 의사결정에서 벗어나서 교사들의 자율성을 보장해주어야 한다. 셋째, 돌봄과 헌신의 원리에 입각하여 교사는 학생 개개인에 관심을 갖고 전인적 발달을 도와주어야 하며 교장은 이러한 교사의 전문적 성장을 위해 끊임없이 도와주어야 한다.

이처럼 학교 공동체 형성에 있어서 교사의 역할도 중요하지만, 학교 전반에 영향을 주며, 학교 구성원을 관리하게 되는 교장의 역할 역시 매우 중요하다. 학교공동체 형성을 위해 학교 구성원이 교육의 목적과 가치를 공유하더라도 이러한 의지를 발현할 수 있도록 학교 상황을 만들어 주지 못한다면 이러한 의지가 실제로 발현되지 못하기 때문이다. 이에 학교장은 교사들 간의 상호 협력을 위한 지원체제를 구축하고, 정보와 생각을 교환하며, 전문성 개발을 위해 새로운 정보를 획득할 수 있는 통로를 만들어 줌으로써 상호 신뢰하는 전문 공동체 형성에 노력해야 한다(Smylie & Hart, 1999). 그리고 이러한 측면에서 학교장의 역할은 교사들의 의지가 적극 발현될 수 있도록 제도적인 측면에서 그러한 상황을 만들어주는 것이라고도 할 수 있다.

학교장의 이러한 역할과 더불어 학교 공동체에서 교사의 역할로는 학생성장지원, 교수-학습 지도 충실, 학생생활지도 헌신, 전문적 교육활동, 교육활동에 주도적 참여, 확고한 교육철학, 학교 공동체 형성 주도 등을 들 수 있다(허학도, 2005). 또한 이러한 학생의 배움을 위한 충실한 수업 관련 활동 뿐 아니라 돌봄을 위한 인성 지도에 있어서 폭 넓은 역할도 수행해야 한다. 특히, 학교 공동체 형성에 있어서 교사에게 요구되는 역할은 동료성 구축이다(Johnson, 2000). 동료성을 구축하는 것은 개인적 필요로서 교사들은 서로 사회적 상호작용, 의사소통을 통해 서로 협력할 필요가 있고, 학생 교육을 위한 필요로서 교육방법, 학생지도, 교육내용에 대한 조언을 서로 주도 받을 필요가 있으며, 조직적인 필요로서 교사들 간 학습 진도를 조정하고, 평가에 대한 기준과 방법을 협의하고, 학교 변화와 개선을 위한 공동 노력을 위해 서로 협력할 필요가 있기 때문이다(주철안, 2007).

이처럼 학교 공동체 형성에 있어서 교사들 간의 동료성 구축이 필요함에도 불구하고, 실세 학교 현장에서 교사들은 상호협력이 높지 않고 상호 고립되어 있는 것이 사실이다(Johnson, 2000). 한 예로 송연주, 이상수(2015)는 학교교육 붕괴 현상 아래에는 학교 구성원들 간의 뿌리 깊은 불신과 심각한 대립이 내재되어 있음을 확인하였다. 구성원들 간의 불신은 여러 가지 원인이 복합적으로 상호작용한 결과로써, 서로에게 불신이 쌓여 있는 상태에서는 협력적 노력을 아무리 하더라도 교육 공동체가 성공적으로 정착될 수 없을 것이다. 그 이유는 교사들은 매일의 생활에서 학생교육과 지도를 교실이라는 독립된 공간에서 단독적으로 수행하는 반면, 학교 전체적인 교육목표는 교사들 간의 교육활동이 상호의존적으로 일어날 때 성취되는 부분이 많기 때문이다. 이에 부장교사, 교감, 교장 등 핵심적 위치에 있는 인사들이 동료성 구축을 위해 적극적인 역할을 수행하는 것이 매우 중요하다(Johnson, 2000).

학교장, 교사뿐 아니라 입시 위주의 교육에 놓인 학생들 또한 학교 공동체 형성에 큰 가로막이 되고 있다. 입시 위주의 교육에 놓인 학생들의 경우 학교 교육에 대한 신뢰와 소속감 저하, 상호 협력 부족 등과 같은 모습을 보이게 되며, 이러한 모습은 학교 공동체 형성을 가로막는 요인이 되기 때문이다. 학생들의 학교에 대한 신뢰와 소속감이 회복은 학생들 스스로 학교가 돌봄의 공동체라고 느끼고 직접 경험하고 체험할 때 형성이 될 수 있다(주철안, 2007).

신뢰라는 것은 한 번 형성하기는 어렵지만, 상실되는 것은 한 순간이라고 한다. 교사들 사이에 신뢰가 구축되기 위해서는 자신의 기대와 희망에 어긋나더라도 기다려주는 인내의 과정이 필요함을 인식해야 한다.

학교장, 교사, 학생의 역할과 함께 중요한 것이 학부모의 역할이라도 할 수 있다. 학교는 아이들과 교사가 함께 배우면서 성장하는 곳인 동시에 학부모와 지역사회가 함께 협력하여 교육활동에 참여하는 곳이기 때문이다. 실제로 일본에서는 학부모가 교육활동에 대한 참여가 활성화될수록 여러 가지 긍정적 효과를 더 얻을 수 있는 것으로 확인되었다. 학교를 바라보는 학부모들의 관점이 소극적이고 비판적인 것에서 벗어나 서로 협력하는 관계로 변화하게 되며, 내 아이라는 개인적인 의식에서 벗어나 우리라는 공동체적 의식으로 변화하게 되며, 아이들과의 보다 친밀한 관계 형성의 기회를 얻게 된다고 한다. 즉, 공동체적 학교에서 학부모들은 학교 공동체 운영의 중요성을 인식하고 적극적으로 참여하고 지원하는 역할을 담당해야 한다.

실제로 우리나라의 남한산초등학교에서는 기존의 관료적이고 비민주적인 학교 운영의 관행을 극복하기 위해 민주적이고 적극적인 학부모의 참여 방안을 모색하였다. 학부모들은 총회, 운영위원회, 대표자 회의, 학부모회의, 연성 회의 등 다양한 통로를 통해 의사를 전달하며, 다양한 교육 프로그램에서 자원봉사활동으로 참여하고 있다. 이를 통해 갈등도 발생되기는 하였지만, 민주적인 공동체를 형성하게 되었다고 한다(서근원, 2004).

지금까지의 구성원의 측면과 더불어 학교 구조적인 측면에서도 학교 교육에 있어서 가장 중요하게 여겨야 할 목적이 바로 아이들의 교육이며, 이와 더불어 학생들의 돌봄이라는 사실을 분명하게 인지하고 있어야 한다는 것이다.

우리나라 학교에서는 각종 보고, 공문 작성 등 업무처리에 소요되는 시간으로 인해 수업과 학생지도와 같은 본질적인 업무가 오히려 방해를 받고 있는 것이 사실이다. 각급 학교에서는 단위 학교의 교육활동과 직접적인 관련이 있는 공문만 선별하여 접수·처리해야 하며, 결재 과정 역시 간소화함으로써 사무를 보다 신속하게 처리할 수 있도록 도와주어야 한다. 또한 교육기관에게 요구되는 다른 기관의 업무에 대해, 예를 들면 교통지도, 유해업소 단속, 각종 캠페인 동원 등과 같이 학생 교육에 직접적인 관련이 없는 활동은 해당기관에서 담당하도록 해야 한다. 그리고 학교 내 담당이 되어버린 방과 후 학교 역시 해당 지자체로 담당이 바뀌어야 한다. 방과 후 학교 업무를 위해 방과 후 부장이 학교에 신설이 되고, 매달 방과 후 학생 관리 및 방과 후 비 정산을 위해 또 다른 교사 및 코디가 그 일을 담당하게 되면서 학생 지도를 위한 본질적인 교육 활동 시간을 빼앗겨 버리고 있다.

실제 서울 교육청에서는 2017년도부터 방과 후 학교 운영을 학교가 아닌 지방자치단체가 주도하는 방안을 마련하여 시범 실시에 들어간다고 한다.

학교 구성원, 구조적인 측면과 함께 학교 공동체를 형성함에 있어서 중요한 요인 중의 하나로 학교 조직의 환경적 요인을 들 수 있다. 여기서의 단위 학교에서의 환경적 요인이라 함은 유대관계를 맺고 있는 지역사회 내 각종 유관 기관 및 단체들을 들 수 있다. 단위학교에서는 이러한 지역 사회 내 공공기관 및 단체들과 긴밀한 연대를 통해 다양한 교육적 자원으로 활용할 수 있어야 한다. 예를 들어, 경찰서 및 소방서와 같은 관공서에서는 학교에서는 실제로 접하지 못하는 체험 중심의 학습이 가능할 것이다. 특히, 대학의 경우에는 단위학교에서는 보유하지 못한 연구자, 기자재, 시설 등이 풍부하며, 현재 단위학교가 직면한 교육문제에 대한 진단과 해결책 강구에 있어서 다양한 방법으로 지원이 가능할 것이다. 그러나 아직도 단위학교와 지역의 공공기관 및 대학들은 서로 도움을 주고받는 관계라기보다는 소극적으로 교류하는 배타적인 관계를 지니고 있는 것이 사실이다.

실제 일본의 배움 공동체 사례를 살펴보면, 학교와 지역의 연대를 중시하여 전쟁 중의 삶이라는 단원을 지도하기 위해 지역 내 노인회의 협조를 구해서 노인회 회원들을 초청교사로 수업활동에 참여시켰다. 노인회 회원들이 학생들이 전쟁당시 학교의 모습, 음식, 복장 등을 생생하게 들려주었고, 이를 바탕으로 전시 음식 만들기 수업을 위해 다음에 한 차례 더 초정하여 함께 음식을 만들고 시식도 하는 시간을 가졌다. 이러한 학습 참가를 통해 학생, 학부모, 지역주민, 교사가 서로 배우는 시간을 함께 공유할 수 있었다고 한다(주철안, 손우정, 2005).

그렇다면, 교육 공동체 중심의 학교를 만들기 위해 어떻게 하면 되는 걸까요?

> 일본 하마노고 소학교에서는 이를 위하여 학생들에게 "서로 귀를 기울여 주는 관계"를 만드는 일을 중시하고 있다. 아이들은 수업을 통해 서로 소통하는 방법을 익혀나가게 되며, 교사는 학생의 말에 귀를 기울여주고, 학생들도 다른 학생들의 말에 귀 기울여 듣도록 지도하면서 서로 존중하고 돌보는 배움의 공동체를 느끼게 된다고 한다(손우정 역, 2001).

본 저자가 직접 경험하고 실천하고 있는 학교 살이 이야기와 더불어 김현섭(2013)이 『수업을 바꾸다』라는 저서에서 제시하는 다양한 수업 공동체 유형을 비교하여 이야기를 나누면 좋을 것 같다.

❶ 수업 친구: 학교 안에서 동료 교사 중에 수시로 수업 고민을 나눌 수 있는 친구 교사를 정하며 함께 수업 친구를 만들기를 하면 된다. 실제 경북 교육청에서는 이를 근거로 하여 심층수업 컨설팅이라는 이름하에 멘토와 멘티형, 동료장학형 등의 수업 친구 만들기 활동을 실천하고 있다. 나 역시 우리 학교 선생님 한 분과 수업 친구를 만들었으며, 한 학기 1회씩 약 1달간의 기간을 두고서 함께 수업에 대한 진지한 나눔과 성찰을 실천하고 있다.
본 저자도 2년째 각 1명씩, 총 2명의 교사와 함께 수업 친구를 맺었으며, 1년이라는 긴 호흡을 함께 진행하였다. 교육 정책에 의해 어쩔 수 없이 시작을 한 것은 사실이지만, 생각보다 훨씬 더 깊이 있는 수업 나눔이 가능하였다. 서로의 교육에 대한 이야기로 시작하여, 어떠한 과정과 이유로 지금의 수업 방식을 선택하여 아이들과 함께 교실 이야기를 꾸려가고 있는지 등 등 심도 있는 나눔으로 진정한 수업 친구를 만들어 갈 수 있었다. 아직 공동체를 구성하는 것이 힘든 독자의 경우, 곁에 있는 친한 사람 한 사람이라도 함께 수업에 대해 진지하게 이야기를 나누고, 교육에 대한 성찰을 함께 나누고, 서로의 힘듦과 어려움을 위로하고 위로 받으며 신뢰할 수 있는 관계를 먼저 형성해보라.

❷ 학년 협의회 및 교과 협의회: 초등학교의 경우에는 학년 협의회, 중・고등학교의 경우에는 교과 협의회를 활성화할 수 있다. 그동안의 협의회는 행사나 행정을 함께 협의회는 수준에서 그쳤지만, 이제는 행정 업무가 아니라 생활지도 및 수업의 영역으로 확대하여 활성화할 필요가 높아졌다. 나 역시 앞에서 설명을 한 것처럼 학년 공동체를 구성하여 학년 협의회를 활성화하고자 매주 금요일 오후 시간을 함께 모여서 수업 이야기를 나누는 시간으로 정하고 운영하고 있다. 함께 모여서 수업 이야기를 나누고, 공동 수업 지도안을 작성하여 함께 수업을 진행하기도 하였다.

우리들의 이러한 협의회를 지켜보던 다른 학년 선생님께서 우리 동 학년의 이러한 분위기를 정말 부러워하시는 것을 알게 되었다. 흔히 동 학년이 모이면 솔직히 수업에 대한 이야기 보다는 잡다한 신변잡기 식 이야기로 시간을 허비하는 경우가 대부분이다. 그러나 이제는 바꿔보자. 수업과 교육에 대한 이야기로 시작해보자. 저절로 수업 이야기를 통한 학년 및 교과 협의회가 이뤄질 것이다.

❸ 수업 동아리: 학년이나 과목에 상관없이 수업에 대한 혁신 의지를 가지고 있는 교사들이 함께 모여서 고민을 나누고 연구를 하는 모임이다. 수업 공동체 중 가장 효과가 좋은 유형으로 형식적인 동호회와는 성격이 다르다. 나 역시 '학생활동 중심 수업을 독서에서 찾는 선생님들('학찾쌤')'이라고 이름을 짓고서, 수업에 대한 혁신 의지를 가지고 있는 교사들을 모아 동아리를 운영 중에 있다. 첫해에 시작했을 때는 5명으로 시작하였으나, 3년째 동아리를 이어오면서 올해는 16명으로 인원이 증가하여 운영 중에 있다. 꼭 수업에 대한 도서뿐 아니라 교사들의 생각과 사고에 도움을 줄 수 있는 다양한 종류의 도서를 선정하고 함께 책을 읽어보고 이야기를 나눔으로써 수업과 아이들을 대한 교사들의 자세에 대해 진지한 나눔을 실천하게 되었다.
그리고 동아리의 경우 많 수의 교사와 함께 하게 됨으로써, 다른 종류의 공동체와 달리 성공적으로 안착시키기 위해서 몇 가지 원칙을 정해놓은 것이 있다. 우선은 동아리 활동은 교사들의 자발성을 중시 여겨야 한다. 자발성이 있어야 형식적으로 흐르지 않고 내실을 다질 수 있다. 그리고 교사들이 모여서 함께 성장할 수 있도록 동아리 모임의 목적을 분명히 정해야 한다. 스스로의 성장을 위해 함께 모여서 이야기를 나누고 식사도 하고 회식을 해야 한다. 단지 수다를 떨기 위해서, 함께 식사도 하고 술자리를 가지기 위함이 아니라 관계를 형성하고 래포를 형성함으로써 공동체성을 함께 다질 수 있는 하나의 기회로 삼아야 하며, 이를 바탕으로 모두가 함께 성장하기 위한 목적을 분명히 가져야 한다. 물론 관계를 형성하기 전에는 사소한 이야기를 나누며 가지는 회식자리도 필요하다는 것에는 나 역시 매우 동의를 하고 있으며, 우리도 처음에는 그렇게 시작을 한 것 같다. 그리고 이를 위해서는 전문성을 갖춰야 한다. 수업 공동체가 다른 동아리와 차별성을 가질 수 있는 것은

바로 이 전문성이다. 전문성을 갖추기 위해서 함께 수업 노하우를 공유하고 상호 피드백 활동을 자유롭게 할 수 있는 공동체 문화를 형성해야 한다. 전문성 형성을 위해서는 함께 수업 고민을 나누고, 외부 전문가를 초빙할 수 있으며, 독서를 통해 전문성을 함께 형성할 수 있기 때문이다.

여러분은 신뢰라고 하면 다음의 두 개의 그림 중 어느 이미지가 먼저 떠오르나요?

물론 두 장의 그림 모두 신뢰하면 떠오르는 이미지로써, 대부분이 사람들은 이 두 장의 그림 중 하나의 이미지를 떠올렸을 것이다. 주변 사람들에게 물어본 결과, 많은 교사들이 오른쪽 그림처럼 함께 서로 믿으며 손을 잡고 같은 곳을 향해 나아가는 이미지를 많이 떠올리고 있었다. 아마 이 책을 읽고 있는 독자도 그러하지 않을까 조심스럽게 예상해본다.

그러나 교육 공동체 형성을 위한 교사들의 신뢰 회복은 왼쪽 그림과 같은 이미지가 아닐까? 높은 곳에서 뛰어내리는 나를 반드시 잡아 줄 것이라는 아빠에 대한 믿음으로 한 아이는 거침없이 높은 바위 위에서 자신의 몸을 아빠에게도 던진다. 우리 교사들에게 필요한 신뢰 회복이 바로 이러한 의미일 것 같다.

주변 교사를 믿고 나의 삶을 있는 그대로 내비칠 수 있는 신뢰, 힘들고 어렵게 버티며 교사로서의 삶을 살고 있는 그대로의 나를 위로해줄 거라는 신뢰를 바탕으로 나 자신을 동료 교사에게 그대로 던져버릴 수 있는 신뢰회복이 중요한 것 같다.

> 자기 자신을 알려거든 남이 하는 일을 주의해서 잘 살펴보아라. 다른 사람의 행동은 나의 거울이다. 또 다른 사람을 알려거든 특히 그 사람을 아껴 주어라. 또 그 사람을 이해하려거든 먼저 자기 마음속을 들여다보아라. 네가 남에게 바라고 싶은 것을 먼저 베풀어라
>
> – 시르렐

그리고 그러한 신뢰 회복을 위해서 내가 먼저 다른 교사들이 신뢰하고, 자신의 삶을 그래도 보여줄 수 있는 믿음을 주는 교사인지를 먼저 생각해보자. 당신은 주변 교사들에게 신뢰를 주는 교사인가요? 이 질문에 대한 각자의 답변이 교육 공동체 중심의 학교를 만드는 핵심 열쇠가 될 것이다.

이러한 신뢰 회복이 없는 공동체를 두고서 김태현(2016)은 '가면을 쓰고 있다'로 표현하였다. 시간을 정해 놓고, 모여서 책을 읽고 이야기를 나누고, 그 결과를 협의록을 남겨서 결재를 받으면서 자연스러운 공동체 활동이 아니라 행정적인 작업에 의한 인위적인 공동체가 꾸려지고 있다고 한다. 업무적 이야기가 오가고 간단한 말만 오간 채 서로 필요한 것만 이야기를 나누며 공동체의 시간을 아깝게 흘려보내고 있는 것이다.

우선은 공동체가 되기 위해서는 마음을 나누고 정서적인 변화를 일궈내는 과정이 필요하며, 이러한 과정을 통해 서로의 신뢰를 회복하는 것이 그 시작점이 되어야 한다.

사람이 모인다고, 교사가 모인다고 하여 교육 공동체, 학교 공동체가 되는 것은 아닌 것 같다. 함께 모여서 긴 시간동안 밥도 먹고, 술도 마시고, 차도 마시면서 자연스럽게 대화를 나누고, 서로 이해하고 알아가면서 서로에 대한 신뢰를 회복하며 천천히 더 천천히 느리게 더 느리게 만들어가야 하는 것이 교육 공동체인 것 같다.

1년의 교육 공동체 살이로 큰 변화를 이끌어 낼 수 없다. 큰 변화를 이끌어낼 수 있다는 생각자체가 잘못 된 것이다. 수백 번 넘어지고 또 넘어져야 비로소 걸을 수 있는 아이들처럼, 우리들의 교육 공동체도 수없이 넘어지고 넘어지면서, 서로에게 의지하고 신뢰할 수 있는 관계 형성이 필요하지 않을까 한다.

그냥 함께 하자. 아무런 사리사욕 없이, 서로를 알아가기 위해서,
서로에게 위로 받고 위로 해주는 존재가 되기 위해서,
서로를 신뢰하고 믿을 수 있는 존재가 되기 위해서 말이다.

CHAPTER

4

다이어트 하는 학교 만들기

(덜어내려고 노력하는 학교 만들기)

2015년 12월, 학년말 업무처리로 너무나도 바쁜 시기를 보내고 있는 중이었다. 교육청에서 공문이 내려와서 경북 내 초등학교 연구부장을 대상으로 1박2일 연수가 있으니 신청을 하라는 내용이었다.

저자는 또 이런 생각을 하게 되었다.

'뭐 매번 그 연수가 그 연수겠지. 뭐 들을 만 한 게 뭐 있기나 할까?'

솔직히 아내에게는 미안한 말이지만, 그 당시 2째가 태어나고 육아와 학교 업무, 이런 저런 일로 인해 너무 바쁘게 보내고 있던 터라 1박 2일 동안 잠깐 쉬자는 의미에서 연수를 신청하게 되었다. 그것도 토, 일 주말동안의 연수여서 휴식을 더 취할 수 있을 거라는 생각을 하였던 것 같다. 물론 아내에게는 반드시 가야하는 연수라고 거짓말 아닌 거짓말을 하면서 말이다.

연수 날 아침, 연수를 받으러 가면서 아내와 두 딸에게 조금은 미안한 마음이 들었지만 너무나도 심신이 피곤했던 시기라서 미안한 마음을 비우고, 잠깐의 꿀 맛 같은 휴식을 기대하며 연수 장에 들어가게 되었다.

하지만 이 날의 1박 2일 연수로 너무 많은 것을 알고, 충격을 받았다. 교사 생활에 함에 있어서 그동안 저자 혼자서만 열심히 아이들의 배움과 학습을 위해 연구해보고 실천해 본 뒤에, 주위 교사들에게 그에 대해 좋은 점을 함께 공유할 수 있는 기회를 제공하면 될 거라는 그동안의 생각이 매우 편협했음을 알게 되었다.

교사가 성장하기 위해서는 학교라는 울타리가 넓어져야 한다고 느꼈다. 교사는 계속해서 성장하고 있음에도 불구하고, 학교의 울타리가 그대로라면 그만큼 성장하는 교사를 학교는 받아들일 수 없게 되는 것이다. 교사가 성장하는 만큼 학교도 동반 성장해야 한다. 성장하는 교사가 더욱 마음껏 자신의 교육철학을 펼칠 수 있도록 학교는 울타리를 조금씩 넓혀 주면서 함께 성장을 해야 할 것이다.

이러한 학교 성장의 첫 걸음이 바로 덜어내기라는 사실을 이번 연수를 통해 알게 되었다. 2014년, 『교육과정에 돌직구를 던져라』라는 저서를 쓴 정성식 선생님의 연수를 직접 들으면서 종이가 아닌 아이들의 삶을 담고, 교사들의 삶을 담을 수 있는 교육과정을 만들어야 된다는 이야기를 들으면서 깊은 공감을 하고 있던 나였지만, 솔직히 어떠한 방법으로 삶이 녹아든 학교 교육과정을 만들 수 있을까 고민만을 계속 하고 있었다.

그런 저자에게 이번 연수는 약간의 해결 실마리를 제공해준 것 같았다. 전국적으로 혁신학교로 유명한 남한산 초등학교에서 근무를 했고, 현재는 4명의 자녀를 기르기 위해 고향으로 잠시 파견을 와서 근무를 하고 있는 한 선생님의 진솔한 이야기를 들으면서, 그렇게 하면 괜찮겠구나 라는 생각을 하게 되었고, 이러한 생각이 해결의 실마리가 되었던 것 같다.

물론 그 학교처럼 우리 학교의 모든 교사들이 함께 모여서 공동체를 형성하고, 교육을 위해, 아이들의 배움을 위해, 그리고 삶이 묻어날 수 있도록 학교 교육과정에 대해 함께 고민하고 이야기를 나눌 수 있는 상황은 아니었다. 아마 우리나라의 대부분의 학교가 우리 학교와 비슷한 상황일 것이라고 조심스럽게 예상해본다.

물론 1박 2일의 모든 내용이 저자에게 큰 도움이 되거나, 또 다른 생각의 여유를 제공해주지는 못하였지만 적어도 그 선생님과 만나서 이야기를 들어보는 그 시간만큼은 너무나도 행복했다. 그리고 이런 생각을 하게 되었다.

학교의 성장은 무엇인가를 더 하려고 하는 것이 아니라
무엇을 덜어내야 하냐에 대한 고민에서 시작되어야 한다.
우리들 학교에는 다이어트가 필요하니까

가족들에 대한 미안함으로 시작했던 짧았던 1박 2일 연수였지만, 연수 장을 나오는 순간에 머릿속에는 앞으로 어떻게 학교 교육과정을 함께 만들어 가면 좋을지에 대한 해결의 실마리가 조금은 담겨 있게 되었던 것 같다. 12월이어서 참으로 추운 겨울날이었는데, 연수 장을 들어갈 때 바라본 어제의 하늘과 연수 장을 나올 때 바라본 그날의 하늘이 왜 그토록 달리 보였을까?

그리고 그 다음 말, 학교에 출근을 하자마다 2015년에 만든 우리 학교 교육과정을 다시 살펴보기 시작하였다.

참으로 양이 많네 라는 생각을 제일 처음 하게 되었다. 왜 이리도 교육과 관련 없는 내용으로 꽉 꽉 채우면서 150쪽이 넘는 학교 교육과정을 만들었나 라는 자괴감이 들기도 하였다. 지난 우리 학교 교육과정에는 아이들의 교육에 대한 이야기는 들어있지 않고, 처음부터 끝까지 법적인 이야기, 업무적인 이야기, 그리고 수업 시수에 대한 이야기로 가득 차 있었다. 학교가 업무에 따라 운영이 되는 곳이 아니라, 교사, 학생에 의한 학년별 계획 및 교육 내용에 따라서 업무가 교육을 위해 보조하는 역할을 해야 하는 곳임에도 불구하고, 우리는 주객이 전도 된 채로, 교육이 아닌 업무를 중심으로 하여 교육과정 계획을 짜고 있었으며, 그에 따라 학년별 계획을 세우고 있었던 것이다. 더 많은 것을 넣어야 좋아 보일 것이라고 그때는 왜 그런 생각을 했을까?

그리고서는 무엇을 덜어내면 좋을까라는 고민을 시작하였다. 어떻게 될지 결과는 모르지만, 하지 않은 것 보다는 한 것이 좋으며, 시작하지 않은 것보다는 시작하는 것이 좋다는 생각으로. 말이다.

우리 학교 교육과정에서는 참으로 필요 없는 것들이 너무 많았다. 그리고 주변 학교의 교육과정도 함께 살펴보았다. 본 저자가 속한 교육지원청의 경우에는 교육지원청 홈페이지에 학교별 교육계획서를 탑재하라고 지시를 하고 있어서 어느 학교의 학교교육과정이라도 쉽게 살펴볼 수 있다. 다른 학교들도 별반 다르지 않은 상황임을 발견하게 되었다.

잠시 학교교육계획서 제출에 대해서 정성식(2015) 선생님의 이야기를 빌려오자면 다음과 같다.

> 학교는 neis와 정보공시시스템을 이용해서 교육과정을 운영하고 있다. 그리고 학교교육과정의 모든 내용을 시스템에 등록하여 대국민서비스까지 제공하고 있다. 그럼에도 불구하고 책자 형태의 학교 교육과정을 또 다시 만들어 내기 위해 이토록 공을 들이는 이유는 무엇일까?
> neis가 처음으로 도입될 당시 정부는 교육행정의 정보화를 통해 교육 생산성을 극대화하고 교원들의 업무를 경감시킬 수 있을 것이라고 말하였다.
> 하지만 이러한 의도와 달리 neis는 교원의 업무를 증대시켰고, 그 안에 들어있는 메뉴는 교사들의 짐으로 고스란히 남게 되었다. 본 저자 역시 매 학기말 성적 사정을 위해 연수를 준비하다보면 매년 neis 성적 처리 방법에 변화가 생긴다. 매 학교 연구부장은 이렇게 변화된 방법을 찾고 정리하느라 힘들어하고, 교사들은 이제 어느 정도 할 수 있겠구나라고 생각했던 성적처리 업무였는데, 또 다시 바뀌어서 힘들어 하는 경우를 아주 자주 보게 된다.
> 그러나 더 큰 문제는 neis가 도입되었지만 교육청의 교육과정 관련 행정에는 변화가 없다. 그래서 학교는 똑같은 내용을 시스템에도 입력하고 종이문서로도 만들어야 한다. 교육청에서는 책자 형태의 학교 교육과정을 별도로 요구하고 있으며, 이와 더불어 학교 요람이라고 하여 교육과정 요약서와 비슷한 책자도 요구하고 있다.
> 예를 들면 저자가 속한 교육 지원 청에서는 2017년 학교 교유과정을 2월 22일까지 제출하라고 지시가 내려져 있는 상황이다.

그러나 학교 교육과정은 법적인 장부도 아니었으며, 시도교육청의 교원업무경감계획에서는 종이문서와 함께 전자문서로 이중 관리되고 있는 학교장 장부를 전자문서로 단일화하여 업무 경감 및 예산 절감을 꾀하고자 한다라고 명시되어 있다.

그럼에도 불구하고 별도의 교육과정을 제출하라고
요구하는 것은 이러한 상황에 위배되는 것은 아닐까?

잠시 이야기가 다른 곳으로 새기는 했지만, 어쨌든 이야기의 골자는 교사의 성장, 학교의 성장을 위해 각 주체들이 열심히 노력하더라도, 이렇게 교육관련 상부(?) 기관의 행정 처리에는 변화가 없다는 것도 하나의 커다란 문제가 된다는 것을 말하고 싶었다. 아무리 학교에서 덜어내려고 하고, 빼려고 해도 상부기관의 변화된 모습 없이는 그렇게 빼고 덜어낸 부분에 다른 무언가가 또 다시 채워지게 될 것이기 때문이다.

하지만 상부기관은 우리가 어떻게 할 수 없다고 하지만, 우리들 교사, 학교는 우리가 함께 노력하면 성장할 수 있으며, 이에 따라 상부기관도 함께 성장하는 계기를 마련하게 될 것이라고 생각한다. 정성식 선생님의 학교 교육과정 책자 만들기와 관련된 많은 노력으로 몇 몇 해당 지원청 및 다른 몇 개의 지원청에서는 교육과정을 별도로 제출하지 않게 되었다는 소식을 접하게 되었으니 말이다. 우리 교사들이 성장하고, 학교가 성장하면 교육지원청, 교육청, 나아가서는 교육부에도 조금씩 성장의 모습이 보이지 않을까라는 희망찬 기대를 조금은 해보기도 한다.

그렇다면 다이어트를 하고자 하는 학교, 무언가를 더 덜어내려고 노력하는 학교를 만들기 위해 우리는 어떻게 해야 하는 것일까? 이에 대한 답을 얻기 위해서 다시 한 번 비슷한 질문을 해본다.

덜어내기 위해서 학교에서는 어떠한 노력을 해야 할까?

학교 성장에 대한 이야기가 교사 개인 차원에 그친다면 효과는 그리 크지 않다. 학교 성장이 이루어지려면 말 그대로 학교 차원의 성장이 필요하기 때문이다. 이러기 위해서 우선은 학교에서는 학교 성장이 바라는 지향점이 무엇인지에 대한 설정이 필요할 것이다.

눈으로 보이지 않는 생각은 얼마나 다르겠어요.

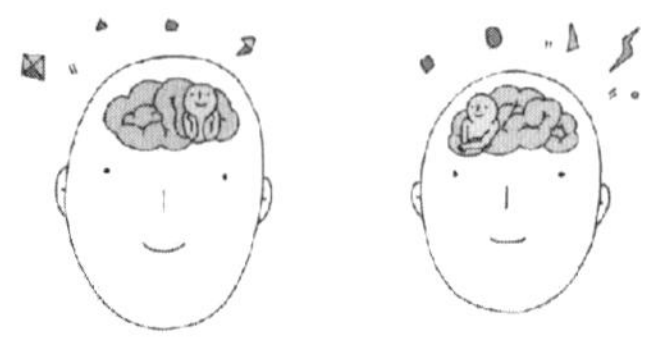

더 많은 이야기를 나누기 전에 한 가지 미리 말을 하고 싶은 것이 있다. 본 저자가 이 이야기를 통해 전하고자 하는 학교 성장은 교육과 배움이 중심이 될 수 있는 학교로의 변화를 그 지향점으로 두고 있기에 이에 대해서 이야기를 계속 이어나가도록 하겠다. 물론 이러한 저자의 이야기로 인해 기분이 상할 분도 있으리라 짐작한다. 다만 학교를 바라보는 시각에 있어서 이러한 다른 이야기도 있을 수 있구나 라는 차원에서 함께 저자의 이야기를 들어주기를 희망해본다. 저자 역시 나와는 다른 생각을 가진 교사들의 이야기를 들어주고, 인정해주고, 그들과 어떻게 하면 함께 학교 성장을 위해 서로의 생각을 조율해갈 수 있을지를 고민하면서, 하나의 공동체로써 모두가 함께 할 수 있는 그러한 시기가 오기를 바라기 때문이다.

교사라는 직업이 누군가를 항상 가르쳐야 하는 사람이라서 그런지 다른 사람의 말을, 특히 자신과는 다른 생각을 가진 사람의 말을 잘 듣지 않으려는 경향이 강한 것 같다. 저자와 한 집에서 함께 살고 있는 아내조차, 가끔씩 교육적인 의견 충돌을 하고 있으니, 하물며 다른 교사들은 어떠할까? 그래도 이제는 서로의 생각에 대한 고집과 아집에서 벗어나서, 서로의 생각이 틀림이 아니라 다름을 인정하고 함께 상생할 수 있는 길을 찾아보기를 바래본다. 이것이 앞서 말한 교육 공동체의 출발점이 아닐까 한다.

어쨌든 다시 원래의 이야기로 돌아오자. 학교의 성장을 위해서 이제부터 우리는 학교에 무엇인가를 더하여 추가하려 하는 것이 아니라 무엇을 덜어내고 빼야 하는지에 집중

해야 한다. 보통 연구학교, 시범학교가 형식적으로 흐르고, 실패하는 이유가 바로 이렇게 덜어내고 빼는 것이 아니라 무엇을 더해야 하는 지에 초점을 두고 있기 때문이었는지 모르니 말이다. 기존의 학교 모습은 그대로 둔 채, 새로운 정책에 맞는 프로그램을 추가하여 더하게 되면서 아이들에게는 또 다른 학습에 대한 부담감, 교사들에게는 기존 업무에 더해진 또 다른 업무에 대한 부담감이 가중될 수 밖 에 없기 때문이다.

전국적으로 좋은 학교라고 소문난 학교들은 공통적으로 학교 성장을 위해서는 더하는 것이 아니라 덜어내는 것에서부터 시작했음을 알 수 있었다. 이렇게 선생님들이 줄이거나 없애야 할 것들, 버리고 덜어내야 할 것들을 선정한 결과를 공통적으로 살펴보면 다음과 같았다.

- 각종 글짓기, 그림 그리기 대회
- 환경 미화 심사
- 강제적인 방과 후 학교 참여
- 교문 지도
- 두발, 복장 검사
- 베끼거나 다운받아서 내는 수업 지도안
- 연구수업 지도안
- 보고용 행사
- 잦는 학교 행사
- 전달 위주의 교직원 회의
- 교직원 협의회 시 돌리는 형식적인 문서 연수들
- 현재의 교원 평가제
- 결재 방법
- 교사들의 미술 실력을 보여주어야 하는 축제 전시회
- 의무 교육 이수를 위한 학생들의 단체 방송 수업

출처: 정성식(2014), 교육과정에 돌직구를 던져라.

흔히들 교육을 위해서, 학습을 위해, 삶을 담아내기 위해 학교 교육에서 덜어내고 뺄 것을 찾으며 구성해가는 학교라고 하면 혁신학교를 떠올릴지도 모르겠다. 그러나 본 저자는 혁신학교처럼 우리 학교를 변화시킬 생각도 없을 뿐 아니라 혁신학교의 변질된 모습에 실망이 매우 큰 지금이다. 잠시 본 이야기는 접어두고 혁신학교에 대한 이야기를 잠시 해보자.

혁신학교는 공교육 정상화를 목적으로 추진된 정책 중의 하나이다. 2009년 경기도교육청에서 처음으로 시작된 이후 2016년 3월에는 경기도에서만 403개 교가 운영되었다. 또한 경기도 이외에 서울, 광주, 강원, 전북, 전남 등으로 확산되고 있다. 이처럼 혁신학교가 주목받는 이유는 그간의 정부 위주의 정책으로 톱다운 방식으로 이루어지던 대부분의 학교 정책과 달리, 혁신 학교는 교육 주체들이 아래로부터 자발적인 참여를 도모한 다운업 방식으로 이루어진 교육을 위한 정책이었기 때문이다(유주영, 유성상, 김진아, 권순정, 2016)

하지만 교육청에서 혁신학교를 지정하는 것 자체가 톱다운 방식은 아닐까?

혁신학교의 철학과 가치, 그들의 교육에 대한 고민과 나눔으로 인해 학교가 성장을 했으며, 교육을 위해서 그들이 했던 결과 부분에 대해서는 저자도 인정을 한다. 물론 제대로 된 교육을 위해서 혁신학교가 시작되었을 모르지만, 교육청에서 자체에서 혁신학교를 지정·운영하게 됨으로써 점차 그러한 정신도 변질되지 않았을까 걱정되어 진다.

혁신학교에 근무하고 있는 교사들은 어쩌면 동의하지 않을지도 모르겠다. 그러나 본 저자가 지금까지, 그리고 앞으로도 계속해서 이야기하고자 하는 것은 학교 혁신이 아닌 학교의 성장이다. 혁신도 이러해야 하지 않을까한다. 조금씩 그리고 천천히 학교에 녹아들게 만들고, 교사들에게 가랑비에 옷이 젖듯이 저절로 스며들도록 혁신이 이뤄져야 할 것이다. 그것이 학교의 성장이니 말이다.

혁신학교를 하는 것은 어찌 보면 학교 성장을 이루기 위한 하나의 지름길일 수도 있을 것 같다. 이와 관련되어서 이미 많은 인프라가 구축되어 있고, 그 효과성 측면에서도 어느 정도 인정받았으며, 다양한 자료도 이미 충분히 구비되어 있기 때문에 실패하지 않고 혁신, 혹은 성장을 이룰 수 있는 지름길이 될 수 있을 것 같다.

발레에는 지름길이 없다.
가장 빠른 길은 발레를 위한 발레에 사용되는 근육을 키우는 것뿐이다.
섣부른 욕심은 오히려 몸을 상하게 한다.

저자가 다니는 교회에 학창 시절부터 발레 전공하던 동생을 알게 되었고, 저자의 딸에게도 발레를 시켜볼까 고민을 하고 있던 차에 그 동생에게 어떻게 하면 발레를 쉽게 그리고 빠르게 배울 수 있는지 궁금해서 물어보게 되었다. 이런 질문에 그 동생은 발레를 배우면서 선생님들에게 위와 같은 말을 자주 들었다고 말을 해주었다. 섣부르게 욕심을 부리다보면 몸이 상하게 되니, 발레에 필요한 근육을 키우는 길이 우선 중요하다고 말이다.

학교 혁신 또한 그러해야 할 것 같다. 혁신이라는 말을 사용하게 되면서 학교는 꼭 변화되어야 하고, 지금이라도 당장 무언가를 바꾸어야 한다고 생각을 하게 되는 것 같다. 그러나 학교 성장에는 지름길은 없다. 학교혁신도 그러한 지름길이 될 수 없을 것이다. 혹, 지름길이 될 수 있다고 할 수도 있다. 그러나 그렇게나 추구하던 변화, 혁신으로 인해 제 풀에 제가 꺾일지도 모르며, 교사들은 소진과 탈진을 겪게 될지도 모르는 일이다. 교사는 힘들어서 아우성치는데, 학교만 혁신한다고 하여 과연 학교가 성장되는 것일까? 앞서서도 말을 했지만, 교사의 성장이 뒷받침되어야 학교의 성장도 이룰 수 있는 것이다.

건강이 최고라는 말을 한다. 그렇다면 학교 조직도 건강한 조직이 최고인 것 같다. 조금은 느리더라도, 조금은 정도를 걷더라도, 조금은 돌아가더라도 그 움직임과 행보가 조금 느려보일지 모르지만, 그러한 느림으로 주변을 더욱 챙기게 되고, 주변을 더 살펴보게 되며, 더욱 건강한 상태로 학교가 성장하게 될지도 모르니 말이다.

이쯤에서 본 저자의 학교 이야기를 잠깐 하고자 한다. 우리 학교는 혁신학교 아니고, 뛰어난 능력으로 승진을 꿈꾸는 교사들이 모이는 학교도 아니며, 한 해에 4명의 교사가 정년 혹은 명예퇴직을 하는 학교이다. 어떠한 학교인지 짐작이 갈 것이다. 거기에다 47학급의 대규모 학교이다 보니, 그저 교실에서 조용히 혼자서 아이들과 수업하고, 자신의 시간을 가지길 원하는 교사들이 모여 있는, 고여 있는 우물 같은 학교라고 할 수 있다. 그러한 학교에서 본 저자은 이러한 일을 저질렀다. 아주 조금씩 성장하기를 바라면서 말이다.

저자 역시 학교를 학생 중심으로 변화시키기 위하여 많은 용기를 내었으며, 가장 먼저 한 것이 학교교육과정을 다시 살펴보는 일이었다. 정말 불필요한 것들이 대부분이었다. 150쪽에 달하는 교육계획에서 아이들의 이야기가 들어간 부분은 10쪽도 찾을 수 없었으며, 140쪽에 달하는 거의 모든 내용이 업무 및 교육법에 대한 내용이었다. 저자는 학교교육과정에서 덜어내어야 할 것들이 너무 많다는 것을 알게 되었다. 무엇을 어떻게 덜어내어야 할지, 국가교육법을 따라야하는 공무원으로써, 법에 반하지 않으면서도, 교사들의 책무성과 자율성을 살리면서도, 우리 학교만의 교육을 실천할 수 있도록 학교 교육과정을 어떻게 만들면 될지 고민을 하게 되었다. 이러한 고민을 하던 도중, 나와 같은 고민을 이미 하고 있던 교사가 있음을 알게 되었다. 나는 그 교사를 2015년 2월, 연수원에서 실시한 수업 전문가들의 연수에서 만날 수 있었다. 지금 생각해보아도 그 연수는 나에게 한 줄기 빛을 보여준 그리고 앞으로 학교 교육이 나아가야할 방향을 제시해준 매우 뜻깊은 연수였다. 지금껏 매년 120시간 이상의 연수를 계속 받고 있지만 이처럼 나에게 큰 감명을 준 연수는 없었던 것 같다.

우리 학교도 역시 저자가 제일 처음 연구부장을 맡은 2012년, 이전 연구부장은 나에게 2011년 학교교육계획서 파일을 주면서 날짜, 선생님들 성함 등을 고쳐서 그대로 사용하면 된다고 하였다. 이때 받은 교육계획서 쪽수가 표지를 포함하여 163쪽이었다. 47학급이나 되는 대규모 학교 연구부장을 처음으로 맡으면서 그래도 조금은 이전과는 다른 교육을 계획하고 싶어서 학교교육계획서를 처음부터 천천히 읽어보기로 하였다.
이러한 시점에서 알게 된 것이 또한 100대 교육과정이었다. 학교교육계획서를 작성할 때 고려해야 하는 것이 100대교육과정이라고 어느 선배의 말을 듣게 되었다. 교육계획서를 작성할 때 제목부터 내용까지 보고서 작성에 도움이 될 수 있도록 작성하면 후에 100대 교육과정 보고서 작성을 할 때 조금이나마 더 도움이 될 거라는 조언을 들었다. 나는 이러한 조언에 아무런 생각없이 그렇게 해야 되는 구나라고 여기고, 우리 학교 교육과정에서 덜어내어야 할 것을 찾아보기 보다는, 어떻게 하면 조금 더 세련된 제목을 붙이고, 내용들을 보고서 작성에 편하도록 3개 정도의 소주제를 묶을 수 있는지를 고민하였다. 어떠한 내용들을 범주화하고 분류하여 어떠한 주제를 정하면 좋을지를 고민하였고, 업무를 중심으로 모든 고민을 하게 되었다. 이 얼마나 어리석은 짓이었는지를 필자는 그로부터 2년이라는 시간이 흘러서 알게 되었다. 무려 2년 동안이나 100대 교육과정 보고서 작성에 유리한 학교교육만을 생각하고 있었던 것이다. 물론 다른 학교보다 우수한 것도 없고, 내세울 것도 없지만 그래도 전근을 가시는 선생님들에게 조금이나마 위로가 될 수 있도록 집단점수를 주기 위한 목적으로 열심히 노력하였다. 그 결과 크게 내세울 것이 없는 교육내용이었지만 경북지역에서 우수상을 수상할 수 있었다.

그래도 어느 정도 성과를 얻었고, 교사들에게 집단 점수를 줄 수 있었다는 이러한 기쁨(?)도 잠시, 나는 겨울 연수를 통해 많은 생각과 깊은 반성과 성찰을 하게 되었다.

과연 나는 무엇 때문에 그토록 열심히 보고서를 작성하였는가?
과연 나는 무엇 때문에 학교 교육과정 만들었는가?

그동안 학교를 학생이 중심이 될 수 있고, 배움과 교육이 중심이 될 수 있고, 학생과 교사의 삶이 중심이 되도록 바라보지 못하고, 그저 업무 중심으로 바라본 자신을 발견하게 되었다. 학교는 학생을 위해 존재해야 하며, 학생들의 교육과 배움에 도움을 주기 위해서 필요한 업무들이 그에 따라서 계획되고 진행되어야 함에도 불구하고, 그동안 대부분의 학교에서는 이를 무시한 채 업무 중심의 학교를 만들어가고 있었던 것이다. 단지, 100대 교육과정을 위해서 말이다. 학교의 집단 점수를 받겠다는 일념 하나로 말이다.

물론 이러한 과정을 통해 얻은 것이 전혀 없는 것은 아니었다. 몇 몇의 선생님들과 함께 작업을 하면서 이렇게 함께 한다면 더 큰 일도 할 수 있겠구나 라는 생각을 하게 되었고, 용기도 얻게 되었다. 매년, 매번 혼자서 노력하고 반성하는 것에 지쳐 있던 저자에게 함께 한다면 더 나아갈 수 있겠구나 라는 것을 알게 해주었다. 이것이 동 학년 학습 공동체의 시작점이었던 것 같다. 이때 함께 했던 선생님들이 모두 2016학년도에 동 학년으로 구성되었고, 학습 공동체를 형성하여 함께 수업을 나누고, 교육과정을 재구성하고, 주제 중심 프로젝트 학습을 운영할 수 있게 되었다[5].

교사는 교육과정을 만들어가야 한다고 한다. 하지만 이 말이 업무 중심의 교육과정을 만들어가야 한다는 말은 아닐 것이라는 생각을 하게 되었다. 아이들을 위한 교육과정이 아니라 학교 기관 평가에서 우수한 등급을 받기 위해 교육과정을 계획하고, 1년 내내 이것을 목적으로 하여 하나씩 더 많은 것을 보여주기 위해 만들어가는 교육계획과 교육과정이 되어서는 안 된다. 만들어가는 교육과정이란 이러한 의미가 아닐 것이다. 이를 위해 우선은 학교교육과정에서 덜어내어야 하는 것이 무엇인지, 그리고 묶어낼 것은 무엇인지를 찾아보는 작업이 필요하였다.

2015년 12월, 연수를 들은 후, 우리 학교 교육계획서도 하나씩 다시 들쳐보기 시작하였다. 정말 우리 학교교육계획서에서 버려야 할 것들이 너무 많다는 것을 알게 되었다. 우리 학교 선생님들 모두와 함께 모여서 이야기를 나누며 덜어내어야 할 것과 묶어야 할 것을 찾아보는 것이 맞지만, 시기 상 우선은 주변 친한 동료교사들과 함께 작업을 해보기로 하였다. 이러한 작업 결과가 당장 2016학년도부터 적용이 되지 못하더라도, 이것

5) 이에 대한 자세한 내용은 본 저자의 저서인 학생 바보 교사의 용기를 참고하면 알 수 있다.

이 하나의 시작점이 되어서 2017학년도에는 더욱 성장된 모습으로 발전되어서 적용되면 되니까 말이다. 학교교육의 성장은, 성장이라는 것이 다들 그렇듯이, 단 기간에 이루어질 수 없는 것이며, 조금 씩 조금 씩 한 걸음 한 걸음씩 성장해가는 노력이 필요했기 때문이다.

이러한 과정을 거치면서 우리 학교, 특히 공동체를 중심으로 하여 함께 나누었던 이야기를 다음과 같이 정리하면서 이번장에서의 마지막 이야기 전하고자 한다.

기존 수업 공개는 수업 장학이라는 패러다임 안에서 정답을 제시하고, 그 기준에 따라 수업이 진행이 되는지 확인을 하는 것이었다. 이로 인해 많은 선생님들은 수업 장학에 대한 비판의 목소리를 높이고 있다.
이제는 정답을 제시하는 수업 장학이 아닐, 교사 스스로 해답을 찾아가는 수업 코칭으로 전환이 되어야 한다. 교사가 스스로 자기 수업을 들여다보고, 진지하게 성찰하고 함께 솔직하게 수업 고민을 털어놓을 수 있는 학교 문화를 만들어갈 수 있도록 학교 차원에서도 노력해야 한다.
이러한 면에서 교사 연수 또한 그동안의 강의식 연수, 수합 사례 소개 식 연수 등에서도 벗어나야 한다. 이러한 방법은 지식 전달에는 효과적일지 모르지만 실제 학교 현장에서 실천으로 이어지기 어렵기 때문이다. 그래서 교사 연수 역시 스스로 해답을 찾아가는 방식으로 이뤄져야 한다. 예를 들면 독서 스터디 식 연수, 수업 공개 식 연수, 수업 코칭 식 연수가 있을 것 같다.
또한 교원 능력개발평가 역시 마찬가지이다. 교원 평가제도 결과가 수업 성장으로 이어지는 경우가 매우 극히 드물며, 교원 평가의 경우 서로 부정적인 평가를 하지 않는 경향이 강하며, 특별한 경우가 아니면 대부분 좋음 혹은 매우 좋음으로 일관되도록 체크한다. 바쁜 업무로 인해 서로의 수업을 꼼꼼히 살펴보거나 평가할 여유가 없으며, 학교 문화가 그러하기 때문이다.
이제는 수업 성장을 위해서 교원능력개발평가에서 벗어나 자발적인 수업 평가 받기 운동이 실시되면 좋을 것 같다. 교사가 자유롭게 좋은 점, 아쉬운 점, 하고 싶은 말 등을 기술하게 함으로써 교사들 스스로 자신의 수업을 성찰하고 성장과 발전의 기회로 삼을 수 있도록 말이다.
그동안 학교는 행정이 중심이 되었다. 이제는 학교에서는 과감하게 행정 업무를 줄여나가야 한다. 수업과 관련된 것과 아닌 것으로 구분 짓고, 아이들의 배움과 수업을 위한 것이 아니라면 과감하게 없애거나 재구조화하는 노력이 필요하다. 학교 교무 조직에서도 담임교사는 수업과 생활지도에 전념할 수 있도록 하고, 나머지 행정 업는 부장 교사 및 담임 이외의 교사가 담당하도록 업무분장을 해야 할 것이다. 실제 경기도 혁신학교에서는 공문 및 행정 처리 업무 교사가 따로 있으며, 이들의 주당 수업 시수는 10시간 미만이라고 한다. 수업과 생활지도 업무에 집중하는 교사들과 행정 업무를 전담하여 운영하는 교사들로 이원화하거나, 혹은 생활지도 업무를 하나의 업무 팀으로 만들어서 삼원 화하는 방법이 있다.

학교 자체에서 교육과정 자율화를 확대하고, 교사와 학생의 선택권이 확대되어야 한다. 학교 차원에서 지역 사회의 특성과 학생들의 수준을 고려하여 자율적으로 교육과정을 운영하되, 입시 위주의 파행적 교유과정 운영이 되지 않도록 교육 제도적인 측면에서 보완 장치를 마련해야 한다. 그리고 학생들은 자신의 관심과 진로에 맞게 과목을 선택하여 수강할 수 있도록 해야 한다.

기존의 과목별 공통적으로 출제하던 평가방법에서 벗어나서 교사나 학급별로 그들의 필요와 요구에 따라 평가를 실시하는 방법으로 변화를 해야 한다. 교사 혹은 학급 별로 평가 계획을 세우고 실시한다면, 교육과정 운영에 있어서 교사들의 자율권이 실질적으로 부여되는 방법이 될 것이며, 더 나아가서는 교육과정에 대한 교사들의 전문성을 높여줄 수 있을 것이다.

수업 성장을 도와주는 전문 기관 설립이 요구된다. 수업 성장과 관련된 연구 기관으로는 한국교육과정평가원, 한국교육개발원, 한국교육학술정보원등이 있으며, 시도 교육청 단위에서는 교육연구원등이 있다. 이들은 모두 관이 주도하는 곳으로 책임자가 바뀔 때마다 정책이 달라지며, 좋은 수업 혁신 콘텐츠도 형식화되고 변질될 가능성이 높다. 이에 이러한 관 주도형 기관과 함께 민간 주도형 기관이 함께 이원화 되는 방향도 찾아볼 수 있다. 수업 장학 측면은 관이 주도하고, 수업 컨설팅이나 수업 코칭과 같은 지원 활동은 민간 주도형으로 이원화된다면 좋은 해결 방안이 될 것으로 생각된다.

그리고 수업 성장을 위해 가장 중요한 것은 사람이다. 이를 위해 수업 성장을 위해 유능한 교사들을 선발하여, 이러한 수업 혁신 전문 기관에서 파견 근무할 기회를 부여하는 것도 좋은 방안이 될 것이다.

우리나라의 교육 행정 조직은 교육부, 시도교육청, 교육 지원 청, 그리고 단위 학교 등 4단계 운영이 된다. 그리고 이들은 지원적인 측면에서가 아니라 위계 단계의 의미가 더욱 강하다. 이로 인해 교사들은 과도한 행정업무에 시달리게 된다. 어느 행정 조직이든 존재성을 확인하기 위해서 다양한 방법을 추진할 수밖에 없기 때문이다. 그러므로 현행 교육 행정 기관의 단계를 줄이고 관계도 지원 구조로 전환해야 한다.

현재 교육 지원 청을 학교 활동, 수업 활동을 위한 지원 기관으로 전환시키고, 학교의 교육과정 운영 자율성을 높일 수 있도록 지원하는 학교지원센터 설립이 필요하다. 학교지원센터는 교수학습 지원 센터, 학교컨설팅센터, 교사연수기관, 지역사회협력센터, 교수학습 자료 센터, 수업컨설팅센터 등의 역할을 복합적으로 수행하게 된다. 즉, 학교지원센터는 단위 학교의 상급 기관이 아니라, 학교 활동을 지원하고 도와주는 역할을 수행하는 곳이라고 할 수 있다.

교실 붕괴, 수업 붕괴, 학교 붕괴를 해결할 수 있는 방안은 교육 공동체와 함께 학교가 성장하는 것이다. 그리고 그러한 성장은 무엇인가를 더하거나 추가하는 것이 아니라 교육적이지 못한 것, 배움과 관련 없는 것, 교사와 학생들의 삶의 모습이 담기지 못하는 일회성의 행사를 포함하는 톱다운 방식으로 운영되는 교육 정책 및 프로그램, 그리고 업무 중심의 학교 운영 등을 빼거나 덜어내는 것에서 시작해야 한다. 성장의 첫 시작은 내려놓음이라는 것을 다시 깨닫게 된다.

이번 장에서는 마지막으로 하나만 더 물어보겠다.

세상에서 제일 빨리 자라는
나무는 무엇일까?

그런 바로 대나무이다. 물론 대나무는 식물학적으로 풀로 분류되기는 하지만 그래도 가장 빠르게 자라는 나무(풀?)이다. 그렇다면 대나무는 어떻게 해서 이렇게 빠르게 자랄 수 있을까?

그러나 대나무를 살펴보면 죽순이 나고서, 5년 동안 자라지를 않는 것을 발견하게 된다. 아무리 물을 주고 거름을 주고, 또 물을 주고 거름을 주어도 어떤 조그만 변화도 없다. 그렇다고 해서 물을 주지 않고 거름을 주지 않으면 죽어버린다. 그렇게 자라지 않던 대나무에게 물과 거름을 열심히 주다보면 5년이 되는 날부터 자라기 시작하며, 한 달에 30m까지 성장하게 된다.

대나무의 죽순처럼 아무것도 보이지 않고, 성장하지 않는 것처럼 보이기도 하지만, 믿음과 희망을 가지고 물과 거름을 주는 인내와 인고의 시간을 지내고 나면 한 달에 30m나 자라나는 대나무처럼 엄청난 결과를 가져올 수도 있을 것이다.

우리들의 학교 성장도 이러하지 않을까 생각한다. 당장은 덜어내는 일, 공동체를 형성하는 일, 교육과 배움을 위한 우리들의 갖은 노력들이 학교에는 아무런 변화도 일으키지 못하는 것처럼 보이일지 모르고, 학교의 성장에 아무런 도움이 되지 않는 것처럼 보일지 몰라도, 계속해서 물과 거름을 주며 인내하고 인고하는 시간을 거치면 어느 순간엔가 불쑥 성장해있는 교사로서의 자신의 모습과, 학교의 성장된 모습을 발견할지도 모르니 말이다.

조그마한 실패를 구실 삼아 다시 시도하려고 하지 않는다. 우리 사람들이 가장 잘하는 심리가 하나 있다.

'자기 합리화'

자기합리화의 벽에 빠져버리면 스스로 잘못하고 있는지도 모른다. 그래서 나는 자기합리화가 자기개발이나 성공의 개념과 반대라고 생각한다. 마치 내가 그럴 수 밖 에 없음이 당연한 것처럼 스스로 포장해서는 안 된다. 잘못한 것이 있으면 떳떳하게 인정을 해야 한다. 설령 내가 의도는 좋았을지 몰라도 나로 인해서 결과가 나빠졌다면 그것도 내 책임으로 돌릴 수 있는 마음이 필요하다.
남녀간에 헤어지면 결국 두 사람모두 문제가 있는 것이다. 그러나 꼭 남자는 여자를 탓하고 여자는 남자를 탓하게 된다.
부부간에도 자신의 잘못에 대해서는 인정하지 않고 상대방의 ○○ 때문에 이혼할 수 밖 에 없었다고 자기주장을 하곤 한다. 그러나 그것은 결국 자기합리화밖에 되지 않기에 그것을 그만해야 한다.
그 마음은 인간의 의지를 자꾸 나약하게 만들기 때문이다.

어쩌면 우리들 학교가 성장하지 못하고, 교사로서 성장하지 못하고 있었던 것은 이러한 자기 합리화 때문은 아니었을까? 변하지 못한다고, 어차피 안 될 거라고, 아무것도 하지 못할 거라고, 누군가의 책임이라고, 상부기관이 변화하지 못하고 수능이 변하지 않으면 안 된다고, 우리들은 수도 없이 많은 자기 합리화를 하고 있던 것은 아니었을까?

CHAPTER

5

수업 코칭 중심의 학교 만들기

(형식적 연수에서 벗어난 유의미한 연수)

2012년 싱가폴 탐방 시, 협동학습을 잘 실천하는 고등학교 교사를 만났고 그 교사는 협동학습을 실천한지 2년차라는 말을 듣게 되었다. 2년차 교사로서 할 수 있는 수업이 아니라고 생각을 하였고, 어떻게 그렇게 실천을 할 수 있었냐는 질문에 해당학교 교감선생님은 이렇게 답을 하였다.

"협동학습 전문가를 초청하여 전체 연수를 실시하고, 그 중에서 자질이 갖추어진 다섯 명의 교사들을 희망자 중심으로 선발하여 전문가에게 수업 코칭을 집중적으로 받았기 때문입니다."

김현섭(2013)은 '수업을 바꾸다'라는 저서를 통해 위와 같은 경험을 밝히고 있었다.

위의 글에서 상상되어지는 싱가폴의 연수와 달리 현재 우리나라에서는 정답을 제시하는 연역적인 방법으로 수업 공개 및 수업 평가가 이루어지고 있다. 이 때문에 다양한 형태로 이루어지는 질 높은 교사 연수를 위해 많은 노력을 기울이고 있음에도 불구하고, 교사의 유의미한 성장에 큰 영향을 미치지 못하는 것인지도 모르겠다.

우리는 교사의 수업 능력을 향상시키기 위해서 다양한 형태의 수업 공개 및 교사 연수를 실시하고 있다. 그러나 실제적으로는 학교 평가를 위해 형식상 실적 남기기에 불과한 경우가 많으며, 이것마저도 평가의 방식을 따르고 있는 것이 사실이다.

또한, 실제로 현장에서 교사들은 다양한 연수를 받고 있지만, 교사들은 연수를 통해 새로운 콘텐츠를 배우더라도 교실 속에서 실제 적용해보는 경험, 그리고 그것을 바탕으로 다채로운 시행착오를 겪으며 자신의 것으로 만들어가는 과정을 거치지 못하는 경우가 대부분이다. 이로 인해 교사 연수가 실제 교사의 교실 수업 개선 및 실천으로 연결되지 못하는 것 또한 부끄러운 우리들의 모습이며, 그것이 팩트이다.

우리나라의 교사 연수는 교원 및 교육전문직을 대상으로 다양하게 운영되고 있으며, 주관하는 주체에 따라 기관중심, 학교중심, 개인중심의 연수로 구분될 수 있다. 그리고 연수성격에 따라 자격연수, 직무연수, 특별연수, 자체연수, 자율연수 등으로 구분되어 질 수 있으며, 이를 유형화하면 아래와 같다.

형태 / 종류	기관중심	학교중심	개인중심
자격연수	○		
직무연수	○		
특별연수	○		
자체연수		○	
자율연수			○

출처: 김정희, 강용원(2003). p. 405

그동안 학교교사 연수에 대한 문제점으로 지적되어 온 내용을 정리하면, 연수체제의 경직성, 연수기간 간의 기능 및 역할 중복, 연수제도의 형식적 운영, 연수에 대한 교원의 열의 부족, 연수전담 인력 부족, 출석수업 중심체제로 인한 연수기회 확대 제한, 연수내용과 학교현장의 요구와의 괴리, 전통적 교수·학습방법, 연수기관의 여건 미흡, 연수결과의 낮은 현장 활용도 등이 제시되었다(김정희, 강용원, 2003). 이렇게 많이 제기된 문제점 중에서도 본 저자는 학교현장의 요구와의 괴리, 낮은 현장 활용도가 가장 큰 문제점이라고 제기하고 싶다.

교사연수의 목적은 무엇인가? 그것은 바로

교원의 전문성을 제고시켜서 공교육의 신뢰를 제고시키는 것이다.

즉, 연수를 통해 교사들의 전문성을 신장시키고, 이를 바탕으로 하여 공교육에 대한 신뢰성을 높이기 위하여 교사 연수를 실시하고 있는 것이다. 이를 위해서는 연수를 통해 새롭게 배우고 학습하게 된 내용을 교실에 적용해 보면서 각자의 교실에 적합한 새로운 교수·학습법을 스스로 찾아가는 과정이 필요하다.

그러나 현실은 어떠한가?

앞에서도 언급을 했듯이, 현재의 교사 연수 체제는 집합연수이든 온라인 연수이든 모두 연수기간 동안 일회성의 연수로 종료가 됨으로써, 연수기간 중의 학습과 배움이 실제 현장에 적용되는 데는 큰 격차를 보이고 있다(김진규, 2011).

실제로 교수-학습 방법 개선, 교실수업 개선, 교실수업 혁신은 지금껏 실천해오던, 일회성의 연수, 하나의 정답으로 몰아가려 하는 연역적인 연수 방법으로는 실현될 수 없는 것이다. 우리는 수업과 배움 중심의 학교를 만들기 위해, 혹은 교실 수업 개선 및 혁신을 위해 수업 장학, 수업 평가, 수업 비평, 배움의 공동체, 수업 컨설팅 등 다양한 방식의 수업 개선 활동이 이루어져 왔다.

그러나 위에서 제시하는 방법들 또한, 그 정도에서의 차이가 있기는 하지만, 대부분이 교사를 수업 성장의 주체로 여기지 않고 있으며, 교사는 수업을 개선하고 혁신을 이끌어내기 위해 변화되어져야 하는 객체로서 인식되고 있다는 문제점을 가지고 있다. 이것이 바로 현장 적용도가 떨어지게 되었던 가장 큰 원인이기도 하다.

그래서 김진규(2011)는 교사 학습공동체를 활용한 현장적용형 혼합학습 교사 연수 모형을 제시하기도 하였다. 그가 제시한 연수 모형은 다음의 그림과 같았다.

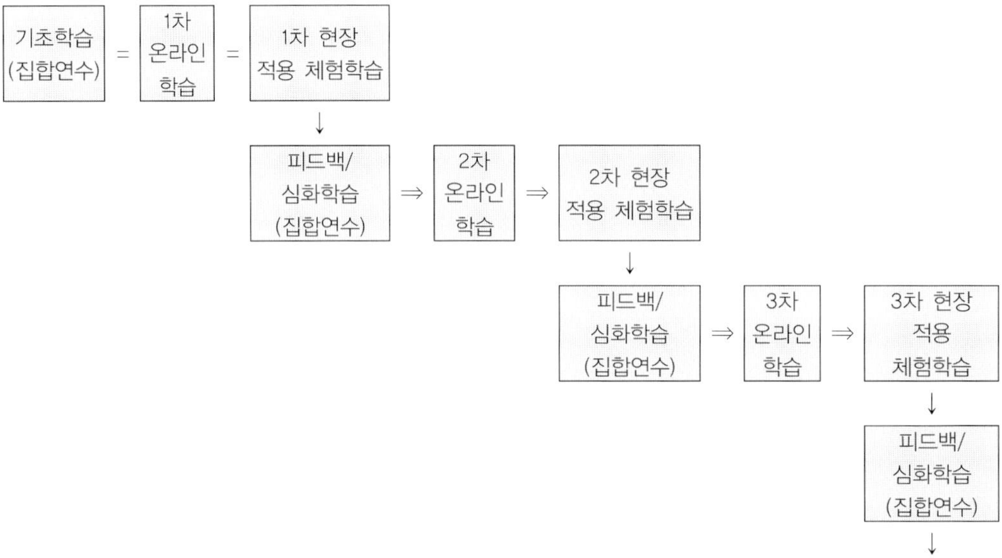

출처: 김진규(2011), p.44

물론 본 저자는 이번 장의 이야기를 통해 어떠한 연수 모형을 제시하고자 하는 것은 아니다. 다만 위에서 제시한 모형을 살펴보면 기존의 연수와는 확연히 다른 점이 하나 있다는 사실을 발견하게 된다. 그건 바로 일회성의 연수로 끝이 나는 것이 아니라 과제의 성격에 따라 주기적 순환과정을 거치는 연수라는 점이다. 또한 한 주기에서도 기초학습과 온라인 학습 후 직접 현장 적용을 한 후 다시 피드백과 심화학습을 거치는 단계가 추가적으로 운영된다.

즉, 학교현장과 지속적으로 연계되어 학습 내용이 교실현장에 어떻게 적용되고 있는지를 일정 기간이 지난 후 다시 오프라인으로 만나서 함께 이야기를 나누고, 성찰하며 서로 피드백을 주고받는 시간이 마련된다고 할 수 있다. 그리고 여기서 끝이 나는 것이 아니라, 피드백을 통해 또 다른 심화 학습 과제를 부여받고, 이것으로 인해 또 다른 연수를 지속적으로 실천하는 순환과정을 병행하게 된다. 위 연수의 단계별 주요 특징에 대하여 김진규(2011)는 다음과 같이 정리하고 있다.

활동단계	주요 특징	이해당사자
기초학습	핵심적인 지식, 기술, 태도 학습 전체 연구과정과 일정 소개 학습공동체 구축안내	연수운영자
	학습 공동체 구축	연수생
온라인 학습	온라인 학습과제 탑재	연수운영자
	탑재된 학습과제 학습활동	연수생
	연수생의 질의에 대한 응답	내용전문가
현작적용 체험학습	학습한 내용 현장 적용하여 체험학습 현장 적용결과 및 요약 온라인 탑재	연수생
	현장 적용결과에 대한 오프라인 상호 토의	연수생
피드백/ 심화학습	현장 적용결과에 대한 전문가 논평 후속 심화학습과제에 대한 소개	내용전문가

출처: 김진규(2011), p.49

이렇게 교사공동체를 활용한 혼합형 연수 모형에 대한 단계별 특징을 제시하는 이유는 이러한 연수 모형이 있으며, 이렇게 운영되는 연수는 어떻게 이뤄지는지 그 예를 보여주기 위함이다. 이에 각 활동에 대한 자세한 내용 안내는 생략하겠다.

다만, 위의 연수 모형은 학습 공동체 구축을 중요시 여기고 있으며, 연수 내용에 대한 현장 활용도를 높이고자 현장적용 체험학습 단계가 포함되어 있다는 사실에 주목하면 좋을 것 같다. 이러한 연수가 적용이 된다면, 개인역량 강화에 치중하던 그동안의 교사 연수에서 탈피하여 공동체라는 조직역량 강화로 전환이 되면서 집단지성을 높일 수 있는 방안도 될 수 있을 것으로 판단된다. 그리고 일회성 단기 집중형이었던 그동안의 교사 연수에서 탈피하여 연수기관과 현장이 서로 연계되는 장기 분산형 연수체제가 새롭게 형성될 것으로 기대되어진다(김진규, 2011).

이러한 의도에서 이러한 새롭게 대두되고 있는 연수모형이 있음을 알아주었으면 한다.

교사 연수의 목적이라고 할 수 있는 교사 전문성 신장은 다른 말로 표현하자면 교실 수업 성장이라고 할 수 있을 것 같다. 이러한 교실 수업 성장은 그 누구도 아닌 교사들 자신에게 답이 있는 것이다. 최근 교사의 수업 성장의 측면에서 크게 대두되고 있는 것이 바로 수업 코칭이라고 할 수 있다(신을진, 2015).

수업 코칭은 수업 문제를 귀납적으로 접근하게 하며, 자기 수업 성찰을 통해 스스로 수업에 대한 자신만의 답을 찾아가는 과정을 강조한다.

수업 코칭 원리는 자발성, 성찰, 전문성, 피드백, 공동체성으로 이루어진다. 각각의 원리에 따라 학교 관리자 및 교육부(청)에서는 아래와 같은 사항을 고려하여 정책 및 연수를 진행한다면 교수·학습이 중심이 되는 학교가 만들어지지 않을까 생각하게 된다.

1) 자발성의 원리에 따라서

효과적인 수업 코칭을 위해서 가장 우선적으로 고려해야 할 것이 바로 교사의 자발성이다. 자발성이 중요한 이유는 열린 마음을 가지고 수업 개선 및 혁신을 위해 자신의 의지에 따라 자발적으로 참여했을 때 교사들 스스로 의미있는 변화를 경험하게 될 것이기 때문이다(신을진, 2015).

학교 현장에서는 수업 컨설팅 및 수업 장학이 학교 평가 점수에 들어가게 되면서 학교 자체적으로 강제적으로 수업을 공개하고 컨설팅 및 장학을 받게 하는 경우가 많다. 그러나 강제로 이루어질 경우 교사의 마음을 닫게 하고 수업 개선 효과에 오히려 역효과를 가져올 수 있다. 학교 관리자는 학교 평가 점수보다는 교사 개개인의 성장과 발전에 초점을 맞추어서 자발적인 참여를 이끌어내는 학교조직문화를 형성하는 것이 우선 필요할 것을 생각된다. 이를 위해 학교장의 일방적인 리더십을 발휘하기 보다는 교사 리더십, 분산적 리더십을 통해 교사들에게 임파워먼트를 제공하는 것도 하나의 좋은 방법이 될 것이다,

2) 성찰의 원리에 따라

수업 성장을 위해서는 수업에 대한 성찰이 전제되어야 한다. 나의 수업 속에서 나의 모습은 어떠한지(신체, 감정, 생각, 사고, 행동 등), 학생들의 모습(학습 상황, 반응, 태도, 교실 분위기 등)은 어떠한지 알아차려야 한다(신을진, 2015).

그동안의 수업 장학 및 컨설팅은 타인의 관점과 시선에 의해 나의 수업을 평가받고 분석받는 측면이 강하였다. 이러한 관점에서 벗어나서 스스로 자기 수업이 어떠한지 장단점을 객관적으로 살펴볼 수 있도록 자기 성찰의 시간을 충분히 제공하는 것도 중요할 것이다. 현장 교사들은 나의 수업을 녹화해서 살펴보는 시간을 대면할 때 매우 부끄러워지고 제대로 쳐다보지 못하는 경우가 많다. 나의 모습을 객관적으로 성찰해보는 기회를 가져본 적이 없기 때문이다. 자기 장학이라는 용어가 있었지만, 장학이라는 용어를 사용하게 됨으로써 왠지 스스로 나의 수업에 대해 비평하고 분석해야 한다는 의미가 강하였다. 그러나 장학이 아닌 스스로의 수업을 객관적으로 바라보기 위해서 수업에 대한 성찰의 과정이 반드시 필요하다고 생각을 한다. 하지만 반드시 기억해야 할 점은 수업 성찰이 중요하다고 하여 이것 역시 정책으로 만들거나, 확인하고 평가하는 과정을 거쳐서는 안된다. 오롯이 교사가 자발적으로 실천할 수 있도록 격려하고 힘을 실어주어야 할 것이다.

3) 전문성의 원리에 따라서

어느 교사의 수업을 관찰하고 장단점을 파악하고 피드백을 주기 위해서는 전문성이 필요하다. 수업 코칭이 효과적으로 이루어지기 위해서는 이러한 해당 분야의 교수학습 전문가가 필요하다(신을진, 2015).

수업 코칭의 경우에는 각 분야별 전문가를 초청하여 코칭을 받는 것이 좋다. 이를 위해서 교육부(청)에서는 인프라 구축이 중요할 것으로 여겨진다. 교사의 내면을 바라봐줄 수 있는 상담전문가, 교육철학을 담당할 수 있는 관리자, 그리고 교수학습방법 전문가인 수업 전문가 등이 여기에 속한다고 할 수 있다. 교내 동료 코칭이나 집단 코칭 역시 각 영역별로 나누어서 접근하게 된다면 더욱 효과적인 수업 코칭이 가능할 것이다. 이

에 학교 관리자는 교내 교사들의 장단점을 파악하고, 그 나름대로의 역량과 능력을 파악하여 각 영역별 전문가를 배정하고, 함께 서로 코칭을 해줄 수 있는 기회를 제공해주는 것도 좋은 방법으로 생각된다.

4) 피드백 및 공동체성 원리에 따라서

수업 코칭은 수업 현상에 대한 해석과 평가를 넘어서 교사의 수업 성장에 도달하는 것을 그 목적으로 두고 있으며, 피드백을 서로 주고 받는 경험은 매우 중요하다고 할 수 있다. 또한 외부 전문가에 의한 코칭 방식도 중요하지만, 이는 일회성에 그칠 가능성이 높다. 수업 나눔의 공간이 교사에게 안전하고 평안한 공간이 되어야 하며, 이는 교사들의 전문적 학습 공동체 안에서 이루어질 수 있을 것이다(신을진, 2015). 이로 인해 교사들의 공동체성 회복은 매우 중요한 요소라고 할 수 있다.

교사의 수업 성장을 위해서는 일회성이 아닌 지속적인 수업 코칭이 필요하다. 이를 위해서는 외부 전문가에 의한 코칭도 중요하지만, 교내에서 지속적으로 이루어지는 코칭이 더욱 중요하다고 할 수 있다. 상시 수업 코칭 체제를 학교에서 구축하기 위한 방법으로 전문적 학습 공동체 형성이 가장 바람직할 것으로 여겨진다. 이미 학습 공동체에 대한 중요성이 높아지면서 교육부에서는 각 시도별로 학습 공동체를 모집하고, 매년 일정한 예산을 공동체에게 제공하면서 공동체 활동을 적극 지원하고 있는 실정이다. 또한 수석 교사등 학교 내 수업 코칭 전문가를 양성할 수 있으며, 수업 중심의 교육 연구 동아리 형성도 강조하고 있다. 이 밖에도 수업 친구 만들기, 혁신 학년제, 스몰 스쿨제, 학년 협의 및 교과 협의회, 학교별 특색있는 수업 동아리, 학교 차원의 수업 공개 및 연수회 등을 활성화시키는 방안도 제시할 수 있다.

이를 위해서 학교 자체에서는 교사들의 수업 나눔 및 수업 코칭 활성화를 위한 예산 편성이 필요할 것이다. 그동안 학교 시설 개선에 초점이 맞추어졌던 예산 편성에서 벗어나서 수업이 중심이 될 수 있고, 교사들의 수업 전문성 신장에 초점이 맞추어진 예산편성이 중요할 것으로 생각된다.

또한 학교 관리자는 전문성도 갖추어야 하지만, 그 보다 더 중요한 것이 교사와의 신뢰적인 관계 형성에 초점을 맞추어야 할 것이다. 관계 형성이 되어 있지 않으면 교사는 학교 관리자와의 관계를 수직적이라고 인식을 하게 되며 어떠한 것이든 자발적으로 참여하지 못한다. 교사에 대한 애정과 관심, 신뢰를 갖고 교사를 믿고 그들의 이야기를 진심으로 경청하고, 진정성 있는 반응을 보일 수 있는 학교 경영이 필요할 것으로 생각된다. 학교 관리자는 다른 어떠한 존재가 아닌 학교 내 교사가 중심이 될 수 있는, 그들의 이야기가 강조되는 학교를 만들어가는 경영자가 될 수 있다면 교사는 관리자와 신뢰 관계가 형성이 될 것이다.

우리 교사들은 그동안 수없이 많은 연수를 받아왔다. 근무평가 및 학교 간 이동 점수에 포함이 된다는 이유로 한 해에 120시간에 달하는 시간을, 심지어 어느 교사는 200시간이 넘게 연수를 받아왔다. 그리고 이런 저런 이유로 인해 학교폭력관련 연수, 학교안전관련 연수, 청렴관련 연수 등 교육청에서 요구하는 연수의 종류도 매우 다양하게 이수하였으며, 매 해 학교별로 연수 종류에 따라 연수 이수율에 대한 추가 조사도 실시되고 있다.

연수의 목적은 교사의 전문성 신장과 공교육에 대한 신뢰성 제고임에도 불구하고, 어떤 이유에서인지 교육청에서는 교사들이 이수해야 할 연수의 종류를 대신 선정해주고, 이수 여부에 대해 조사까지 실시하고 있는 것이 현재 학교의 실정이다.

교사 연수가 필요한 이유가 무엇일까?
우리는 왜 연수를 이수해야 하는 걸까?

에 대한 근본적인 질문에 대한 고려가 먼저 이루어진다면 이렇게 일방적인 연수를 요구하지는 않을 것 같다.

CHAPTER

6

연구만을 위한 연구학교? 누구를 위한 연구학교인가?

새로운 교육 정책을 도입하거나, 연구・개발된 새로운 정책을 학교 현장에 일반화하여 전파시키기 위한 목적으로 연구학교 제도가 만들어져서 시행중에 있다. 연구학교는 흔히 정책연구학교, 시범학교, 실험학교 등으로 구분되어 운영되어 왔으며, 2008년 연구학교에 관한 규칙이 제정되면서 실험학교[6]가 사라지고 정책 연구학교와 시범학교로 이원화되었다(신철균, 장용석, 2010).

6) 교과용 도서 등의 검증을 목적으로 하는 연구학교

정책연구학교는 교육과정, 교육방법, 교육자료, 교과용 도서 등에 대한 연구, 개발, 검증을 목적으로 운영되는 연구학교를 의미한다. 학교현장에는 해결해야 할 교육적 문제가 존재한다. 이러한 교육적 문제들은 학교현장에서 해결되어야 하는 문제들이며, 이에 대한 해결방안을 마련하기 위하여 지정·운영되는 학교가 바로 정책연구학교이다.

반면에 시범학교는 교육과 관련된 새로운 교육 정책에 대한 연구결과를 개발·확산시키기 위한 목적으로 운영되는 연구학교를 의미한다. 교육현장이 발전되고 향상되기 위해 연구 개발된 교육문제 해결방안을 시범학교에서 시범적으로 실천하고, 일반학교에 널리 보급하는 것을 목적으로 지정·운영되는 학교가 바로 시범학교이다.

특히, 지식정보화 시대의 21세기는 지식이 기반이 되는 사회적 변화로 인해 학교교육에 대한 연구 및 개발의 중요성이 날로 증대되어 가고 있으며, 이에 국가적·제도적 차원의 교육정책 연구 및 개발이 날로 강화되어가고 있는 추세이다. 이에 편승하여 우리나라에는 손으로 다 셀수 없을 만큼 다양한 영역의 연구학교가 전국적으로 총 1,474개에 달하고 있다. 2016년도에 운영된 연구학교 종류 및 수를 전국적으로 살펴보면 다음의 표와 같았다.

<table>
<tr><th>시도</th><th>연구학교 영역(학교 수[7])</th><th>학교 수</th></tr>
<tr><td>서울</td><td rowspan="9">1면 1문해 학교, 2015 개정 교육과정(2), EBS 콘텐츠 활용(2), NCS 교육과정(3), STEAM리더스쿨, SW 교육과정(23), 건강증진(6), 경제교육(2), 과학고AP제도연구, 과학교육(9), 교과교실(4), 교과서분석, 교과서정책, 교과용도서(4), 교수학습 관련(10), 교실수업개선관련(15), 교육 과정 관련(sw교육, 2015개정교육과정, 수학교육, 교수학습방법 등)(113), 교육국제화특구(3), 교육방법(18), 교육정책(2), 교육평가(2), 국어과교육, 국제 교육(4), 국토교육(6), 글로벌창의모델학교 (2), 기업가정신(11), 기초학력(17), 나라사랑(15), 놀이문화(3), 농산어촌 관련(3), 누리과정, 다도교육, 다문화교육(42), 다중언어교육(5), 대안 교육, 대용부설학교(7), 도덕과교육, 도서관활용교육, 도제교육(4), 독서 관련(논술, 토론 등)(6), 동계스포츠동아리, 동아리활동, 디지털교과서(104), 마음건강증진, 마이스터(4), 무한상상실(3), 문화 예술 관련(5), 미디어문해교육(7), 미술과교육, 발명교육, 방과 후 학교(7), 방송고학업중단예방, 법교육(6), 보건교육(2), 비즈쿨(4), 사회과교육(2), 산학협력(37), 상설학습지도(12), 생명존중, 생태교육, 생활 지도 (36), 서울</td><td>161개교</td></tr>
<tr><td>부산</td><td>94개교</td></tr>
<tr><td>대구</td><td>112개교</td></tr>
<tr><td>인천</td><td>57개교</td></tr>
<tr><td>광주</td><td>87개교</td></tr>
<tr><td>대전</td><td>61개교</td></tr>
<tr><td>울산</td><td>62개교</td></tr>
<tr><td>세종</td><td>10개교</td></tr>
<tr><td>경기</td><td>101개교</td></tr>
<tr><td></td><td></td><td>60개교</td></tr>
</table>

시도	연구학교 영역(학교 수[7])	학교 수
강원	미래학교, 선진형학교운동부운영(49), 성교육(2), 세계시민교육(3), 소규모테마형교육여행(2), 소규모학교, 소비자교육(5), 수업방법개선(27), 수영교육(3), 수학과교육(10), 스마트교육(9), 스포츠클럽, 실습대용(2), 안전교육(41), 양성평등교육, 에너지교육(19), 영어교육(2), 예술교육(9), 외국어, 유아교육(3), 유초연계(2), 융합교육(10), 음악과교육, 인구교육(8), 인권교육, 인문교육(2), 인성교육(28), 일반고 대안교육과정(2), 자기주도학습, 자유학기제(41), 자율과제(6), 자율형공립고(57), 작은학교(2), 정보통신윤리교육, 정신건강(3), 중・고연계 교육, 중국어교육, 지속가능발전교육(4), 직업 교육(12), 진로 교육(25), 창의과학교육(7), 창의적체험활동(3), 청소년기업가정신, 청소년해양교육(3), 체험・실천형 에너지 교육, 초등돌봄교실, 초중연계교육, 탈북 학생 교육(8), 토론교육, 통계교육, 통계교육(7), 통일교육(44), 통합교육(2), 특별학급운영(2), 특성화고 교육과정 (5), 특수교육(9), 평가문항제작(2), 평화인권교육, 표준교육(3), 학교 성교육(5), 학교급식(3), 학교숲교육, 학교스포츠클럽(2), 학교자치문화(2), 학교정책(15), 학교진로교육(15), 학교체육 (53), 학교통일교육, 학교통합, 학교특성화(7), 학교폭력 예방교육(어깨동무, 어울림)(9), 학교협동조합, 학부모교육, 학생건강증진(6), 학생성장(2), 학생정신건강 및 자살예방(3), 학생평가(9), 학습종합클리닉(3), 학습준비물, 학습지도(8), 학업중단예방(5), 항공우주교육(2), 해양교육(11), 핵심역량, 행복공감(5), 협력 교육과정(6), 호국보훈, 혼합연령학급운영, 환경교육 (17),	130개교
충북		88개교
충남		41개교
전북		186개교
전남		
경북		89개교
경남		122개교
제주		13개교
합계	157개 영역	805개교

위의 자료는 2016년 각 시도별 연구학교 보고회 일자 정리 파일을 참고하여 작성된 파일이다. 표를 살펴보면 2016년 한해에만, 전국적으로 157개 종류의 연구 영역에서 총 1,474개의 연구학교가 운영되었으며, 학교별로 연구학교 발표회를 가졌다. 그런데 물어보자.

같은 지역 내에서 어떤 주제의 연구학교가 운영되고 있는지 아시나요?

7) 따로 ( )가 없는 영역은 한 개의 학교만 운영되는 연구영영임.

아마 이 질문에 2개 이상의 학교를 답할 수 있는 교사는 극히 드물 것이다. 지역별로 이렇게 다양한 연구학교가 운영 중에 있지만, 정작 같은 지역에 있는 학교들은 그 지역에 어떠한 연구학교가 지정・운영되고 있는지 알 수 없으며, 어떠한 교육적 효과가 있는지, 그리고 어떠한 자료가 학생들에게 투입되어 긍정적인 효과를 드러내고 있는지에 대하여 알 수도 없다. 알 수 없는 것은 어쩔 수 없다고 하더라도, 어떠한 관심조차도 없는 것이 우리들의 불편한 진실이자 사실이며, 우리들의 실제 모습이다.

그동안의 연구학교 지정・운영으로 인해 교수・학습 지도 방법, 교육환경 개선, 연구의욕 고취, 다양한 연구기회 제공 등 긍정적인 영향을 주었다는 점에는 어느 정도 동감한다. 그러나 이렇게 많은 연구학교가 지정・운영되기 위해 투입되었던 시간, 예산, 인력에 비해서 아이들을 위한 교육, 학습 그리고 배움 적인 측면에서의 질적 개선이 터무니없이 부족하지는 않았는지 걱정이 된다. 연구학교로 지정되어 운영하는 단위 학교들은 연구학교 지정・운영의 근본적인 목표라고 할 수 있는 교육적인 측면에서의 질적 개선보다는 건물이나 환경 정비, 행사 및 실적 위주의 전시, 승진의 발판으로 연구학교를 주로 운영하였다. 또한 연구학교 운영의 또 다른 목적이라고 할 수 있는 긍정적 교육 결과에 대한 일반화에 대한 방안 역시, 대부분의 연구학교들은 이에 대한 방안 마련에 대한 관심이 부족하며, 일반화 가능성 불가능이라는 측면에 치중하려 한다는 부정적인 측면이 더욱 많은 것이 사실이다.

그런데 위의 자료를 정리하고 파일로 만들면서 한 가지 특이한 사실을 발견하였다. 세종교육청을 제외한 16개의 시도 교육청에서는 다양한 종류의 연구 영역에 산재되어 있던 반면에, 세종교육청에서는 "교육과정"이라는 하나의 연구 영역만을 집중 선정하여 연구학교를 지역의 특색을 살려서 운영하고 있음을 발견하게 되었다. 이러한 면이 본 저자가 지역 내 연구학교 운영에 대해 더욱 많은 교사들의 관심을 높이고, 연구 효과의 일반화를 조금 더 높이고자 본 저서를 통해 제안하려는 연구학교 운영 방법과 유사하다는 것을 알게 되었다.

그러한 이유로 우리는 이러한 시점에서 앞으로 연구학교가 어떠한 방향으로 나아가야 할지 고민을 해야 한다고 생각한다. 앞서 말을 했듯이, 각 지역별 연구학교 영역을 살펴보면 중복되어 운영되는 경우가 많음을 알 수 있다. 그리고 연구학교 주제 역시 단위 학교에서 연구를 하고 싶은 주제라기보다는 하향식으로 전달되어져 내려오는 주제 중에서 운영하기에 쉬운 것이라고 판단되어 지는 것을 선택한 것임을 알 수 있다. 또한 이렇게 선택한 주제 역시 순수한 연구를 목적으로 하였다기보다는 일부 교사들의 승진 가산점 획득이라는 의도가 개입되어, 연구 주제보다는 그 이외의 것에 더 많은 관심을 가지게 되는 불손한 공모 동기가 숨겨져 있음을 부정할 수는 없다. 이렇다 보니, 운영 체계 및 업무 분담에서도 교무 행정 중심의 운영 체계를 조장하게 되고, 자신의 업무 이외에 또 다른 업무가 하다 더 만들어지게 되면서 업무 과중 현상이 생겨나게 되었다. 또한 승진 가산점 획득을 원하는 몇 몇 교사들이 중심이 되는 바람에 교사들의 참여도에도 상당한 차이를 보이게 되었으며, 대부분의 연구학교에 근무하는 교사들은 스스로 나의 연구, 우리의 연구라는 인식을 가지기보다는 너희들만의 잔치라는 의식이 지배적으로 나타나게 되었다. 연구학교의 지정과 운영에 대한 이러한 인식이 퍼져있다 보니 그 성과적인 측면에서도 지속적 보다는 일시적인 성격이 많이 나타나게 되었다(김은영, 장덕호, 2014).

이러한 부정적인 연구학교의 모습으로 인해 기존의 다양한 선행연구들(김은영, 장덕호, 2014; 신철균, 장용석, 2010; 오형문, 2009)은 다음과 같은 정책적 제안을 하였다.

연구학교는 주제의 선정 단계부터 운영, 지도, 성과 관리의 전 단계에 걸쳐서 체계적인 준비가 필요하다고 할 수 있다. 연구학교가 본연의 목적을 달성하기 위해서는 의례적인 정책 과제를 축소하고, 교육의 본질, 학교의 핵심을 강화할 수 있는 주제를 선정하는 것이 중요하다. 또한 연구학교 주제 역시 교육부 및 교육청, 혹은 산하 기관의 요구에 의한 주제가 아니라 학교에서 직접 아이들과 함께 살아가고 있는 교사들의 필요에 의한 주제가 만들어져서 포함되어져야 할 것이다. 그리고 주제 선정에 있어서도 지금까지처럼 관주도, 관리자와 일부 교사의 주도 하에 결정되는 것이 아니라 연구학교 신청과 운영 전 과정에서 전 교직원이 함께 참여하는 협의회 확대 및 공동성 확립이 우선되어서 전 교사의 의견이 함께 모여지는 주제가 선정되도록 해야 할 것이다.

연구학교에 대한 규정이나 지침에 의한 형식적 관리에서 벗어날 필요가 있다. 대부분의 연구학교 보고회를 참석해보면 거의 비슷한 모습의 보고회, 형식적인 일회적인 행사 중심의 보고회로 이루어짐을 발견하게 된다. 물론 최근에는 이러한 비판에 의해 토론 형식, 콘서트 형식의 보고회가 일반화되어가고 있는 추세이기는 하지만 이 역시 형식적, 일회적인 측면을 크게 벗어나지 못하고 있는 것이 사실이다. 이렇게 비슷한 형태의 보고회가 이루어지는 이유에는 상위기관의 지원방식을 무시할 수 없다.

연구학교의 연구 결과가 실효성을 거두고 더욱 많은 학교에 보편화가 이루어지기 위해서는 형식적인 간섭과 보고서 중심의 결과 제출을 지양해야 할 것이다. 소집단 단위의 토론 중심의 보고회, 연구 주제의 특성에 맞는 다양한 형태의 보고회가 운영이 되도록 해야 한다. 또한 전국 단위, 지역 단위의 다양한 워크숍을 통해 연구 결과에 대한 구체적인 전달이 이루어지는 단계도 필요할 것으로 생각된다.

연구학교의 개선방안에 대한 다양한 선행연구를 분석하고 내용을 정리하면서 본 저자는 이러한 생각을 하게 되었다. 바로 총합학습을 접목한 연구학교 운영이었다. 연구학교의 연구 주제 선정에서부터 시작하여 우리나라의 연구학교는 첫 단추를 잘못 꾀고 있었는지도 모른다. 교육 현장의 문제를 해결하고, 교육 수준을 향상시키기 위한 목적으로 연구학교를 지정하여 운영되고 있다고 하지만, 정작 학교 현장에서는 그러한 문제를 해결해달라고, 혹은 그러한 주제를 선정해달라고 요구한 적이 없다는 것이다.

단위 학교에서 선택할 수 있는 연구주제는 상부기관 혹은 산하 기관에서 필요하다고 판단되어지는 것들을 선정하여, 단위학교에 하향식으로 전달되어지고 있는 것이다. 학교 현장에서는 관심도 없는 연구 주제이지만, 몇 몇 교사의 필요에 의해 연구학교가 운영되고 있었을지도 모른다. 아니 아마도 그러했을 것이다. 이러한 의미에서 연구학교 주제는 학교의 요구에 따라야 한다고 생각을 한다.

물론 이러한 이야기를 하기 앞서서, 학교 문화 측면에서 교원이 함께 협력할 수 있는 공동성이 회복되고 필연적으로 공동체가 형성되어 있어야 한다는 전제가 있어야 하기는 하다. 이에 대해서는 앞장에서 미리 언급하였기에 다시 이야기 하지 않도록 하겠다. 학교 교사들의 공동성이 회복되고, 단위 학교가 하나의 공동체가 형성이 된다면 함께 교육에 대한 이야기도 많이 나누게 되며, 아이들의 배움과 학습을 위해 우리에게 필요한 것이 무엇일지에 대한 다양한 이야기 거리가 생겨나게 될 것이다. 이러한 이야기

거리를 모아서 연구 주제로 선정이 되어야 할 것이다.

학교의 필요, 교사의 필요, 그리고 나아가서는 학생들의 필요에 의해 만들어지고 정해진 연구 주제라면 단위 학교의 교사들이 모두 관심을 가지고 협력하여 연구 운영에 참여하게 될 것은 불을 보듯 뻔한 일이 아닐까?

연구 주제 및 영역의 지역별 분배적인 측면에서도 현재는 동일한 연구 주제가 전국적으로 퍼져서 운영이 되고 있다. 이것으로 인해 일반화가 더욱 어렵지 않았을까 생각을 해보게 되었다. 지역별로 너무 많은 다양한 종류의 연구학교가 운영이 되고 있다 보니 집중적인 운영, 그 효과적인 측면에서 어떠한 연구 주제에 관심을 가지고 우리 학교에 보편화시켜야 할지에 대한 선택이 어려웠다. 그리고 너무 다양한 종류의 연구학교가 한 지역에서 운영이 되다보니 그 관심도가 떨어질 수밖에 없었으며, 이로 인해 지역 내 다른 학교들은 연구학교에 대한 관심이 사라질 수밖에 없었는지도 모른다. 그저 발표회 기간이 되면 아무 생각 없이 공문에 의해 발표회에 참석하고, 아 이런 것이 있구나 라는 생각에서 그치게 되었던 것이다.

이에 본 저자는 지역별로 집중적으로 동일한 연구 주제를 운영하면 어떨까라는 제안을 해본다. 지역별로 유사한 연구 주제를 가지고 많은 학교들이 연구를 하게 된다면, 그 지역의 특색 있는 교육과정이 만들어지게 될 수 있으며, 그 지역에서 필요한 주제를 가지고 연구학교로 운영이 되기 때문에 주변 학교에서 더 큰 관심과 흥미를 가지게 될 것이다. 이러할 경우 그 지역 내 일반화가 지금보다는 훨씬 더 잘 되지 않을까 생각해본다.

이렇게 그 지역에서 필요한 연구 주제를 지역별로 정할 수 있도록 한 후 일정한 학교를 선정하여 연구학교를 운영하게 한다면 종합교육과 함께 하는 연구학교 운영이 가능할 것으로 여겨진다.

그리고 학기별 1회, 혹은 1년에 1번 정도 전국적으로 대표 교사들이 한 자리에 모여서 워크숍이 진행이 된다면 지역별 특색에 따른 연구학교 운영으로 더 많은 것을 함께 배우고 토론할 수 있는 자리가 마련될 것으로 생각된다. 우리 지역의 주제 혹은 문제가 다른 지역에서도 비슷하게 일어날 수 있기 때문이다.

지역 특색 연구학교

이러한 연구학교를 본 저자는 지역 특색 연구학교라고 칭하고자 한다. 이러한 연구학교가 운영이 될 수 있다면 그 지역의 필요와 요구에 의한 연구 주제가 만들어지고 지정될 수 있으며, 이로 인해 연구학교 내 모든 교사가 관심을 가지고 협력하여 연구학교를 운영하게 될 것이다. 그리고 일반화 방안에 대해서도 큰 고민거리가 사라지게 된다. 우선 그 지역의 많은 학교가 동일한 주제로 연구학교가 운영이 되기 때문에 지역 내 보편화에 대한 고민거리가 사라지게 될 것이다. 또한 지역별로 특성화된 연구학교 및 교육과정이 생겨나게 되기 때문에 지역별로 대표자들이 한자리에 모이는 워크숍을 통해 서로의 이야기를 함께 나눌 수 있는 뜻깊은 연수가 가능할 것이다. 또한 학교별 혹은 지역별로 어느 한 주제 혹은 교육적 문제에 대해 관심이 있을 경우 그와 관련된 특성화된 지역의 교사와 함께하는 워크숍을 마련하여 연수가 진행이 된다면 지역별 연구학교의 연구 결과가 더욱 일반화되고 더 많은 지역에서 보편화될 수 있을 것으로 생각한다.

예를 들어 2016년 경주 지역 같은 경우에는 지진으로 인해 안전에 대한 관심이 매우 높아져 있을 것이다. 이러한 지역의 경우, 대부분의 학교가 지진을 포함한 안전 교육에 대한 연구의 필요성이 높아지게 될 것이다. 그렇다면 안전 교육에 대한 연구학교는 경주지역에 집중되도록 연구학교를 지정한다면, 더 많은 교사가 관심과 흥미를 가지고, 함께 모여서 문제를 해결하기 위해 협력하게 될 것이다.

나아가서 경주 지역은 안전 교육과 관련하여 특성화된 지역으로 변화하게 되고, 지역 내 특색 교육과정 운영으로 전국적으로 안전 교육에 대한 궁금증이나 문제 해결 방법, 교육과정적인 면과의 연계성 문제 등이 생겼을 때 경주 지역 교사 및 전문가와 함께 워크숍을 진행하는 방안도 마련될 수 있을 것이다.

연구학교의 효율성, 필요성에 대해서 몇 몇 교사는 비판적인 시각으로 말을 많이 한다. 저자 역시 현재와 같은 연구학교의 효과성에 대해서는 부정적인 시각을 가지고 있다. 그러나 연구학교의 필요성에 대해서는 동감한다. 다만 연구학교의 필요성이 학교의 필요성과 맞아떨어져야 한다. 그것이 시작이 되어야 하고 출발점이 되어야 하기 때문이다.

새로운 교육적 요구, 사회적 변화로 인해 더 많은 더 다양한 연구학교만을 만들기 보다는 연구학교의 목적이 무엇이며, 그 시작점이 무엇이 되어야 하는지에 대한 근본적인 질문에 대한 답을 먼저 찾는 것이 연구학교의 효과성을 높일 수 있는 방법이 되지 않을까?

CHAPTER

7

개미허리로 만드는 학교회계

학교회계, 학교재정이라는 말을 들으면
무엇부터 떠올리나요?

라는 질문을 받으면 교사의 입장에서는 항상 매년 예산 요구서 작성을 떠올리면서 학교예산이 매년 줄어들고 있으며, 매년 학교예산 사용에 있어서 어려움에 대한 이야기를 떠올리게 될 것이다. 가뜩이나 부족한 학교예산임에도 불구하고, 우리는 더욱 허리를 졸라매면서 개미허리로 만들어서 학교 예산을 사용해야 하는 것이 현 실정인 것이다.

우리나라 학교재정은 개별자금에 따라 분리·운영이 되면서 드러난 재정현황 파악의 어려움, 회계집행상의 투명성 결여, 비효율적인 예산 운영 등의 문제점을 해결하기 위하여 2001년부터 학교회계제도가 시작되었다(최우정, 전정수, 2008). 이러한 의미에서 학교회계제도는 단위학교 중심의 자율적이고 효율적인 재정운영을 위해 도입이 되었으며, 다양한 교육활동을 효과적으로 지원하고 이를 통해 학교교육의 질적 수준을 높이기 위하여 실시되고 있다. 그러나 교육활동의 효과적인 지원을 통한 교수·학습 활동의 질적 향상을 목적으로 한다는 그저 허울만 좋은 말뿐인 학교회계제도는 아닌가 하는 반문을 해본다.

학년말이 되면 어느 학교나 예산 편성 안을 작성하게 된다. 그리고 그맘때쯤이면 항상 우리 교사들은 행정실장, 혹은 교장선생님께 이러한 말을 듣곤 한다.

"올해 예산도 빠듯합니다. 꼭 필요한 예산만 신청하도록 해주세요."

단위학교의 자율적 재정운영, 재정운영의 투명성과 신뢰성 제고, 교원의 예산참여권 보장, 재정확보를 위한 자구노력, 학교교육활동 수준의 향상이라는 기대성과를 가지고 학교회계제도가 실시되고 있음에도 불구하고, 학교 관리자들은 아이들의 교육활동의 질적 수준 향상을 위한 예산을 계획하기 전에 미리 선을 그어서 제시해버린다. 그리고 예년과 달리 예산을 더 많이 편성하려고 하면, 다른 부서와의 마찰이 예상되기도 한다. 실제로 예산 편성 회의 때 언성이 높아지는 경우를 더러 보는 것도 이 때문이다. 교육활동의 질적 수준을 높이기 위해 학교회계제도가 도입이 되었는데도, 학교현장에서는 교육활동과 관련된 예산을 높게 배정하지 못하는 이유는 무엇일까?

그 이유를 본 저자는 목적사업비[8] 배분에서 약간의 해답을 찾고자 하였다. 정성식(2015)은 『교육과정에 돌직구를 던져라』라는 저서를 통해 다음과 같은 말을 하고 있다.

8) 단위학교의 특정사업 수행을 위해 지원되는 경비

학교예산 중에서 목적사업비가 차지하는 비중이 너무 크다. 학교 예산 중 절반이 넘으며, 인건비, 급식비, 방과 후 학교 운영비, 각종 공모 사업비 등이 목적사업비로 배부되며, 이를 제외하고 나면 기본 운영비는 학교 예산의 절반도 되지 않는다. 2012년 지방교육재정 분석 결과 보고서를 통해 2012년 공립학교회계전출금 중 학교운영비 비율은 44.8%이며, 이를 제외한 비용은 모두 목적사업비이다

학교예산 중에서 마음껏 사용할 수 있도록, 학교 자체적으로 재량권을 행사할 수 있는 부분은 50%도 되지 않으며, 이로 인해 가뜩이나 가난한 학교인데도 그 마저도 절반 이상을 빼앗겨 버리니 허울만 좋은 말뿐인 학교회계제도가 아니었을까?

이처럼 목적사업비의 비율이 높은 것은 목적 사업비가 단위학교 교육비의 결정요인으로 작용하였기 때문이다. 단위학교 교육비를 산정할 때 단위학교에서의 주요세입원으로 목적사업비가 포함되며, 단위학교의 적정교육비를 산출할 때 포함되는 세출 또한 목적사업비와 관련이 깊기 때문이다. 실제 2014년 서울시교육청 산하 초・중・고등학교의 학교회계전출금 총액 구성 정도는 다음과 같다(이현국, 정동욱, 2016).

연도	학교회계전출금[9] 총액(단위: 천원)			계
	목적사업비총액	학교운영비총액	재정결함보조금	
조사학교 수	896	896	250	896
2009	559,258,048	288,522,982	572,977,216	1,420,758,246
2010	537,876,096	285,374,827	592,992,384	1,416,243,307
2011	586,975,552	301,374,106	561,125,440	1,449,475,098
2012	702,001,024	340,867,729	606,488,960	1,649,357,713
2013	718,929,920	336,697,796	638,437,952	1,694,065,668

출처: 이현국, 정동욱(2016). p.11

위의 표에서 학교운영비가 비교적 적게 나타나는 것은 사립학교의 경우 학교기본운영비가 포함되지 않았기 때문이다. 그렇다 하더라도 목적사업비는 매년 증가하고 있다. 2009년과 2013년을 비교할 경우 목적사업비의 증가율은 학교운영비 증가율을 훨씬 뛰어넘고 있음을 알 수 있다. 뭐, 학생1인당 교육비 재원이 된다는 이유로 목적사업비가 증가를 하고 있다고 주장을 한다면 받아들일 수 있다.

이로 인해 단위학교 재정 운영의 자율성을 침해받게 되었다. 목적사업비의 비중이 커진다는 것은 교육부, 교육청이 원하는 사업을 계획하여 정해진 예산을 단위학교에 배정하는 금액이 커진다는 의미로 학교재정운영의 자율성을 저해하게 된다. 이런 의미에서 학교회계재정에서의 목적사업비 비중을 줄여주어야 하는 것은 아닐까? 목적사업비의 비중을 줄이고, 기본 운영비의 비중이 늘어나게 된다면 학교에서는 학생들을 위해, 그리고 학부모와 지역사회의 요구에 따라 교육활동의 질적 수준을 높이는데 더 많은 예산을 사용할 수 있지 않을까?

그런데 이러한 시점에 한 가지 더 궁금증이 생기게 된다. 과연 목적사업비는 원래의 목적에 맞게 배분이 잘 되고 있는 것일까? 목적사업비는 학생1인당 교육비의 재원이 되기 때문에 매우 중요하다고 할 수 있다. 그렇다면 아래의 내용은 어떻게 말을 할 수 있을까?

9) 교육청에서 단위학교에 배부하는 재원이 학교회계전출금이며, 여기에는 학교기본운영비, 학교기타운영비, 목적사업비, 학교환경개선사업비가 포함된다. 이러한 학교회계전출금이 단위학교 측면에서는 학교회계전입금이 되는 것이며, 학교운영비전입금과 목적사업비 전입금으로 구성된다.

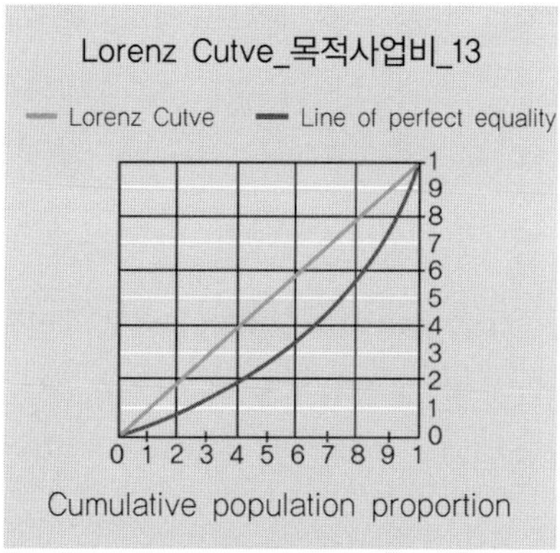

목적사업비 로렌츠 곡선

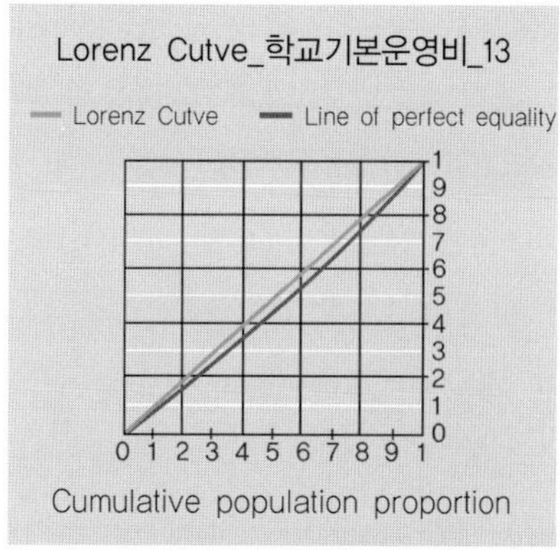

학교기본운영비 로렌츠 곡선

구분	Gini's Coefficient[10]				
	2009	2010	2011	2012	2013
목적사업비	.440	.381	.320	.250	.248
학교기본운영비	.145	.137	.135	.101	.097

출처: 이현국, 정동욱(2016), p.12

위의 목적사업비 로렌츠 곡선과 학교기본운영비 로렌츠 곡선을 비교해보면 알 수 있을 것이다. 2013년 목적사업비는 학교기본운영지에 비해 지니 계수 기준 약 2.6배의 편차를 보이고 있으며, 그만큼 불공정한 분배가 이루어지고 있음을 알 수 있다. 학교별로 목적사업비에 비해서 학교기본운영비는 공평하게 배분이 이루어지는 편이다. 이러한 편차는 왜 일어나고 있을까? 아마도 많은 비용이 포함되는 것이 목적사업비인 측면도 있지만, 한 개의 학교에서 여러 개의 목적사업비를 획득하였기 때문일 것이다.

왜 몇 개의 학교에 목적사업비가 집중되는 것일까?

물론 목적사업비의 특성상 중앙정부, 교육부, 교육청에서 대상 학교를 선정하고 이에

10) 지니계수는 목적사업비와 학교기본운영비의 배분정도를 로렌츠 곡선으로 표현한 뒤, 45°로 기울여져있는 로렌츠 곡선과 얼마나 가까운지 혹은 멀어지는지를 나타내는 수치이다. 0에 가까울 수도록 공평한 분배가 이루어진 것이며, 1에 가까울수록 불공평한 배분이 이루어짐을 의미한다.

따라 차등적으로 배분이 되는 구조라서 어느 정도 불평등한 배분이 있을 수는 있다. 하지만 달리 생각해보면 이렇게 불평등한 배분이 있을 수 밖 에 없는 목적사업비를 매년 증액시켜야 하는 이유는 무엇일까?

불평등한 목적사업비 배분에 대해 이현국, 정동욱(2016)은 교장공모제학교 여부가 주요한 변수로 나타나고 있다고 한다. 즉, 시설·기구의 노후 정도, 기초학력미달 학생비율, 자치구 재산세, 수익자부담경비보다도 학교장의 재원확보노력이 더욱 중요하게 작용하고 있다고 말을 하고 있다. 단적으로 교장공모제 학교는 다른 학교 평균에 비해 30.4%의 목적사업비를 더 받는 것으로 나타난다고 한다.

학생1인당 교육비와 밀접한 관련이 있는 목적사업비의 필요성에 대해서는 본 저자도 동의를 한다. 그러나 보다 필요한 학교에 형평성에 맞게 배분이 되고 있는가가 문제인 것이다. 최근 학교 복지에 대한 관심 증대로 인해 형평성을 고려한 정책들이 많이 대두되고 있다. 그렇다면 정치적, 지역적 요인보다는 교육적 필요가 높은 학교에 목적사업비를 배분해주어서 가난한 학교가 생겨나지 않도록, 교육활동에 예산편성을 못하여 허리를 졸라매고 개미허리가 되도록 예산을 편성하는 일이 없도록 해야 할 것이다. 특정 사업의 추진에 있어서 효율적인 측면만을 반영하면서 목적사업비를 배분하는 것이 아니라, 단위학교의 교육여건을 살펴보고 그에 맞는 형평성을 고려한 목적사업비 배분도 필요한 시점이라고 말을 하고 싶다. 물론 앞에서 말을 했듯이 학교예산 중 목적사업비의 비율도 점차 줄여가는 것도 하나의 중요한 쟁점이라고도 할 수 있다.

학교예산은 아이들의 교육활동을 위해, 교육활동의 질적 수준을 높이기 위해서 사용되어져야 하는 것임에 대해 함께 공감하면 좋겠다.

이번 장은 롤프 도벨리(2012)의 저서 『스마트한 생각들』에 나오는 이야기로 마무리를 하고자 한다. 이 책은 사람들이 가지는 흔한 생각의 오류에 대하여 다양하게 알려주고 있었다. 그 중에서 하나는…

권위자 편향

권위자에게 무례해야 하는 이유

구약성서 첫 장 '창세기'는 만약 인간이 거대한 권위자의 말에 따르지 않으면 어떠한 일이 일어나는지를 분명히 보여준다. 낙원에서 쫓겨나는 것이다. 오늘날의 작은 권위자들도 우리에게 그런 일이 일어나게 할 수 있다는 것을 믿게 하려고 애쓰고 있다. 그러나 권위자는 완벽하지 않다. 예를 들어 전 세계적으로 교육받은 경제학자 수는 100만 명이 넘지만, 그 중에서 현재의 경제 위지가 일어날 타이밍을 정확히 예측한 사람은 단 한명도 없다.

물론 권위자들이 종종 자신의 역할을 제대로 수행하지 못한다는 것은 문제의 한 부분일 뿐이다. 권위자들도 사람이며, 사람이라면 누구나 실수를 할 수 있으니 말이다. 그러나 그보다 심각하고 유의해야 할 것은 권위자 앞에서 작아지는 우리의 태도이다. 우리는 권위자 앞에서서면 스스로 옳다고 생각하는 것조차 이야기를 하지 못한다. 신빙성 있는 증거나 경험 많은 사람들의 의견보다 전문가의 의견 앞에서 우리는 주관을 읽게 되고, 심지어 이치에 맞지 않는 것이라도 전문가의 말이라면 귀를 기울인다. 이것이 바로 권위자 편향이다.

어느 시대든 그때마다 여러 종류의 권위자들이 있었으며, 시대의 흐름에 따라 권위자들을 바꿔가며 우리들은 그러한 권위자들에게 의지하고 있었다. 학교 회계 또한 그러하며, 학교의 모든 일이 그러한 것 같다.

어느 순간, 우리들은 학교 컨설팅을 진행함에 있어서 동료 교사들의 의견이나 경험보다는 어느 대학교의 교수를 초빙하여 교수의 말씀을 열심히 경청하게 되었다. 마치 교수들이 우리 학교의 문제를 모두 해결해 줄 수 있는 권위자처럼 여겨 왔던 것 같다. 그러나 어떤 권위자들도 정확하게 미래를 예측하고 늘 옳은 판단을 내리지는 못한다. 교수들 또한 그러하다.

그래서 저자는 어떤 분야의 전문가를 만나더라도 그의 의견에 도전하려고 한다. 의심하고 반론을 던져보려 한다. 자신을 더 신뢰하고, 우리들의 경험을 믿으며 도전하려고 한다,

특히 그것이 학교와 관련된 것이라면 더더욱 그러하려고 한다. 학생의 교육과 배움을 위한 것인지 아닌지 만을 판단하며 말이다. 학교 회계 또한 그러해야 할 것 같다. 상부의 지시가 아니라, 학교장 혹은 행정실장의 의견이 아니라 우리들이 직접 아이들과 생활하면서 경험하고 알게 된 산지식을 바탕으로 우리 학교 교육의 발전, 우리 아이들의 행복한 교육을 위해 학교 예산이 더욱 효과적, 효율적으로 사용될 수 있도록 예산 사용에 있어서 자율권을 계속해서 주장하려고 한다. 권위자의 의견에 따르는 것이 아니라 자신을 신뢰하면서 자유롭게 사고하고 의견을 말하고자 한다.

여러분도 그렇게 하면 어떨까?

훨씬 더 자유로워질 수 있으며, 훨씬 더 신뢰할 수 있을지도 모르는 일이니 말이다.

CHAPTER

8

누구를 위한 방과 후 학교인가?

서울시교육청
"방과 후 학교 9개 자치구와 함께 운영한다."

얼마 전 인터넷 뉴스를 통해 접한 뉴스 제목이다. 서울시교육청은 2017학년도부터 방과 후 학교 수업을 운영할 때 자치구가 강사모집, 교육과정 운영 등을 지원하게 된다. '마을 방과 후 학교'를 학교와 자치구의 협력으로 시범실시하게 된다. 마을 방과 후 학교 운영 예시로는 학교 지원형 마을 방과 후 학교, 마을 공급형 마을 방과 후 학교, 개별학교 맞춤형 마을 방과 후 학교, 사회적 협동조합 마을 방과 후 학교 등이 있으며, 자치구에서는 방과 후 학교 운영을 위해 행정인력, 예산 등을 지원하게 된다. 저자는 이러한 서울시 교육청의 방향에 매우 긍정적으로 찬성하는 바이다. 왜 학교 현장에서는 방과 후 학교 운영으로 인해 많은 어려움을 호소하고 있으며, 이러한 어려움으로 인해 서울시 교육청에서는 마을 방과 후 학교라는 새로운 포맷의 방과 후 학교를 제시하게 된 것일까?

방과 후 학교는 사교육비를 줄이고, 교육격차를 해소하기 위하여 1996년부터 방과 후 교육활동이 시행되었다. 방과 후 학교 정책은 1995년 교육개혁위원회의 제1차 교육개혁 방안 보고서에서 방과 후 교육활동으로 명명되면서, 개인의 다양성이 발휘될 수 있는 교육적 기회를 제공함으로써 학생들의 인성 및 창의 함양을 위한 교육프로그램으로 제안되었다. 이후 1996년에는 방과 후 교육활동 활성화를 위하여 교육부에서 사교육비 절감이 라는 사회경제적 차원의 목적을 추가하였다. 이후 1999년 방과 후 학교는 특기적성교육 활동을 명칭이 변경되면서 학생들의 교과교육보다는 특성과 소질 계발에 중점을 두는 교육활동으로의 변화를 시도하고자 하였다. 그러나 2004년 사교육비 경감 대책으로 사교육 수요의 공교육 흡수 방안에 의해 교과활동을 방과 후 학교에 수용하는 방향으로 선회하게 되었다. 이후 2005년 연구학교와 2006년 시범학교 운영을 거쳐, 2006년부터 방과 후 학교라는 명칭으로 통합되어 2007년부터 전면 시행되었다(김정현, 박소영, 2012).

방과 후 학교 시행과정을 살펴보면 알 수 있듯이, 방과 후 학교는 아이들의 교육격차를 해소하고 공교육 내실화를 다지기 위해 도입된 제도이다. 이렇게 좋은 취지로 도입된 정책임에도 불구하고, 이러한 방과 후 학교 운영으로 인해 학교 현장에서는 많은 어려움을 겪고 있으며, 교사들은 힘들다고 아우성 치고 있다. 담당 교사의 업무 부담 가중, 사교육기관 위탁 과열경쟁, 전문 시설 미비로 인한 심화교육 한계 등 방과 후 학교 운영에 있어서 학교 현장의 어려움은 갈수록 커지고 있는 실정이다. 저자가 근무하는 학교 역시 마찬가지이다. 매 학년말이 되거나 학년 초가 되면 방과 후 학교 운영에 필요한 교실이 부족하여 담임교사들에게 교실 제공에 대한 양해를 구하기 위해 이리저리 동분서주하는 방과 후 학교 담당 교사를 보게 된다. 그리고 매월 말이면 방과 후 교사에 대한 업무 정리로 정신없는 시기를 보내게 된다. 물론 이를 위해 방과 후 코디를 두기도 하지만, 이 또한 학교 예산 사용과 관련된 부분이어서 코디를 두지 못하는 학교가 있거나 몇 개의 학교가 한 명의 코디를 두고서 요일별로 나누어서 근무하도록 하고 있다.

그러면 담당 교사들은 단지 업무가 가중되었기 때문에 어려움을 호소하는 것일까?
아니면 다른 이유가 있을까?
우리 학교들은 방과 후 학교 운영에 있어서 왜 이렇게 어려움을 겪고 있을까?

이 시점에서 우리는 방과 후 학교 운영 목적에 대해서 다시 한 번 더 생각해보아야 할 것이다. 방과 후 학교가 처음 제안된 1995년부터 현재까지 정책변화와 맞물리면서, 방과 후 학교는 학생의 인성 및 창의성 함양이라는 최초의 목적보다는 사교육비 절감에 더욱 초점이 맞추어져서 운영이 되고 있는 것이 사실이다. 이는 2004년 교육인적자원부의 사교육비 절감 방안에 방과 후 교육이 포함되어 있다는 점을 살펴보더라도 그러하다. 최초 방과 후 학교 정책은 공교육 내실화 및 강화의 방안으로 제안이 되었지만, 정책이 집행이 되면서 이러한 교육적인 역할보다는 사교육 대체 역할이 더욱 강조되고 있는 것이 사실이다. 특히, 최근에는 수학, 영어 교과 중심의 방과 후 학교 활성화 방안까지 발표되면서 사교육 시장과의 경쟁 구도에서 공교육이 우위를 선점하려는 방향으로 방과 후 학교 정책이 전개되고 있는 것 같기도 하다(김정현, 박소영, 2012).

즉, 방과 후 학교 정책 시행의 본 목표인 학교의 교육적 기능 강화를 통한 공교육의 내실화보다는 부차적 목표였던 사교육 참여율 및 비용 감소에 더 많은 관심을 기울이고 있기 때문에 학교 현장에서는 날이 갈수록 방과 후 학교 운영에 어려움을 토로하고 있을지도 모른다. 즉, 아이들의 교육적인 목적보다는 사교육비 감소라는 부차적인 목적에 더 많은 관심을 가지고 있기 때문에(학생들의 공평한 교육과 배움의 기회 제공으로 교육적 기능강화라는 본래의 목적이 아니라 말이다) 학교와 그리고 교사들은 방과 후 학교 관련 교육 정책으로 인해 더욱 힘들어 하는 것일지도 모른다.

이 때문인지 몰라도 매 학기별로 방과 후 학교 관련 설문조사를 실시할 때쯤이면 항상 함께 따라오는 것이 사교육비와 관련된 조사이다. 사교육비 조사 결과를 바탕으로 교육부에서는 항상 사교육비는 줄고 있다고 발표를 한다. 그러나 실제 교실에서 조사를 해보면 해마다 아이들은 더 많은 금액을 사교육비로 지출하고 있으며, 아이들이 다니는 학원의 개수도 점차 늘어나고 있음을 몸소 느끼게 된다.

왜 그런 것일까?

그런데 더 심각한 것은, 교육부의 이러한 조사 결과와 달리 통계청에서 발표하는 조사 결과를 보면 해마다 사교육비가 증가하고 있다고 한다.

과연 우리는 누구의 말을 믿어야 할까?

왜 우리는 사교육비 감소에 대해 다른 결과를 받아들게 되는 것인지 알아보기 위해서, 학교 평가 항목을 한 번 살펴볼 필요가 있을 것 같다. 아래의 평가 항목은 경북교육청에서 제시한 평가 항목이며, 다른 시도 교육청과 크게 다르지 않을 것이다. 이는 경북 교육청에서 제시한 평가 항목이 교육부에서 제시한 평가항목과 거의 일치하기 때문이며, 다른 시도 교육청 역시 교육부 제시 평가항목에서 크게 벗어나지 않을 것이기 때문이다.

평가 영역 (점수 합)	평가 지표	자료 출처
Ⅰ. 교육과정 및 교수・학습 (43점)	1.1. 특색 있는 교육과정 편성・운영	정책자료
	1.4. 기초학력 향상 지원의 충실도	정책자료
	1.5. 자율동아리활동의 활성화	2016년 5월 정보공시
	1.6. 방과 후 학교 프로그램 개설률 및 참여율	2016년 4월 정보공시
	1.7. 학교스포츠클럽 등록률(2학년~6학년)	나이스
	1.8. 독서교육의 내실화	2016년 5월 정보공시 2016 정책자료
	1.9. 사이버학습 가입률 및 이수율(4학년~6학년)	내친구교육넷
	1.11. 학생 학부모 상담 실적	2016년 4월 정보공시 나이스

평가 영역 (점수 합)	평가 지표	자료 출처
Ⅱ. 교육경영 (33점)	2.1. 학교폭력 예방교육 실적	
	2.1.1. 학교폭력 예방교육(학생,교원,학부모)	2016년 4월 정보공시
	2.1.2. 학교폭력 실태조사 참여율	2015년 11월 정보공시
	2.1.3. 학생중심 예방프로그램 운영	정책자료
	2.1.4. 학교폭력 예방 컨설팅	정책자료
	2.2. 교원 1인당 직무연수 실적	나이스
	2.3. 학생 1인당 직접 교육비	에듀파인
	2.5. 현장맞춤형장학 수행 실적	정책자료 (3회중 1회는 심층수업컨설팅)
	2.6. 학교설명회 개최 실적 및 참여율	정책자료
Ⅲ. 교육성과 (24점)	3.2. 무단결석률 및 증감률	나이스
	3.4. 학생건강체력 등급(1~3등급 비율 및 증감률)	2016년 2월 정보공시
	3.7. 학교 급식 사고 발생 비율	2016년 4월 정보공시
	3.8. 학교생활 안전 교육 실적	2016년 4월 정보공시 정책자료
	3.9. 학교 표창 실적	정책자료
Ⅳ.만족도	4.1.~4.3. 학생, 학부모, 교원의 만족도	설문지

학교 평가 항목에도 교육과정 및 교수·학습 평가 영역에 방과 후 학교 프로그램 개설률 및 참여율이 버젓하게 들어가 있다. 앞서 말을 했듯이, 방과 후 학교는 공교육 내실화 및 아이들의 교육격차 해소를 위해 도입된 정책이었다. 그러나 실제 학교 평가 항목에서는 이에 대한 고려 없이 얼마나 많은 아이들이 참여를 하고 있는지에만 관심을 가지고 있으며, 이를 위해 정략적인 평가에 사용되고 있는 것이다. 그리고 이렇게 학교 평가 항목에 방과 후 학교 개설 및 참여 비율이 포함이 되면서, 학교에서는 그 비율을 어느 정도 거짓으로 보고하는 경우가 생기게 된다. 물론 거짓으로 보고하지는 못하겠지만, 정책에 대한 해석을 자의적으로 시행하게 되며, 강좌를 바꿔가며 방과 후 학교에 참여하는 학생의 경우 중복하여 계산하여 보고하는 경우가 생기기도 한다. 어쨌든 학교

측에서는 보다 높은 점수를 받기 위해서 방과 후 학교 개설 및 참여 비율에 있어서 어느 정도의 거짓된 정보를 내보게 된다. 그리고 또한,

단위 학교에서는 더 많은 강좌를 개설하면서도
참여율을 함께 높이기 위해서 어떻게 할까?

아이들의 참여율을 높이기 위해서 학교 측에서는 아이들의 사교육비에서 많은 부분을 차지하는 교과와 관련된 방과 후 수업이 많이 이뤄질 수 밖에 없게 된다. 아이들의 인성이나 창의성 함양이 아닌 수학, 영어 등 교과 수업에 치중할 수 밖에 없는 것이다. 즉, 방과 후 학교의 실제는 정책의 초기 목표에 부응하지 못하고, 사교육 대체 과목 중심으로 이뤄지면서 사교육 시장과의 경쟁구도에서 우위를 선점할 수 있도록 사회의 교육 자원을 학교로 유입하는 방식으로 운영이 되고 있는 것이다(교육과학기술부, 2011).

이제는 방과 후 학교에 대한 관심이 사교육비 절감이라는 부차적인 성과 측면이 아니라 학교교육 강화라는 본질적 목적에 두어야 할 것이다. 지식 중심, 교사 중심의 획일적 입시 위주의 학교교육의 한계를 극복하기 위해서 도입되고 시작된 것이 바로 방과 후 학교이다. 이런 면에서 방과 후 학교의 본래의 본질적인 취지는 학생들의 특성, 적성교육을 통해 인성과 창의성 신장에 있었을 것이다. 그러나 어느 순간 방과 후 학교는 학교 수업의 연장선상에 놓이게 되고, 방과 후 학교의 사회적 기능만을 중시 여기게 되었다. 이에 지금부터라도 방과 후 학교에 대한 본 취지와 본래의 목적에 대한 되새김질이 필요할 것이다.

급격하게 변화하는 사회적 흐름과 요구에 따라 학교교육 또한 개혁이 필요하다는 것은 옳은 말이다. 하지만 교육의 본질적 가치가 무엇인가에 대한 숙고가 반드시 우선시 되어야 할 것이다. 이는 방과 후 학교 정책에 대해서도 동일하게 적용되는 말이다. 아무리 사회가 변화되고 교육에 대한 사회적 요구가 거세더라도, 교육의 본질적 가치가 무엇이고, 정책의 본질적 취지가 무엇이었는가에 대해서 소홀히 다루어져서는 안 된다. 사회가 변화되고, 그에 따라 요구가 거세더라도 교육적 본질은 변하지 않기 때문이다.

방과 후 학교 또한 교육이 추구하고자 했던 본질적 가치를 얼마나 실현하고 있는지를 살펴보고, 본래의 목적과 취지를 살릴 수 있는 진정한 교육의 장으로 거듭나야 한다.

어쩌면 그동안 방과 후 학교 운영에 있어서 어려움을 호소하는 것은 업무적인 측면에서 업무의 가중 때문이 아니라, 교육적인 목적이 아니라 성과에 초점을 두고서 개인의 발달과정을 무시한 채 성과에만 관심을 두고자 하는 정책적 흐름 때문은 아니었는지 한번쯤 고민해보아야 할 것이다. 교사들은 그저 업무가 늘었다고 투덜대거나 어려움을 호소하는 것이 아니라. 그러한 정책들이 교육적인 목적이 뚜렷하다면 업무가 늘어나도 어려움을 호소하기 보다는 교육을 위해 더 많이 노력하려고 할 것이다.

왜 하는지 모르는 일은 오래 할 수 없다.
그리고 방법을 모르고 하는 일은 제대로 할 수 없다.

이번 장의 이야기, 그리고 제 2부 학교의 성장에 대한 이야기를 마무리 하며 독자에게 마지막으로 던지고자 하는 메시지이다. 이 말은 우연찮게 치과 진료를 시간을 기다리며 읽게 된 2017년 2월, 『좋은 생각』이라는 월간 도서에서 보게 된 글귀이다. 이 글을 쓴 사람은 임병희로서 목수라는 직업을 가진 사람이었다. 이 사람의 이야기는 다음과 같았다.

그는 목공일을 하면서 주변 사람들에게 가끔

"목공은 어렵지 않아요?"

라는 질문을 받는다고 한다. 생각해보면 톱질도, 대패질도, 끌질도 어느 하나 어렵지 않은 일이 없다. 끌질을 하지 못해 속절없이 나무를 다시 자르던 생각으로 머리가 어지럽고, 쉽고 편한 기계라고 정신을 놓았다고 약 상자를 열었던 기억에 얼굴이 화끈거린다고 한다.

그러면 의문이 든다고 하였다.

'나는 왜 이렇게도 어려운 목공일을 하고 있지?'

그런데 세상 어디에 쉬운 일이 있나. 학교 다닐 때는 공부가 어려웠고, 나이가 들면 사람 관계가 힘들고, 누구나 다 어려운 일을 하면서 살아간다. 그러고 보니 이 문제를 푸는 열쇠는 '어렵다'가 아니라 '왜'에 있는 것임을 알게 되었다. 어렵다는 것은 과정일 뿐이며, 왜는 그것을 하는 동기, 목적, 의미인 것이다. 어렵지만 해야 하는 이유가 있고, 의미가 있고, 목적이 있기에 해야 하는 것이다.

'그럼 나의 왜는 무엇일까?'

그냥 나는 목공이 즐겁다. 어떻게 만들지 생각하는 것과 그렇게 만들어 가는 과정이 흥미롭고, 완성한 가구를 쓰거나 선물하는 것이 행복하다. 어렵다는 큰 영향을 미치지 않았다.

'꼭 잘해야만 즐거운 걸까?'

어린아이들은 화가처럼 능숙히 그림을 그리지 못해도 그림을 그리는 일을 매우 즐거워한다. 세상 어느 곳에 가더라도 잘 하지 못해도 즐거운 일은 많다. 운동경기장에 가보면 그렇고, 노래방에 가보면 그렇다. 잘하고 못하고가 중요한 것이 아니라 모두들 즐거움과 재미로움에 라켓을 잡고, 마이크를 잡게 된다.

잘하고 못하는 것보다 중요한 것은 바로 즐기는 것이다. 공자는 논어에서 이러한 말을 하였다.

지지자 불여호지자 호지자 불여락지자
知之者 不如好之者 好之者 不如樂之者

즉, 아는 사람은 좋아하는 사람과 같지 않고, 좋아하는 사람은 즐기는 사람과 같지 않다는 뜻이다. 배워서 아는 것보다 배움을 좋아하는 것이 낫고, 좋아하는 것은 즐기는 것을 따라갈 수 없다는 말이다.

무엇을 하려는 이유는 좋아하기 때문이다. 단지 배우기 위해서가 아니라 좋아하면 사랑하는 경지에까지 이를 수 있다.

태어날 아이를 위해 침대를 만드는 아버지의 얼굴은 아기처럼 사랑스럽다. 스스로 만드는 기쁨을 느끼고자 본능에 몸을 맡긴이는 도전 정신이 활활 타오르게 된다. 그러나 억지로 일할 땐 무표정한 얼굴, 생기 없는 몸놀림이 이어지게 된다.

가끔씩 세상에서 '왜'가 사라지고 있다는 생각을 하게 된다. '왜'와 '어떻게'는 조화와 균형을 이루어야 하거늘, 사람들은 점차 '어떻게'라는 질문에 대해서만 답을 찾으려고 하는 것 같다.

하지만 길을 걸어보면 알게 된다. 걷는 방법을 알면 어느 길이든 갈 수 있다. 그러나 가야 할 곳이 어디인지 모르면 어디에도 닿을 수 없는 것이다.

노자는 도덕경에서 이렇게 말을 하였다.

발끝으로 선 자는 오래 설 수 없고,
발걸음을 크게 내딛는 자는 제대로 걸을 수 없다.

이를 이렇게 바꾸고 싶어진다.

왜 하는지 모르는 일은 오래 할 없고,
방법을 모르는 일은 제대로 할 수 없다.

출처: 좋은 생각 2017. 2월호

학교에서도, 그리고 교사들에게도 점차 '왜'라는 질문이 사라지고 있는 것은 아니었을까 생각을 하게 된다. 왜 아이들 앞에서 가르치고 있는지, 왜 교사가 되었는지, 왜 그러한 교육 정책을 운영하고 있는지, 왜 우리는 이리도 힘들게 버티며 지내는지 등 등...

수많은 왜 라는 질문이 점차 사라지고 있는 것 같다.

왜 라는 질문은 점차 사라지는 대신에, 우리는 어떻게 하면 교사로서 잘 살아갈 수 있을지, 어떻게 하면 좋은 수업을 할 수 있는지, 어떻게 하면 상부기관에서 지시하는 교육정책을 잘 운영할 수 있을지, 어떻게 하면 좋은 평가를 받을 수 있을지 등등..

우리는 수많은 어떻게 라는 질문에 대해 답을 하면서 교사라는 직업인으로서 살아가고 있었던 것은 아니었었는지 반성해본다.

학교의 성장은 바로 왜 라는 질문에서 시작해야 할 것 같다. 왜 학교라는 조직이 생겨나게 되었는지, 왜 학교가 여전히 존재하고 있는지, 왜 학교붕괴라는 말이 나오고 있는지 등 등...

학교는 다른 무엇도 아닌 학생들의 교육을 위해서 존재하는 조직이다. 그래서 붕괴라는 말이 오래전부터 계속 나오고 있지만 여전히 존재하고 있으며, 앞으로도 계속 존재하게 될 것이다. 그러나 왜 존재해야 하는지에 대한 스스로의 답을 찾지 않고서는 오래 지속 될 수 없으며, 학교가 계속 존재할 수 있는 방법 또한 모르는 일이 될 것이다.

학교의 성장은 바로 이러한 질문에서 시작되어야 할 것이다. 어떻게 하면 성장을 할 수 있는지가 아니라 왜 성장을 해야 하는지, 왜 존재해야 하는지에 대한 학교 구성원들의 스스로의 답을 통해 찾아가야 할 것이다. 그리고 그 중심에는 바로 학생들의 교육과 배움이 존재해야 할 것이다. 학생들의 진정한 교육과 배움이 중심이 되는 그러한 학교, 그것이 바로 학교가 성장하는 모습이 되어야 하지 않을까 한다.

잘 하지 못해도 괜찮다. 그러한 과정에 있어서 구성원들이 함께 즐길 수 있으면 된다. 그리고 그러한 교사들을 신뢰하는 사회가 되기를 희망해본다. 물론 우선 교사가 신뢰받을 수 있는 존재가 되어야 하겠지만 말이다. 그러기 위해 지금이라도 교실 문을 열고 나와서 함께 모인 자리에서 함께 이야기를 나누어보면 어떨까?

학교는 왜, 무엇 때문에 존재하는 것일까?
그렇다면 앞으로 어떻게 하면 좋을까(성장할 수 있을까)?
이것이 학교 성장의 첫 출발점이 될 것이다.
물론 힘들고 어려운 일이 될 것이다.
하지만 누군가는, 어떤 학교인가는 해야 하지 않을까?
함께 학교를 이야기하며 즐기면서 말이다.
그러한 학교문화가 정착되기를 희망해본다.

3 PART

수업의 성장

아이를 당신이 아는 배움의 범위에 한정 짓지 말라.
아이는 당신과 다른 시대에 태어났다

— 라빈드라나트 타고르

가장 좋은 교사란 아이들과 같이 웃는 교사이다.
가장 좋지 못한 교사란 아이들을 우습게 보는 교사이다.

— 니일

스승이란 이름을 가졌으면
그 이름에 합당한 양심, 자격, 덕성을 갖추어야 한다.
학생들은
선생님이 하라는 대로 하지 않으나
선생님이 하는 대로 행한다.
한 숟갈의 상상력은
한 트럭의 지식보다 더 중요하다.

— 아이슈타인

PART 3

수업의 성장

"내가 최선을 다하는 것이 맞나. 그걸 잘 모르겠어. 내가 제대로 하고 있는 게 맞나 내가 하고 있는 최선이 환자에게도 최선인 게 맞나?"

"의사가 제대로 하고 있는지 알 수 있는 방법은 딱 한 가지뿐이야. 환자를 통해서 오로지 그거 하나뿐이다. 살고 죽는 문제까지 네가 책임지려고 하지 마라. 네가 배운 대로 최선을 다 하면 돼"

이는 본 저서의 처음에도 언급을 했던 '낭만 닥터 김사부'에서 주인공 2명이 나눈 대사의 일부분이다. 물론 교사와 의사라는 직업적인 차이는 존재하지만 저자는 이 대사가 아직도 뇌리에 깊게 남아있다. 교사라면 응당 누구나 열심히 최선을 다해 수업을 연구하면서 배움 중심, 학습 중심의 수업을 위해 많은 노력을 하고 있다고 생각한다. 그런데 교사라면 누구나 이러한 생각도 함께 하였을 것이다.

'나는 정말 학생들에게 도움이 될 수 있도록 최선을 다하는 것이 맞을까?
아이들의 삶을 위해, 배움을 위해, 삶을 위해 무언가 도움을 주는 것이 맞을까?'

정말 많은 고민을 해 온 것 같으며, 지금도 하고 있으며, 앞으로도 더 많이 하게 될 것 같다. 교육이라는 것이 1년간의 성과만으로 아이들이 얼마나 성장하고 발전을 했는지 확인이 불가능하기 때문에 그러한 고민은 더욱 깊어지기만 하는 것 같다. 교육과정 재구성도 스스로 그리고 공동체가 함께 해보기도 하고, 다양한 학습 방법을 교실 상황에 맞게 변형하여 적용해보기도 하였지만, 그 성과를 가시적으로 확인이 어려워서 많이 걱정도 하고 고민도 하게 된다.

위의 대사에서도 알 수 있듯이 우리가 교사로서의 역할을 제대로 수행하고 있는지, 제대로 아이들의 배움을 위해 수업을 하고 있는지 확인하는 방법은 딱 하나일 것이다. 바로 그 해답은 학생들이며, 이러한 학생들의 모습과 표정을 통해서만 확인이 가능할 것이다.

수업 성장에 대한 본격적인 이야기를 시작하기에 앞서, 우선 본 저자의 학교 이야기를 잠시 하고 싶다.

2015학년말, 나는 2016학년도에 학교를 변화시키고자 이전 학년과 다른 방법으로 2016학년도를 꾸려가고자 결심하였다. 그 당시의 결심을 간단하게 말을 하자면 일회성, 보여주기 식의 행사위주의 학교 교육과정에서 벗어나, 학년별 교육과정 및 수업 속에 행사가 녹아들어서 수업과 함께 운영되는 학교 행사를 목적으로 하여 학년중심의 교육과정 재구성을 운영하고자 하였다. 흔히 말하는 스몰스쿨을 지향하고자 하였다. 물론 이에 대한 반대가 무척 심했고, 어려움도 많았다. 꾸려나가기 힘들 것 같아, 포기하려고도 했지만 그 때 마다 곁에서 힘이 되어 응원을 해주시던 교감선생님께 다시 한 번 더 깊은 감사의 인사를 대신 전하고자 한다. 지금은 전근을 가셔서 자주 뵙지도 못하고, 연락도 드리지 못하고 있지만 어려운 상황임에도 불구하고 끝까지 믿어주시고, 일을 추진할 수 있게 물심양면으로 도와주신 교감선생님 덕분에 2016학년도를 꾸려나갈 수 있었으며, 일을 추진할 수 있었음에 진심으로 감사드립니다. 참, 그러고 보니 저자도 인정이 참으로 없는 것 같다. 항상 이렇게 감사의 마음을 가지고 있으며, 2016학년도에 참으로 힘들었던 일들, 그리고 그와 관련된 이런저런 이야기를 하거나 생각을 떠올릴 때마다 감사하다고 생각이 드는 분이 바로 교감선생님임에도 불구하고 바쁘다는 핑계로 연락한번 제대로 해드리지 못하고 있으니 말이다. 지금이라도 당장 연락을 한 번 드려봐야겠다.

어쨌든 이런 저런 우여곡절을 겪으면서 어찌 어찌해서 일 년을 겨우 꾸려나갔고, 2016학년도를 정리하는 시간을 가질 수 있었다. 그 결과는 역시나 대부분의 교사들은 일 년 동안 직접 경험하고 실천했던 일(?)들에 대한 본 취지를 아직까지도 제대로 이해하지 못하고 그저 행사를 묶어서 일정한 기간 동안 주간 집중 교육과정을 운영하였다고만 이해하고 있었다. 물론 처음부터 반대를 했으니 하기 싫어했을 것이고, 그래도 학교에서 하라고 하니 어쩔 수 없이 따라하는 시늉만 했기에 일 년이 지나고 나서도 이해하지 않으려 한 것인지도 모르겠다. 그러다 보니 주간 집중 교육과정 운영 후에는 교과 진도 나가기에 급급했고, 행사 기간 중에 아이들이 너무 나태해져서 수업시간에 아이들을 다스리는 것이 어려웠다는 공통적인 이야기를 듣게 되었던 것 같다.

그러나 모두들 이러한 말을 했다. 그래도 아이들은 매우 즐겁게 참여했고, 행복해보였다고 한다. 실제 학부모 및 학생 설문조사 결과 가장 기억에 남은 학교생활로 주간 집중 교육기간 때 있었던 다양한 활동들을 말을 하였다.

그러한 이야기 후, 저녁 시간에 평소 친하게 지내던 선배교사(함께 책을 쓰고 있는)가 이렇게 물었다.

"참 힘들었겠다. 그리고 어떻게 이런 안 좋은 말을 다 견뎌냈니? 그래도 이제 다 끝났는데 서로 좋은 말을 해주면 좋은데, 참 그러지 못하네. 기분은 괜찮아?"

이러한 말에 나는 이렇게 답을 한 것 같다.

"괜찮아요. 욕을 얻어먹는 것에 익숙해졌어요. 그런데 한 가지는 알게 되었어요. 모두들 아이들은 즐겁고 행복해했다고 말을 해서 좋았어요. 저는 다른 건 모르겠고 그저 아이들이 행복한 학교가 되었으면 했고, 아이들이 한 순간이라도 행복하고 즐거운 경험을 학교에서도 할 있구나 라고 느끼면 좋겠다는 생각에서 시작한 거라서. 그리고 그러한 아이들의 모습을 보면서 그 선생님들도 무언가 느끼는 것이 있었을 것 같아요, 학기 초에 반대를 했을 때 제가 들었던 말투보다 오늘 들었을 때의 말투가 약간은 누그러졌고, 제가 느끼기에는 그래도 학생들의 입장에서 바라봤을 때는 어느 정도 저의 이야기와 의도에 동의를 하기도 하는 것 같았어요. 아이들의 반응을 보면서 그들도 조금은 느끼는 것이 있었던 것 같아요."

그렇다. 참으로 변하지 않을 거라고 느꼈던 선배교사들이었는데, 아이들의 반응을 보면서 약간은 생각에 변화를 가져온 것 같았다. 그래서 스스로 교사로서 제대로 하고 있는지, 제대로 아이들을 위해 노력하고 있는지 그저 아이들을 통해서만 확인이 가능한 것 같다. 바로 교사와 수업은 이러한 아이들을 바라볼 때, 내가 과연 옳은 길을 가고 있는지, 그렇지 않은지를 판단하고 알 수 있는 것 같다.

물론 지금 이러한 말을 한다고 하여 교사들의 행복을 무시하자는 취지의 것은 아니다. 앞서 말을 했듯이 교사가 행복해야 수업이 행복해지고, 행복한 수업으로 인해 학생들이 행복해질 수 있다는 생각을 기본적으로 가지고 있다. 그래서 행복한 교사를 위해서 어떻게 하면 될지에 대한 고민으로 본 저서를 쓰기 시작하기도 했으니 말이다. 다만, 여기서 지금 말을 하고자 하는 것은, 그래도 수업을 바라볼 때는, 그리고 수업이 교육적인지를 살펴보기 위해서는 오롯이 아이들의 모습과, 표정, 그들의 행동을 통해서만 알 수 있으니 그들을 바라봐야 한다는 의미이다.

다시 본래의 이야기로 돌아오자.

학생을 살펴봐야 한다는 말을 통해 저자가 진정으로 하고자 하는 의미는, 교사들은 학생들이 얼마나 많은 것을 외우고 암기하고 알게 되었는지까지 모든 것을 스스로 책임지라는 의미로 말하고자 것은 아니며, 지식적인 측면에서 모든 것을 책임지라는 말 대신에 아이들에게 그들의 배움과 삶을 위해 교사로서 자신의 역할에 대해 최선을 다하기만 하면 될 것 같다. 무엇을 배웠으며, 무엇을 알게 되었는지를 확인하기 보다는 그러한 배움과 교육을 위한 다양한 환경과 여건, 그리고 기회를 제공하는 것이 교사로서 자신의 본분에 최선을 다하는 것은 아닌지 말하고자 하는 것이다. 아이들의 배움과 삶을 위해서 교사로서 제공할 수 있는 다양한 여건과 환경, 그리고 그러한 기회를 최선을 다해 충분하게 제공해 줄 수 있다면 그걸로 만족스러울 것 같다.

하지만 이러한 관점에 대해 한 가지 문제점이 생길 것이다.

과연 우리들의 최선이란 무엇일까?
교사들의 수업은 어떠한 것이 최선일까?
수업은 과연 성장가능 한 것일까?
수업의 성장이란 무엇일까?

지금부터 솔직하게 함께 이야기 나눠보자.

CHAPTER

0

극히 평범한 교사가 바라보는…
교사는 왜 성장하지 못할까?

여러분들은 수업을 고민하고 어떻게 할지 심각하게 고려해 본 적이 있는가?

분명히 있을 것이라고 생각한다. 수업연구대회 형태로든 아니면 동학년 협의회 시간이나 교과전담시간에 여러 선생님들이 앉아서 자신의 수업과 학습자료 등에 의견을 나누고 공유한 적이 있을 것이다. 우리가 비록 그것이 수업공동체라는 의식을 가지지 못했지만, 거기서부터 수업에 대한 성찰과 성장이 시작되는 점이 아닐까 생각한다. 나는 지금도 생각한다. 어느 수업이 더 좋고 더 나쁜 지는 없다고 생각한다. 수업에는 왕도가 없다고 하니 말이다. 아이들이 행복하고 즐겁게 그들에게 학습의 기쁨을 누리게 해주었다면 교사의 본분을 다하는 수업이 아닐까 생각한다. 나는 지금까지도 내 수업에 대해서 잘못되었다고 생각하지는 않는다. 그렇다고 나의 수업이 최고라던가 옳은 것이라고도 생각하지 않는다.

하지만 한가지 중요한 것은 그동안의 교사 중심의 수업에서 학생이 중심이 될 수 있는 수업으로의 성장과 발전은 필요하다고 여겨진다. 즉 수업에 대한 초점은 아이들에게 맞춰져서 진행이 되어야 한다. 아이들이 즐겁고 행복하고 학습목표, 더 나아가 교육목표에 도달하기 위한 다양한 수업적인 측면이 성장할 필요가 있다는 것을 지금에야 깨달았다. 나는 지금까지 나의 수업이 가장 나에게 맞는 것이고 아이들이 잘 학습할 수 있다는 생각을 가졌다. 나의 교육목표는 NCLB에 맞춰져 있었다.

여러분들의 교육목표는 무엇인가?

저자는 공동저자와 함께 이야기를 나누면서 하나의 의문을 가지게 되었다. 그와 선생님과 내가 바라보는 교육목표는 다르고 이상도 달랐다. 그는 저자에게 말했다. 지금 배우고 있는 교과의 내용들이 미래에도 사용될 것이라고 믿느냐고 물었다. 저자도 필요하지 않을 것이라고 말했다. 그러면 왜 그렇게 가르치냐고 물었다. 저자 내가 가르치는 교육목표에 대해서 생각해 본적 없다. 저자 아이들에게 지식을 전달하고 좋은 성적과 대학에 갈 수 있는 밑바탕을 마련해주고자만 하였다. 과연 나의 교육목표는 무엇이었을지, 그리고 왜 아이들에게 지식을 전달하고 알려주고 가르쳐주고자 하였는지에 대해서 깊이 생각해 보게 되었다. 그리고 내가 가르친 이 아이들이 나중에 커서 어떤 어른이 되고 어떻게 살고 있을지를 생각해보았다.

내가 지금 가르쳐준 이런 지식들이 필요할까?

맞는지 틀리는지는 아무도 모른다고 생각한다. 하지만 한 가지는 확실히 알 수 있다. 저자 아이들에게 너무 나만의 방법만을 강요한 것이 아닐까? 저자 성장하지 않으면서 아이들만 성장하기를 바란 것은 아닐까하는 자괴감이 몰려왔다. 그리고 이제 저자 성장을 위해서 한 걸음씩 나아가기로 하였다. 이것은 지극히 평범한 교사로 살아가고 있고, 앞으로도 살아가게 될 저자의 생각이다.

세상이 변화한다는 것은 곧 그 속에 속한 구성원들 역시 변화한다는 것을 의미한다. 예전의 초등학교 학생들과 지금의 초등학교 학생들은 살아온 문화와 삶의 양식 또한 분명히 다를 것이다. 아니 분명하게 다르다고 말할 수 있다. 그래서 학생들에게 다양한 기회를 제공하는 수업을 할 필요가 있는 것이다. 그러기 위해서는 우리 교사들도 기존의 방법만을 고집하기 보다는 새로운 방법들을 선택하고 활용해보는 것이 필요하지 않을까 생각한다.

그것이 어쩌면 교사로서 성장하고 발전하는 첫 발걸음이 될지도 모르니 말이다. 물론 변하지 않아도 되고, 발전하지 않아도 된다. 그저 우리들이 마지막으로 하고자하는 이야기를 함께 읽어봐 주고 공감해주며, 함께 조금씩 조금씩 성장하기를 바랄뿐이다. 스스로 변한다고 생각하지도 인식하지도 않지만, 어느 순간 성장하고 발전해 있을 자신의 모습을 발견하게 되기를 기대해본다.

CHAPTER

1

배움의 내용이 아닌 방법으로 수업 성장

미래를 만드는 것은 아이들의 창조력이다

이것은 이시도 나나코(2016)가 『미래 교실』이라는 저서를 통해 창조적 배움터를 만들기 위해 설립된 비영리단체 캔버스의 이념이라고 밝힌 말이다. 저자는 이 말이 참으로 마음에 든다. 더 나은 미래를 위해, 그리고 더 나은 미래 사회에 더 나은 삶을 살아가기 위해서 인간에게, 그리고 학생들에게 가장 필요한 것이 바로 창조력이라고 할 수 있다.

이러한 사고에 기반하여 세계 교육이 변화하고 있으며, 우리나라 교육 또한 창의력을 향상시키기 위하여 많이 변화하고 있다. 2015개정 교육과정에서 요구하는 인재상이 '바른 인성을 지닌 창의·융합형 인재 양성'이라는 것, 그리고 6대 핵심역량 중의 하나로 창의적 사고 역량을 제시하는 것, 또한 추구하는 인간 상 중의 하나로 창의적 사람을 제시하고 있는 것만 보더라도 그러함을 쉽게 알 수 있다.

그리고 학생들의 창의력을 높여주기 위하여 창의적 교수·학습 방법에 대한 관심이 날로 높아지고 있다. 그 한 예로 얼마 전 EBS에서 방송을 하면서 많은 교사들, 혹은 많은 사람들에게서 관심이 높아진 거꾸로 교실을 들 수 있다. 저자 역시 거꾸로 교실의 본질적인 취지에 동감을 하고 있으며, 이에 거꾸로 교실을 적용한 수업을 실천하고 있기도 하다. 거꾸로 교실은 인터넷을 통해 학생들이 무료로 강좌를 수강할 수 있는 시대가 열리면서 아이들의 창의력을 높여줄 수 있는 새로운 형식의 수업 방법으로서 각광을 많이 받게 되었다. 이는 지금까지의 교실 수업이 교사들의 설명을 통해 학생들에게 지식을 일방적, 단편적 전달하고, 이에 따라 학생들은 가정에서 그날 배운 내용을 복습하며 과제를 해오던 전통적인 방식에서 벗어나 학생이 미리 가정에서 인터넷을 통해 강좌를 보면서 학습을 하고서, 교실에서는 교사가 제시하는 과제 혹은 아이들이 해결하고자 하는 과제를 함께 찾도록 한 뒤, 과제를 해결하기 위해서 가정에서 배운 내용을 친구들과 함께 서로 가르쳐주고 배우면서 복습을 하거나 그에 대해서 함께 모여 토의·토론을 함으로써 보다 발전적인 수업이 이루어지도록 하는 것이다. 즉, 간단하게 말을 하자면 예습이 숙제가 되고 지금까지 숙제로 해왔던 응용학습이 수업이 되는 것이다. 이를 통해 학생과 학생이 서로 배움을 주고받는 쌍방향 수업이 가능해지게 되는 것이다.

물론 거꾸로 교실에 대한 비판적인 시각도 저자는 분명히 가지고 있다. 플립드 러닝이 우리나라에 들어오면서 거꾸로 교실로 재해석이 되어졌으며, 거꾸로 교실이라고 하면 응당 동영상 제작에 큰 비중을 둔 연수가 진행되고 있다. 실제로 15차시 정도의 거꾸로 교실 관련 연수를 살펴보면 반 이상이 동영상 제작에 대한 내용으로 꾸려지며, 실제 참여식 연수에 참석해 본 결과 반 이상의 시간을 동영상 제작에 시간을 할애하고 있음을 확인하였다. 물론 거꾸로 교실이라는 것이 그 이념에 대한 설명, 학습 방법에 대한 설명이 간단한 측면이 있으며, 그로 인해 이에 대한 연수를 진행함에 있어서 시간을 채우기 위해서는 동영상 제작에 대한 연수가 들어갈 수밖에 없음을 인정하다. 실제 본 저자 또한, 어느 한 교수님으로부터 거꾸로 교실에 대한 책을 써보자는 제안을 받은 경험이 있다. 그러나 그 교수님께서도 알고 계셨듯이, 거꾸로 교실에 대한 내용으로 한 권의 책을 꾸리기에는 부족한 점이 많고, 어려움이 많았다. 그래서 동영상 제작과 관련된 내용을 많이 요구하시기도 하였다. 이로 인해 그러한 제안을 거절하게 된 것 같다.

플립드 러닝의 본래의 목적은 학생들의 더 많은 상호작용을 통한 배움을 강조하는 수업이라고 할 수 있다. 기존의 교사 중심의 보편화된 수업이 아닌 학생이 중심이 되고, 활동이 중심이되는 수업이라는 의미가 강하다는 것이다. 그러나 이러한 본 취지에 대한 관심보다는 그동안 거꾸로 교실이라고 하면 동영상 제작에 더 큰 관심을 가져왔다는 것에는 많은 이들이 반발을 하지 못할 것이다. 그래서 본 저자는 거꾸로 교실이라는 단어 대신에 플립드 러닝을 거꾸로 배움(learning이라는 단어는 교실보다는 배움에 의미가 더 가까운 단어라고 판단하였기 때문이다)이라는 말로 다시 번역하여 사용하였으며, 이에 대한 이야기를『거꾸로 배움, 교실에서 찾은 아이들의 행복열쇠』라는 저서를 통해 처음으로 이야기를 나누었다. 본 저자의 이전 거꾸로 배움, 첫 번째 이야기(교실에서 찾은 아이들의 행복열쇠, 2015, 양성원), 그리고 두 번째 이야기(학생 바보 교사의 용기, 2016, 양성원) 등 앞서 출간한 2권의 저서를 먼저 참고하기 바란다.

어쨌든 거꾸로 수업에 대한 본 취지에 대해서는 저자 역시 매우 동의 한다. 배움의 방법이 성장되어야 한다고 생각하기 때문이다.

왜 배움의 방법이 성장되어야 할까?

각 분야에서 큰 활약을 하고 있는 사람들에게 미래를 살아갈 아이들이 반드시 갖춰야 할 능력은 무엇인지에 대한 설문조사를 실시하였다. 그 결과 다음과 같다.

만드는 힘
문제를 파악하고 해결하는 힘
다른 사람을 존중하고 협력하는 힘
경험한 적 없는 상황에 유연하게 대처하는 힘

위의 설문조사에 대한 내용과 결과는 이시도 나나코(2016)에서 찾을 수 있었다. 물론 어디서 어떻게 찾을 수 있었는지도 중요하지만, 이보다 더 중요한 것이 있다. 그건 바로 위에서 제시되는 능력 중 그 어디에도 우리들이 현재 학교에서 대부분의 시간을 아이들에게 중요하다고 생각하며 가르치고 있는 교과 지식은 전혀 찾아 볼 수 없다는 점이다. 아니 교과 지식 뿐 아니라 지식에 대한 내용은 그 어디에도 찾아 볼 수가 없다.

그동안 우리 학교교육에서 중시되었던 것과는 다른 대답들이었다. 또한 일본 경제 단체 연합회가 2010년 신입사원 채용에서 중시하는 점에 대한 설문조사 결과 의사소통 능력, 주체성, 협동성의 순으로 중시한다는 응답을 받았다.

과연 학교는 이러한 상황을 잘 고려하고 있는 것일까?

이처럼 아이들이 앞으로 사회생활을 할 때 속하게 될 기업은 지식 이외의 것을 중시여기고 있음에도 불구하고, 학교는 그러한 것을 고려하지 않은 채 여전히 지식, 학력, 학벌을 중시여기고 있는 것이다. 물론 학교가 직업을 위해, 직장을 위해서 교육하고 가르쳐서는 안 된다는 의견에는 동의한다. 단지, 저자가 여기서 말하고 하는 것은 이제 학교도 사회가 요구하는 것에 발맞추어서 성장해야 한다는 것이다. 그리고 이에 발맞추어서 국제화, 정보화가 급속도로 진행되는 미래 사회를 살아가야 할 아이들에게 필요한 능력에 더 많은 관심을 가지고, 그러한 능력, 역량을 길러줄 수 있도록 수업도 이에 함께 성장해야 한다는 것이다.

이러한 시대적, 사회적 변화에 따라 교육부에서는 2015 개정 교육과정에서 핵심역량이라는 개념을 도입하였으며, 핵심역량[11] 중심의 교육과정을 만들어 적용하고 있다. 핵심역량이라는 개념 속 역량의 종류를 살펴보면 단체 및 나라별로 정의를 하는 것에 약

11) OECD에서는 지식기반사회를 살아갈 아이들에게 필요한 능력을 핵심능력을 선정하고, 이 핵심능력에는 사회문화의 기술적 도구를 활용하는 능력, 다양한 사회그룹에서 인간관계를 형성하는 능력, 자율적으로 행동하는 능력 등 세 가지로 구성하였다. 또한 유럽연합에서는 모국어로 소통하는 능력, 외국어로 소통하는 능력, 과학기술이 학술적 능력과 기초 능력, 디지털 능력, 배우는 능력 사회적・시민적 능력, 창조력과 기업가정신, 문화적 의식과 표현의 능력 등 8가지를 제시하였다. 2015 개정 교육과정에서는 자기관리역량, 정보처리역량, 공동체역량, 심미적 감성 역량, 창의적 사고 역량, 의사소통 역량 등 6가지를 제시하고 있다.

간의 차이는 있지만 공통적으로 새로운 지식과 가치를 창조하는 능력을 요구하고 있다는 점을 찾을 수 있다.

그렇다면 이러한 핵심역량 중심의 수업을 위해서
우리 교사들은 어떻게 수업을 해야 하는 걸까?

흔히들 교사를 학교의 부모라고 말을 한다, 실제로 우리 반 아이들 중 몇 명은 저자에게 학교 아빠라고 부르는 것을 서슴없이 한다. 그래서 부모라는 단어에 대해 자세히 알아보고자 하였다.

親=(木+立)+見

부모를 의미하는 한자인 "親"을 살펴보면, "나무 위에 서서(木+立) 지켜보는(見)" 단어가 합쳐져서 만들어진 단어임을 알 수 있다. 그래서 이런 의미에서 학교의 부모라고 일컫는 우리 교사들의 역할을 찾아보면 어떨까 생각하였다. 학교 부모 역시 교실 위에 서서 아이들을 지켜보는 사람이 아닐까한다. 그렇다면 우리 교사들은...

우리들 교사는 아이들에게 배움에 대한
동기를 제공하고 배울 수 있는 환경을 마련해주고서
기다려주고 지켜보는 역할을 해야 하지 않을까?
그러면 우리 아이들에게 교사들은 어떻게 지켜보면 될까?
그러면 어떻게 수업이 성장되면 좋을까?

1) 즐겁게 배우는 방법을 배우도록 지켜보자

교육이 아닌 학습이 되기 위해서는 배움이 일어나야 하며, 스스로 주체적으로 배우기 위해서는 배우는 내용이 아니라 배우는 방법에 초점을 두고서 수업이 이뤄져야 한다.

미국 듀크 대학의 연구자 캐시 데이비슨은 뉴욕 타임즈를 통해 2011년 미국 초등학교에 입학한 아이들 중 65%는 그들이 대학을 졸업할 시점에서 지금은 존재하지 않는 전혀 새로운 직업에 종사하게 될 것이라는 글을 남겼다. 우리나라 아이들 또한 이와 별반 다르지 않을 것 같다. 이미 몇 몇 분야에서 인간이 할 일을 인공지능의 기계가 대체하기 시작한 것만 보더라도 그러하다.

현대 사회는 지금의 지식이 하루가 지나고 나면 금방 옛것이 되어버리는 시대이며, 오늘날의 상식이 10년 후에는 비상식이 될지도 모르는 시대이다. 아니 아마도 그러한 시대가 될 것이다. 이러한 시대에서 우리 아이들은 학교에서 배운 지식만으로는 절대 살 수 없는 시대를 앞으로 살아가게 될 것이며, 어쩌면 학교에서 배운 지식이 전혀 필요 없는 지식이 되어버릴지도 모르는 시대에 살게 될지도 모르는 일이다. 아마 모르긴 몰라도 그와 비슷한 시대를 살아가게 될 것이다. 그렇다면 어느 누구도 아이들에게 정답을 가르칠 수 없을 수도 있다. 누구도 정답을 알지 못하는 세상이 되고 있으며, 평생에 걸쳐 배우면서 새롭게 익히고 새로운 정답을 계속해서 찾아가며 살아가야 하는 시대가 오고 있기 때문이다. 어쩌면 벌써 그러한 시대를 살고 있을지도 모른다.

그렇다면 우리 아이들은 무엇을 배워야 할까?

흔히 교사들은 시대적 흐름의 변화에 따라, 그리고 배움 중심 학습이 강조됨에 따라서 아이들이 무엇을 배워야 하는지 궁금해 하기도 하고, 질문도 많이 던지기도 한다. 하지만 이제는 이 질문의 내용 자체가 바뀌어야 할 것 같다. 아이들에게 중요한 것은 무엇을 배워야 하는 것이 중요한 것이 아니라, 어떻게 배워야 하는 것이 중요하기 때문이다. 즉, 내용이 아니라 배우는 방법을 배워야 한다는 것이다. 지금 시대에는 스마트 폰 하나만 있으면 세상의 수많은 지식을 바로 바로 접할 수 있다. 이러한 시대에 얼마나 많은 지식을 알고 있느냐, 무엇을 알고 있느냐는 더 이상 큰 문제가 아닐 것 같다. 이제는 세상의 수많은 지식을 혹은 알고 있는 지식을 어떻게 사용해야 하는지 그 방법을 아는 것이 더욱 중요한 시대가 된 것이다.

학력은 높다, 낮다는 말로 표현이 되지만, 배움은 높다, 낮다는 말로 표현되지 못한다. 배움은 비교의 대상이 아니라, 오롯이 학생들 스스로의 자기 것이 되는 것이기 때문이다. 그리고 배움이 오롯이 자기 것이 되기 위해서는 우선 배움이 즐거운 것이 되어야 한다. 이러한 것은 어린 아이들을 살펴보면 안다. 어린 아이들은 놀면서 배우고, 놀아야 스스로 배우게 된다. 그리고 무언가 새로운 것을 배우게 되면 금세 환하게 웃는 아기들의 모습을 보게 된다. 나의 두 딸 역시 그러했다. 걷기 위해서 수없이 넘어지다가도, 어느 순간엔가 두 발도 섰을 때 해맑게 웃던 딸의 모습이 아직도 눈에 선하다.

그리고 아이들은 놀이를 통해 배우게 된다. 아이들은 어디에서든 놀고, 놀면서 배우게 된다. 하지만 어느 순간엔가 아이들로부터 배움과 놀이를 분리시키게 되고, 배움에는 즐거움이 아닌 고통이 수반되게 된다는 것을 알려주게 된다. 그 순간은 바로 학교에 입학 하고부터 일 것이다. 이제는 아이들에게 배움이 즐거운 활동이 될 수 있도록 되돌려야 한다. 어른들도 그러하듯이 아이들 또한 좋아하면 저절로 잘하게 된다. 아이들뿐 아니라 어느 누구라도 좋아하는 것을 할 때 더 많은 시간을 할애하려고 하고, 몰입하며 더욱 더 잘하게 되기 때문이다. 아이들에게는 바로 놀이가 그러한 것이며, 게임이 바로 그러하다. 왜 아이들은 이처럼 놀이와 게임에 열광하는 것일까? 바로 재미가 있고 즐겁기 때문이다. 놀기 위해, 게임을 즐기기 위해서 아이들은 누가 가르쳐주지 않아도 그것을 열심히 배우려고 한다. 즉, 즐겁다고 느끼는 마음이야 말로 배움의 원동력인 것이다. 그래서 우리는 아이들이 즐거운 마음으로 배움에 몰입할 수 있는 환경을 마련해주면 되는 것이다. 수업이 즐거운 시간이 될 수 있도록 교육과정을 구성해주면 될 것이다. 수업이 즐겁다고 하여 과거 많은 교사들이 그러한 것처럼, 놀이 중심의 수업을 강조하는 의미는 절대 아님을 미리 언급하고자 한다. 수업이 즐겁고, 교실에서의 활동이 행복할 수 있도록 교육과정이 재구성되어야 하며, 아이들의 삶이 중심이 되고, 아이들의 삶을 더욱 풍요롭게 만들어줄 수 있는 그들의 이야기가 담긴 학습 주제를 활용한 프로젝트 수업으로 수업 자체가 즐겁고, 그러한 즐거움 속에서 무언가를 스스로 혹은 친구들과 함께 배워나갈 수 있는 여건과 환경을 조성해주어야 할 것이다. 이에 대해서는 계속해서 다음 장에서 이어나가도록 하겠다.

또한 아이들은 이러한 경험과 활동 속에서도 무수히 많은 시행착오를 겪으며 스스로 배우게 된다. 아이들에게 있어서 배우는 것이 삶 그 자체이며, 배움이 곧 삶이기 때문이다. 이는 어른에게도 그러할 것이다. 어른들은 어떻게 해서 배우나? 수많은 시행착오를 겪으며, 이것저것을 해보면서 배우게 된다. 어른들도 그러한데 하물며 우리 아이들은 어떠할까? 아마도 아이들 또한 무수히 많은 시행착오를 겪으려 스스로 더 나은 삶을 만들어가는 방법을 스스로 배우게 될 것이다. 그러나 우리들(어른들?)의 배움의 방법과 삶의 방법이 그러하거늘, 그리고 아이들 또한 그렇게 배우거늘, 왜 우리 아이들은 정작 그렇게 배우고 있지 못하는 것일까?

그 이유를 찾으면서, 어쩌면 우리들이 생각하는 교사가, 아니면 사회가 생각하는 교사라는 역할이 그러했기 때문은 아니었을까 생각하게 되었다. 교사들은 교사이기 때문에 아이들의 시행착오를 지켜보지 못하는 것은 아니었는지 반문해본다. 교사들은 아이들의 행동을 바로 잡아주려고 했고, 시행착오를 겪지 않도록 정도를 가르쳐주려고 했고, 그에 맞게 행동하도록 요구를 했고, 그러하지 못한 아이들에게 질타를 했으며, 잘한 친구들에게는 칭찬을 함으로써 시행착오를 겪으면 안 된다고 아이들에게 알려준 것은 아니었을까?

정작 아이들은 시행착오를 겪으면서 배우게 되는 존재임에도 불구하고 말이다. 그동안의 우리 학교 혹은 교실은 시행착오를 허락하지 못했다. 아니 하지 않았다. 학생들은 교사의 수업을 통해 정확하게 알아야하고, 실수해선 안 되며, 시행착오를 겪게 되면 평가에서 좋은 점수를 받지 못했다. 이러한 과정으로 인하여 아이들은 어느 순간엔가 스스로 배움이라는 것은 재미없으며, 심지어 고통스럽기까지 하다고 느끼게 되지 않았을까? 그리고 배움이라는 것은 그저 혼자서 더 많이, 더 정확히 암기하여 옆의 친구들보다 더 높은 점수를 받아서 더 좋은 상급 학교에 진학하기 위한 것에 지나지 않은 것이라고 여기게 되지 않았을까?

꼭 더 많은 것을 암기해야만 배우는 것일까?

아마 아닐 것이다. 이제는 많은 것을 암기해야만 배우는 것이라는 인식에서 조금은 벗어나면 어떨까? 지금 아이들이 알고 있는 지식, 혹은 책이나 인터넷과 같은 다양한 매체를 통해 아이들이 알 수 있는 지식, 그리고 친구들이 알고 있거나 그들 또한 알 수 있는 지식 등 주변의 다양한 지식을 어떻게 이용하면 되는지 그러한 방법이나 기능을 익힐 수 있는 기회를 제공해주는 것이 교실 속 수업이 되면 어떠할까? 배우는 방법, 지식을 어떻게 하면 효율적으로 사용할 수 있는지 그 활용방법을 익힐 수 있다면, 자신이 혹은 친구들이 함께 해결해야할, 혹은 해결하고 싶은, 아니면 해결해야 할 필요가 있는 과제를 해결함에 더욱 효과적인 학습과 배움이 되지 않을까?

이제는 즐겁게 배우는 방법을 체득할 수 있도록
교사들은 일정한 거리를 두고서 지켜보면 어떨까?
배움이라는 길에서 벗어나지 않도록 지켜보면서
아이들이 도움이 필요할 때 도움을 줄 수 있는 거리를 유지하면 어떨까?

2) 서로 함께 가르치며 배우도록 지켜보자

"누구나 영웅이 될 수 있습니다. 어린아이의 어깨에 코트를 둘러주며 세상은 아직 끝나지 않았다고 말해주는 간단한 일을 하는 사람도 영웅입니다"

위 포스터의 영화 중인공인 배트맨은 영화의 마지막 장면에서, 고담시를 지키는 유일한 영웅은 자신(배트맨)이 아니라 고담 시에 살아가는 사람들 한 사람 사람이 모두 영웅이 될 수 있다는 의미로 위의 말을 남기면서 홀연히 사라지게 된다.

왜 생뚱맞게 영화 이야기이지? 라고 생각할지도 모르겠다. 다크 나이크 시리즈는 지금껏 본 영화중에서 엔딩장면이 기억에 계속 남아있는 유일한 영화이다. 왜 그러하냐고?

과거 산업사회는 한 사람이 열 가지, 백 가지, 아니 그보다 훨씬 더 많은 양의 일을 혼자 처리 하면서, 한 사람의 영웅이 몇 백 명의 사람들을 먹여 살린 시대였다. 그러나 현대 사회는 한 사람이 열 가지 일을 하기 보다는 열 사람이 백가지 일을 하는 것이 더 좋은 시대라고 할 수 있다. 즉, 한 사람 한 사람이 모두 각자의 위치에서 영웅이 될 수 있는 시대이다. 아니 각자가 모두 영웅인 시대이다. 이러한 시대에서는 한 사람의 능력이 아닌, 팀 자체의 능력이 중요한 시대이며, 현대 사회에서의 팀이라는 것은 팀원들 각자가 자신의 역할을 충분히 이행할 때 그 의미가 높아지게 된다,

메러디스 벨빈(2012)의 『팀이란 무엇인가』라는 책에서 다양한 구성원으로 이뤄진 몇 개의 팀을 비교한 결과, 여러 팀 들 중에서 패배하게 되는 팀은 지능지수, 그리고 학벌이 높은 구성원으로 이뤄진 팀이라고 밝히고 있다. 지능이 높거나 학벌이 높은 사람들은 서로의 행동을 평가하고 비판하는 데는 탁월하지만 자신의 실수는 인정하지 않는 경향이 강하기 때문이라고 하였다. 어쩌면 팀이 이끌어가는 이 시대에서 자신이 영웅인 듯 행사하는 월등한 능력을 가진 사람들로 이뤄진 팀은 어쩌면 우리 사회의 성장에는 도움이 안 될지도 모르겠다. 즉, 항상 일등만 해오는 우등생 같은 사람들보다는 주변의 친구들과 함께 융화되어 그들의 의견, 생각, 지식을 모을 수 있고, 그에 따라 자신의 의견, 생각, 지식을 함께 융화시켜서 새로운 무언가를 창조해낼 수 있는 그러한 사람이 필요한 시대일지 모르겠다. 그리고 팀장만이 그러한 역할을 하는 것이 아니라, 각 팀원들 각자가 그러한 역할을 할 수 있어야 하는 시대일지 모르겠다.

하나의 영웅이 아니라 모두가 영웅이 될 수 있는
그러한 팀이 우리 사회에 필요한 것은 아닐까?
그렇다면 우리 교실의 모습은 어떠한가?

우리 교사들은 하나의 영웅을 만들기 위해 그렇게 열심히 가르치고, 암기시키고, 시험이라는 도구를 이용하여 평가의 잣대로 아이들을 서열화 하고 있었던 것은 아니었을까? 주변을 살펴보면 제일 많은 것을 기억하고 알고 있고, 정확히 암기하는 친구들이 높은 성적을 받고 있다. 과연 이러한 아이들이 사회에 나갔을 때, 팀원으로서 하나의 팀을 구성하였을 때 어떠한 모습을 보이게 될까? 그건 여러분의 상상에 우선은 맡겨보고자 한다.

혼자서는 할 수 없지만, 친구들과 협동해서 이룰 수 있는 일이라면, 그것도 그 아이의 우수한 능력이 될 수 있으며, 할 수 있는 일이 될 수 있다. 아이들에게는 친구들과 협동하고 대응해가는 능력 또한 하나의 능력이 될 수 있으며, 이러한 능력이 더욱 중요한 사회에 살고 있다.

그러나 현재의 학교 교육의 모습은 어떠한가?

지금까지 학교 교육은 학생 혼자 해낼 수 있는 과제를 통해 그 능력을 평가했다. 더욱이 그러한 과제 역시 학생들이 단편 지식을 얼마나 많이 암기하고 있는지를 확인하는 것에 그치고 있었다고 해도 과언이 아닐 것이다. 반면 사회 속에서, 특히 기업에서 혼자서 일을 하는 경우를 볼 수 있는가? 그리고 단편 암기한 지식으로 해결할 수 있는 삶의 문제나 과제가 있는가?

이 두 질문에 어느 누구라도 아니오 라고 자신 있게 답 할 것이다. 요즘 대부분의 기업이나 사업체에서는 업무를 팀이 함께 진행하게 된다. 팀원은 각자의 전문성과 특성을 살려서 그에 맞는 역할을 맡고, 각자 자신의 역할에 따라 서로를 보완하고 도와가며 문제를 함께 해결해나가며 새로운 것을 창출하게 된다. 그리고 해결해야 하는 문제 역시 쉽게 해결할 수 없는 것이며, 답이 정해져 있지 않는 과제들이 대부분이다. 그러기에 팀이 필요한 것이기도 하다.

이러한 상황을 고려해보았을 때, 그리고 학교에서 직접 아이들을 지도하면서 알게 된 것을 고려해보았을 때, 학생들의 개별 능력을 확장시키는 가장 좋은 방법은 협동임을 알게 되었다. 그리고 아이들은 친구들과 함께하는 다양한 협동 활동을 통해 자신의 개성과 특기를 발견하기도 한다. 개성이라는 것은 자기만의 것이 아니라, 함께 협동함에 있어서 필요한 것이 개성이라는 사실을 발견하고, 자신의 개성을 더욱 발전시키게 되는 것이다.

즉, 개성과 협동은 매우 밀접한 것이다. 개성이란 자기다움이며, 이런 자기다움은 타인과의 관계 속에서 비로소 발견할 수 있기 때문이다. 개성이 빛을 발휘하기 위해서는 협동이 필요하며, 이를 위해서는 서로 가르치고 배우는 환경이 마련되어야 한다. 수업은 한 사람이 갖고 있는 지식을 일방적으로 다수의 사람에게 전달하는 것이 아니라, 다 같이 지식과 경험을 공유하며 서로 가르쳐주고 배우는 것이기 때문이다. 함께 협동하다 보면 새로운 아이디어를 얻게 되고, 혼자서 하는 것보다 더 나은 아이디어, 결과물을 얻는 경우를 발견하게 된다. 이것이 바로 창조라고 할 수 있다. 그리고 협동하는 것에서 더 나아가서 협동의 결과물을 형상화하고, 발표하는 시간도 중요하다.

창조는 머릿속에서 있다고 나오는 것이 아니다. 머릿속의 것들을 곱씹어서 활용할 수 때 비로소 지식은 살아있는 지식이 되고, 창조될 수 있는 것이기 때문이다. 그리고 함께 형상화한 것을 표현하는 것 역시 매우 중요하다. 발표를 통해 칭찬을 받고, 피드백을 주고 받으면서 연속적으로 배움으로 이어갈 수 있기 때문이다. 그리고 이러할 때 느끼고, 사고하고, 창작하고, 전달하고, 다시 느끼게 되는 배움의 순환이 일어날 수 있다.

이제부터라도 함께하는 경험을 제공해 주고,
교사는 아이들의 모습과 사고활동을 지켜보는 건 어떨까?

3) 다양성을 즐기도록 지켜보자

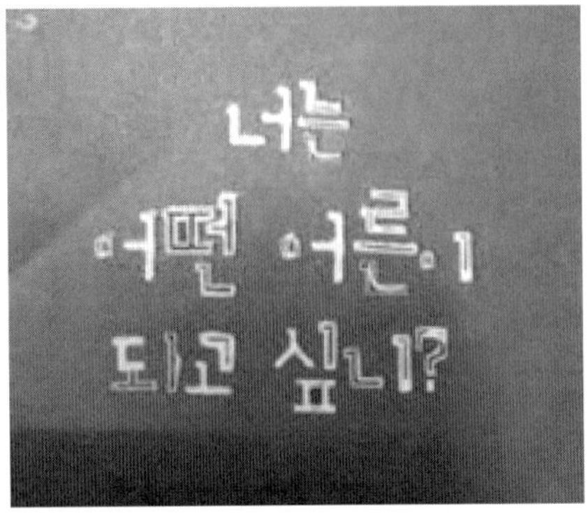

어린이는 작은 어른이 아니다

이는 누구의 명언인지는 잘 모르겠지만, 저자에게는 학생들이라는 존재를 다르게(새롭게?) 바라보게 된 계기가 된 명언이다. 어린이는 어른의 축소물도 아니며, 귀속물도 아니다. 그저 하나의 인간으로서의 존재이며, 이러한 철학의 등장으로 어린이의 순수성을 인정하고, 비도덕적이고 몰지각한 성인의 유혹을 이겨낼 수 없는 도덕적 힘이 부족하다는 생각을 갖게 되었다. 그렇다. 아이들은 아직 어리기 때문에 힘이 부족한 것이 아니라, 원래 어린아이들은 도덕적 힘이 부족하며, 어른보다 순수한 존재인 것이다. 어른으로 성장하는 과정의 일부로써 아이가 존재하는 것이 아니라, 아이 그자체가 하나의 인간으로서 존재하는 것이다.

자연으로 돌아가라

아동을 바라보는 이러한 개념의 변화와 발달에 대해 루소는 어린이는 그들만의 순수함, 천진무구함을 갖고 있으며, 그들 수준의 사고와 정서, 감정 등에 의해서 자신을 표현할 수 있다고 주장하면서, '자연으로 돌아가라'라는 표현을 하였다. 이제 더 이상 어린이를 어른의 사고와 정서의 틀에 맞추려 하지 말고, 어린이를 어린이로 대하면서, 그들의 생각과 정서를 인정하고, 그들의 자유로운 표현을 유도하는 태도가 필요하지 않을까?

어쩌면 그동안 우리 교사들은 학생들을 작은 어른으로 여기면서, 어른이 정해놓은 목표에 따라 아이들을 어른의 기준과 잣대에 맞게 기르려고 한 것은 아니었을까? 아이들은 그 자체로도 하나의 존재이며, 완벽한 존재인데도 말이다. 어른과 아이는 다른 존재인 것이다. 작은 어른이 아니라 어린이는 그저 어린이일 뿐이다. 아이를 바라보는 시각의 변화가 필요한 것 같다.

그럼에도 불구하고 어른들의 시각,
교사의 사고에 의해 아이들을 평가하고 분석하고 판단해 온 것은 아닐까?

그동안 학교에서는 교사(어른)의 시각에서 학생들을 바라보고, 어른의 잣대에 따라 평가하고 판단하면서, 그 아이는 어떤 아이라고 낙인을 찍고 있었던 것 같다. 본 저자는 교사들의 학생 평가를 극히 반대한다. 아무리 교사가 아이들의 시각에서 바라보려고 하더라도 어른의 사고가 들어가지 않을 수 없다. 어른의 눈에 아이는 그저 부족한 어른으로밖에 보이지 않으니 말이다. 그 한 예로 요즘 그리기 교내 대회를 살펴보면 어느 아이나 할 것 없이 대부분 비슷한 작품을 내는 경우를 보게 된다. 이유를 살펴본 결과, 사교육의 영향으로 인해 동일한 미술학원에 다니는 아이들은 학원 강사가 가르쳐준 대로 그림을 그리고 있었던 것이다. 그래서 몇 몇 아이들이 끼리끼리 비슷한 작품을 제출하고 있었다.

왜 미술 작품들이 저마다 다 비슷한 것일까?

바로 어른들의 시각과 사고에 따라 평가가 이뤄지는 것을 알고 있는 사교육 시장이기에 어른들(여기서 어른은 아마도 교사를 의미할 것이다)의 눈과 시각에 맞춰서 그림을 평준화 시키고, 단일화 시켜버리는 것이다. 하지만 단지 그림만 단일화 시킨다면 그나마 이해할 수 있다. 더 심한 것은 아이들의 사고 또한 하나의 일정한 틀 안에 갖춰버리게 만드는 것이다. 창의성을 강조해야 함에도 불구하고 우리는 어른들의 시각과 관점, 그리고 잣대로 인해 아이들의 사고를 막고 있었으며, 더 심하게는 하나의 일정한 고정된 생각과 사고를 심어주고 있었는지도 모르겠다. 이것이 아이들을 작은 어른으로 바라보는 관점이 아니었을까하는 생각을 한다. 아이를 아이로 바라보고, 아이들을 하나의 인격체로 바라보게 된다면 그들의 생각과 사고를 더욱 소중히 여기고, 일정한 틀, 관점, 사고를 강요하지 않을 것 같다. 사실 현실은 일정한 고정된 틀과 사고를 강요하는 평가 방식을 따르고 있으면서도,

어쩌면 우리는 그저 허울 좋게 창의성,
다양성을 입으로만 외치고 있었던 것은 아니었을까?

그래서 저자는 교사의 평가보다는 동료 평가를 더 선호하게 된 것 같다. 왜냐하면 학교 평가에 대한 아래의 질문을 저자 스스로에게 던져보았기 때문이다.

지금 아이들이 교실에서 치르는 시험 문제가 아이들에게 정말 필요한 것은 맞을까?
이러한 질문들은 아이들이 원하는 것이 맞을까?

아이들은 앞에서도 언급했듯이 시행착오를 겪으며 수많은 경험을 통해 스스로 알게 되고 배우게 된다. 그리고 교사들은 학생들이 그러한 경험의 과정을 즐길 수 있도록 교실 환경과 여건을 만들어주는 것이 매우 중요하다. 활동 후 완성된 결과에 대한 평가도 중요하기는 하지만, 그보다는 결과와 과정에 대해 아이들이 생각하고 꾸준히 노력하게 된 것 그리고 서로의 생각과 이야기를 귀담아 들으며 함께 했단 과정에 대한 평가가 더욱 중요하다고 할 수 있다.

그렇다면 과정에 대해 교사들의 평가가 가능할까?

물론 교사들의 평가가 가능하다고 말을 할 수도 있지만, 그러한 과정에 대해서 함께 소통하며 해결했던 친구들만큼 더 잘 평가할 수 있는 사람은 없을 것이다. 그것이 교실에서 함께 있었던 교사라 해도 말이다. 그래서 저자는 상호평가를 중요하게 생각하게 되었다. 그러하면 학생들도 학습과 배움의 과정을 더욱 중요하게 여기게 되며, 실패에 대해서도 유연하게 받아들이게 되지 않을까?

교사의 결과 중심의 서열화의 평가가 아닌 활동과 학습, 배움의 과정을 중시하며 함께 서로의 이야기를 나누어보는 동료 평가가 중심이 되어 진다면, 아이들은 하나의 목표만을 위해, 그리고 일등이라는 유일한 결과만을 위해서 곧은 길 혹은 지름길만 달려가려 가려하지 않게 될 것이다. 또한 아이들 개개인의 생각과 사고, 결과물이 모두 인정받게 되면서 저마다의 다양성이 모두 존중받게 될 것이다. 그러나 그동안 우리 학교는 정해져 있는 답을 얼마나 빨리 알고, 얼마나 정확히 기억하고 있는가가 중시되었다. 세상에는 정답이 없는 문제가 대부분이다. 아니 전부가 정답이 없는 문제들이고, 그러기에 우리는 그것들을 문제, 과제라고 말을 한다. 지금 이 글을 읽고 있는 독자도 그러하지 않은가?

〈대부분의 독자들 또한 이 책을 읽기 전에〉

"나는 어떻게 수업을 해야 하지? 나는 아이들에게 도움이 되도록 최선을 다해 수업을 했는가? 나의 수업이 아이들에게 도움이 되었는가?" 등 등 질문을 스스로에게 던져 본 경험이 있을 것이다. 우리들이 가지는 대부분의 질문들은 정해진 답이 없다. 아니 정답이 없다는 의미보다는 그에 대한 서로 다른 답들이 너무 많으며, 모든 답들이 정답인 것 같다. 이렇게 정해진 하나의 답이 없기 때문에 질문이 되는 것이다. 하나의 답이 있다면 그것은 질문이 아니라 시험 속 문제가 아닐까 생각한다.

세상의 대부분의 질문에는 답이 없기 때문에 문제가 되고 질문이 된다. 그러나 정작 아이들이 경험하는 학교에서는 정답이 있는 문제들뿐이며, 아이들은 정답만을 요구받게 된다. 만약 여러분이 학급에 정말 그림을 잘 그리는 학생이 한 명 있다고 생각해보자.

그러면 그 학생의 그림이 과연 정답일까? 아니면 모든 학생이 교사가 원하는 그림을 매우 잘 그린다고 상상해보라. 그러면 교사는 그러한 아이를 보면서 행복할까? 그 아이의 작품을 보면서 만족할까? 그리고 아이들은 행복할까? 이것이 바람직한 교실의 모습일까? 이는 불가능한 일 일 뿐 아니라, 바람직한 모습도 전혀 아닐 것이다. 우리들의 교실은 학생 한 명 한 명이 자신의 개성을 담은 그림을 그리도록 존중받는 것이 중요하다. 그리고 그러한 저마다의 다양성이 모두 존중받아야 한다.

다시 한 번 언급하고자 한다. 아이들은 절대 작은 어른이 아니다. 그러므로 어른의 사고와 잣대에 따라 아이들을 어른이 원하는 바르다(이것이 과연 바른 것인지는 의문스럽지만, 어쨌든 많은 어른들이 바르다고 이야기를 하는 그러한 모습을 의미한다)고 정의 내려진 모두가 생각하는 그 어떤 하나의 동일한 모습으로 기르고자 혹은 교육하고자 노력해서는 안 된다. 아이는 그 자체로 매우 소중한 인격체이며, 완성된 하나의 존재들이다. 그러므로 아이들 하나하나의 개성이 모두 존중받을 수 있는 수업이 이루어져야 한다. 즉, 아이들이 각자의 다양성을 즐기면서 수업에 참여할 수 있도록 교사는 지켜봐주고 지지해주고 응원해주며 격려해주면 좋을 것 같다.

그런데 수업을 하다 보면 교사라면 이러한 궁금증을 누구나 가지게 된다. 특히 아이들이 즐겁게 배우도록 연구하고 노력하여 각가지 다양한 놀이를 적용하여 수업을 하고 있음에도 우리는 늘 이러한 고민과 질문을 하게 된다.

왜 아이들은 배움에 대한 희열을 느끼지 못하는 것일까?

하물며 우리 어른들조차 무언가를 배웠을 때 매우 기뻐하는데 말이다. 그건 바로 배움에 대한 관심과 필요성이 없어서가 아닐까 스스로 생각해보게 되었다. 어른들은 필요에 의해 무언가를 배우게 되며, 이로 인해 그것을 배우고 알게 되었을 때 큰 희열과 기쁨을 느끼게 되는 것 같다. 하지만 아이들이 지금 학교에서 배우고 있는 것들은 어른의 배움과는 사뭇 다른 모습을 많이 보이게 된다. 즉, 아이들이 그것을 배우고자 하는 의욕이 없기 때문이며, 그들이 원해서 배우는 것이 아니기 때문이다. 그렇기에 아이들의 삶의 모습과 이야기를 담을 수 있는 수업이 필요하며, 이를 위해 앞서 계속해서 언급했던 교육과정 재구성과 프로젝트 학습은 필수적으로 필요한 것 같다.

본 저자 또한 이렇게 글을 쓰기 위해 다양한 생각들을 배우고, 그러한 배움에 대한 스스로의 깨달음을 얻을 때 매우 큰 기쁨을 느끼게 된다. 이러한 것은 아마도 누구나 그러할 것이다. 그렇다면 아이들도 그러하지 않을까? 자신이 필요에 의해 무언가를 배운다면 매우 기뻐할 것이다. 이러한 것은 아이들이 노는 모습을 보면 확연히 알 수 있다. 놀 때 아이들의 모습은 한없이 밝아 보인다. 그리고 그 놀이를 함께 하기 위해서 무언가를 열심히 친구들에게 물어가면서 배우거나, 스스로 인터넷, 책 등의 다양한 매체를 찾아가면서 연구하고 공부하는 모습을 보이기까지 한다.

그렇다면 수업도 이러하면 안 될까?
수업이 아이들의 요구에 의해 이루어지면 안 될까?
그러면 아이들이 수업을 통해 배운 내용에 희열을 느끼는
그러한 순간을 교사로서도 느끼게 되지 않을까?

물론 아이들의 요구에 의해, 아이들이 하고 싶은 것들로만 수업을 꾸려 가는 것은 불가능하다는 것을 알고 있다. 그래서 교사들은 수업 시간에 배우는 내용이 아이들 스스로에게 삶에 있어서 필요한 것인 동시에 그들이 배우고 싶어 하고, 알고자 원하는 것이라는 것을 알려주는 역할에 충실해야 할 것 같다. 지금처럼 교과 지식을 얼마나 잘 정확히 전달하느냐, 그리고 그렇게 전달된 내용을 얼마나 잘 암기하고 기억하게 만드느냐가 교사의 역할이 아니라 수업 시간에 배우는 내용과 학생들의 배움이 교사(혹은 교육과정, 아니면 사회라고 해도 무방할 것 같다)가 필요에 의해서 아이들에게 일방적으로 전해주는 것이 아니라, 아이들이 스스로 원하고 필요로 하는 것이라는 사실을 깨닫도록 그 길을 마련해주는 것이 교사의 역할이라 할 수 있다. 그리고 이러할 때 수업은 더욱 성장하게 될 것이다.

놀이가 곧 수업이며 배움이 되어야 한다. 그래서 수업이 놀이처럼 만들어져야 한다(이런 말을 한다고 하여 과거 어느 교사들이 했던 것처럼, 수업이 즐거워야 한다고 하여 아이들과 함께 할 수 있는 다양한 놀이, 손 유희 같은 거에 치중하여 수업을 하라는 말이 아니라, 아이들에게 수업이 즐거운 놀이처럼 여겨져야 한다는 의미임을 분명히 밝혀둔다. 아이들의 입장에서 수업이 놀이처럼 느껴져야 한다는 의미이며, 과거처럼 교사가 아이들의 재미와 즐거움만을 위해 수업과 별개로 이뤄지는 놀이를 의미하는 것이 아님을 분명히 하고자 한다). 그것이 바로 수업의 성장이라고 생각한다. 놀이를 위해서는 모두의 다양성이 필요하며, 서로 가르치고 배우게 되며 그러한 과정에 아이들은 즐겁게 수업에 참여하며, 활동 후에는 각자 창조적인 결과물을 만들어내게 된다. 배움이 있는 놀이, 어떻게 하면 될지 이제부터 고민하고 생각해보는 시간을 가져보기를 바란다.

우리 반 아이들이 엄마가 이런 말을 했다고 어느 날 말을 했다.

"선생님 우리는 공부하는 게 아니라 노는 거라고 했어요. 우리 엄마가"

그 학모님이 어떠한 의도로 이러한 말을 한 것인지는 정확히 알지 못하지만, 아이와 엄마, 모두가 우리 반 수업을 놀이로 생각하고 있음은 확실하였다. 이것이 바로 우리 반 수업을 바라보는 학부모들의 생각이며 진실인 것이다. 저자는 교육과정에 따라 수업을 하고 있음에도 불구하고 말이다. 이러면 되지 않을까?

교사는 교육과정에 따라 아이들에게 지식적인 측면과
기능적인 측면을 함께 고려하여 배움의 기회를 충분히 제공해주고,
아이들은 그러한 기회에 친구들과 함께 놀이처럼 그들이 알아야할 것들
(내용적이든 방법적인 측면이든)을 배워나간다면
그것만으로 만족스럽지 않을까?
그러면 수업이 성장하게 되지 않을까?

수업의 성장을 위해 이런 저런 연수를 들어가며 각종 다양한 교수·학습 방법을 섭렵하고 적용하려고 노력하는 대신에 아이들에게 수업이 놀이처럼 느껴질 수 있도록 고민하고 노력해보면 어떨까?

혜민(2016)은 『완벽하지 않은 것들에 대한 사랑』이라는 저서를 통해 이러한 말을 남겼다.

> "세상이 요구하는 걸 잘했을 때만 가치가 있는게 아니고, 너는 이미 존재 그 자체만으로도 소중하고 사랑받을 만해"

아마 이 말은 교사인 우리들 뿐 아니라 세상 어느 누구에게도 해당되는 말인 것 같다. 물론 우리 아이들에게도 말이다. 어쩌면 우리는 우리가 요구한 대로, 세상이 요구한 대로 잘 했을 때만 아이들의 가치를 인정하고, 칭찬을 해주었던 것은 아니었을까? 이미 아이들은 그 존재 자체만으로도 누구에게라도 사랑받을 만한 존재인데도 말이다.

그래서 인지 우리들은 어른이 되어서도 타인으로부터 인정받고 싶어 하고, 사랑받고 싶어 하는지도 모른다. 우리 아이들이 우리들처럼 타인의 사라오가 인정에 배고프지 않도록 우리 반에 함께 한다는 존재자체만으로도 사랑해주면 좋을 것 같다.

CHAPTER

2

거짓된 수업?

(말하는 수업에서 들어주는 수업으로의 수업 성장)

이번 장에서는 조금은 부끄럽기도 한 저자의 이야기일 수도 있으며, 주변의 많은 선생님들의 이야기일 수도 있을 그러한 꺼내 보이기 쉽지 않은 우리들의 실제 모습에 대해 이야기를 하게 될 것 같다. 우선 우리들이 흔히 아무런 생각 없이 주변 교사들의 수업 방식이 그저 좋아보여서 따라해 보고 있는 우리 교사들의 현 모습에 대해 이야기를 해보겠다.

흔히들 앞으로의 수업은 전달형의 일제식 수업 양식에서 벗어나 아이들의 개성적인 배움을 축으로 하는 활동적이고 협동적이며 반성적인 배움의 양식으로 개혁이 되어져야 한다고들 말을 한다. 그래서 아이들이 주체가 될 수 있는 수업, 아이들 하나하나의 개성이 존중받을 수 있는 수업이 이루어져야 한다고들 한다.

그런데 여기서 한 가지 교사들의 거짓 수업이 발견될 수도 있다. 아이들 하나하나의 개성과 의견을 존중한다고 여기며 위의 그림처럼 우리 교사들은 흔히 손 신호로 모두의 의견을 들어가며 수업을 하는 경우를 종종 발견하게 된다. 때로는 심지어 이러한 손 신호를 가르쳐주고, 아이들이 익숙해 질 수 있도록 3월 달, 한 달 내 내 학습 훈련을 하는 반도 볼 수 있었다.

그러나 손 신호에 대해 자세히 살펴보면, 이는 아이들을 일방적인 조작 대상으로 바라보게 하는 것이며, 교실의 이야기를 아이들의 일상적인 이야기와 분리시키는 인위적인 게임과 같은 수업 방식이라고 할 수 있다. 왜냐하면 손 신호를 강요받은 아이들은 자신의 생각과 감정에 의한 다양성과 복합성을 무시당한 채, 자신의 다양한 의견 대신에 찬성, 반대, 질문 등 3가지로 자신의 의견을 분류하여 발언하도록 강제 받게 되기 때문이다.

실제로 수업을 하다보면, 학습과 배움에 있어서 가장 가치 높은 것은 신호등에 의해 무시되어지거나 생각에 방해를 받게 되는 아이들의 애매하고 다의적인 의견 혹은 생각들이다. 이러한 애매하고 다의적인 의견을 존중하는 교실일수록 아이들, 그리고 그러한 교실 수업의 다양성과 개성적인 인식이 성립되며, 그러한 아이들의 다양한 의견의 교류와 공유에 의해 한 사람 한 사람이 보다 풍요롭고 깊이 있는 인식에 도달할 수 있기 때문이다. 또한 손 신호를 중시 여기는 교사는 자신들도 모르는 사이에 아이들의 명석한 사고와 표현만을 강조하게 된다.

아이들이 새로운 것을 배워가는 모습을 살펴보면 어떠한가?

아이들은 사물을 인식하고 표현함에 있어서 더듬거리면서 알아가기 시작하고, 자신의 의견과 생각 또한 그렇게 더듬거리는 표현부터 시작하여 배우게 된다. 즉, 이러한 더듬거림은 흔히 어른들이 생각을 하는 것처럼 아이가 이해도가 떨어지기 때문도 아니며, 발표의욕이 낮아서도 아니다. 다만 아이들이 새로운 것을 배워가는 자연스러운 과정이며, 자신과 다른 생각이 있음을 알았을 때 겪게 되는 극히 자연스러운 현상인 것이다.

하지만 손 신호등을 이용함으로써 아이들의 명석한 사고와 표현의 강조는 유형적인 사고와 가정을 반복하는 행위가 되어버리는 경우가 많기 때문에 아이들의 더듬거리는 자연스러운 현상을 이해도가 부족하거나 발표의욕이 부족해서라고 치부해버리게 될지도 모르는 것이다. 오히려 더듬거리는 사고와 표현은 창조적인 사고와 표현에서 충분한 위력을 발휘할지도 모르는데 말이다. 왜냐하면 모든 창조적인 행위는 더듬거리는 언어에 의해 탐색적으로 수행되는 행위에서 시작이 되기 때문이다.

늦어도 좋다.
더듬거려도 좋다.

그래서 교사는 아이들과 함께 차분하게 오랜 시간, 그리고 좋은 시간을 보내자는 의식을 가지는 것이 중요하다. 이를 위해서 발언을 이끌어내기 위해 수업과 활동을 조직하기 보다는 한 명 한 명 아이들의 말을 듣는 일과 음미하는 일부터 시작하면 좋을 것 같다. 우리는 발언을 잘하는 교실이 아니라 서로 잘 듣는 교실 문화에서 시작되어야 한다. 잘 들어주는 교실 문화의 정착이 다양한 사고와 감정을 교류시킬 수 있는 교실이 마련되는 첫 시작이기 때문이다.

차분한 교실

사토마나부(2016)는 이렇게 서로의 의견을 잘 들어주는 경청하는 문화가 형성된 교실을 차분한 교실이라고 명명하였다. 차분한 교실이라고 하면 흔히 떠올리는 모습과는 사뭇 다른 이미지가 떠올려 질 것이다. 왜냐하면 차분한 교실에 대해 주변 동료 교사에게 물어보니 하나 같이 차분한 교실이란 아이들이 조용히 교사의 말을 잘 듣고 수업에 잘 따라오는 교실이라는 말을 많이 하였으니 말이다. 하지만 사토마나부(2016)가 제시한 차분한 교실은 우리나라 교실 혹은 교사가 생각하는 차분한 교실의 그것과는 조금 다른 것 같다. 이에 대해 사토마나부(2016)의 저서를 통해 차분한 교실에 대해 본 저자는 이렇게 정리해보았다.

차분한 교실은 저요! 저요! 하며 손은 올라가지만 발언경쟁만 과열되는 교실, 혹은 숨쉬기조차 힘든 무거운 공기가 감돌고 몸이 굳어져 버리는 교실과는 반대되는 교실이다. 차분한 교실에서는 교사, 아이 모두 주체적인 역할을 하게 된다. 듣는 활동에 집중하게 되며, 듣는 힘이 교실에 길러졌을 때 비로소 교실에서의 언어 표현도 풍부해지는 것이다. 흔히 가정 통신문에 발표를 하지 않는 친구들의 경우 보다 더 적극적인 발표를 합시다라고 씌어져 있다. 그러나 이는 이제 바뀌어야 하지 않을까? 무턱대로 함부로 발언하는 아이에게 보다 주의 깊게 돋도록 합시다로 말이다.

이러한 잘 들어주는 문화는 수동적 능동성=대응이라는 말로 요약된다. 교사의 말이나 친구들의 말을 주의 깊게 듣고 대응하면서 무엇인가 다른 것을 환기하고, 이렇게 환기된 것을 자기 자신의 말로 만들어서 그 말을 다른 친구들의 말과 차이가 있는지 공통점이 있는지 찾아가고, 이러한 개인과 개인의 차이를 조정하고 맞추어가는 일을 통해 배우는 역동적인 과정을 경험하게 된다.

즉, 차분한 교실에 있는 아이들은 한 명 한 명이 다른 존재이지, 모두가 하나의 존재가 아님을 강조한다. 그리고 차분한 교실에서의 교사는 한 명 한 명의 말에 귀를 기울이며 신체적 메시지에 민감하게 반응해야 한다. 차분한 교실이란 그저 교사의 말을 열심히 들어주는 것에서 그치는 것이 아니라, 교사뿐 아니라 친구의 의견을 경청하는 것에서 시작하여, 그것과 자신의 의견과의 차이점 혹은 공통점을 발견하고서 서로의 의견을 조정하면서 함께 문제를 해결해가는 매우 역동적인 교실을 의미함을 알 수 있었다. 즉, 그냥 상대방의 의견을 열심히 경청하는 것이 아니라 자신의 의견과 비교해가면서 서로의 의견을 조정하고, 이를 통해 함께 과제를 해결해가는 수업임을 알 수 있었다.

물론 우리나라 교실 수업도 이러한 모습을 따르고 있기는 하다. 가끔(아니 자주) 교실 수업을 들여다보면, 혹은 저자의 수업을 살펴보면 교사로서 아이들의 말 하나 하나에 신경 써서 경청하고 반응을 한다는 것을 눈으로 그리고 행동으로 아이들에게 보여주기 위하여 아이들의 대답을 칠판에 모두 적어가면서 수업을 하는 경우가 더러 있다. 젓 또한 아이들의 모든 대답을 브레인스토밍 형식으로 칠판에 적어가면서, 부끄럽지만 이런 생각에 사로잡히기도 하였다.

'정말이지 나는 아이들의 반응을 하나하나 소중히 여기며 받아주고 있다'

라고 착각을 하고 있었던 것이다. 겉으로는 아이들의 모든 의견을 소중히 여기면서 적고 있다고 하였지만, 실상은 그게 아니었다는 것을 알게 되었다. 왜냐하면 저자는 아이들의 대답을 들으면서 교사로서 생각하기에 아이들의 답변들 중에 부적절하거나 조금은 부족한 표현을 한 대답에 대해서 저자가 이끌어내고자 하는 말, 혹은 답변으로 바꾸어 갈 수 있도록 그 아이의 대답에 반응을 하면서 그 아이로부터 저자의 생각대로 그 대답을 이끌어내고자 노력하였기 때문이다. 하지만 이렇게 브레인스토밍을 사용하는 것이 단지 저자뿐인가? 솔직해져 보자. 대부분의 교사들도 이러한 방식으로 브레인스토밍을 사용한다. 아이들의 대답을 모두 존중한다는 착각 하에 교사들의 의도에 따라 아이들의 답변을 이끌어내기도 하거나, 변형하기도 하며, 가끔씩은 새롭게 만들어도 내면서, 그러한 답변을 교사가 원하는 방향에 따라 분류하고 있었던 것이다. 마치 그러한 것들이 모두 아이들의 대답인 것처럼 속이며 아이들에게 거짓말을 하고 있었던 것이다.

되돌아 생각해보면, 저자는 그동안 아이들의 발언, 이야기, 의견, 생각을 있는 그대로 받아들이려고 하지 않았고, 아이의 생각에 공감하려고 하지 않았던 것은 아니었는지 미안한 마음이 들었다. 그래서 교사들은 아이들의 발언에 대한 내용적인 측면보다는 발언에 담겨 있는 아이들의 기분이나 이미지가 어떠한지 마음이 서로 통할 수 있도록 들어주는 연습이 필요하며, 그것을 위해 교사들 각자 나름대로의 방식으로 그러한 방법을 찾아가는 중요하다고 생각된다.

흔하디흔한 교사 중심의 일제식 수업에 대한 반발로 배움 중심 수업에 대한 강조가 날로 높아지고 있다. 배움 중심 수업은 다른 말로

활동중심 수업, 학생 중심 수업이라는 말로 대체되기도 한다. 그러나 배움에 대한 잘못된 오해가 생기기도 한다. 이로 인해 일제식 수업 형식을 깨뜨린다고 하여, 그리고 아이들의 다양한 생각과 각자의 수준에 맞는 수업을 한다고 하여 가끔씩 학생들이 낱낱이 흩어져 학습하는 형태의 개별화된 수업으로 변질되기도 한다. 하지만 이는 배움 중심 수업을 개인주의적인 관점으로 바라보면서, 배움 중심 수업에 대한 해석을 잘못하고 있

는 것이다. 배움 중심 수업은 자학자습을 추구하는 것도, 교실을 학생별 개인으로 해체하자는 의미의 학습을 추구하는 것도 아니다. 왜냐하면 학교에서의 배움은 학생 개개인이 고립되어 이루어질 수도, 교사의 개입 없이 학생들만으로 이루어질 수도 없기 때문이다.

즉, 교사의 개입 아래에 아이들이 서로 협동하여 수행하면서 스스로 자립[12]할 수 있도록 도와주는 것이 바로 학교에서 배움의 본질이라 할 수 있다. 아들러 심리학에서는 교육을 말할 때

결말을 체험하게 하는 것

을 강조하였다. 만약 청소를 하지 않는 학생이 있을 경우, 혼내고 윽박지르면서 억지로 청소를 시킨다고 한다면 그 학생은 청소하는 법을 제대로 배우지 못할 것이다. 혼내지 말고 내버려 두는 것이 더 효과적일 수 있다. 머지않아 그 학생은 청소를 열심히 한 다른 친구들의 자리와 자신의 자리의 모습을 어느 순간 비교하게 될 수도 있으며, 청소를 하지 않아 물건을 제대로 찾지 못하는 어려움을 스스로 겪을 수도 있게 될 것이다. 물론 청소를 하지 않는 학생의 모습을 바라보는 교사들은 큰 스트레스를 받을 수도 있다. 빗자루를 던져주면서 혼을 내고 윽박지르면 바로 깨끗해 질 수 있으니 스트레스를 받지 않을 수도 있다. 하지만 청소를 하지 않는 학생은 그로 인해 고생할 테니 청소의 중요성을 깨닫게 될 것이며, 스스로 청소하는 방법을 터득하려고 할 것이다. 그리고 이때 바로 교사의 개입(이 또한 교사의 판단에 의함이 아니라 학생들의 필요 혹은 요구에 의한

12) 미움받을 용기 2에서 심리학자 아들러는 교육의 진정한 목표는 자립이라고 말을 하고 있다. 하지만 교사는 학생들이 자립해서 교사와 대등한 입장이 되면 자신의 권위가 무너진다고 생각을 하면서 수직관계를 맺으려 한다고 말을 하고 있다. 이러한 관계(수직적)가 무너지는 것에 대해 두려움을 가지고 있다고 한다. 그리고 아이에 대한 교육이 실패했을 때 그에 대한 책임을 회피하기 위하여 수직적인 관계를 유지하려고 한다고 한다. 학생들에게 본인의 인생, 매일의 행동을 스스로 결정하도록 가르쳐주어야 한다. 교사는 아이들의 결정을 존중하고 그 결정을 지지해주고 도와주어야 하는 존재인 것이다. 언제든 도와줄 준비가 되어 있다고 알려주며, 너무 가깝지 않은 도움을 줄 수 있는 거리에서 지켜보는 것이 바로 교사의 존재인 것이다. 학생들에게 감사의 마음을 가지게 하는 것에 기대하는 것이 아니라 학생들의 자립을 위해 내가 공헌했다는 공헌감을 갖는 것에서 교사로서의 행복을 찾아야 한다고 말을 하고 있다.

개입이 되어야 할 것이다)이 필요할 것 같다. 즉, 배움이라는 것은 학생 개인이 고립되어 이루어지는 것이 아니라, 스스로의 배움에 대한 깨달음, 그리고 깨달음 뒤에 따라오는 필요와 요구에 의한 교사의 개입이 함께 이루어질 때 학생의 입장에서 바라보는 진정한 의미에서의 배움이 일어날 수 있을 것 이라고 생각한다.
여기에 또 하나의 이야기가 있다.

"19세기 외과 의사가 오늘날 수술실에 들어온다면 할 수 있는 일을 아무것도 없을 것이다. 그러나 19세기 교수가 강의실에 온다면 분명 무엇이든 가르쳐줄 것이다. 교수법은 근래 150년 동안 변하지 않았기 때문이다"

이 이야기는 MIT의 시모어 페퍼트 교수가 한 말이다. 농경사회에서 산업사회로 변화하면서, 우수한 노동자를 다량으로 배출하기 위해 우리는 학교라는 공간과, 지금의 교실 수업 형태가 만들어졌다. 이것이 교사가 가지고 있는 지식을 일방적으로 다수의 아이들에게 균일화된, 획일화된, 보편화된 지식을 가장 잘 전달할 수 있는 수업 방법이었으며, 이를 통해 더 많은 인재를 길러낼 수 있었기 때문이다. 그러기에 산업사회에서는 학교라는 공간과 교사의 일방적인 일제식 수업이 필요하였다. 또한 과거, 사회가 지금처럼 발달하기 전에 학생들은 오르간, 현미경 등과 같은 최신 문물을 오로지 학교에서만 접할 수 있었다. 그러나 지금은 어떠한가? 학교에서 접하게 되는 첨단장비보다 훨씬 더 뛰어나고 발전된 장비를 아이들은 가정에서 손쉽게 먼저 접하게 된다. 사회의 요구에 의해 학교가 만들어졌듯이, 사회의 변화, 시대의 변화에 따라 학교도 변화되어져야 함에도 불구하고, 학교는 시대의 변화 속도를 따라잡지 못하고 있는 듯하다.

그런데 시대의 변화 속도에 따라가지 못하는 것이 어찌 앞서 언급했던 시설과 관련된 것뿐이겠는가? 학교 시설과 함께 교육 내용 또한 변화를 따라잡지 못하는 것은 아니었을까?

그 예로 우리는 아직도 교실 수업을 통해 더 많은 지식을 알려주고 가르쳐주고 암기시키기 위함을 중심으로 여기고 수업을 하고 있으며, 이에 따라 결과 중심의 시험지를 통한 지필 평가가 여전히 중시되어 지고 있다.

그러나 우리 아이들은 이제는 더 이상 더 많은 지식을 아는 것이 아니라, 수 많은 정보에서 스스로 필요한 정보를 선택하고 재구성하여 새로운 것을 만들어내는 능력이 필요한 시대에 살고 있다.

그렇다면 시대의 변화에 따른 교육은 어떠해야 하나?

본 저자는 시대 변화의 흐름에 따르는 교육이라고 하여, 영화에서나 볼법한 첨단장비가 즐비하고, 아이들의 교육을 위해 새로운 형태의 학교가 지어져야 한다고 말을 하고 싶지 않다.

그와 반대로 어쩌면 우리는 과거 서당 교육과 같은 교육이 더 필요한 시대에 살아가고 있는지도 모른다는 생각을 한다. 과거 우리나라 학생들은 서당이라는 곳에서 공부를 하였다. 서당은 개별학습을 실시하는 동시에, 아이들이 살아갈 힘을 키워주었으며 아이들끼리 서로 가르쳐주고 배우는 공부 방법을 사용하였다. 새로운 시대를 살아가기 위해서는 새로운 능력이 필요하며, 그러한 능력을 키워주어야 한다. 우리는 아이들끼리 서로 가르쳐주고 배우는 것이 얼마나 중요한지 알아야 한다. 즉, 무엇을 배우고 있느냐가 아니라 서로 가르쳐 주고 배우는 방법을 아느냐가 중요한 것이다. 그래서 본 저자는 이러한 수업 방법을 서당 교육에서 찾고자 하였다.

서당교육은 연령에 따라 학년이 구분되어지는 것이 아니라, 능력에 따라 학년이 나뉘었으며, 그룹별로 토론을 하는 문화를 갖추고 있는 나름 맞춤식 교육을 실천하는 교육기관이었다. 새롭게 배우는 내용은 훈장에게 배우기는 하지만, 학동 상호간의 질의문답 방법으로 이해력을 증진시키기도 하였다. 그리고 나서도 모르는 것이 있으면 훈장이 보충 설명을 해주는 방식으로 수업이 이뤄졌다. 또한 훈장 앞에서 배운 것을 발표하게 되는데 이 때 역시 개인별 역량에 맞추어서 진행이 되었기에 일률적인 평가가 아니었다. 수업 중간에는 놀이를 통한 학습이 이뤄지고, 자연을 보며 배운 것으로 글짓기를 해보는 등 다양한 형태의 학습과 수업이 이뤄졌다. 물론 조선 후기 서당 교육은 과거시험을 거쳐 출세의 목적으로 하는 사설 훈련기관의 양상을 띠게 되어 아쉬운 점이 있지만, 서당 교육에서 현대 우리나라 교육이 배워야 할 점은 분명하게 있다고 여겨진다.

우리에게 시대가 요구하고 있는 교육은 어쩌면 서당교육이 아니었을까?

과거 조선시대의 서당교육과 함께 본 저자는 과거제도도 함께 살펴보게 되었다. 과거제도는 작문시험에 해당하는 제술시험과 구술시험에 해당되는 강경시험으로 나뉘었으며, 과거시험에 출제된 문제들도 시대적 상황을 반영하여 해결되어져야 하는 문제, 현실 정치에 대한 문제점과 제도를 어떻게 개선하면 좋을지 등 출제 범위를 예측하기도 어려웠다고 한다. 정치, 경제, 사회, 역사, 문학, 철학 등 다양한 주제를 논리적으로 서술

하는 문제가 주로 출제가 되었으며, 이러한 면에서 본 저자는 프랑스의 수능시험과 같은 바칼로레아를 떠올리게 되었다.

물론 현대 사회의 학교 교육과 수능 시험에 길들여지면서, 우리들은 과거 조선시대의 사람들보다 훨씬 더 많은 지식을 지닌 지식의 달인이 되었을지는 모른다. 그러나 우리가 처한 시대적 문제, 우리들이 해결해야 할 과제를 해결함에 있어 필요한 지혜는 절대 부족해지지 않았을까 하는 생각을 하게 된다. 지금의 시대에 필요한 인재는 지식의 달인이 아니는 지혜의 달인임을 다시 한 번 더 상기시켜 본다. 옛 과거시험의 문제들이 현실에 직접적 관련이 있는 문제인데 반해, 오늘날 수능시험은 단지 대학을 가기 위한 도구에 지나지 않으니 말이다.

우리에게 시대가 요구하고 있는 평가 방법은
어쩌면 과거시험과 비슷한 것은 아니었을까?

흔히 교사들은 서로 가르쳐주고 배우는 것이 중요하다는 사실을 알고 있으며, 이를 위해 하브루타 학습 등 동료 학습을 강조하는 수업방법을 진행하게 된다, 하지만 동료 학습이 빛을 발하기 위해서는 시간이 오래 걸린다. 하지만 그동안 교사 중심의 설명식 수업에 익숙해진 교사들은 이러한 불편함과 기다림을 참지 못하게 된다. 그래서 인지 결국에는 친구들이 서로 가르쳐주고 배운 것이 무엇인지 확인하려 하고, 부족한 친구들에게는 학습 목표에 도달할 수 있도록 지도하려 하고, 올바른 방향으로 나아가지 못하는 학생들에게는 방향을 설정해주려 하며, 알려주려고 까지 한다. 그렇다면,

왜 참지 못하고 그러할까?

그건 바로 불안해서이다. 수업 시간에 아이들은 교사가 미리 정한 지식을 한 차시 수업만으로도 분명하게 알아야 한다고 생각하고, 그러지 못하면 어쩌지 하면서 불안해한다. 그런데,

왜 굳이 학생들이 지식을 모두 가져가야 할까?
그냥 서로 가르쳐주고 배우면서,
그 방법적인 측면을 체득하는 것만으로도
특별한 배움이 일어난 것은 아닐까?

정보화로 인해 사람들은 이제 원할 때마다 무료로 대량의 지식과 정보를 언제 어디서나 접할 수 있게 되었다. 사람들은 세계 곳곳의 사람들과 배움을 나누고 자신의 생각을 표현할 수 있다. 지식과 정보를 접할 수 있고, 선택할 수 있고, 그에 따라 생각을 하게 되고, 사람들의 생각을 알아가며, 자신의 생각을 표현하여 소통하면서 또 다른 무언가를 만들어내면 되는 것 아닐까? 그리고 이렇게 아이들이 함께 만들어 낸 또 다른 무언가가 후에는 창의적인 것, 혹은 새로운 것이 될 수도 있으니 말이다.

아이들에게 정작 필요한 것은 지적인 내용이나
지식이 아닌 배우는 방법이라는 사실을 깨달았으면 한다.
이걸 모르면 어쩌지 라는 불안감을 떨쳐내면 좋겠다.
떨쳐내지 못한 그러한 불안감으로 인해
우리 교사들은 거짓으로 수업을 해왔던 것은 아니었을까?
아이들의 배움과 교육을 위한다고 거짓말 한 것은 아닐까?

아들러 심리학에서는 이러한 말이 있다.

인간은 오직 실패에서 배운다.
실패를 경험하게 하여
스스로 바뀌고자 결단하는 모습을
묵묵히 지켜봐 주라.

교사는 어쩌면 학생들의 실패, 아니 자신의 실패를 두려워하고 불안해하고 있었던 것은 아니었을지 모른다. 인간이 실패를 통해 배우듯, 아이들도 실패를 통해 배우게 된다. 그러므로 위험이 따르는 일이라도 자꾸 맡겨야 된다. 한두 번의 실패가 거정되어 아무것도 시키지 않거나, 대신 해주거나, 먼저 도와주려고 하기 보다는 일부러 실패를 경험하도록 기회를 주는 것이 중요하다. 우리들도 그러하지 않은가? 누가 일을 잘하니까 그 사람에게 일을 맡기는 것이 아니라, 그 사람에게 일을 맡김으로써 그 사람이 일을 잘하게 되지 않았는가? 아이들도 그러할 것이다. 지금은 학습과 배움에 실패하는 것처럼 보여서 불안해하며 자꾸 도와주거나 더 알려주려고 하지 마라. 그러한 실패들이 모여서 스스로 배우게 되고 깨닫게 될테니 말이다. 불안함, 두려움, 조바심과 같은 마음을 내려놓고, 너무 멀지도 너무 가깝지도 않은 거리를 유지하며 지켜봐주자. 스스로 깨닫고 알아가고 배워가는 과정과 그러한 모습을 묵묵히 지켜봐주자.

우리는 앞으로 이렇게 생각해야 할 것 같다. 아들러[13]처럼 말이다.

> 어두운 것이 아니라 얌전한 것이다.
> 느려 터진 것이 아니라 꼼꼼한 것이다.
> 실패만 하는 것이 아니라
> 수많은 도전을 하고 있는 것이다.

흔히 우리 반 아무개는 어두운 성격을 가지고 있어요, 또 다른 아무개는 느려 터 졌어요 라는 말을 교사들끼리 자주 나누게 된다. 하지만 아이들을 바라보는 교사의 시각이 바뀌면 다른 모습으로 아이를 바라보게 된다.

13) 알프레드 아들러(2014). 인생에 지지 않을 용기에서 발췌한 내용임.

그 아이는 어두운 것이 아니라 얌전한 것이며,
그 아이는 느려 터진 것이 아니라 꼼꼼한 것이며,
그 아이는 성질이 급한 것이 아니라 재빠른 것이며,
그 아이는 참견하는 것이 아니라 친절한 것이며,
그 아이는 실패만 하는 것이 아니라 수많은 도전을 하는 것이다.
라고 말이다.

학생을 바라보는 시각만 바꾸어도 아이들이 180도 달라져 보이게 된다. 아이를 바라보는 부정적인 시각(솔직히 부정적인 시각이라기보다는 교사가 그렇게 바라보고자 하는 거짓된 시작이라고 하는 편이 더 맞을지도 모르겠다)에서 벗어나서 바라보자. 그 것이 바로 거짓된 수업에서 벗어나 진실된 나만의 수업 성장을 이루는 하나의 열쇠가 될 지도 모르니 말이다.

CHAPTER

3

교사는 퍼실리테이터?[14)]

퍼실리테이터는 Facilitate에서 유래된 용어로, 촉진하다, 원활하게 하다, 조장하다 등의 의미를 갖는 말로써, 어떠한 일을 할 때 쉽게 할 수 있도록 도와주는 역할을 하는 존재라고 할 수 있다.

본 저자는 교사의 역할을 이러한 퍼실리테이터의 역할에서 찾아보고자 하였다. 저자가 말하고자 하는 퍼실리테이터 같은 교사는 기존의 교사처럼 일방적으로 가르치는 것이 아니라 아이들의 흥미를 이끌어 내주고 주체적인 배움을 촉진하는 역할을 하는 사람을 말한다. 이러한 퍼실리테이터는 한 사람 한 사람이 스스로 느끼고 생각하고 형상화하도록 도와주며, 교사들도 이러한 퍼실리테이터의 역할에서 앞으로 나아가야 할 방향을 찾을 수 있을 것 같다. 위의 그림처럼

14) 이시도 나나코(2016) 미래교실. 서울: 청아람 미디어. 책의 내용에서 요약 발췌한 내용이 다수 포함되었음.

교사들은 학생과 함께 손을 맞잡고, 같은 곳을 바라보며
함께 같은 방향으로 나아갈 수 있는 존재가 아닐까?
그렇다면 그 방향은 어떠할까?

1) 하고 싶다는 계기를 주어서 목표를 찾게 도와주자

교사의 목적은 어른이 추구하는 목표에 따라 아이들을 끌고 가려는 것이 아니다. 이와 관련된 우리 반 이야기가 하나 있다. 우리 반의 한 아이는 노래를 부르지 않는 친구가 있다. 왜 그런지 물었더니, 그 아이는 이렇게 말을 한다.

"잘 부르는 아이와 비교되어서 부르는 것이 싫어요."

어쩌면 아이들의 이러한 반응으로 혹자는 아이들은 다른 아이들과 비교해서 잘 하는지 못하는지에 따라 자신의 행동을 선택한다고 생각할지도 모르겠다. 그러나 이렇게 말을 하고 싶다. 그게 아니다 라고 말이다. 교사들의 추구하는 목표에 따라 아이들을 평가하고 이끌었기 때문에 아이들이 그렇게 스스로를 평가받으려 하고 비교 당하려고 한다고 말이다.

우리들에게 중요한 것은 완성품이 아니다. 기술적으로 작품이 얼마나 잘 만들어졌느냐가 중요한 것이 아니라, 그 아이가 작품을 통해 무엇을 표현하고 전달하고 싶었는지를 이해해야 하고, 각자가 느낀 것을 나름대로의 방법으로 자유롭게 표현하도록 제공하는 것, 그것이 무엇보다 중요하다.

교사는 아이들이 하고 싶어 하는 것을 보이는 그대로 받아들이고, 각자의 다양성을 인정해주는 태도를 보여야 할 것이다. 그래야 아이들은 하고 싶은 것을 찾아서 하려하고 수업, 배움, 학습에 대해 마음을 조금씩 열게 될 것이니 말이다. 그리고 또한 이렇게 열린 마음은 아이들로 하여금 수업, 배움, 학습에 더욱 적극 참여하게 만들어주는 계기가 될 것이다. 교사는 아이들에게 하나의 정해진 정답을 가르치는 것이 중요한 것이 아니라, 아이들에게 더 열심히 수업에 참여하고, 더 많이 배우고 싶고, 더 많은 것을 알고자 하는 학습에 대한 열정을 가질 수 있도록 해야 도와주어야 할 것이다. 하나의 답이 정해져 있는 목표가 정해지지 않은 수업에서, 아이들은 각자의 목표를 스스로 찾아 정하게 될 지도 모를 것이다. 그러면서 스스로 이러한 반성과 질문을 해보기도 한다.

과연 우리 교사들은 아이들에게 스스로의 목표를 찾게 하는가?
수업에 참여할 수 있는 계기를 마련 해 주는가?
수업을 하고 싶어 하는 마음이 가지도록 해주는가?

2) 사고할 수 있도록 질문을 해보자

같은 내용을 설명하더라도 교사의 말투 하나로 아이들의 수용하는 태도나 이해하는 정도가 달라진다. 이에 아이들의 수업이나 활동에 대한 적극적인 참여를 독려하는 방법은 정해져 있는, 그리고 시험에 나올 만한 문제에 대한 정답을 가르쳐 주는 것이 아니라, 아이들과 함께 생각하고 이야기를 나누려는 자세일 것이다.

"이건 어떻게 생각하니?"
"함께 생각해보면 어떨까?"

저자가 수업시간에 가장 많이 사용하는 질문들이다. 이러한 질문을 받은 아이들은 누구라도 처음에는 고민하게 된다. 그동안 이러한 질문을 받아본 적이 없었다는 표정을 지으며, 저자의 질문에 어리둥절 멀뚱멀뚱 선생님의 얼굴만 쳐다보기 일쑤이다. 그러나 이러한 질문을 접하는 시간이 많아지고, 수업에 참여하는 횟수가 많아지게 되면서 될수록 아이들은 저자의 이러한 질문에 무언가를 답하려고 하거나, 주변의 친구들과 서로 이야기를 나누려는 모습을 보인다. 질문에 대한 아이들의 답변이 어떠하든 저자는 관계하지 않았다. 그리고 교실이 얼마나 시끄러워지는 지에 대해서는 관계하지 않았다. 그저 그렇게 저자의 질문에 대해 아이들은 각자 자신의 생각을 이끌어내고, 그렇게 이끌어낸 자신의 생각을 바탕으로 친구들과 소통하는 그 순간에 아이들은 배움의 길로 접어들게 된다고 확신하였기에 관계하지 않았다. 우리 교실에서의 배움의 길로 접어든다라는 의미는 어떠한 지식을 새롭게 배운다는 의미보다는, 친구들과 상호 소통하는 방법을 배우고 깨닫고 체득하는 길로 접어든다는 의미가 강하다고 할 수 있다.

그러면 되지 않을까?

앞서 계속 말을 했듯이, 현대 사회의 아이들에게 필요한 것은 새롭게 배우게 되는 내용이 아니라 어떻게 배우느냐는 배움의 방법을 터득하는 것이기에 말이다.

그리고 아이들의 이야기, 아이들의 답변을 저자는 인정해준다. 교사로서 원하는 대답, 정답이 아니어도 인정해주려고 한다. 엉뚱한 대답을 한 친구에게 교사가 필요한 길로,

그리고 원하는 길로 답변을 수정하도록 의도적으로 추가적인 어떠한 질문도 하지 않으려 노력한다. 다만 잘못 들었거나 표현이 정확하지 않은 친구에 대해서는 재차 확인하는 질문을 하기는 한다. 하지만 학생들의 답변을 교사가 원하는 방향에 맞게 바꾸기 위해서 질문을 하지는 않는다. 하지만 흔히 교실 수업을 살펴보면 이러한 일이 자주 일어나는 것을 발견하게 된다. 교사가 답변을 한 학생의 대답을 진지하게 들어주고, 그 대답을 모두 인정한다는 듯 태도를 보이지만, 실제로는 교사가 원하는 방향으로 학생의 대답을 이끌어가기 위해서 의도적으로 추가 질문을 통해 정답으로 수정해가려는 모습을 보게 된다. 마치 그것이 그 학생이 원래 하고자 했던 답변이었던 것처럼 말이다. 그 학생을 속이고, 교사로서 자신을 속이면서 말이다.

물론 저자도 아직은 모르겠다. 그것이 바른 방법인지, 옳은 방법인지 말이다.

다만, 이러한 생각을 하기는 하였다. 학생의 입장에서 말이다. 교사의 질문에 답변을 한 학생들은 그렇게 자신의 답변이 그대로 받아들여지지 않고 교사의 추가적인 의도된 질문에 의해 답변이 조금씩 변질(?)되어가는 것을 계속해서 경험하게 된다면 어떠한 기분이 들까? 아마도 그게 나라면 앞으로 다시는 답을 하지 않으려 하지 않을 것 같다. 어차피 답변을 해도 교사가 원하는 방향에 맞게 나의 답변을 수정해 가는데 뭐 하러 대답을 할까라고 생각을 하게 될 것 같으니 말이다. 저자는 이렇게 생각했다. 그래서 교사로서 저자는 아이들의 답변을 있는 그대로 정화되지 않은 상태의 것을 그대로 받아들이려고 노력한다. 엉뚱하면 어떠한가. 그것도 그 아이의 생각이고 의견인 것을...

학생의 입장에서 생각해보았을 때, 학생들은 자신의 의견이 모두 받아들여진다는 안정감을 느끼는 순간, 수업이 편안해지고 안정적으로 느껴지게 될 것이라고 판단하였다. 그리고 이렇게 수업이 편안해지고, 수업시간에 안정감이 들게 되면, 학생들은 더 많은 생각들을 끌어내려고 노력할 것이며, 더 많은 것을 이야기하려고 할 것이라고 확신하였다. 저자는 다만 그 뿐이었다. 어떤 심리적인 측면을 고려한 것도, 유명한 교수님들의 연구 결과에 의한 것도, 학생 학습에 대한 유명한 저서에 의한 것도 아니라 그저 우리 반에서 우리 반 아이들과 함께 삶을 만들어가고 숨을 함께 쉬면서 몸소 체험하고 느낀 것이었다. 그리고

그거면 되지 않을까? 더 많은 생각을 끌어내고, 더 많은 이야기를 나누려고 하는 것,
그것이 바로 아이들에 있어서 배움의 방법이고 배움의 길이 아닐까?

학생도 인간이듯 교사도 인간이다. 교사가 의욕이 샘솟고 즐거우면 당연히 수업도 즐거워질 것이다. 그러한 교사의 즐거움, 이로 인한 즐거운 수업으로 인해 아이들도 수업에 즐겁게 참여하게 될 것이다. 창의성이란 것도 이러한 즐거움 속에서 발휘되지 않을까 잠시 엉뚱한 생각도 하게 된다. 왜냐고? 즐거운 수업 속에서, 아이들은 더욱 도전하려는 정신이 발휘되기 때문이다. 앞으로 무엇을 하면 좋을지 먼저 고민하고 이야기를 나누게 되고, 이로 인해 앞으로 어떠한 일이 벌어질지 더욱 궁금해지고, 설렘을 느끼면서 더 많은 것에 도전을 하고자 하는 마음을 가지게 될 것이다. 그리고 이러한 도전 정신이 창의성의 시작이니 말이다.

교사가 즐기고 있는 모습을 보이면, 이를 아이들도 고스란히 느끼고 즐거운 감정을 가지게 된다.

교사들이여! 학생들과 함께 즐기자!
수업을 매개로 해서 말이다.

혜민스님(2012)은 자신의 저서인 『멈추면 비로소 보이는 것들』을 통해 다음과 같은 말을 전하고 있었다.

대학 졸업을 앞두고, 혹은 졸업 후에도 어떤 직업을 선택해야 할지 보인은 잘 모르겠다는 분들이 꽤 있다. 하지만 잘 모르는 것은 자신의 탓이 아니다. 우리는 초등학교 때부터 주입식 교육을 받았고, 고3때 성적에 맞춰 적성과 상관없이 대학과 전공을 선택했으며, 방학 땐 어학 공부나 각종 자격증을 따기 위해 스펙 쌓기를 해왔다. 그러다 보니 한 번도 자신이 무엇을 좋아하고, 재미있어하고, 무엇에 이미를 느끼는지 제대로 경험해본 적이 없으니 당연히 모를 수 박에 없다.

그렇다. 학생들에게 하고 싶어 하는 계기를 마련해주어야 하는 교사임에도 불구하고, 우리들은 어쩌면 학생들에게 어떠한 선택권도 준 적이 없었던 것은 아니었는지도 모르겠다. 그저 주변의 친구들과 경쟁 속에서만 살게 한 것은 아니었었는지 모르겠다. 교사들 또한 그러한 학창시절, 그러한 삶을 살아왔으니 말이다. 교사들도 그렇게 살아왔으니, 어떻게 하면 아이들에게 하고 싶어 하는 것, 의미를 부여하는 것이 무엇인지 스스로 찾게 하는 방법을 몰랐던 것도 당연한 것일지도 모른다. 저자 또한 그러한 교사이며, 조금이라도 그러한 교사에서 벗어나고 오늘도 이 말을 되새기고 되새기게 된다.

지금도 절대 뒤처지거나 늦은 것이 아니다.
눈치 보지 말고, 지금의 느낌 그대로 행동에 옮겨보라.

그리도 또 다른 이야기가 하나 더 있다.

사람들은 누구나 절대로 양보할 수 없는 가치관, 믿음, 생각들이 있다. 내 관점에서는 정말 옳은데 함께 옳다는 느낌을 공유하지 못하거나 정반대로 생각하는 사람들로 인해 힘들어지는 경험을 많이 겪게 된다. 그래서 누가 옳은지 서로 격한 감정까지 드러내면서 말을 하고 나면 무엇이 남나요? 결국 상처뿐이지 않나요? 이제는 나의 믿음, 생각, 가치관의 순수함, 고결함보다는 내 앞에 앉아 있는 사람을 바라봅시다. 내가 옳은 것이 중요한 것이 아니고 우리 같이 함께 행복한 것이 훨씬 더 중요하다.

교사와 학생들의 관계도 이러한 것 같다. 교사들은 교사로서 자신의 옳음, 지식, 가치관, 생각의 절대함, 순수함, 고결함을 학생들에게 일방적으로 가르쳐주는 것이 중요한 것이 아닌 것 같다. 자신의 가치관에 맞지 않은 아이들의 행동, 말, 그리고 태도로 인해 힘들어하면서 격한 감정을 드러내면서 말을 하고, 혼을 내고, 다그치고, 윽박지르고 나면,

여러분은 행복해지던가요?

아마 아닐 거다. 모르긴 몰라도, 그렇게 아이들에게 혼을 내고, 소리를 지르고, 윽박지르고 나면 교사들이 더 힘들어하고 상처를 받게 된다. 물론 그렇게 혼이 난 아이들은 두말 할 것 없이 더 큰 상처를 받게 된다.

둘 모두에게 상처를 주는 그러한 것이 중요한가요?

교사와 학생, 모두 함께 행복해지는 그러한 교실과 수업이 이루어지는 날이 어서 오기를 두 손 모아 바래본다.

함께 즐기고 행복하자

CHAPTER

4

교육과정은 교사다?

(교육과정 재구성이 아니라 교육과정 구성이다)

선생님의 교육과정은 어떠한가요?

이 질문을 받은 교사들의 반응은 어떠할까? 아마 둘 중에 하나의 반응을 보일 것이다. 이게 대체 무슨 의도로 하는 질문인지 의아해 하거나, 혹은 나에게 교육과정이 무엇인지 고민에 빠지게 되거나 둘 중의 하나의 반응을 보일 것이다.

아마 첫 번째 반응을 보이는 교사들은 여기서 말하는 교육과정이 국가수준 교육과정인지, 학교에서 책자로 나눠 준 학교 교육과정인지, 아니면 어느 사이트에서 학년별로 누군가에 의해 일정하게 짜여 진 학년 교육과정을 의미하는 것인지, 아니면 실제 우리 교실에서 이뤄지는 교육과정을 말하는 것인지 헷갈리기 때문에 그러할 것이다. 아니 그렇다고 믿고 싶다. 아마 교유과정이 무엇인지 모르는 교사는 없을 테니 말이다. 물론 교사로서 오랜 시간동안 국가 수준 교육과정을 보지 않는 교사들도 있을 수 있으며, 교육과정이라고 하면 학교 교육계획서가 교육과정이라고 여기는 분들도 계실지 모르겠지만 말이다. 어쨌든 앞서 제시한 모든 것들이 모두 교육과정이 맞기는 하지만, 교육과정 그 자체는 아니다.

그리고 두 번째 반응을 보이는 교사들은 어쩌면 위의 그림처럼 교육과정이라는 질문에 교육 목표, 연간지도계획, 주간교육계획, 지도 계획 등으로 구성된 자료를 교육과정이라고 떠올리게 될 지도 모르겠다. 이러한 생각을 떠올리는 교사들에게 교육과정이란 짧게는 일주일, 길게는 1년간의 교육 목표와 계획을 세우는 것이라고 여기게 될지도 모른다. 물론 이것 또한 교육과정의 일부분인 것은 맞는 말이다. 하지만, 교육과정 그 자체는 아니라고 할 수 있다. 왜냐하면 이 때문이다.

교육과정은 아이들과 교사의 앙상블이 만들어내는 삶이다.

이러한 의미에서 사토 마나부(2016)는 교육과정이란 한 마디로 배움의 경험이라고 정의하고 있다. 그러면서 교육과정의 개념에 대한 부정확한 정의 및 잘못된 오해와 편견으로 인해 그동안 교육과정 만들기 활동이 원활히 이루어지지 않았다고 말을 하였다. 즉, 교육과정은 배움의 흔적이며 배움의 이력인 것이다. 그런 의미에서 교육과정 구성이란 실제 배움의 경험을 창조하는 일이라고 할 수 있다. 그러므로 교육과정은 교실에서 창조되는 것이며, 교사의 전문성이 중핵이며, 교사가 바로 교육과정이라고 할 수 있다.

그래서 인지 우리나라에서도 최근에는 배움에 대한 강조로 인해 배움 중심 교육과정에 대한 관심이 높아지게 되었다. 그렇다면,

배움 중심 교육과정은 무엇인가?

그동안 우리 내 교육과정은 “목표 ➡ 달성 ➡ 평가”를 단위로 하는 계단형 교육과정 구성이 주를 이루었다. 즉, 목표를 정하고, 목표에 달성하도록 다양한 과정을 거친 후,

어느 정도 달성을 했는지 그에 대해 평가를 하는 과정을 거쳤다. 이러한 교육과정이 다량의 지식이나 기능을 보다 효과적, 효율적으로 가르치는 데는 매우 탁월한 교육과정이라는 사실에는 반박의 여지가 없다. 그러나 이러한 교육과정의 관점에서는 배움을 협소하고 획일적인 것으로 여기게 되며, 이로 인해 일원화된 평가를 중시 여기게 되었다. 그래서 결과중심 평가로 인한 수많은 질타를 지금 교육계가 받고 있는 것인지도 모르겠다.

반면 배움 중심 교육과정은 "주제 - 탐구 - 표현'을 단위로 하는 등산형 교육과정 구성을 강조한다. 등산형 교육과정은 주제를 선정하고, 아이들이 다양한 접근을 통해 활동하고, 협동하면서 탐구하는 다양한 활동을 전개하게 되고, 그 성과를 표현하여 서로 공유함으로써 또 다른 배움의 창조가 가능해진다. 그런데 이 과정을 자세히 살펴보면, 프로젝트 학습의 과정과 유사한 점이 매우 많다는 것을 알게 된다. 그리고 본 저자가 앞에서 언급했던 협동의 강조, 표현의 강조 등 모든 이야기를 포괄할 수 있는 교육과정이 바로 배움 중심 교유과정이라고도 할 수 있다.

총합학습 교육과정

등산형 교육과정 구성에 대한 중요성이 강조되면서 일본에서도 최근 총합학습[15] 교육과정 만들기가 큰 화두가 되고 있다. 총합학습이라고 말을 하기는 하지만, 총합학습의 학습적인 측면을 고려했을 경우 교과학습과 별반 다른 차이점은 보이지 않는다. 총합학습과 교과학습, 모두 지식(기능)과 경험(체험)을 통합하는 것이 배움이라고 정의를 내리고 있는 점이 바로 그 공통점이다.

그렇다면 총합학습과 교과학습은 무엇이 다를까?

바로 그 차이점은 그러한 지식과 경험을 조직하는 방법에 있다고 할 수 있다. 교과 학습은 교과의 내용을 핵으로 하여 조직이 되는 반면 총합학습은 현실적인 문제 혹은 주

15) 총합학습에 대한 내용은 사토 마나부(2016)의 수업이 바뀌면 학교가 바뀐다 저서의 내용에서 요약발췌한 것이 다수 포함되어 있음을 밝힌다.

제를 핵으로 하여 조직 된다[16].이런 의미에서 교육적인 의미에서 유의미한 총합학습이 곧 교과학습이 될 수 있으며, 교육적인 의미에서 유의미한 교과학습이 곧 총합학습이 될 수도 있는 것이다. 총합학습의 이러한 면 또한 프로젝트 학습의 그것과 별반 다르지 않은 것을 또 발견하게 된다.

총합학습은 또한 교과내용을 강조하며 교과서 중심의 학습을 강조하는 교과학습과 달리 주변 마을, 사회와의 관계성을 중요시 여기는 교육과정이다. 이를 위해 학년말, 혹은 학년 초, 아니면 학기 중간 중간에 교사들은 학교 주변 마을을 돌아보고 학교 아이들이 겪고 있는 실제 문제가 무엇인지 파악하고, 이를 주제로 하여 총합학습을 진행하게 된다. 총합학습에서의 학습 주제는 우리 사회이며, 나아가서는 자연이라고도 할 수 있는 것이다.

이러한 다양한 면으로 총합학습은 프로젝트학습과 그 맥을 같이한다고도 할 수 있다. 즉, 총합학습은 교과의 내용을 횡단을 하든지, 총합을 하든지 그것은 결과론에 그치는 것이며, 배움의 과정에서 주제를 중심으로 하는 탐구적인 배움이 성립이 되면 되는 것이다. 또한 총합학습이 중요한 이유는 앞서 언급한 배우는 방법을 학습할 수 있는 학습 방법이다. 왜냐하면 총합학습은 정답이 존재하지 않으며, 현실로부터 배움이 일어나기 때문이다. 이 또한 프로젝트 학습의 강조점과 유사한 점이 매우 많다. 프로젝트 학습 또한 정해진 과정이나 방법에 따르기를 강조하기 보다는, 하나의 학습과 배움의 과정으로써 어떠한 방법을 사용하든지 관계하지 않으며, 그러한 과정을 통해 탐구적 배움, 배움의 방법에 대한 학습, 그로 인해 부차적으로 체득하고 깨닫게 되는 바른 인성, 다양한 핵심 역량 들을 강조하고 있다는 점에서 총합학습과 그 맥을 같이 한다고 할 수 있다.

실제로 본 저자들 또한 초등학교 2학년을 데리고 총합학습(실제 계획을 할 당시에는 교

---

16) 교과 내용을 축으로 주제를 통합하는 방식에서 벗어나 주제를 중심으로 교과 내용을 통합하는 방식으로의 변화는 2009개정교육과정(2015개정교육과정에서도 동일한 내용이기도 함)의 통합교과 개정 방향과도 일치하는 점을 발견하게 된다. 즉, 우리나라 교육과정 역시 교육과정의 변화를 꾀하고 있으며, 배움 중심 교육과정 혹은 총합 학습 교육과정으로의 변화를 꾀하고 있는 모습을 엿볼 수도 있다. 하지만 이에 대한 변화는 통합교과에 국한된 것으로 타 교과에서는 아직 발견하지 못하고 있어서 더 많은 변화가 필요한 듯하다. 하지만 이미 변화가 시작되었다는 것에 큰 의의를 두고자 한다.

육과정 재구성을 통한 프로젝트 학습을 진행하기 위해서 였으며, 그 중 몇 몇의 프로젝트는 총합학습과 밀접한 관련이 있다는 사실을 발견하였기에 여기서 총합학습이라고 언급하게 되었음)을 조금 맛보기로 실천을 해보고자 노력해보았다. 그 이야기를 잠시해보면 다음과 같다.

동 학년 중심 교육 공동체인 우리들은 더 살기좋은 우리 마을 만들기라는 주제를 가지고, 직접 학교 주변 우리 마을을 탐방하고, 평소 우리 마을에 살면서 안전하지 못했던 것, 불편했던 것들을 직접 함께 경험해보면서 더 살기좋은 우리 마을을 어떻게 만들면 좋을지 찾아서 해결해보는 시간을 가져보기로 하였다.

이를 위하여 각 팀별로 어떠한 경로로, 어떠한 것 위주로 마을을 탐방하면 좋을 함께 모여서 이야기를 나누고 계획을 세웠다.

계획에 따라 팀별로 학교의 정문 쪽과 후문 쪽으로 나누어서 직접 탐방을 떠나보았다. 탐방을 가기 전 각 가정에 안내장을 배부하고, 학교에 공문으로 결재도 득해두었다. 그랬더니 실제 탐방을 가는 날 각 반발로 5명이상의 학모님들이 실제로 나와서 아이들의 안전한 마을 탐방을 위해 도움을 주셨다. 학부모의 도움과 협력이 이만큼 중요하다는 사실을 다시 한 번 깨닫는 순간이기도 하였다.

그리고 마을 탐방을 하는 겸해서 미리 각 지역 단체에 연락을 해서 소방서, 도서관, 은행, 우체국 등과 협의하에 기관을 탐방하는 시간도 가졌다. 사진이 소방서 밖에 없어서 아쉬움이 남지만, 아이들의 기억과 교사들의 기억에는 여전히 행복한 추억으로 남아 있을 것이다.

탐방 후 마을 지도 그리기, 퍼즐 완성하기 활동 등을 통해 마을 탐방 후 우리 마을의 모습을 표현하는 시간을 가졌습니다. 마을 모습을 표현한 후, 각자 탐방을 다니면서 힘들었던 경험, 불편했던 경험, 안전하지 못했던 경험에 대해 이야기를 나누었다.

그리고 더 살기 좋은 우리 마을을 만들기 위해 우리가 할 수 있는 일이 무엇인지 알아보았다. 인터넷에 글을 올리기와 편지쓰기 2가지가 선정이 되었는데, 아직 컴퓨터와 인터넷에 익숙지 않은 초등학교 저학년이었던 관계로 국어 교과의 편지쓰기 단원을 연계하여 우리 시 지역 시장님께 편지를 써보도록 하였다.

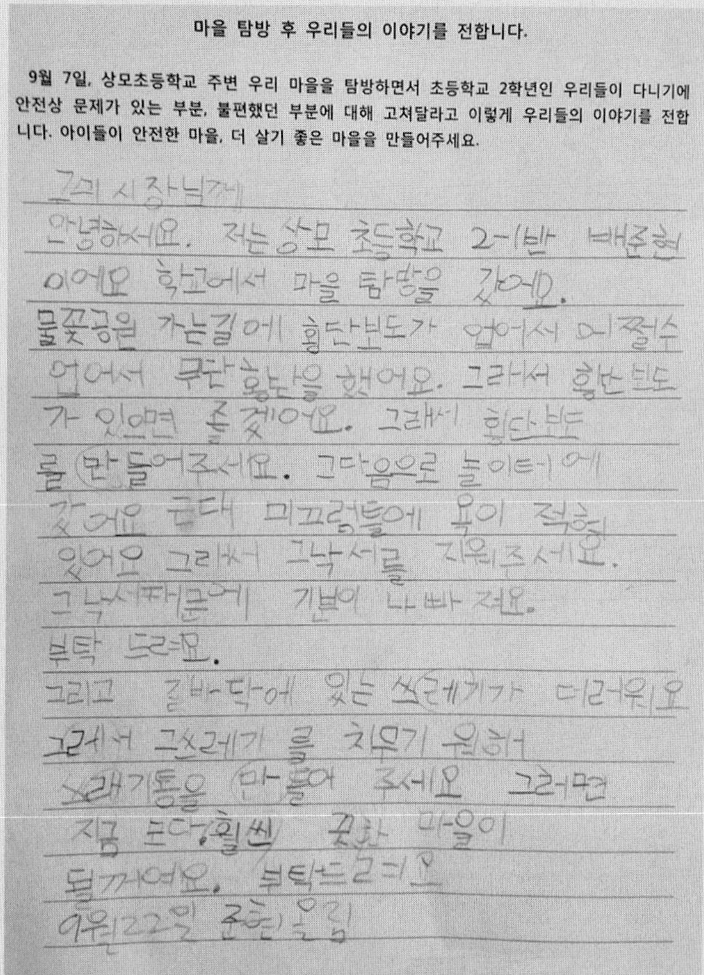

마을 탐방 후 우리들의 이야기를 전합니다.

9월 7일, 상모초등학교 주변 우리 마을을 탐방하면서 초등학교 2학년인 우리들이 다니기에 안전상 문제가 있는 부분, 불편했던 부분에 대해 고쳐달라고 이렇게 우리들의 이야기를 전합니다. 아이들이 안전한 마을, 더 살기 좋은 마을을 만들어주세요.

구미 시장님께
안녕하세요. 저는 상모 초등학교 2-1반 배준현
이에요 학교에서 마을 탐방을 갔어요.
물꽃공원 가는길에 횡단보도가 없어서 머 건널수
없어서 무단 횡단을 했어요. 그래서 횡단보도
가 있으면 좋겠어요. 그래서 횡단보도
를 만들어주세요. 그다음으로 놀이터에
갔어요 근대 미끄럼틀에 욕이 적혀
있어요 그래서 그낙서를 지워주세요.
그낙서때문에 기분이 나빠 져요.
부탁 드려요.
그리고 길바닥에 있는 쓰레기가 더러워요
그래서 그쓰레기를 치우기 위해
쓰레기통을 만들어 주세요 그러면
지금 보다 훨씬 깨끗한 마을이
될거에요. 부탁드리고
9월22일 준현 올림

그 결과 우리 마을이 아이들이 더 안전한 마을로 변화되었는지는 잘 모르겠다. 하지만 마을 탐방과 더 살기 좋은 마을을 만들기 위해 노력했던 오늘의 기억만으로도 우리 반 아이들은 다른 아이들보다 우리 마을에 대한 애착심과 애향심을 더 많이 가지지 않았을까? 그리고 아이들의 편지 내용이 받아들여져서 실제로 마을의 모습이 변화된다면 그들은 어떠한 생각을 하게 될까?

앞으로도 더 많은 것을 살펴볼 것이며, 문제가 생기거나 질문이 생겼을 때 어떠한 방법으로든 해결책을 찾으려고 하지 않을까?

여기서 잠시 평가에 대한 이야기를 해보겠다. 흔히들 이러한 활동을 하고나면 교사들은 평가를 어떻게 해야 되나 라는 걱정을 많이 한다. 앞에서도 말을 했듯이 저자는 교과 지식을 암기시키기 위해 이러한 프로젝트 학습을 하는 것이 아니다. 그저 교사로서 저자는 아이들에게 혼자서는 하기 어렵지만, 협력하여 함께 문제를 해결할 수 있는 다양한 경험과 실천의 기회를 제공해주고자 하였다. 위 활동 후에 편지를 어떻게 썼네, 이것은 잘못 썻네 라는 평가를 하지 않았다. 그저 그렇게 우리 마을을 위해, 혹은 우리들을 위해 안전한 마을, 더 살기 좋은 마을을 만들기 위해 탐방을 다녀오고, 탐방을 통해 알게 된 사실을 바탕으로 요구사항을 편지를 쓰면서 스스로 느끼고 체득하게 될 것에 집중하였다. 그러면 되지 않을까? 굳이 여기에 평가가 필요할까?

물론 이런 것은 한다. 이러한 활동이 있은 후 서로 어떠한 생각을 하게 되었는지 비교하여 생각해보는 시간을 가져보는 시간을 가진다. 친구들의 생각을 비교하여 살펴보고 이야기를 나눠보면서 자신의 생각과 가치관을 스스로 평가해보는 시간을 가지는 시간을 제공하기는 한다.

이에 대한 이야기를 마치기 전에 평가와 관련된 다른 이야기도 잠깐 해보겠다.

우리 반은 올해 식목일을 맞이하여 학교 담벼락 근처에 텃밭을 가꾸었다. 텃밭이라고는 하지만, 땅 자체가 정구장과 답벼락 사이 버려진 땅이어서 척박하고, 잡초가 많아서 잡초를 제거한다고 고생한 기억이 제일 남기도 한다. 어쨌든 학교에 이 땅을 사용해도 되는지 양해를 구하고, 땅에 퇴비도 섞어서 넣고, 아이들이 텃밭을 힘들게 가꾸었다.

그런데 몇 일이 지난 후 교감선생님이 물어왔다.

"최 선생님,

왜 그렇게 힘들게 일궈놓은 텃밭을 관리하지 않는 건가요?

아마 교감선생님뿐 아니라 주변 여러 선생님도 의아해 했을 것 같다. 지금까지 이야기 한 것처럼 교사로서 나는 텃밭을 가꾼 후 텃밭을 어떻게 관리하라 혹은 몇시에 물을 줘야 하고 무엇을 해야 하고 이런 말을 하지 않았다. 내가 생각하는 교사의 역할은 이렇게 기회를 제공해주는 것에서 그쳐야 한다고 생각했기 때문이다.

단, 이런 활동은 했었다. 시간이 흐르고 열매를 맺을 무렵이 되었을 때 아이들에게 질문을 했었다.

"텃밭을 가꾸고 지금까지 어떠한 생각이 들었나요?"

물론, 누구나 예상할 수 있듯이 열매의 단맛을 본 아이들은 행복하다는 말을 하였고, 그렇지 못한 아이들은 슬프다는 말을 했다. 그리고 이렇게 서로 이야기를 나눠보고 어떠한 것을 느꼈는지 이야기도 나누었다. 행복한 아이들은 그러한 행복이 오래가도록 이야기했을 것이고, 슬픔의 감정을 느낀 아이들은 다음에는 열매를 맺을 수 있도록 더 노력해야겠다고 생각을 했을 것 같다.

아니나 다를까. 6월 달, 한 프로젝트 중 일부의 활동으로 재활용품 활용한 물건 만들기를 실천하였는데, 이때 개인별 화분을 PT병을 이용해서 만들었다.

그 결과는 어떠했을까?

텃밭에서 열매를 맺은 친구가 10명 안팎이었던 것에 비해, 이번에는 20명 가까운 친구들이 열매를 맺을 수 있었다.

이러면 되지 않을까?

이것이 배움이자 평가가 아닐까?

앞선 활동을 통해 아이들은 식물을 더욱 소중히 다뤄야겠다는 배움이 일어났고, 그 배움이 바탕이 되어 뒤에 활동에서는 더 많은 아이들이 식물을 더욱 소중히 다루었다.

이러한 배움을 어떻게 시험 성적으로 평가할 수 있겠는가?

개인적인 교실 수업 이야기가 너무 길어진 것 같기도 하다. 그러나 한번쯤 생각해보면 좋겠다. 교사, 학생, 학부모가 함께 수업을 만들어가고, 사회와 자연이 주제가 되어 학교 밖과 안에서 함께 이뤄지는 배움과 학습을 말이다. 우리 공동체 교사들은 모두 능력이 출중하여 프로젝트 학습을 계획한 것이 아니다. 우리 모두는 평범한 교사들이며, 1명을 제외하고는 모두가 2016년에 처음으로 프로젝트 학습을 접하고 실천한 교사들이다. 그러니 이러한 우리들도 했으니, 그리 어려운 일이 아닐 것이다. 선생님들이 함께 모여서 공감할 수 있는 공동체를 형성하고, 노력한다면 쉽게 그 해결책과 방법을 찾을 수 있을 것 같다. 우리들처럼 말이다. 공감이라는 말이 나와서 하나 더 다른 이야기를 더 하고 다시 본 이야기로 돌아가 보자.

> 인간관계에서 가장 중요한 것은 공감하는 것이다. 공감이란 상대방의 눈으로 보고, 상대방의 귀로 듣고, 상대방의 마음으로 느끼는 것이다.
>
> – 알프레드 아들러(2012)

흔히들 인간관계에 있어서 가장 중요한 것은 공감이라고 알고 있으며, 이는 학생과 교사와의 관계도 예외가 아니다. 교사에게 가장 중요하게 여겨지는 덕목 중에 하나라 바로 학생과의 공감이니 말이다. 그러나 흔히들 공감을 잘못 이해하고 있기도 하다. 바로 공감을 동정으로 바라보는 행동이다. 우리는 힘들어하는 주변 사람에게, 혹은 그러한 학생에게 이러한 말을 한다.

"많이 힘들지? 정말 안 됐다"

하지만 이 말은 공감이 아니라 동정이며, 우리의 감정을 상대에게 강요하는 것이다. 공감이란 애초에 상대방의 관심사에 관심을 가지는 것이다. 그러나 동정이나 강요하는 사람은 상대가 아니라 자신의 관심사에 관심을 갖게 되며, 자신의 관심사를 상대의 상황에 맞추게 되는 것이다.

공감이란 상대방의 눈으로 보고, 상대방의 귀로 듣고, 상대방의 마음으로 느끼는 것이다. 쉬운 일은 아니지만, 언제 어디서나 자신의 시각을 상대방에게 강요하지는 않는지 늘 질문을 던짐으로써 동정이 아닌 공감하는 태도를 보이기를 바래본다. 내 눈, 내 귀, 내 마음으로 보고, 듣고, 느끼는 것이 아니라 상대방의 눈, 상대방의 귀, 상대방의 마음으로 보고, 듣고, 느끼며 말하고 행동하는 것이 공감이라는 것을 잊지 말기를 바래본다.

어쨌든 이제 본론으로 다시 돌아와 보자.

하지만 프로젝트 학습과 함께 총합학습을 실천하는 것이 어려운 이유는 무엇일까?
아니면 흔히들 불가능하다고 여기는 이유는 무엇일까?

그것은 바로 교사들이 프로젝트 학습 혹은 총합학습을 고려함에 있어서 그 최우선으로 아이들의 자주성과 주체성에 초점을 두고 있기 때문이다. 하지만 프로젝트 학습이라고 하여 모든 것을 학생들이 스스로 계획하고 활동하는 것을 강조하지 않는다. 왜냐하면 교육이라는 것은 혼자서는 할 수 없거나 달성할 수 없었던 수준 높은 배움이라도 교사 혹은 친구들의 도움으로 그러한 높은 수준의 배움이 일어날 수 있다면 그것 또한 배움일 수 있으며, 그러한 배움이 일어나도록 도와주는 행위가 바로 학습이자 교육이기 때문이다. 즉 아이들의 흥미와 관심도 중요하지만, 아이들의 이러한 흥미와 관심을 바탕으로 스스로 해결하수 없었던 것을 친구 혹은 교사의 도움으로 함께 해결할 수 있는 기회를 제공하기 위하여 프로젝트 학습 혹은 총합학습을 계획하게 되는 것이다.

그러므로 혼자서는 할 수 없었던 것을 교사의 도움, 혹은 친구들의 도움과 함께 하여 협동적인 배움으로 그것을 조직해 나가도록 기회를 제공해주는 것이 중요하다. 그러므로 프로젝트 학습 혹은 총합 학습이라고 하여 교사가 무책임하게 내버려두면서 자주성, 주체성을 길러내어 주기 위한 학습이라는 잘못된 편견이나 오해를 가져서는 안 될 것이다. 프로젝트 학습에 대한 이야기는 앞에서 했기에 여기서는 줄이도록 하겠다. 교사는 언제나 학생들의 도움이나 요구, 필요가 있을 때 언제든지 도움을 줄 수 있도록 일정한 거리를 유지하면서 지켜봐주고 격려해주고 인정해주어야 한다. 마치 난로처럼 말이다. 난로는 너무 가까우면 뜨거워서 견디지 못하게 되고, 너무 멀어지면 따뜻함이 사라져서 난로의 역할이 사라지게 된다. 이처럼 교사는 아이들에게 난로와 같은 역할이 되어서, 일정한 거리에서 따뜻함을 항상 전해줄 수 있으며, 필요할 때는 더욱 가까이에서 더 따뜻함을 전해줄 수 있는 존재가 되기를 바래본다. 이래서 인지 갑자기 교실에서 사라져 가는 따뜻한 난로가 그리워지는 것은 왜일까?

어쨌든 총합학습을 계획함에 있어서 교사들 한 명 한 명의 교육과정이 매우 중요하다고 할 수 있다. 그리고 총합학습은 교육과정 개혁의 하나의 돌파구가 될 수도 있다. 즉, 아이들 한 명 한 명의 흥미와 관심이 기반이 되어, 아이들의 활동적, 협동적, 반성적인 배움이 일어날 수 있도록 아이들과 함께 교육과정을 만들어 갈 수 있는 교사, 그러한 교사 그 자체가 하나의 교육과정이 되어야 할 것이다. 그래야만 진정한 의미에서의 총합학습이 실천될 수 있을 것이다. 총합학습은 현실적인 문제 혹은 주제를 핵으로 하여 교과교육을 조직하게 되고, 주변 마을 사회와의 관계성을 강조하게 됨으로써 이를 위해서는 우선 각 교실 학생들이 가지고 있는 현실적 문제 혹은 주제가 중심이 되어야하기 때문이다. 그래서 각 교실마다 교육과정이 다르게 존재할 수밖에 없으며, 이에 교사들은 모두 각자 교육과정을 구성할 수밖에 없을 것이다.

이에 어느 한 교수는 이러한 말을 하기도 하였다.

> "나는 교육과정 재구성이라는 말을 사용하지 않으려고 한다. 교사가 곧 교육과정이기 때문에 나는 교육과정 구성이라는 말을 하고 싶다"

우리는 흔히 교육과정 재구성이란 말을 자주 사용한다. 우리나라 교사들은 나라에서 정해주는 국가수준 교육과정에 기반 하여 학교 및 교실 교육과정을 구성하기에 교육과정을 재구성한다는 의미에서 이러한 말을 자주 사용하게 된다. 그러나 교사가 곧 교육과정이라면, 저자 또한 교육과정 재구성이 아니라 교육과정 구성이라고 한 어느 교수의 그 말이 맞을 지도 모른다는 생각을 하게 되었다.

교사의 신념과 가치관 중에서 교육과정 실행, 즉 수업 행동에 영향을 주는 것 중의 제일 중요한 것이 교육과정 관점이라고 한다(박일수, 2012). 교육과정 관점은 교사들이 교육과정을 해석하고 실천하는 틀을 제공하게 되며, 자신의 교육과정 관점에 기초하여 교육과정을 해석하고 실행한다는 의미이다. 이로 인해 교사들은 교육과정 전문가로서 교실의 학생들의 필요에 가장 적한 교육과정을 구성하는데 필요한 지식과 기술을 갖춘 지식으로 신뢰 받아야 한다(신경희, 2012).

그러나 교육과정을 대하는 교사들의 현실은 어떠한가?

많은 교사들이 교육과정의 자율적 운영이라는 원칙에 합의하고 있지만, 실제로 수업의 출발점에서 끝까지 이루어지는 모든 선택의 순간(교재를 선택하고, 교육과정 주제를 선택하고, 평가방법을 선택하는 모든 순간)에 자율적 의지를 발휘하는 경우는 매우 드물다(신경희, 2012).

어쩌면 교과서 중심의 수업 방법에서 벗어나지 못하는 이유도 바로 이처럼 교육과정에 대한 스스로의 전문성(이미 교사라고 하면 교육의 전문가이므로 전문성은 갖추어졌다고 판단을 하고, 전문성이라기보다는 자신감이라고 표현하는 것이 더 맞을지도 모르겠다.)을 갖추지 못하고 있기 때문은 아닐까하는 생각도 하게 되었다. 교육과정을 해석하고 읽고, 내 것으로 만들 수 있는 안목이 있는 교사는 좀 더 다른 모습인 교육과정 중심의 수업을 할 수 있을 것으로 기대되어지기도 하다(백남진, 2013). 이런 의미에서 교육과정에 대한 교사들의 전문적인 해석이 매우 강조된다고 할 수 있다.

그래서인지 요즘은 교사들에게 교육과정 문해력을 요구하는 경우가 더러 있다, 교육과정 문해력이란 교육과정 문서를 읽고, 해석, 이해하는 학습의 과정을 통해 교육과정의 기본방향, 교과의 내용 등 교육과정에 대한 교사 자신의 전문적 지식과 안목을 종합적으로 구성하고 이를 수업 설계를 위해 지속적으로 활용하는 능력이라고 할 수 있다(백남진, 2013).

그리고 교육과정의 해석은 교육과정이 의도하는 객관적인 차원과 교사 자신이 의미를 구성해나가는 주관적인 차원이 함께 이루어져야 한다. 이를 위해서 학교 관리자와 상부 기관에서는 교사들의 교육과정 재구성을 더욱 넓게 허용해야 할 필요가 있다. 흔히들 말을 한다. 어차피 국가 수준 교육과정이 정해져 있는데, 창의적으로 무엇을 구성할 수 있겠으며, 현실적으로는 많은 제한이 따르기 때문에 창의적으로 교육과정을 구성하는 것이 절대 불가능하다는 말을 주위에서 자주 듣곤 한다. 저자 역시 오랫동안 그러하다고 생각하고 있었으니 말이다. 하지만 교육과정에 대한 다양한 해석을 인정해주고, 그 가능성을 열어둘 수 있다면, 교사들은 다양한 학습 내용과 자료를 탐색하게 되고, 이를 통해 학생들은 더욱 풍부한 학습과 배움, 교육의 기회를 가지게 될 것이다.

그렇다면 교사가 교육과정을 구성하기 위해서는 무엇이 필요할까?

교육과정을 구성하기 위해서는 1단계 배움의 경험에 대한 디자인, 2단계 배움의 경험을 창조하는 교육 실천 그리고 3단계 배움의 경험에 대한 성찰과 평가의 세 단계가 필요하다. 단계라고는 언급 하기는 하였지만, 여기서의 세 단계는 단계적인 성격보다는 동시에 진행되는 것이 실제 교육과정 구성의 모습일 것이며, 이것이 바로 배움 중심 교육과정 구성일 것이다(사토 마나부, 2016).

그리고 이를 위해서 교사들에게는 교육과정을 해석할 수 있는 능력, 그리고 해석을 바탕으로 설계할 수 있는 능력, 그리고 해석에 있어서 다양성을 인정하고 중시여길 수 있는 안목이 필요한 것이다.

또한 교사들은 교육과정 구성자로서 교사들 간의 활발한 협의도 필요 하다. 이를 위해서 여러 교사들이 교육과정을 함께 공유할 수 있는 의사소통의 장이 필요하며, 서로의 다름을 받아들이는 기회가 필요하다. 이를 통해 교사들은 자신들이 구성한 교육과정이 타당한 것인지, 자신의 생각이 어떠한 의미를 갖고 있는지를 확인하게 될 것이며, 자신에 대한 보다 깊은 신뢰와 믿음으로 더욱 풍부한 해석으로 다양한 교육과정이 만들어질 수 있게 될 것이다. 이로 인해 교육과정 구성에 대한 자신감, 혹은 전문성이 더욱 높아질 수 있는 계기를 마련하게 될 것이다.

이제 교육과정을 각자 디자인해보는 것은 어떨까?

교육과정을 재구성하는 존재가 아니라 교육과정을 구성하고 개발하는 존재가 바로 교사이니 말이다.

재구성에서 구성이라는 단어 하나만 바꿨을 뿐인데, 교육과정에 대한 책임감, 책무성이 더 높아진다고 느끼는 것은 비단 저자 뿐만은 아닐 것 같다는 생각을 한다.

지금 당장 교육과정을 디자인해보면 어떨까?
그리고 함께 시작하고 이야기해보면 어떨까?
교육과정을 구성하는 것이 교사의 역할이니까…

CHAPTER

5

교과서는 금과옥조인가?

교육과정에 대한 이야기를 하다보면, 그에 뒤따라오는 것이 바로 교과서에 대한 이야기일 것이다. 교과서에 대한 이야기가 계속 흘러나오는 것은, 교과서가 지식 기반 사회로 급속하게 변화하는 과정에서 이러한 변화에 제대로 부응하지 못하기 때문으로 생각된다.

교육과정이 개정되고, 그에 따라 교과서가 개발·발행되기까지 많은 시간과 경비가 소비된다. 그러나 그만큼 노력을 들인 것에 비하여 교과서가 현 시대적 흐름의 변화에 제대로 부응하고 있는가에 대해 많은 사람들이 의구심을 가지고 있으며, 간혹 몇 몇 사람들은 부정적인 시각까지 가지고 있는 것이 사실이다.

교과서에 대한 말들이 왜 이리 많을까?

이 질문에 대한 이유를 찾기 위해 우선 교과서에 대한 정의를 살펴보면, 교과서는 보편한 교수·학습 자료이면서 특수한 목적으로 편찬·발행되는 인습적인 출판물의 하나라고 한다(이종국, 2008).

이러한 정의에 발맞추어서 그동안 정부는 교육 환경의 변화, 시대적 흐름의 변화, 교육에 대한 사회적 요구에 적합하도록 교과서를 개발하여 제공하고자 시기별(교육과정 개정 시기와 유사한 의미로 언급한 것임)로 나름대로의 노력을 기울여 왔다(이종국, 2008). 또한 제 7차 교육과정 개정이 발표되던 시기에는 교육과정과 교과서의 현대화 방안을 제안하게 되었으며, 2007 개정 교육과정 시기에는 교과서 제도 개선안(국정 도서 검정 전환, 검정 방식 개선, 인정 도서 확대, 교과용 도서 질 관리 강화 등)을 시행하였으며, 2009 개정 교육과정 시기에는 창의성 향상을 위한 학습자 친화적인 미래형 교과서 보급을 주요 골자로 하는 2010년 교과서 선진화 방안을 발표하기에 이르러다. 또한 2010년에는 디지털 교과서 관련 정책으로 스마트교육 추진 전략 실행 계획을 발표하였으며, 현 정부에서는 참고서가 필요 없는 교과서 완결 학습 체제를 추진 계획으로 설정하고 핵심역량을 개발하고 자기 주도적 학습능력을 향상시킬 수 있는 교과서 개선 및 지원 강화를 세부 과제로 제시하기도 하였다(이종국, 2008). 이처럼 사회·시대의 교육에 대한 요구에 발맞추어서 교과서가 발전되고 성장될 수 있도록 갖은 노력을 기울여 왔다고 할 수 있다.

그러나 교사들의 교과서에 대한 언급이 사라지지 않는 것은 교과서가 시대적 흐름에 맞게 변화되지 않기 때문은 아니었다. 그동안 교과서 개발에 대한 정부가 기울여 온 이러한 노력에도 불구하고, 교과서의 다양성과 질에 대한 수용자들의 만족도는 여전히 높아지지 않고 있으니 말이다. 어쩌면 교과서가 변화되지 않기 때문이 아니라, 교과서 개발과 관련된 연구들이 변화하는 교육 환경에 대한 진단을 소홀히 하고, 변화하는 교육 환경에 적합한 교과서 개발 전략을 체계적으로 강구하지 못했기 때문은 아니었을까 생각하게 된다. 즉, 정부에서는 교과서를 변화시키고자 노력을 하였지만, 그 방향이 잘못되었을 수도 있지 않을까?

그동안 우리나라 학교교육에 있어서 교과서는 주된 학습 자료로서 중요한 위상을 확보해 왔으며, 교실 수업이 교과서에서 시작하여 교과서로 끝난다고 해도 지나치지 않을 정도로 교과서의 질이 학교교육의 성패를 결정했다고 해도 과언이 아닐 것 이다.

그동안 교과서가 많은 교사들에게 금과옥조였던 것이다.

교육과정을 중심으로 아이들과 함께 삶을 살아가는 교사들임에도 불구하고, 교육과정을 들여다보는 시간에 교과서를 들여다보고, 교육과정이 아니라 교과서를 살펴보면서 교재연구를 하고 있다고 말을 한다. 묻고 싶다.

교사들에게 교재란 무엇인가?
교과서인가? 교육과정인가?

물론 본 저자 또한 교과서를 살펴보면서 교재 연구를 한다고 말을 하던 교사였으며, 그러한 교사를 비판하고자 하는 것 또한 아니다. 그저 그러한 상황을 교육부가 그리고 교육부에서 만들어서 배포하는 교과서가 그동안 만들어온 것은 아니었는지 반문을 하고자 하는 것이다.

예를 들면, 교육과정이 개정될 때 마다 교육과정과 관련된 연수를 하고는 한다. 그런데 어찌된 영문인지 교육과정에 대한 연수를 듣다보면 교과서가 어떻게 변화되었고, 교과서를 어떻게 활용하면 되는지에 대한 연수를 받게 된다. 심지어 개정 교육과정에 대한 연수를 실시함에 있어서 교과서 활용 방안 연수를 추가적으로 실시하기도 하니 말이다. 그러니 교사들은 교육과정이 아닌 교과서를 어떻게 활용하면 되는지에 더 집중하게 되고, 교육과정 개정에 대한 관심보다는 교과서가 어떻게 변화되었으며 그 안에 내용들이 어떻게 바뀌었는지에 더 집중하게 되는 것 같다. 그래서 교사들에게 교재는 교과서가 되며, 교육과정 역시 교과서가 되었던 것 같다.

실제로 본 저자 역시 2015 개정 교육과정 전달 핵심 요원으로 해당 교육청에서 활동을 하고 있지만, 정작 개정된 교육과정에 대한 연수보다는 교과서 활용 연수를 받고, 본청 소속 전달 교사 및 해당 교육 지원 청 교사들에게 어떻게 교과서를 활용하면 되는지를 교사들에게 안내를 하고 있으니 말이다. 즉, 교육과정이 아닌 교과서(실제로는 이러한 연수가 실시될 때에는 교과서가 배부되기 전이므로, 현장검토본의 예시 그림을 가지고 연수를 실시하지만, 그 또한 교과서고와 동일하므로 교과서라고 언급을 하였음)를 가지고 설명을 하고 있으며, 어떻게 활용하면 되는지를 안내를 하였다. 상황이 이러하다보니 실제 일선 학교와 교사들은 교육과정이 개정 될 때마다 교육과정 자체가 어떻게 변화되었는지에 대한 관심보다는 그에 따라 교과서가 어떻게 바뀌었으며, 수업시간에 바뀐 교과서를 어떻게 활용하면 되는지에 더 큰 관심을 보이며, 그에 대해 연수 받는 것을 더 희망하고 있다.

상황이 이러함에도 불구하고 이미 많은 사람들은 열린 교과서관을 주장하면서, 금과옥조였던 교과서에서 탈피하여 이제는 교과서가 하나의 학습 자료로서의 구실을 해야 한다고 강조하고 있다.

앞으로 어떤 형태의 교과서가 만들어지면 좋을까?

올해 우연찮게 2017학년도부터 적용될 2015개정 교육과정의 통합교과 교과서에 대한 현장 검토를 하는 연구회에 소속되어 2016년도에 활동을 하게 되었다. 집필진과 심의진의 의견을 반영하여 나온 현장 검토본을 보면서 과연 현장에 적용을 했을 때 실현이 가능한지, 그리고 아이들과 선생님이 그 교과서를 가지고 수업을 잘 하고, 잘 참여할 수 있을지 등 교과서 내용 및 디자인 등 전반적인 부분에 대해 검토를 하게 되었다.

이 경험을 통해 교과서에 대한 생각을 많이 하게 되었다. 매달 하나의 단원을 선정하여 검토를 하고 의견서를 모아서 교육부에 제출을 하였다. 그러던 중 현장적합성 검토 의견수렴 결과 및 협의사항에 대한 워크숍에 참석할 기회가 생겼다. 연구회 회장이 참석을 해야 하지만 급한 일로 인해 참석자를 찾는 도중에 필자는 정말 좋은 기회가 될 것 같아서 흔쾌히 참석하게 되었다.

정말 많은 이야기를 듣고, 저자의 이야기도 직접 전할 수도 있을 거라는 기대를 가지고 참석을 하였다. 하지만 어느 워크숍이나 마찬가지로 기대와 달리 실망을 하고 돌아온 것 같았다. 집필의 총괄을 담당하는 교수님이 현장의 목소리를 듣는 다기 보다는, 학교 현장에서 흔히 가질 수 있는 교과서에 대한 질문과 의문사항, 그리고 이번 교과서에 대해 할 수 있는 예상되는 질문들에 대해서 답변을 하면서 집필진의 의도를 우리들에게 설득하려 한다는 느낌을 강하게 받았다. 서로의 이야기를 나누고, 현장의 의견을 들어준다고는 하였지만 실제로는 그러한 느낌보다는 집필진을 대변하려고 한다는 느낌을 더 강하게 받아서 실망을 하게 되었다. 이는 집필진의 의도에 따라 우리들의 의견을 받아들이려 하거나 배척되는 의견에는 그에 대해서는 집필진의 의도가 이러하니 받아들일 수 없다는 듯 한 이야기를 전해주었기 때문이다. 물론 그런 의도로 말을 하지 않을 수도 있었으며, 이는 전적으로 본 저자의 느낌임을 다시 한 번 더 언급한다. 그래서 인지 필자는 정말 많은 말을 나누고 싶었지만 저자의 의견이 어떻게 받아들여지게 될지 걱정이 되기도 하고, 그에 대한 집필진들의 해명 아닌 해명만을 듣게 될 것 같아서 많은 이야기를 하지는 못하였다. 아니 못한 것이 아니라 하지 않았다고 말하는 것이 더 맞을지 모르겠다.

아직 정식 교과서가 배부 되지 않았기에 이에 대한 자세한 내용을 말하지 못하는 점에 대해서는 아쉬움으로 남는다. 그 당시, 그리고 그 후의 연구회의 요구에 의해 우리들의 의견이 얼마나 받아들여져서 얼마만큼 교과서가 변화되어 출간될지 모르기 때문이다.

그래서 교과서에 대해 본 저자가 이전에 출간한 저서를 통해 했던 이야기를 다시 전하면서 이번장의 이야기를 마무리하고자 한다.

저자는 교과서가 새로운 형태로 바뀌어야 한다고 생각을 한다.

저자의 주변 대부분의 선생님들은 수업을 하기 위해, 혹은 공개수업을 하기 위해 가장 먼저 생각하고 찾는 것은 교과서도, 교육과정도, 지도서도 아니다. 인디스쿨을 비롯한 인터넷 사이트의 다양한 수업 자료 및 방법들이다.

왜 우리 교사들은 수업을 하기 위해 교과서가 아니라
인터넷 사이트의 유명한 선생님들의 자료를 찾는 것일까?
금과옥조처럼 여기는 교과서인데도 불구하고,
왜 수업 공개를 할 때가 되면 교과서를 찾지 않는 것일까?

이러한 의문점을 가지면서 저자는 한 가지 답을 얻게 되었다. 바로 교과서가 다양성을 제시하지 못하고 있으며, 하나의 방법만을 그리고 교사 중심의 수업을 할 수 밖에 없게 만들고 있기 때문이라는 것을 알게 되었다. 활동중심의 학생의 배움을 강조하는 수업을 하라면서 교과서가 과연 그러한 방향을 제대로 제시하고 있는지 우리는 교과서를 다시 한 번 자세히 살펴보면서 생각해보아야 할 문제라고 생각한다.

그렇다면 교과서도 인터넷 사이트처럼
방대한 자료나 활동을 제공하면 안 되는 걸까?

어떤이들은 이러한 말도 한다. 교사들은 자신만의 교과서를 만들어야 하며, 그에 따라 아이들도 다양한 교과서를 만들 수 있어야 한다고 한다. 이 말에 나도 동의한다. 그러나 그렇게 되려면 교과서가 바뀌어야 한다.

왜 교과서의 형태는 바꾸려 하지 않으면서 교사들의 수업 자율성과 다양성을 위해 교육과정을 재구성하면서 수업을 만들도록 요구하는 것인지 궁금하였다.

이러한 요구로 인해 선배 원로 교사들은 날이 갈수록 한숨이 늘어나고, 교사의 자질에 대한 의구심도 가지기도 한다. 한 분 한 분, 매우 유능하고 배울점이 너무 많은 선생님이신대도 말이다.

교과서가 교육과정을 재구성할 수 있도록,
나만의 교과서를 만들 수 있도록 만들어지면 안될까?

그래서 본 저자는 인터넷 사이트에서처럼 단원별, 주제별, 성취기준별, 핵심역량별 등으로 나뉘어져서 아이들이 할 수 있는 다양한 활동꺼리, 이야기꺼리 등을 모아서 교과서로 만들면 어떨까라는 생각을 하게 되었다. 이러면 적어도 클릭만 하던 교사들, 인터넷에서 자료를 찾아서 정리하여 수업을 하던 교사들이 클릭하던 행동을 멈추고 교과서를 보게 되지 않을까?

교과서에 어떠한 활동이 있는지 살펴보고,
우리 아이들과 어떻게 수업을 하면 좋을지
고민하기 시작하지 않을까?

그리고 아이들에게는 이러한 교과서와 함께 백지로 이루어진 공책 같은 교과서를 얇게 주면 좋겠다. 각 단원, 주제, 혹은 핵심성취기준이나 핵심역량 별(이 중에서는 교사의 의도에 따라 무엇을 선택해도 될 것 같다)로 그러한 백지 교과서를 주고서, 다양한 활동꺼리가 있는 교과서에서 아이들이 스스로 하고 싶은 활동이나 이야기꺼리 등을 고를 수 있도록 한 뒤, 아이들이 직접 고른 활동들을 찢어서 백지의 교과서에 붙이게 하면 어떨까 생각하게 되었다.

물론 이때도 개인보다는 팀, 혹은 반 전체가 함께 모여서 이러한 나만의 혹은 우리 팀만의, 아니면 우리 반만의 교과서를 만들게 된다면, 아이들은 자신들이 하고 싶은 활동, 알고 싶은 내용으로 구성된 교과서로 친구들과 함께 배우게 되면서 더 즐겁고 행복한 수업을 하게 되지 않을까?

아이들이 그렇게 활동을 선정하고, 교과서를 구성해가는 동안 교사는 아이들이 핵심성취기준이나 학습 목표에 맞게 다양한 활동을 선정하고 있는지, 그리고 흐름을 잘 구성하고 있는지, 부족한 부분은 없는지 확인을 하면 될 것 같다. 아이들이 수업의 의도에 맞게 구성해가고 있는지, 엉뚱한 방향으로 흘러가는 것은 아닌지 확인하면서, 아이들이 교육적인 방향으로 배움이 일어날 수 있도록 도와줄 수 있다면, 수업 시간에 컴퓨터 화면을 보면서 마우스로 클릭을 하는 대신에 아이들의 눈을 한 번 바라보게 될 것이며, 아이들의 입을 보면서 한 번 더 이야기를 나누게 될 것이며, 아이들의 이야기에 한 번 귀를 기울여 이야기를 듣게 되면서 아이들과 더 많이 소통하는 시간이 마련되지 않을까 한다.

또한, 이러한 형태의 교과서가 만들어지게 될 경우, 굳이 교과서가 책의 형태를 띠지 않아도 된다는 장점도 가지게 된다. 하지만 여러 가지 면을 고려하였을 때 나는 교과서만은 책의 형태를 유지하면 좋을 것 같다. 함께 이야기를 나누고, 서로 교과서를 찢고 붙이는 활동을 통해 책에 대한 고정관념도 버릴 수 있는 좋은 기회를 가지게 될 것이다. 혹시 모르지 않나? 정말 모든 학기가 끝나고 교과서가 필요 없을 때, 아이들은 그냥 그 교과서를 버리기 보다는 또 다른 학습자료로 활용이 되거나 교과서 속의 다양한 활동들이 아이들의 놀이 활동으로 이용되게 될지도 모르니 말이다.

한 번 상상해보라. 학기가 끝났을 때, 아이들이 교과서를 들춰보면서 이런 저런 활동들도 더 있는데, 우리 이거 해볼래? 라고 말을 하면서 교과서 속 놀이 활동으로 아이들이 함께 즐거운 시간을 보내는 상상을 말이다. 학기가 끝나고 교과서를 쓰레기장에 버리는 대신에 말이다.

학년이 지나고, 학기가 지나고 폐휴지를 모아두는 곳에 그냥 버려지는 교과서를 보면서 이런 생각을 하였다. 차라리 저렇게 버리기 전에 아이들에게 찢어서 딱지로 만들게 해서 딱지치기라도 할껄… 그러면 이렇게 그냥 버려지는 대신에 즐거운 놀이거리와 활동거리라도 줄 수 있을 텐데 라고 생각하였다. 그렇게 버려질 교과서라면 찢을 수 있게 만들어주면 좋겠다는 생각을 하게 되었고, 그래서 자료 집 같은 교과서를 제공하고, 교과서를 찢으면서 나만의 새로운 교과서를 만들 수 있게 한다면 아이들이 더욱 흥미롭고 재미있는, 그리고 더욱 다양한 생각과 사고를 이끌어 낼 수 있지 않을 까 한다.

그리고 이러한 교과서가 만들어지게 될 경우 하나의 단원 혹은 주제가 마무리 된 후에는 개인별 혹은 팀별로 모두 다른 결과물을 만들어 낼 것이며, 서로의 작품이나 결과물을 살펴보면서 또 다른 학습 경험의 기회를 제공하게 될 것이다. 이렇게 서로 돌아가면서 살펴본 후 아이들은 스스로 함께 모여서 더 하고 싶은 것이 생기게 될 것이다. 그리고 학새들 스스로 수업을 만들어서 실천할 수 있는 기회도 몇 차시 정도 제공한다면 서로의 결과물을 통해 상호 평가한 내용이 더욱 유의미하게 아이들에게 다가가게 될 것이다. 다양한 놀이 활동이나 방법을 제공하는 교과서가 만들어지게 되고, 아이들은 더욱 다양한 놀이나 활동을 알게 된다면 서로 함께 놀기 위해서 컴퓨터를 찾고, pc방을 찾고, 스마트폰을 찾는 대신에 교과서를 함께 살펴보면서 어느 놀이를 할 것인지 서로 이야기를 나누면서 교과서를 가지고 함께 노는 모습을 보게 될지도 모른다는 상상을 하게 된다.

마지막으로 이러한 자료집 같은 교과서가 만들어지게 될 경우 교육과정이 개정이 될 때마다 교과서의 형식이 바뀌는 불편함이 사라지게 될 것이다. 현재 교과서 형태의 경우에는 교육과정이 바뀔 때마다 교과서의 모습이 바뀌고 형식이 바뀌게 되고, 이로 인해 현장 교사들은 변화된 교과서에 익숙해지기 위해서 많은 어려움을 겪게 된다. 또한 변화된 교과서에 익숙해질 때쯤 되면 교육과정이 새로 개정이 되고, 새로운 교과서가 다시 만들어지게 되면서 이러한 어려움과 힘듬이 반복적으로 발생하게 된다. 현장 교사들의 소진과 스트레스의 원인 중의 하나에 교과서의 변화도 한 몫을 하고 있다고 할 수 있다.

그래서 자료집과 같은 교과서가 만들어지게 될 경우 이러한 교사들의 어려움도 줄어들게 될 것이다. 매년 다양한 경로를 통한 설문조사를 통해 많이 활용되는 자료와 활용이 되지 않은 자료를 분류하고, 활용이 되지 않는 자료는 삭제하고 그동안 새롭게 개선된 또 다른 자료를 제시하여 후년도 교과서가 나오게 되는 시스템이 구축될 경우 교육과정이 바뀌어도 교과서의 형태나 형식이 크게 바뀌지 않게 될 것이다. 변화되는 교육과정의 내용, 성취기준의 내용에 따라 교과서에서 제시하는 활동이나 내용, 자료들에 변화만 생길 뿐 교과서의 큰 틀에는 변화가 없기 때문이다. 교과서 안의 활동을 함께 살펴보면서 아이들은 그

안의 활동을 가지고 자기만의, 우리들 팀 만의 혹은 우리 반 만의 교과서를 만들어 가면 되기 때문이다.

7차 교육과정 이후 수시 개정으로 교육과정의 형식이 바뀐 뒤, 2007개정, 2009개정, 2011개정, 2015개정 등 10년 사이에 4번이나 교육과정이 개정되었다. 물론 사회적 요구, 시대적 변화의 흐름에 맞는 교육을 만들어가기 위하여 그리고 우리 아이들을 위한 교육을 만들어간다는 의미에서 교육과정이 자주 변화될 수는 있다.

하지만 그때그때 마다 교과서가 변화되고, 변화된 교과서에 익숙해지기 위하여 부단히 노력해야만 하는 교사들, 특히 이미 과거의 교사 중심의 수업에 익숙해져서 교과서가 수업의 전부인 듯 여기는 교사들에게 몇 년마다 바뀌는 교과서, 그리고 교사의 수업 자율성을 점차 강조하면서 나오는 새로운 철학을 담은 교과서로 인해 현장의 많은 교사들은 큰 어려움 호소하고 있으며, 그들만의 갖은 고충으로 인해 교사들이 스트레스와 소진을 경험하게 만드는 원인을 제공하고 있다.

교육과정의 변화와 관계없이 교과서는 하나의 형식이나 형태가 존재해야 한다고 생각하며, 교육과정 및 성취기준의 변화에 따라 형식이나 형태는 변화가 없지만 그 안의 내용, 자료, 활동들만 바뀔 수 있는 교과서가 만들어져야 만 많은 교사들이 교육과정이 변화하더라도 많은 어려움이 없이 변화된 교육과정을 현장에 적용할 수 있게 될 것이다.

통합교과 역시 2013년도에 도입이 되고, 2016년에 새롭게 바뀌어서 적용이 된다. 처음에 통합교과가 도입이 되고서 많은 어려움을 겪으며 이제 막 적응을 하고, 재미있게 수업을 만들어갈 수 있게 된 시점에서, 교육부에서는 새로운 형태의 교과서를 만들어서 또 다른 적응기간을 교사에게 요구하고 있는 것은 아닌지 고민하게 된다.

교과서를 통해 새로운 수업을 만들게 하고 싶고, 선생님들이 수업에 대해 다시 바라보고 새로운 수업 방식으로 개선하고 싶다면 교과서가 제로에서 다시 시작되어야 한다. 기존의 큰 틀이나 방식은 그대로 두고서 무언가를 자꾸 바꾸려고 하니까 의견이 분분하고 서로의 의견이 상충되고 의견 조율이 잘 되지 않는 것이다. 집필진이나 교육부에서는 왜 의견이 분분하고 다양한지 고민하고 어느 의견을 받아들여할지 선택과 집중의 문제로 바라보기 보다는, 왜 그러한 다양한 의견이 나올 수밖에 없는지 근본적인 상황에 대한 고민을 해보았으면 한다. 매년 교과서를 통해 새로운 것을 추구하기 때문이다. 기존의 틀에는 변화를 주지 않으면서 자꾸 새로운 것만을 넣으려고 하니까 말이다.

많은 학부모나 학생들은 교과서의 페이지가 많고 무겁다고 많은 불평을 가진다고 한다. 그래서 교육부나 집필진에서는 교과서의 쪽수를 줄이는 것을 하나의 큰 방향성으로 삼고 있다.

정말 교과서가 무거워서 그런 것일까?

하지만 저자는 말하고 싶다. 왜 그러한 불평이 있는지에 대한 근본적인 물음에서 시작을 했으면 좋겠다. 만약 아이들이 정말 좋아하는 활동들로만 가득한 자료집 같은 교과서가 만들어지고, 그들에게 자유롭게 구성할 수 있도록 백지의 공책같은 얇은 교과서가 아이들에게 제공이 되며, 아이들은 자료집과 같은 교과서에서 그들이 하고 싶은 활동들을 선정하여 그것들을 찢어서 붙이게 하면서 교과서를 스스로 만들게 한다면, 과연 그러한 불평과 불만이 계속 이어질까?

교과서를 가지고 놀기도 하고, 수업도 하고,
아이들과 함께 놀기 위해서 교과서를 찾는
자녀들의 모습을 보게 된다면
더 많은 활동,
더 다양한 자료를 넣어달라고 요구하지 않을까?
아무리 무거워도 더 요구하지 않을까?

한번 용기 내어 말을 해본다. 불평이 있다고 하여 근본적인 면은 바라보지 않고, 그저 눈에 보이는 불평과 불만을 해소하기 위하여 교과서의 페이지를 줄이는 것이 중요한 것일까?

그러면서 또 다른 방식의 수업을 교사에게 요구하기 위해 그 속에서 또 다른 교육 철학을 심고서, 또 다른 교육 철학에 대한 교사들의 반발에 대해서 집필진은 불친절한 교과서를 지향한다고 주장을 한다.

이에 저자는 감히 말을 하고자 한다.

불평과 불만을 해소하기 위한 방향이 잘못되었고, 바라보는 시각이 잘못되었다고 말이다. 교과서 페이지, 지도서의 양, 부록의 양이 얼마나 되는지, 그리고 무게가 얼마나 나가는지가 중요한 것이 아니라, 어쩌면 학부모와 학생들은 교과서에 담긴 교사나 교과서를 만들어 가는 사람들의 고정관념이 너무 무겁다고 여기고, 불평과 불만을 하고 있는 것은 아닌지 묻고 싶다.

이제는 교과서에 담긴 우리들의 고정관념과 사고들을 줄이고 버려야 할 때가 아닌 지 반문해본다.

교과서를 바라보는 시각을 제로에서 시작하면 어떨까? 새 술은 새 부대에 담으라고 했다. 새로운 시대의 변화에 발 맞춰서, 교과서도 제로에서 시작하여, 새 부대에 담았으면 한다.

CHAPTER

6

칭찬은 고래도 춤을 추게 할까?

칭찬과 벌에 대해서 김정민(2015)은 아들러 심리학에서 제시하는 행복과 긍정 메시지를 모아서 펴낸 『오늘, 행복을 쓰다』라는 저서를 통해 다음과 같이 말을 하고 있다.

"흔히들 칭찬은 용기를 불어 넣는 좋은 방법이라고 생각을 하지만 그것은 사실이 아니다. 칭찬은 보상적 개념이기 때문이다. 칭찬을 하면 또 칭찬을 받기 위해 칭찬받을 일만 하게 된다. 즉, 자신이 진정으로 원하는 일이 아니라 타인의 관점에서 칭찬을 받을 일만 하게 된다. 이것은 삶의 주인공 자리를 내가 아닌 타인에게 내주는 것이다.

> "화는 단순한 감정 배출이 아니다. 화는 내가 옳다는 생각과 상대를 내가 바라는 대로 이끌고 싶은 욕구에서 비롯된다. 그러나 이 세상에서 언제나 옳은 사람은 없다. 또한 절대적으로 옳은 것도 없다. 옳음은 언제나 상대적이고 상황에 따라 변한다. 내가 옳다는 생각을 버리면 화가 나지 않을 것이다. 화를 냄으로써 해결할 수 있는 문제는 생각만큼 많지 않다."

하지만 우리들은 흔히 이런 말을 자주 한다. 그것도 아무 생각 없이 말이다.

칭찬은 고래도 춤을 추게 한다.
이 말이 교실 속 상황에서도 그대로 적용이 될까?

얼마 전 EBS 다큐멘터리 학교란 무엇인가 6편 '칭찬의 역효과'를 살펴보게 되었다. 우리는 칭찬을 바르게 잘 사용하고 있을까? 나는 교실에서 아이들에게 한 번 물어보았다.

너희는 칭찬을 받으면 고래처럼 춤을 추는 것 같니?

아이들의 대답은 내 예상을 완전히 빗나가듯 엉뚱하였다.

"선생님은 칭찬을 하지 않으시잖아요."

앞에서도 말을 했듯이 저자는 칭찬도 하지 않으려고 하고, 벌도 주지 않으려고 한다. 저자는 단지 단호함으로 아이들을 대하려고 노력하고 있다. 아이들 스스로의 자립을 위해서 칭찬을 통해 긍정 행동의 강화를, 벌이나 혼을 통해 부정 행동을 억제하고자 강요하려고 하지 않는다.

만약 어느 교사의 칭찬을 통해 아이들이 어떠한 긍정적인 행동을 더 자주 할 수 있게 되었다고 하자. 그런데 만약 그 칭찬이 사라지고 나서도 그 아이는 그 행동을 하게 될까? 만약 학년이 바뀌어서 교사가 바뀌게 되었을 때도 그 행동을 하게 될까?

그리고 반대로 부정적인 행동에 벌을 주었고, 혼을 내어서 그러한 부정적 행동이 억제되고 사라졌다고 하자. 그런데 그러한 벌이 사라지고 나서도 그러한 부정적 행동을 하지 않을까? 혼을 내는 교사가 사라지게 되었다고 해도 그러한 부정적 행동이 억제될까?

본 저자의 위의 두 질문에 아니라고 분명하게 말하고 싶다. 실제 교실에서의 아이들의 모습과 행동이 그러하니 말이다. 그렇다면 어떻게 해야 하는 걸까? 칭찬과 벌이 무용지물이라고 하면 대체 우리 교사들은 무엇으로 아이들을 지도하고 교육할 수 있을까?

단호함이다

그래서 아이들에게 필요한 교사의 행동은 단호함이라고 생각하였다. 그래서인지 본 저자의 칭찬을 받으면 춤을 출 것 같니 라는 질문에 칭찬을 하지 않아서 모르겠다는 엉뚱한 아이들의 대답이 있었던 것 같기도 하다. 그렇다고 해서 저자가 반드시 단호하게 아이들을 대하는 것은 아닐 것이다. 그러지 못할 것이다. 그동안 학교생활을 하면서 가장 익숙했던 것이 칭찬과 벌이었으며, 저자 또한 초임시절부터 오랜 시간을 칭찬과 벌로 아이를 지도하고 교육시키며 교사로서 원하는 모습과 행동으로 아이를 이끌어내고자 노력했으니 말이다. 그 버릇이 어디 한 순간에 사라질 수 있겠는가?

하지만 적어도 아무런 의미 없이, 그리고 다른 교사들과 별반 다르지 않은 방법으로 칭찬을 하고 있지 않음을 아이들의 대답으로 엿 볼 수는 있었다.

대체 어떻게 칭찬을 하라는 말이지?

칭찬에 대한 아이들의 생각을 알아보고자 했던 저자의 질문은 아이들의 엉뚱한 대답으로 인해 실패로 돌아갔지만, EBS에서 몇 해 전에 방영을 했던 한 다큐멘터리[17]에서 이러한 이야기를 전해주고 있었다. 다큐멘터리에서의 대상 역시 우리 반 친구들과 같은 초등학교 2학년이었다. 다큐멘터리에서 제시한 실험은 이러했다. 단어카드를 주고, 일정한 시간동안 외우게 하고 기억하고 있는 것을 칠판에 모든 것을 적게 하였다. 칠판에 적는 아이들의 모습을 보면서 옆에 있던 교사와 같은 사람은 이렇게 칭찬을 해주었다.

"이야 대단하다, 똑똑하다"

우리들이 교실에서 아이들에 흔히 하는 칭찬의 말을 그대로 사용하면서 말이다. 그리고는 중간에 갑작스러운 상황을 만들어서 교사가 교실을 나가는 상황을 마련한다. 교사가 사라질 때 쯤 되면 아이들은 기억하고 있던 글자를 모두 칠판에 적고서, 잘 기억나지 않는 단어를 기억하기 위해 노력을 하게 된다. 여러분이 그 상황이라면 어떻게 할 것인가? 하나하나 단어를 적을 때 마다 대단하다, 똑똑하다는 칭찬을 받았는데, 이제 기억나는 단어가 없어졌다고 생각해보라. 그런데 갑자기 단어카드를 그대로 옆에 두고서 칭찬을 해주던 감시자가 사라졌다고 상상해보라. 여러분이라면 어떠하겠는가? 감시자가 돌아왔을 때 더 많은 칭찬을 받기 위해서 단어카드를 몰래 살펴보지 않겠는가?

우리 아이들도 그러했다. 교사가 단어카드를 두고서 갑자기 사라지자, 기억력 테스트를 하던 친구들은 책상 위에 있는 답안지(단어카드)를 살펴보게 되었고, 스스로 고민에 빠지는 모습을 보였다. 이 당시 이 아이들은 어떠한 생각을 하고 있었을까? 앞에서 대단하고, 똑똑하다고 칭찬을 받던 교사의 모습을 떠올리면서 고민하게 되었을 것이다. 그러면서 기억이 나지 않아 걱정을 하는 모습을 보이기도 하고, 심지어는 답안지를 몰래 들춰보는 아이들도 있었다. 그런데 무려 70%에 달하는 아이들이 불안에 떨고, 괴로워하면서 답안지를 훔쳐보았다.

왜 아이들은 답을 훔쳐보았을까?

17) EBS에서 방영된 학교란 무엇인가 중 제 6회 칭찬의 역설이라는 제목으로 방영된 다큐멘터리임.

아마도 선생님이 칭찬한 것처럼 대단한 아이, 똑똑한 아이가 되기 위해서 일 것이다. 그저 어른들에게 자신이 똑똑한 아이, 대단한 아이로 비춰지기 위해서 말이다. 이제 다시 묻고 싶다.

과연 정말 칭찬은 고래도 춤추게 하는 것일까?

아마 아닐 것 같다. 칭찬은 춤을 추게 하는 것이 아니라 어른이 바라는 모습으로 자라기 위해 잘못된 행동도 하게 만드는 것일지도 모르니 말이다. 물론 모든 칭찬이 다 그러한 것은 아닐 것이다. 그래서 본 저자는 칭찬을 하려면 제대로 해야 한다고 생각한다. 이에 칭찬은 바른 칭찬과 잘못된 칭찬으로 구분되어질 것 같다.

올바른 칭찬과 잘못된 칭찬

앞의 칭찬은 아이들의 행동을 통해서도 알 수 있듯이 바르지 못한 잘못된 칭찬임을 알 수 있을 것이다. 이처럼 잘못된 칭찬은 학생을 굴욕적으로 만들게 되며, 똑똑한 아이가 되지 못함에, 대단한 아이가 되지 못함에 스스로 힘들어하고 괴로워하게 될 것이다. 칭찬은 사탕처럼 달콤하지만, 사탕처럼 먹으면 먹을수록 불안해지기도 한다. 자신이 완벽해지기 위해서 말이다. 결과 중심, 능력 중심의 "잘한다, 최고다, 똑똑하다"와 같은 칭찬은 아이들이 어떠한 일을 할 수 있게 하는 원동력이 아니라 더 잘해야 된다는 생각을 가지게 하는 말들인 것이다. 결과 중심의 능력 위주의 칭찬을 받으며 자란 아이들은 더 잘해야 된다는 생각, 더 똑똑해져야 한다라는 생각에 자기의 능력보다 더 높은 수준을 요하는 문제를 선택하지 않고 자신의 수준에 맞는 문제만을 해결하고자 하려고 하는 경향을 가진다. 반면에 올바른 칭찬은 아이들이 할 수 있다는 힘을 주어서 자기 능력보다 더 높은 수준의 문제에 도전할 수 있는 원동력을 제공하게 된다. 그렇다면 우리는 어떻게 해야 하는 것일까? 칭찬을 잘해야 하는 것이다. 올바른 칭찬이 필요한 것이다.

결과에 대한 칭찬(대단하다, 똑똑하다)이 아닌 그 과정에 대한, 학생의 노력에 대한 칭찬이 중요한 것이다. 이에 다큐멘터리에서는 또 다른 실험도 더 제시해주었다. 추가되어진 실험에서는 동일한 교사가 학생의 노력 정도에 대해 칭찬을 하였다. 이처럼 자신의 노력에 대해 칭찬을 받은 친구들은 앞의 상황과 동일하게 교사가 단어카드를 두고서 갑작스럽게 자리를 떠난 상황에서도 답안지를 보려하지 않고 스스로 더 많은 것을 기억해내려고 노력하는 모습을 발견하게 되었다.

어떠한가? 우리는 바른 칭찬을 해 왔는가?

이러한 상황은 우리 교실에서도 동일하게 발견하게 되었다. 우리 반 아이들과 더 사이좋은 우리들 되기라는 주제로 프로젝트 수업을 할 때였다. 다양한 프로젝트 중 하나의 활동으로 친구들이 서로에게 칭찬을 해주는 활동을 해보았다. 활동방법은 이러했다. 제비뽑기를 통해 프로젝트가 진행되는 날마다 2~3명 정도의 친구를 선정하고, 다른 친구들 모두는 선정된 친구들에게 각자 칭찬의 말을 포스트 잇에 적어서 칭찬의 말을 직접 해주면서 몸에 붙여주는 활동이었다. 아이들의 반응과 호응은 정말 매우 뜨거웠다. 평소 친구들끼리 서로 칭찬을 해본 경험이 매우 적었으며, 이렇게 많은 친구들에게 직접 칭찬의 말을 들어본 경험이 없으니 말이다. 그리고 선정되어서 칭찬을 받은 친구들은 하나같이 모두들 칭찬을 받으니 기분이 좋아진다고 하였다. 그리고는 시간을 주고서 친구들이 붙여준 칭찬의 쪽지를 다시 한 번씩 꼼꼼히 읽어보도록 하였다. 그런 후 다시 또 같은 질문을 물어보았다.

"친구들의 칭찬 글을 읽어보니 기분이 어떠니?"

"음.. 칭찬을 무진장 많이 받았을 때는 정말 좋았는데, 하나씩 읽어보면서 흥분되었던 기분이 조금씩 가라앉았어요. 아이들이 그냥 할 말이 없어서 대충 적어서 칭찬을 해주는 것 같은 생각도 들었어요. 그냥 예뻐, 최고야, 대단해라는 말만 하는 것 같아서 그렇게 좋은 기분이 계속되지는 않았던 것 같아요."

이처럼 결과중심의 단편적이고 습관적으로 하게 되는 잘못된 칭찬은 목적을 전도시키게 된다. 칭찬은 긍정적 행동이 계속적으로 행해질 수 있는 강화의 매개 역할일 뿐임에도 불구하고, 우리들은 어쩌면 칭찬을 위한 칭찬을 하고 있었는지도 모르겠다. 그리고 이러한 잘못된 칭찬은 그 칭찬이 사라지는 순간 칭찬의 효과도 함께 사라지게 되는 것이다. 우리 반 아이들의 활동과 같이 말이다. 칭찬을 받을 때와 달리 칭찬이 끝나고 난 후 아이들의 반응이 싸늘히 식어버린 걸 보면 알 수 있을 것이다.

EBS의 다큐멘터리에서는 또 다른 실험도 하였다. 유치원 학생을 대상으로 2개의 집단으로 나누어서 평소에 아이들이 마시기 싫어하던 당근 주스를 마시게 하였다. 그리고는 한 집단에는 당근 주스를 마시는 아이들에게 칭찬 스티커를 붙여주었고, 반면에 다른 한 집단에는 칭찬스티커를 주지 않는 대신에 당근주스를 늘 정해진 시간에 교사가 아이들과 함께 마시는 시간을 가졌으며, 함께 다 마신 아이들에게는 그의 노력에 대해 칭찬을 해주었다. 실험이 있었던 첫째 날에는 칭찬 스티커를 받게 되는 집단의 아이들은 모두 당근주스를 마셨다. 하지만 스티커를 받지 않는 집단의 아이들은 많은 수의 아이들이 당근주스를 마시지 못했다.

하지만 일주일 후 어떠한 일이 벌어졌을까?

칭찬 스티커를 받던 집단은 자시들에게 주어지던 칭찬 스티커가 사라지자 당근주스를 마시지 않게 되었고, 아이들 중 반 이상이 당근주스를 남기게 되었다. 그러나 칭찬을 받지 않은 집단은 당근 주스를 먹는 시간이에요 라는 말에 모든 아이들이 주스를 남김없이 마시게 되었다. 칭찬은 부문별하게 사용되면 그 순간부터 칭찬은 칭찬으로서의 역할을 하지 못하게 되고, 그저 하나의 도구에 불과한 것이 되고 마는 것이다. 칭찬 스티커도 그와 같은 것 같다. 처음에는 좋아보이던 스티커이지만 매번 받게 되면서 그에 대한 효과가 점차 사라지게 된 것 같다. 하지만 평소에는 마시는 것이 힘들고 싫었지만, 교사와 함께 당근주스를 마신 것에 대해, 그렇게 힘들고 싫어했지만 해 내려고 노력한 정도에 대해 칭찬의 말을 들은 아이들은 긍정적인 행동이 지속적으로 나타나게 됨을 알게 되었다.

이처럼 칭찬은 그 결과에 대한 것이 아니라, 그렇게 되기까지의 노력에, 그리고 부족한 부분에 맞춰서 노력한 정도에 대해서 칭찬이 이뤄져야 하는 것이다.

"너 정말 열심히 노력하는구나."
"이 문제는 어려운 문제지만, 열심히 도전을 했구나."

위의 칭찬처럼 그러한 도전과 노력에 대한 칭찬이 이어져야 할 것이다. 아무런 칭찬이라도 모든 것이 고래를 춤추게 하는 것은 아니다.

고래가 스스로 춤추게 하는 칭찬을 개발하고 사용하는 것이 진정한 칭찬이 아닐까?

아이들은 당근을 좋아하는 당나귀도 아니고, 어른의 칭찬에 따라 춤을 춰야 하는 고래도 아니다. 앞서 언급했듯이 아이들은 작은 어른이 아니라 어린이라는 또 다른 존재의 가치를 가지는 매우 소중한 존재로써의 한 인격체이자 사람이다. 이러한 의미에서 긍정적 행동, 착한 일을 하는 것은 아이로써 어쩌면 당연한 일을 하는 것일 수도 있다. 그것이 칭찬을 받을 만한 일은 아니라는 것이다. 칭찬은 교사가 아이들에게 주는 선물이 아니다. 오히려 칭찬으로 인해 우리 교사들은 아이들에게는 더 잘해야 된다, 최고가 되어야 한다는 숨겨진 의도를 심어주게 될지도 모른다. 그로 인해 아이들은 다큐멘터리에서 보이는 것처럼 그러한 교사가 사라지고 나면 잘못된 선택을 하게 되는지도 모른다. 교사들은 아이들이 더 많은 노력을 할 수 있도록, 아이들이 스스로 하는 것이 힘든 일에 도전할 수 있도록 믿고 기다려주고, 도전을 하려는 아이들의 노력에 함께 응원하고 격려하며 그러한 과정에 대해 칭찬의 이야기 나누어 주는 것이 필요할 것 같다.

아이들의 행동과 노력을 믿고 기다려주면서 말없이 옆에서 지켜봐주기, 아이들이 보고 있는 것, 하고 있는 것에 대해 함께 바라봐 주고 함께 행동해주며, 필요할 때는 질문을 통해 대화를 나누고, 그러한 과정에 대해 아이들의 노력을 인정해주며 소통해 주는 것이 교사로서의 진정한 칭찬은 아닐까라는 생각을 한다. 아이들을 믿어주는 것이 첫 시작점이며, 기다려주는 것이 첫 디딤이라고 생각한다. 그러한 첫 시간과 첫 디딤이 힘을 받아 더 멀리 나아갈 수 있도록 도와주는 것이 바로 함께 하는 것이고 대화하는 것이며, 격려와 함께 하는 칭찬일 것이다. 칭찬이라는 허울 좋은 말로 인해 어른들이 정해놓은 길에 따라 아이들이 나아가도록 만드는 것이 아니라, 아이들이 만들어 가고자 하는 길, 하고 싶어 하는 길에서 힘을 잃지 않고 포기 하지 않고, 도전할 수 있도록 도와주는 것이 칭찬일 것이며, 이것이 바로 진정한 의미에서 칭찬이라 할 수 있을 것이다.

그동안의 결과 중심의 잘못된 칭찬은 능력이 있는 사람이 능력이 없거나 부족한 사람에게 내리는 가치 판단이자 평가였다고 할 수 있다. 우리 교사들 역시 그러했을 것이다. 교사가 판단했을 때 당연히 할 수 있다고 판단되는 행동을 했을 때는 칭찬을 하지 않지만, 할 수 없다고 생각되었던 행동을 했을 때 칭찬을 해왔기 때문이다. 또한 칭찬은 상하 관계에서 이뤄지며, 윗사람이 아랫사람에 대해 조종이나 개입의 의도를 가지고 하는 것이 그동안 우리들이 흔히 사용했던 칭찬 방법이다.

진정한 칭찬은 격려와 감사

그러나 본 저자는 아이들에게 힘든 일에 도전할 수 있는 용기를 주고 싶었고, 이러한 용기를 심어주는 것이 칭찬이라고 생각한다. 그래서 본 저자가 찾은 진정한 의미에서의 칭찬은 바로 격려와 감사의 말이었다.

격려와 감사의 말은 긍정의 힘과 용기를 이끌어내도록 도와준다. '나는 할 수 없어'라는 생각이 '나는 할 수 있어'라는 생각으로 바뀔 수 있도록 도와주는 것이 바로 격려와 감사의 힘이다. 격려와 감사의 말 속에는 상대방의 노력에 대한 인정과 확신이 내포되기 때문이며, 결과에 대한 가치 판단이 들어가 있지 않기 때문이다. 이러한 격려와 감사의 말을 들은 아이들은 어떠할까?

"네가 이렇게 행동해주어서 고맙구나."
"어려운 문제를 해결하려고 노력하는
너의 모습을 보기 정말 감사하단다."
"나는 네가 그 일을 잘 해낼 거라고 믿는단다."
"나는 너의 생각과 판단을 믿는단다."
"열심히 노력하고 있구나."

아마도 이런 아이들은 부모님, 선생님들이 원하는 대로 행동하는 것이 아니라 본인이 하고자 하는 대로 행동을 하게 될 것이다. 그것이 매우 어려운 일이고 힘든 일이라도 도전할 용기를 가지고서 말이다. 우리 아이들은 어른들이 길러주거나 만들어주어야 하는 동물이 아니다. 우리는 어쩌면 칭찬이라는 번지르르한 포장지를 들고서, 우리 어른들의 잣대에 맞추어서 말 잘 듣고 어른들의 말을 잘 따르는 동물처럼 아이들을 길러내기 위해 말로써 통제하고 있었던 것은 아니었을까? 칭찬의 진정한 의미가 무엇이었는지 다시 한 번 더 되새김질하는 시간을 가져본다. 이번 장을 마무리하며, 마지막으로 묻고 싶다.

칭찬은 왜 해야 할까요?
그동안 학생들에게 칭찬을 했던 본질적인 목적은 무엇이었나요?
진정한 의미에서 칭찬은 격려와 감사가 아닐까요?

칭찬 혹은 혼과 관련하여 알프레드 아들러(2014)는 『인생에 지지 않을 용기』라는 저서에서 다음과 같은 명언[18]을 남기기도 하였다.

18) 본 저자가 아이들에게 칭찬을 어떻게 해야 되는지, 그리고 혼을 어떻게 내야 하는지 고민을 하는 동안 그에 대한 해답 아닌 해답을 제시해준 명언이라고 할 수 있다. 아들러 심리학은 미움 받을 용기 1, 2라는 책을 통해 처음 접하게 되었으며, 그 중 2권에서 칭찬과 벌에 대한 이야기가 잠깐 나오기도 한다. 그러한 잠깐의 이야기로 인해 교육 및 학습과 관련된 아들러 심리학에 관심이 높아지게 되었으며, 이로 인해 인생에 지지 않을 용기라는 책을 알게 되었고 정독을 하게 되었다. 이 글을 읽고 있는 독자들도 한 번쯤 정독해보는 시간을 가져보기를 희망해 본다.

혼나거나 칭찬을 들으며 자란 사람은 혼나거나 칭찬을 듣지 않으면 행동하지 못한다. 그리고 평가해 주지 않는 상대를 적이라고 생각한다.

혼내면 일시적으로 효과가 있지만, 본질적인 해결로 이어지지 않는다. 오히려 혼나는 사람은 활력을 빼앗기고, 점점 더 말을 듣지 않게 된다.

또한 인간은 행동의 95퍼센트는 올바른 행동을 한다. 그러나 우리는 당연하다며 그것을 무시한다. 반면 5퍼센트에 불과한 그릇된 행동에 주목하여 혼을 내곤 한다.

알프레드 아들러는 여전히 지금도 칭찬이나 혼을 이용한 당근과 채찍으로 아이를 키우는 것이 바람직하다고 믿는 사람이 많지만, 그것은 명백한 잘못이라고 분명하게 말을 하고 있다. 상이나 칭찬에 이끌려 행동하는 사람은 자신의 의지로 움직이는 것이 아니므로 상이나 칭찬이 사라지면 그러한 행동을 멈추게 될 것이다. 이는 만약 그러한 행동을 계속 하도록 하게 만들고 싶다면 상이나 칭찬이 평생토록 계속되어져야 가능하다는 말과 같다. 그렇다면 1년의 학교 살이 후 헤어지게 되는 교사와 학생 사이에 계속적으로 상이나 칭찬을 해주는 것이 가능할까? 또한 더욱 심각한 것은 아이들은 칭찬을 해주는 교사가 보지 않는 곳에서 무슨 행동을 하는지도 알 수 없으며, 보이는 곳에서만 칭찬받을 만한 행동을 하는지도 모른다는 사실이다. 그러니 교사는 보이지 않는 곳에서도 그러한 행동을 할 수 있도록 학생들을 격려하고 인정해주어야 할 것이다. 칭찬이 아니라 격려, 감사, 그리고 인정의 언어로 말이다.

벌을 주는 것, 채찍을 행사하는 것 역시 자신의 의지가 아니라 통제에 의해 문제 행동을 억제하게 되는 것이다. 감시의 눈이 미치지 않는 곳에서는 문제 행동을 계속 일으키게 될지도 모른다. 아니 아마도 그러할 것이다. 심지어는 자주 혼나는 아이는 조금씩 자신감을 잃고 크게 상처 받으며 결국에는 도전하고 노력하고자 하는 용기를 잃어버리게 될지도 모른다. 어려움에 도전하는 에너지를 잃고 힘든 일에서는 도망치려는 잘못된 행동을 취하게 될 지도 모른다.

또한 아이들 모두는 자신의 행동 중 대부분을 올바른 행동을 하는데 사용하게 된다. 저자 역시 곰곰이 교실 속 아이들의 모습을 살펴보면서 그러한 것을 발견하게 된다. 싸

우거나 다투거나, 규칙을 어기는 행동은 가끔씩 일어나게 되며, 아이들은 모두 대부분의 시간을 함께 어울리며 지내고 자신들이 정해놓은 규칙을 지켜가며 학교 생활을 하고 있음을 발견한다. 하지만 교사들은 아이들이 자신의 시간 중 대부분을 할애하여 하게 되는 올바른 행동을 당연한 것으로 치부해버리고서는 인정하지 않은 채 무시하게 된다. 반면에, 가끔씩 하게 되는 잘못 된 행동에는 그때그때마다 하나씩 집중하여 다그치고 혼을 내게 된다. 우리 내 교실은 지금도 이러한 잘못을 계속적으로 반복하면서 교육을 하고 있을지도 모른다. 아니 아마 지금도 그러할 것이다. 아이의 잘못을 찾아내고 혼을 내어 교화시키는 것이 진정한 교육이라고 생각하면서 말이다. 아이의 잘못된 행동을 고쳐줄 수 있는 진정한 해결책은 대등한 눈높이에서 대화를 나누는 것임에도 불구하고 말이다. 칭찬을 해야 할 때는 무시하고, 대화를 나눠야 할 때는 혼을 내고 있으니 아이들은 교실이 어떠했을까?

마지막으로 물어보고 싶다. 여러분의 생각은 어떠한가요?

아직도 칭찬과 혼이라는 당근과 채찍을 사용하고 싶나요?
아직도 칭찬과 혼이 올바른 교육 방법이라 생각하시나요?
혹시 칭찬과 벌을 통해 조종하고 있던 것은 아니었나요?

마지막으로 고도원(2016)의 『나에게 고맙다』라는 저서 중 '이미, 충분하다'라는 시의 일부분을 소개하고자 한다. 아마 이 시에서 등장하는 당신이라는 존재는 학생일 수 있으며, 그러한 당신이라는 사람의 열정과 노력을 인정하고, 그를 뒤에서 항상 응원해주는 그 누군가가 교사가 되어야 하지 않을까라는 생각을 하게 된다. 매일 매일 언제 어디서나 혼이 나면서 모두가 자기에게 등을 돌린 것처럼 느껴지는 아이들이라도, 그의 곁에서 항상 그의 존재만으로 응원해주고 격려해주는 존재가 바로 교사가 되어야 할 것 같다.

아시나요
당신은 훌륭합니다.
칭찬받아 마땅한 사람입니다.

부끄러운가요?
아니라고 생각하나요?
절대 그렇지 않습니다.
세상 사람들이 모두 당신에게 등을 돌린 것 같아도
누군가는 분명 당신을 응원하고 있을 겁니다.

후회는 하지 마세요.
당신이 가고 있는 길은 잘못된 방향이 아닙니다
지금 꾸는 꿈이 실현되기까지
10년, 아니 20년이 걸릴 수도 있고
설령 그 꿈이 이루어지지 않을 수도 있지만
그 꿈을 좇은 당신의 열정과 노력은
절대 사라지지 않습니다.
분명한 건 당신은 그동안 최선을 다해 왔고
그 최선은 스스로 가장 잘 알고 있다는 겁니다.

포기하지 마세요
그리고 꿈을 좇아가세요
수없이 많은 난관에 부딪히고
그 꿈을 접저야 할 큰 벽이 앞을 가로막아도
무언가를 열심히 하고 있다는 사실만으로도
당신은 충분히 훌륭한 사람입니다.

– 고도원(2016), 나에게 고맙다 중에서

CHAPTER

7

자기주도 학습이 우리 반 아이를 망친다?[19)]

잘못된 칭찬의 역효과처럼
잘못된 자기주도 학습의 역효과를
생각해본 적이 있는가?

엄연옥(2009)은 『잘못된 자기주도 학습이 내 아이를 망친다』라는 저서의 서문을 통해 다음과 같은 말을 하고 있었다.

19) 엄연옥(2009)의 내용에서 다수 발췌함.

성적에 좋다면 여기저기 뛰어다니며 온갖 방법을 다 동원시키는 엄마 덕분에 초등학교 때 똑똑하다는 소리 한번 들어 본 아이가 없으며, 주변에는 온통 엄친아(엄마친구아들), 엄친딸(엄마친구딸)뿐이다. 그러나 중학교, 고등학교에 가면서 아이들은 점차 공부에 흥미를 잃어버리고, 증오를 하게 된다.

몇 년 전부터 자기주도 학습 열풍이 불고, 엄마들은 누구 먼저라 할 것 없이 스스로 공부할 수 있게 해주는 학습 관을 찾기에 정신없었다. 그러나 그 결과는 참담하였다.

동영상 강의와 스터디 플래너가 미리 준비되어있는 주변을 살펴보면, 자기주도 학습의 여건은 충분하다고 할 수 있다. 그러나 이것을 어떻게 사용하면 되는지 방법론에 있어서는 명백한 시행착오를 겪고 있는 것이다.

뉴스를 통해 많이들 알고 있듯이, 우리나라 초등학교와 중학교 학생의 학업 성취도 결과는 세계적으로 최상위 수준이라고 할 수 있다. 2015년 과학, 수학 성취도 추이 변화 국제비교연구(TIMSS)를 살펴보면 우리나라 초등학교 4학년 학생들의 수학성적은 3위, 과학성적은 2위로 상위수준을 나타내고 있다. 이는 2011년 결과에 비해 수학과 과학 모두 한 단계씩 하락한 수준이기는 하지만, 각 과목별 점수는 소폭 상승한 결과이다. 중학교 2학년 학생들 역시 수학성적은 2위, 과학성적은 4위로 상위수준으로 나타났다.

아이들은 이렇게나 높은 학업 성취도만큼이나 수학과 과학을 즐겁게 공부하고 있을까?

이러한 질문에 우리나라 교육은 매우 부끄럽고 참담한 모습을 보인다. TIMSS의 정의적 태도에 대한 조사 결과, 수학과 과학 교과의 학습의 자신감과 흥미, 즐거움에 대한 설문조사 결과, 우리나라는 최 하위권에 머물러 있기 때문이다. 사실 이러한 현상은 비단 2015년 TIMSS 결과에만 국한 된 것이 아니었다. 이전 2007년, 2011년에서도 지속적으로 제기되었으며, 이것이 우리나라 교육의 가장 큰 문제점이라고도 할 수 있다.

이처럼 이미 오래전부터 우리나라 교육은 입시 위주, 주입식 학습 위주의 교육방식으로 인해 아이들이 학습과 교육에 대한 흥미와 자신감, 즐거움을 점차 잃어가고 있다는 것에 대해 문제점이 계속적으로 제기 되고 있었다.

그럼에도 불구하고 여전히도 이러한 불명예스런 일이
지속적으로 벌어지고 있는 이유는 무엇일까?

전통적으로 우리나라 학생들은 유럽 학생들보다 학습시간이 절대적으로 매우 많은 편에 속한다. 얼마저 별세한 미래학자 엘빈 토플러가 우리나라 교육과 학생들을 보면서 이런 말을 전하기도 했으니 말이다.

> 한국에서 가장 이해하기 힘든 것은 교육이 정반대로 가고 있다는 것이다. 한국의 학생들은 하루 15시간 동안 학교와 학원에서 미래에 필요하지도 않은 지식과 존재하지도 않을 직업을 위해 시간을 낭비하고 있다. 아침 일찍 시작해 밤늦게 끝나는 지금 학교의 교육 제도는 산업화 시대의 인력을 만들어내기 위한 것이었다.

이러한 학습시간을 고려해보았을 때, 우리나라 학생들의 학업 성취수준이 높을지 몰라도, 학습의 효율적인 측면에서 바라볼 경우 학습의 효율성은 그다지 높은 편이 아니라고도 할 수 있을 것이다. 그렇다면 왜 우리나라 학생들의 학습시간이 이렇게나 많은 것일까?

그 이유는 사교육에서 찾을 수 있을 것이다. 학원 위주의 선행학습, 반복학습이 학습효과가 높다고 하여 학부모들이 너 나 할 것 없이 사교육 열풍에 동참을 하게 되면서 아이들은 스스로 공부하지 못하는 잘못된 학습 습관을 가지게 되었다.

이로 인해 최근 5년 간 대한민국은 그야말로 자기주도 학습의 열풍에 빠져들었다. 자기주도 학습과 관련된 책들이 서점의 자녀교육서 진열대를 재빠르게 점령하였고, EBS에서는 '스스로 공부하는 아이 만들기'라는 다큐멘터리 프로그램이 자기주도 학습의 열풍에 열기를 더했으며, 2015 개정 교육과정에서는 6대 핵심역량의 하나로 자기 관리 역량을 제시하기도 하였다.

그러나 공부하는 방법, 학습하는 방법에 대한 학습이 되어 있지 않은 학생들에게는 아무리 좋은 동기를 부여하고, 전략을 가르쳐주어도 소용없는 일이 된다. 스스로 배우고 학습하고자 마음을 먹었지만, 방법이 익숙지 않다면 아무리 노력을 해도 몸이 말을 듣지 않기 때문이다. 학습하는 방법이 훈련되지 않은 학습자는 좋은 동기부여와 전략을 통해 공부하고자 하는 마음을 먹지만, 실제로 공부에 집중하지 못하는 것이다(엄연옥, 2009).

앞으로 우리들의 수업이 그동안처럼 내용적인 측면이 아니라 방법적인 측면에 초점이 맞춰지면 어떨까?

더 많은 지식을 얻기 위한 시간이 수업이 되어야 할까?

아니면, 어떻게 공부하면 좋을지 그 방법을 배우는 시간이 수업이 되어야 할까?

선택은 이 글을 읽고 있는, 그리고 교실에서 직접 아이들과 함께 삶을 살아가고 있는 교사들의 몫일지도 모른다. 하지만 교사들의 선택 하나 하나가 우리 아이들의 가능성과 흥미, 열정, 관심, 즐거움을 살릴 수도 죽일 수도 있음을 명심하면 좋겠다.

이제는 무엇을 가르칠 것인가?에서 학생들이 어떻게 배울 것인가?로의
교육적 패러다임의 변화가 필요한 것 같다.

모든 것이 바뀌는 세상에서 모든 것이 그대로인 학교를 바라보며 정현지(2016)는 이러한 질문을 던지며 저서를 발간하게 된다[20].

"학교에 배움이 있습니까?"

정현지(2016)는 미래 교육의 변화와 우리나라 현 교육이 안타까운 현실에 대해 이야기를 하고 있다. 주입식 교육의 문제점을 깨닫고, 아이들이 하기 싫은 공부에 목매게 하는 것이 아니라 살아있는 공부를 함으로써 자기 주도적으로 새로운 삶을 개척해나가는 것을 도울 수 있도록 사회가 그리고 교육이 변화되기를 바란다고 하였다.

---

20) 이하 내용은 정현지(2016)의『학교에 배움이 있습니까?』저서의 내용을 일부 발췌한 내용임을 밝힌다.

공부가 재미있는 학생이 있을까? 공부를 잘 하는 학생들도 너나 할 것 없이 모두 공부가 재미없다고 한다. 왜 그럴까? 바로 방법이문제가 아닐까? 아이들은 흥미롭고 재미있는 것을 배우고 싶어 하지만, 학교는 시험이 끝나면 잊혀 질 지식, 곧 있으면 필요 없어 질 지식을 전달하고 암기시키며 오로지 남보다 높은 점수를 내기 위한 능력만 강조하기 때문일 것이다.

앞서 언급했던 엘빈 토플러의 명언을 다시 한 번 살펴보자. 그는 마지막에 이런 말을 한다. 지금 학교 교육 제도는 산업화 시대의 인력을 만들어내기 위한 것이었다고 말이다. 그동안 우리들은 교육이 아이들을 위한 것이었으며, 학교 또한 아이들의 배움을 위한 장소라고 곧게 믿고 있었지만, 현실은 사실은 그게 아니었던 것이다. 우리는 학교라는 제도를 통해 아이를 키워내는 것이 아니라 사회에 적응할 수 있도록 길들이고 있었던 것이다. 공부만 잘하면 훌륭한 사람이 될 수 있고, 공부만 잘하면 잘 먹고 잘 살 수 있다는 감언이설로 아이들을 길들이고 있었던 것이다. 애초에 자본가들도 예측하였다. 학교 교육 체제 속에서는 아무리 똑똑한 아이라 할지라도 사회를 바꾸는 인재로 자라날 수 없으며, 사회를 바꾸는 것은 학교 밖의 아이들이라고 말이다. 작금의 학교는 아이들을 현대판 노예가 되도록 교육시키고 있다.

그래서 자기주도 학습이 부단히 실패를 해왔는지도 모른다. 스스로 생각할 수 있는 힘이 없는 아이들에게 스스로 공부를 하라고 한 것 자체가 무리였을 테니 말이다. 우리들은 아이들에게 가장 먼저 스스로 생각하는 힘을 사용할 수 있도록 생각하는 힘을 키워주워야 할 것이다. 생각이야 말로 스스로를 지배하고 의지할 수 있는 유일한 힘이며, 스스로 생각하는 사람만큼 강한 사람은 없기 때문이다. 그 누구도 아이들의 인생을 대신 살아줄 수 없다. 누구도 그 아이의 인생을 책임져 줄 수 없다. 아이들 스스로 자신에 대한 주도권을 갖게 해주어야 한다. 아무 생각 없이 이리저리 끌려다니며 하루하루를 살아가는 아이들에게 생각할 틈을 주어야 한다. 생각할 틈을 통해 자신의 재능과 적성을 생각하도록 하고, 스스로 자기 주도 아래 삶을 꾸릴 수 있게 독려해야 한다. 이것이 바로 자기 주도 학습의 진정한 의미가 아닐까?

이미 학교는 아이들에게 학교가 아니라 감옥이 되어 있을지도 모른다. 아이들은 죄수처럼 자율성이 없으며, 학교에 적응하지 못하면 멍청하거나 쓸모없는 존재로 낙인이 찍

히게 되니 말이다. 그리고 학생들은 학벌이 중요하며, 1등이 되어야 성공한다는 기존 사회 질서를 학교를 통해 받아들이게 된다.

하지만 사회적으로 성공한 사람들을 살펴보라. 아인슈타인, 빌 게이츠, 스티브 잡스, 마크 저커버스 등은 학교를 제대로 다니지 못하거나 중도 포기를 한 사람들이다. 스스로 하고자 하는 것을 찾아가 마음껏 실패하고 세상의 편견과 싸워가며 자신의 생각을 발전시켰으며, 결국에는 크게 성공하였다. 이제 성공에 학벌은 중요한 시대가 더 이상 아니다. 오직 스스로 생각하는 사람만이 강한 사람이 될 수 있는 것이다. 그러나 불쌍하게도 학교는 학생들에게 생각당하는 방법을 가르치고 있다. 생각하는 방법이 아니라 말이다.

사회에 나와 보면 학교에서 언제나 1등을 하던 우등생보다 공부는 지지리도 못했던 아이가 성공을 하는 경우를 심심찮게 보게 된다. 세상을 바꾸는 시간과 같은 텔레비전 강연을 보면 모두들 학창시절은 불우하게 지냈지만 현재 성공을 거두고 있는 사람들의 이야기가 계속해서 나오는 것을 보게 되니 말이다. 이건 아마도 학교에서 인정하는 지능과 사회에 필요한 지능이 다르기 때문이 아닐까?

건축가이자 미래학자인 버크민스터 풀러는 이런 말을 했다고 한다.

> 모든 아이들은 천재로 태어난다.
> 하지만 1만 명 가운데 9999명의 아이들은 부주의한 어른들에 의해 순식간에 천재성을 박탈당한다.

모든 아이들은 내면에 천재성을 가지고 있다. 어른들, 특히 부모 혹은 교사들은 아이들 스스로 자신의 내면에 있는 천재성이나 재능을 찾을 수 있도록 돕는 역할만을 해야 한다. 진정한 재능은 수많은 실패와 시행착오 끝에 발견되는 것이기 때문이다. 하지만 우리는 그동안 아이의 천재성을 찾아주기 위해 교사로서, 아니면 부모로서 부단히 노력해 온 것 같다. 아이들의 스스로의 노력과 실패가 아니라 말이다. 그러니 1만 명의 아이 중 9999명의 아이들이 자신의 재능과 천재성을 박탈당하게 된 것이다.

우리는 그동안 18세가 교육 행정 아래, 19세기 교실에서, 20세기 선생님들에게서 21세가 학생들이 배워왔다. 실패와 실수를 허용하지 않고, 아이의 꿈이 아닌 학교 제도를 위한 교육을 해온 것이다. 아이들은 스스로 생각하기에 앞서 정해진 답을 항상 제시 받았다. 엉뚱한 답은 오답이 되고, 항상 낮은 점수를 받게 되며, 점수에 의해 평가받아 왔다.

그렇다면, 진정한 교육이란?

아이의 잠재력을 끌어내고, 그 아이로 하여금 올바른 방향을 인도해주며, 실패와 시행착오를 통해 배울 수 있는 교훈을 충분히 깨우칠 수 있게 도와주며, 인생을 살면서 도전하고 성장하기를 독려하는 것이다. 앞서 말을 했듯이, 인간은 실패를 통해서만 배울 수 있으며, 아이들 또한 실패를 통해서만 배울 수 있으니 말이다. 교육은 결과가 아니라 이러한 실패의 과정 속에서 일어나는 것이며, 이러한 과정을 통해서만 아이의 다양한 재능을 이끌어낼 수 있을 것이다. 아이들의 실수를 인정하고 격려하고 용기를 북돋아 주어야 한다. 그리고 실패도 자산임을 아이들에게 가르쳐주어야 한다. 물론 어리석은 실수가 아닌 멋진 실수를 할 수 있도록, 그리고 그를 통해 배우도록 해주어야 한다.

자기 주도적 학생은 스스로 공부를 하는 학생이 아니라 스스로 생각할 수 있는 학생일 것이다. 이러한 관점의 변화 없이는 자기 주도 학습은 계속해서 실패하게 될 것이며, 자기 주도적 학습 능력 또한 지금처럼 그저 공부를 잘 하는 학생을 지칭하는 말이 될지도 모른다.

이제 세상은 모범생이 아닌 모험생을 더욱 요구하는 것 같다. 아니 적어도 세상은 모범생이 아닌 모험생의 편이다. 사회는 더 이상 획일화된 인재를 원하지 않으며, 모범생들은 얼마든지 대체가능한 위협에 시달리게 된다. 『100달러로 세상에 뛰어들어라』의 저자 크리스 길아보는 다음과 같이 평범한 사람이 되는 방법과 성공한 사람이 되는 방법을 비교하였다.

〈평범한 사람이 되는 방법〉

사람들이 말하는 것은 그대로 믿어라
권위에 도전하지 마라
대학은 남들 다 가니까 가는 거다
주에 일하는 40시간 중 30시간은 책상에 앉아 있어라
해외여행은 편하고 안전한 곳만 가라
주택은 반드시 대출로 사고 평생 갚아라
외국어를 배우려 하지 마라
책을 써볼까 생각만 하라
사업하느 걸 생각만 하라
튀지 말아라
시키는 것만 해라, 주어진 것만 선택하라.

〈성공하는 사람이 되는 방법〉

사람들이 말하는 것을 그대로 믿지 마라. 스스로 질문을 던져라
권위에 도전하라. 끈질기게 꿈을 좇고 쟁취하라
대학은 내 꿈에 필요할 때 간다
일터를 놀이터처럼, 하고 싶은 일을 하며 자기답게 살아간다
해외여행이든, 내 삶이든, 모험이 넘치고 강인해질 수 있는 곳으로 가라
기하급수적으로 부자가 되어 시간과 돈에서 자유로운 삶을 누린다
다양한 배움에 시간과 비용을 아낌없이 투자하라
자기 인생의 경험과 지식, 지혜를 책으로 써보라
사업에 도전하여 회사 주인으로서의 삶을 살아 보아라
튀어라. 주목받는 삶이 행운을 불러 일으킨다
내가 하고 싶은 것을 선택해서 무한하게 성장하라

위의 글을 보면서, 이제는 어쩌면 평범하게 사는 게 더 힘들어진 세상이 되었는지도 모른다는 생각을 하게 되었다. 아이들은 아이들이 처한 현실보다 훨씬 더 큰 사람이 될 수 있다. 그들에게 꿈을 꾸게 하고, 과감하게 도전할 수 있도록 스스로 생각할 수 있는

힘을 키워주면 어떨까?

우리 아이들은 세상에 태어나, 남들에 따라 목표 없이 치열한 경쟁 속에서 살아가게 된다. 아이들 뿐 아니라 지금 이 땅에서 살고 있는 그 누구라도 그러하다. 지금 글을 읽고 있는 우리들도 그러하다. 그래서 친하게 지내던 친구들이라도, 점수가 매겨지고 등수가 발표가 될 때면 묘한 긴장감이 흐르게 되고, 친구가 잘 나가면 씁쓸해지기도 하며, 어떤 친구가 잘 나가지 못하면 위로하는 척하며 스스로 위안을 삼고 안심을 하게 된다. 라이벌과의 경쟁에서 이기는 방법은 오직 하나다. 오로지 경쟁에서 이기려는 노력을 그만두는 것 밖에 없다.

이제는 경쟁하는 대상이 바뀌어야 한다.

남보다 더 높은 곳에 오르기 위해 주위의 그 누구와도 경쟁하려 해서는 안 된다. 진정한 경쟁 상대는 타인이 아니라 나 자신이기 때문이다. 끊임없이 꿈을 찾아가는 나 자신과 경쟁해야 하고, 무너지거나 나태해지려는 나 자신과 경쟁해야 하며, 그러한 경쟁에서 끝내 승리하여 꿈을 이뤄나가는 것, 그것이 바로 진정한 경쟁이며 승리일 것이다. 남들보다 나아지기 위해서, 남들보다 앞서나가기 위해서가 아니라 나 자신을 위해 살고, 나만의 인생과 삶을 의미 있게 꾸려나가기 위해서 말이다. 그리고 이러한 진정한 경쟁에서 더 이상 속도는 무의미해진다. 우리는 그동안 더 빨리 가기 위해서 타인과 경쟁하였다. 하지만 나와의 진정한 경쟁을 하다보면, 경쟁에 있어서 중요한 것은 속도가 아니라 경쟁을 통해 나아가고자 하는 방향이라는 사실을 알게 된다. 마음껏 실패하고 시행착오를 겪으며 가보고 싶은 길을 모두 가보면서, 내가 진정으로 가고자 하는 방향이 어디인지 찾아가면서, 스스로와의 진정한 경쟁에서 올바른 자신의 꿈을 이룰 수 있기를 희망해본다.

나는 왜 지금 공부를 하는가?

무엇을 할 것인가, 어떻게 할 것인가 보다 더 중요한 질문은 바로 왜 하는 것인가 라는 질문이다. 무엇이 되고 싶은가가 아니라 왜 그렇게 되고 싶은가가 중요한 것이다. 이와 함께 자기 주도 학습을 위해서도 그동안 관심을 가졌던 무엇을 어떻게 해야 되는가가 아니라 우리는 이제부터 왜 우리에게 혹은 아이들에게 자기 주도 학습이 필요한가에 대한 대답을 먼저 아이들이 스스로 찾아가도록 해주어야 한다. 아이들에게 충분히 생각할 수 있는 여유를 제공하면서 말이다. 그러면 그 대답의 끝에는 스스로 생각의 힘이라는 자신만이 답을 찾게 될 것이다. 학교는 그동안 어떻게, 그리고 무엇을에 초점을 두어서 교육을 시행해 왔다. 아니 가르쳐 왔다고 말을 하는 편이 더 맞을지도 모르겠다. 그러하다보니 아이들은 생각할 수 있는 힘을 기르지 못하게 되었으며, 이렇게 생각의 힘을 기르지 못한 아이들은 무수히 실패하고 포기하게 되었을 것이다. 이혜정(2014)의 『서울대에서 누가 A+를 받는가』를 살펴보면 이런 말이 나온다.

배움이라는 것, 앎이라는 것, 깨달음이라는 것,
이것들은 모두 교실에서 교사가 말하는 한마디 한마디를 받아 적는데서
오는 게 아니라 적극적으로 학습 내용을 파고드는 데서 오는 것이다

이제 더 이상 수학을 잘하는 아이가 수학자가 되려는 세상도, 국어를 잘하는 아이가 국어학자가 되려는 세상이 아니다. 수학을 잘하거나, 국어를 잘하거나, 과학을 잘하거나, 공부를 잘하는 아이들은 모두 의사가 되거나 판검사가 되려고 노력하는 세상이다. 그리고 의사, 판검사가 되기 위해서 스스로 공부를 열심히 한다는 착각 속에서 살아가는 세상이다. 나는 어떠한 사람이 되고 싶고, 왜 그러고 싶은지, 왜 그 직업을 가지려 하는지 생각하려는 노력조차 하지 않은 채 말이다. 그들에게 공부는 인생의 전부이며, 인생이 전부 공부인 셈이다. 마지막으로 정현지(2016)는 이런 말을 했다.

삶은 우리에게 시간이란 자산을 주었다. 우리는 생명이라는 값을 매길 수 없는 선물을 받고도 스스로 그 가치를 떨어뜨리곤 한다. 우리에 관한 그 누군가의 견해가 현실이 될 필요는 없다. 자신의 가치가 무엇인지 스스로 깨달아야 하며, 우리 스스로 그 가치를 알아야 한다.

남들이 쓰레기 같은 삶이라 해도 나 자신은 쓰레기가 아니고 얼마든지 재활용해서 위대하게 재탄생할 가치가 있는 사람이라는 것을 알아야 한다. 피해자로 살아갈 필요도 없다. 당신의 가치를 찾아야 한다. 찾으려 도전해야 한다. 세상의 정의가 아니라 내가 정의하는 나를 찾아 세상을 다 쓰고 가라. 당신이 진정한 당신이 될 때, 당신이 창조된 이유인 그 사람이 될 때, 당신이 디자인한 그 사람이 될 때, 당신만의 개성을 소유한 사람이 될 때, 당신은 어떤 특별함을 가지기 시작한다.

혼자만의 시간으로 나를 찾아 나서라. 길을 찾을 땐 당신의 마음에 물어봐라. 생각할 시간을 만들어라. 게으른 삶은 있어도 의미 없는 삶은 없다. 나를 알면 꿈이 잡히기 시작한다. 홀로 시간을 가지고, 자신에게 시간을 투자하라.

생각의 틀을 주고, 그러한 생각 속에서 스스로 자신이 누구인지 알아가도록 생각의 힘을 기를 수 있도록 도와주는 것, 이를 통해 스스로 생각의 힘을 기를 수 있는 아이로 성장하는 것, 그것이 바로 진정한 의미에서의 자기 주도적 학생 그리고 자기 주도 학습이 아닐까? 타인과의 경쟁이 아닌 나 자신과의 경쟁, 공부하는 방법으로써의 자기 주도 학습이 아니라 생각하는 힘을 길러주는 방법으로써의 자기 주도 학습, 이러한 관점의 변화, 관점의 디자인이 올바른 자기 주도 학생을 길러내는 첫 걸음이 아닐까?

또 다시 꿈을 꾼다

지쳐 버린 거다.
사랑에 지치고,
사람에 지치고,
일에 지치고,

삶에 지치고,
그리고,
울어버린 거다.
사랑에 울고,

사람에 울고,
일에 울고,
삶에 울고

실핏줄같이 얽혀 있는
사랑과 인생의 우울함이
내 몸뚱이를 휘감고 있는 지금,

내 심장은
그래도 살아가 보라고
열심히 살아 움직인다

그러기에,
또 다시 꿈을 꾼다.

– 정승환(2016), 나에게 고맙다 중에서

언제 어디서나 자신을 위해 항상 꿈을 꾸고, 끝없이 과감히 도전하게 될 우리 아이들을 위해 오늘 나도 또 다시 꿈을 꾸어본다.

우리들의 이야기 속에서 나오면서...

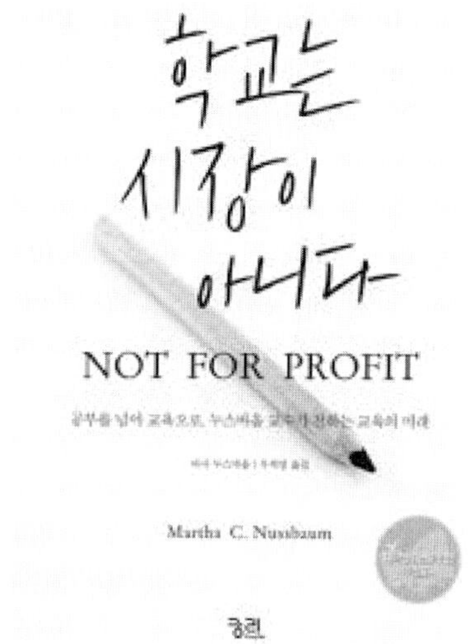

"NOT FOR PROFIT"
학교는 시장이 아니다

어쩌면 우리는 그동안 시장경제의 논리에 따라서 학교를 바라보고, 교육을 바라보았으며 이에 따라 아이들이 사회가 요구하는 그에 맞는 어른으로 성장(성장이라기보다는 세상이 요구하는 사람으로 자라날 수 있도록 동물처럼 길러내고 있었다는 표현이 더 맞을지도 모르겠다) 할 수 있도록 효율성의 측면에서만 교육을 바라보고, 교육을 해온 것은 아니었을까?

우리들은 마사 누스바움(2016)의『학교는 시장이 아니다(NOT FOR PROFIT)』저서에서 하고 있는 이야기를 함께 나누면서 우리들의 이야기 속에서 벗어나고자 한다. 교사의 성장, 학교의 성장, 수업의 성장이라는 3부분으로 나누어서 참으로 많은 이야기를 본 저서를 통해 함께 나누려고 했던 것 같다. 다소 말투가 거칠기도 하고, 앞뒤 두서가 맞지 않기도 하며, 이야기의 문맥이 매끄럽지 못한 부분이 있었을지 모르겠지만, 이야기를 써내려가면서 이것만은 항상 생각하고 고민했던 것 같다.

왜 우리가 지금 이러한 이야기를 하고 있을까?
이런 이야기가 과연 도움이 될까?

이러한 고민들은 이야기를 시작하기 전에도 있었고, 이야기를 끝내려는 지금 이 순간에도 계속해서 가지고 있는 것 같다.

소크라테스를 누구인지 가르치지 말고,
소크라테스처럼 질문하는 법을 가르쳐라!
교육은 사람을 위한 것이다!
경쟁 교육은 학생의 행복을 보장한 적이 없다.

책의 겉표지에 나와 있는 문구이다. 우리는 그동안 어쩌면 소크라테스가 누구인지 자세하게 가르치고 암기하도록 하며, 소크라테스라고 하면 문답법이라고 기계적으로 외우고 기억하는 것에 치중한 반면, 소크라테스라는 역사적 인물이 왜 중요한 인물인지, 소크라테스의 질문하는 방법이 우리들이 학습하고 교육함에 있어서 왜 중요한 것인지, 그리고 그것들이 우리 아이들의 삶에 어떠한 영향을 미치게 될 것이며, 어떠한 작용을 하게 될 것인지에 대한 교육은 등한시 했던 것 같다.

이는 앞서 언급했던 것과 같이, 그간의 우리 내 교육이 지식의 내용적인 측면에 치중하고 있었던 것에 비해서, 교육하는 방법, 배우는 방법은 중요하게 다루지 않고 있다는 것과 같은 맥락의 이야기라고도 할 수 있다.

『학교는 시장이 아니다』라는 저서는

과연 우리가 왜 그토록 애를 쓰며 살아야 하는가?

에 대한 해답을 찾아가기 위한 책이라고 할 수 있었다. 이 질문은 본 저서의 첫 부분에 언급했던,

왜
우리는 그렇게 열심히 교사로서의 삶을 살아가나요?

라는 질문과 그 의도가 별반 다르지 않은 것 같다. 그래서 우리들이 이야기에서 벗어나면서 이렇게 다루는 것이기도 하다.

교육은 사람을 위한 것이다.

그러나 그동안의 우리나라 교육은 사람을 위한 교육이라기보다는 국익 신장 또는 국가 발전을 위해 학생 개개인이 기여할 수 있는 가능성이 어느 정도 인가에 초점이 맞춰져 있던 것이 사실이다. 이런 교육적 패러다임으로 인하여 학생들은 국가의 자원으로 환원될 수 있는 존재가 되었으며, 국가 기여 가능 정도에 따라 수량화되어 평가되어 질 수 있는 존재로 전락하게 될 지도 모른다. 아니 사실은 오래 전부터 이미 그러한 존재로 전락되어졌다. 평가 결과에 의한 학생들의 등급화는 우선 학급에서, 그리고 학교에서, 그 다음에는 시・도 교육청으로, 마지막으로 교육부에서 관리하게 된다. 예를 들면 국가 수준 학업 성취도 평가가 그러하다. 즉, 학생들은 자신도 모르는 사이에 국가의 관리 자산으로 인식되어져 왔고, 그 자산 가치는 수량화되고 평가되어 왔으며, 이러한 행태의 정상성과 정당성에 대해서는 모든 이들이 결코 이상하거나 부당한 것이 아니라, 오히려 그것이 올바른 것이라는 인식을 가지게 되었다(마사 누스바움, 2016).

이러한 교육적 체제 속에서 죽어나가는 것은 결국 우리 아이들이며, 나아가서는 우리

사회의 미래일지도 모른다. 이에 대해 김승기 박사가 컬럼비아 대학에 제출한 '아세안 · 아메리칸 교육에서 2세 충돌'이라는 박사학위 논문을 살펴보면 저자의 말이 틀리지 않았음을 알게 될 것이다. 그에 따르면 1985년부터 2007년 까지 아이비리그를 비롯해 14개 미국 명문대학에 입학한 한인 학생의 졸업률을 조사한 결과 학과과정을 모두 마치고 정상적으로 졸업한 학생은 56%에 불과하다고 밝혔다. 한인 학생 비율의 절반가량인 44%나 되는 학생이 중도에 하차하였으며, 이러한 중퇴율은 같은 기간 미국 학생 전체 평균 중퇴율인 34%보다 훨씬 높은 수치라고 언급하였다. 특히 한국인 이외의 다른 소수 민족에 비해서도 2~3배 높은 수치라고 하였다. 이처럼 한인 학생들 중퇴률이 높은 것은 주입식 교육과 입시 위주의 공부에 의한 탓으로 분석되었으며, 이러한 공부 방식으로 인해 한인 학생들이 미국 대학 생활에 적응하지 못한 것으로 분석되었다. 이에 지금과 같은 체제 속의 지나친 입시위주 교육방식은 학생들의 대학생활과 미국 사회 진출에 오히려 걸림돌로 작용하고 있으며, 공부만 강요하는 한국식 교육 방식에 큰 변화가 필요하다고 주장하였다. 한국 교육의 변화가 절실한 시대라고 할 수 있다.

대체 무엇을 위한 삶인가?

한국 교육의 변화를 위해서는 이 질문에 대한 답이 필요하며, 이 질문은 무엇을 위해 교육을 하는가와 분리될 수 없는 것이다. 이는 좋은 교육의 이념은 곧 좋은 삶의 이념과도 같아야하기 때문이다. 그리고 마사 누스바움(2016) 또한 교육의 목적은 의미 있는 삶을 살도록 준비시키는 것, 그리고 훌륭한 시민을 양성하는 것에 있다고 말하고 있었다. 그렇다면 우리는

'대체 왜 가르치고 있으며, 학생은 왜 배우고 있는가?'

이에 대해 세계인권선언의 교육과정 조항에서는 다음과 같이 언급을 하고 있다.

교육은 인격의 완전한 계발과 인권 및 인간의 근본적 자유에 대한 중의 강화를 목표로 삼아야 한다. 교육은 모든 국가와 인종적 또는 종교적 집단 사이의 이해, 관용 및 친선을 증진해야 한다.

즉, 우리는 학생들의 인격(간) 계발(human development)을 위해 교육을 하고 있는 것이다. 그리고 이러한 인격 아래에 존중, 이해, 관용, 친선이라는 하위 항목들이 존재하며, 이것들도 함께 계발되어야 하는 덕목이라고 할 수 있다.

『학교는 시장이 아니다』라는 저서를 번역한 우석영은 인격의 계발이라는 용어가 어찌 보면 너무 당연하고 단순한 듯 여겨 질 수도 있지만, 그것은 결코 단순한 언명이 아니다 라고 단언하고 있다. 교육의 궁극적인 목적은 미성숙한 개인을 존엄한 인격체로 완연히 꽃피워내어 존엄한 삶을 살 수 있게 함이기 때문이다.

우리나라 교육체제 역시 이러한 교육의 궁극적인 목적을 어디에 두었느냐에 따라서 우리나라 교육의 문제점과 그에 대한 해결책을 찾을 수 있을 것이다. 그것은 바로 이제 우리나라 교육이 그동안의 국가 발전 중심의 교육에서 벗어나서 학생 개개인의 인격을 소중히 여기며 한 개인이 존엄한 인격체로 성장할 수 있는 인간 계발 중심으로 교육의 궁극적 목표점이 전환되어져야 할 것이다. 교육을 통해 향상되고 발전되어야 하는 것은 하나의 국가가 아니라 개개인이 속한 크고 작은 공동체들이며, 이에 교육자가 관심을 기울여야 하는 것 또한, 인적 자원으로써 국가 발전에 개인(학생)이 얼마나 많이 공헌과 기여를 하느냐가 아니라 학생들 개개인의, 인간다운 인간으로의 완전한 개화라는 사실을 깨달아야 할 것이다(마사 누스바움, 2016).

그동안 우리는 성장주의와 개발 정책에 의해 진정한 의미에서의 교육이 외면 받아왔다고 여길 수도 있다. 교육이 한 개인의 인간계발적인 측면보다는 시장의 원리에 따라 국가 경제 발전에 얼마나 많이 기여를 할 수 있는가에 따라 학생들을 평가하고 서열화해 왔었기 때문에 말이다.

성장주의와 개발 정책으로 외면당한 교육의 진실!

이제는 더 이상 학교가 시장이 되어서도 안 되며, 우리나라 교육이 시장의 원리에 따라, 그리고 사회의 개발 정책에 따라서 진정한 의미의 교육이 외면당해서는 안 될 것이다. 학생들 한 명 한 명은 모두 존귀하고 소중한 존재들이며, 끊임없는 잠재력과 무한한 가능성을 가지고 있는 존재이다. 그러한 아이들에게, 어쩌면 우리들은 그저 성과위주, 성적 중심의 평가에 따라 점수로 서열화를 하면서 한 줄 세우기를 해 왔던 것은 아니었을까? 어쩌면 우리는 무궁무진한 아이들의 잠재력, 창의력, 열정을 대학입시라는 이름하에 도둑질을 해 오고 있는 것은 아닐까? 그렇다면, 우리들은 아이들에게 크나 큰 범죄를 저지르고 있었던 것은 아니었을까? 아이들에게 생각할 수 있는 힘과 기회를 박탈하고, 그저 교사가 주는 지식, 학교가 안내하는 지식만을 암기하도록 했던 것은 아니었을까? 그리고 더 많은 것을 암기하고, 좋은 성적만을 강조하며 경쟁 속에서만 힘들게 살도록 만들고 있었던 것은 아니었을까? 그렇다면...

이러한 우리나라 교육 제도는 과연 효과가 있었을까?

많은 학자들, 혹 사람들은 흔히 이러한 말을 하곤 한다. 우리나라는 교육으로 인해 이만큼 성장할 수 있었다고 말이다. 하지만 묻고 싶다. 어쩌면 그동안 우리들은 한국이라는 나라가 짧은 기간에 이만큼이나 성장하는 데 있어서 우리나라 교육이 지대한 영향을 미쳐왔다는 착각 속에서 살고 있었던 것은 아니었는지 반문하고 싶다. 진정으로 우리나라 교육 제도가 효과가 있었을까? 대체 어떤 효과가 있었다는 말일까? 하나같이 공부하는 기계로 만드는 효과?

지금 여러분이 가지고 있는 직업… 여러분의 사회적 위치…
여러분이 원하던 것이었나요?
아니면 누군가에 의해 정해진 것인가요?
원래부터 그러한 직업을 가지고 싶었나요?

혹은 다른 꿈을 꾸지는 않았었나요?

삶은 가능성으로 충만하다고 하였다. 우리 교사들은 아이들의 더 많은 가능성, 그리고 재능과 꿈을 찾아주기를 원한다고 말을 한다. 과연 우리들이 흔히 말을 하고 있었던 그 가능성이란 무엇을 의미하는 것이었을까? 혹, 그 가능성이란 것은 대학교에서 찾으면 되는 것이고, 우선은 가능성을 열어 줄 수 있는 대학교에 들어가기 위해서 초·중·고등학교의 학창 시절은 꿈을 꾸는 시간도 아껴가며 공부하도록 만들었던 것은 아니었을까? 아이들이 바라는 것은 유명한 대학에 입학하는 것이 아니었음에도 불구하고, 앞으로 아이들이 살아가게 될 사회에서 필요할지도 모른다는, 아이를 위한다는(아이가 아닌 부모 혹은 어른들을 위한 것은 아니었을까?) 어른들의 일방적인 생각과 잣대에 따라 아이들에게 꿈 꿀 수 있는 시간 대신에 책상에 앉아서 아무런 목적 없이 공부만 하도록 만든 것은 아니었을까?

"서울대 · 수능 폐지하고 국공립대 통합캠퍼스 구축"

이는 '입시지옥에서 해방, 교육 혁명의 시작'이라는 주제로 열린 교육비전 토론회에서 박원순 서울 시장의 제언이다. 물론 이 또한 어떠한 목적에 의한 정치적 발언이었을 수도 있으며, 이에 따라 반대 여론도 강하게 흘러나오고 있는 것도 사실이다(저서를 써내려가는 시점에 나온 뉴스이며, 저서가 발간되게 될 앞으로의 어느 시점에서는, 과연 이 말이 어느 정도 지켜지고 있는지 매우 궁금해지기는 한다). 우리나라는 서울대를 필두로 하여 대학 서열화가 심각한 나라이다. 이로 인해 대학교 졸업장이 하나의 권력이 되기도 하고, 자격증이 되기도 하며, 명함이 되기도 한 나라이다. 이 때문에 입시 지옥이라는 말이 생겨나게 된 것 같기도 하다. 조금이라도 더 유명한 대학교에 들어가기 위해서 우리 아이들, 그리고 지금 글을 읽고 있는 우리들 또한 밤낮을 가리지 않고 책상에 앉아서 책만 보고 있었던 것 아니었을까? 왜 공부를 해야 하는지 알지도 못한 채 말이다. 그저 사회가 정해 놓은 더 좋은 대학에 들어가기 위해서, 자신의 재능과 꿈이 무엇인지 알지도 못한 채 말이다.

박원순 시장이 어떠한 생각으로 이러한 발언을 했든, 그 목적이 무엇이었든지 간에, 현재 정치인들의 교육을 바라보는 시각에도 조금씩 변화가 생기고 있으며, 이러한 변화된 시각으로 인해 우리나라 교육이 더욱 성장할 수 있는 계기가 마련될 수 있다는 점에서 저자에게는 이것이 매우 반가운 소식이었다.

G20 폐막식 때 오바마 전 미국 대통령이 한국 기자에게 질문할 수 있는 기회를 주었지만, 한국 기자 누구도 선뜻 나서서 질문을 하지 못하던 영상을 본적이 있는가? 왜 그러했을까? 몇 번씩이나 한국 기자에게 질문할 수 있는 기회를 주었으며, 중간에 중국기자가 질문을 하겠다고 하던 순간에도 한국 기자에게 기회를 주었다. 그런데도 그 누구도 질문을 하지 않았다. 아니 하지 못했다. 왜 그런 것일까? 여러 이유가 있겠지만, 그 중 하나는 분명 잘못된 우리나라 교육 방식 때문이었을 것이다. 주입식, 암기식, 입시위주의 교육으로 인해, 생각을 하게 하는 대신에 생각을 받아들이게만 만들었던 것이다. 우리 아이들 뿐 아니라 우리들도 그러한 것이다. 이에 우리들은 독립적인 사고, 그러한 생각의 힘을 가지지 못하게 되었으며, 말도 하지 못하게 되었으며, 토론하지 못하는 어른으로 성장하게 되었던 것은 아니었을까? 모르긴 몰라도, 그 자리(G20 폐막식)에 참석을 할 정도의 기자들이라면 각 언론 매체에서 어느 정도의 능력을 인정받은 자들일

것이며, 이들 역시 국내 유명한 대학교를 졸업한 수재가 아니었을까?

그렇다면, 과연 우리나라 교육이 정말 효과적이었을까?

어쩌면 우리나라 입시를 일컬어서 말을 하는 입시 지옥이라는 말 보다는 우리나라 교육 자체가 우리 아이들에게는 지옥의 교육은 아니었을까?

우리나라 교육을 비판하며 참교육에 관심을 쏟고 있는 교육자, 우리나라 교육환경 아래에서 교육을 받고 있는 아들, 딸들이 안쓰러운 학부모, 매일 교실과 책상에 앉아서 힘들게 입시를 걱정하는 학생, 이 모두들이 이제는 스스로의 삶 자체에 더 관심을 가져야 할 때가 아닐까? 모두의 삶, 그리고 그 속에서 함께 이어지고 유기적으로 연계되어질 나 자신의 삶을 말이다. 이제 우리 교육자들이 관심을 가져야 할 것은 아이들의 지적 수준에 따른 성적의 수준, 등수, 등급, 서열이 아니라, 아이들 각자가 살아가야 할 그들만의 삶, 각자의 재능과 꿈이 아닐까? 그리고 이를 위해 아이들 스스로 생각할 수 있는 틈과 기회를 주어야 하지 않을까?

이제는 시장 경쟁의 원리에 의해서 교육의 본질이 흐트러지면 안 될 것 같다. 이제는 아이들의 머리가 아닌 가슴을, 성적표가 아닌 아이들의 얼굴을, 대학이 아닌 아이들의 삶 자체를 바라보는 그러한 엉뚱한 교사가 필요하지 않을까?

오늘도 우리는 그러한 엉뚱한 교사, 아니 적어도 저자는 그러한 선생님이 되기 위해 다시 꿈을 꾸려고 한다. 오늘도 우리는 아이들과 함께 웃으며 행복한 수업, 아이들의 마음과 교사의 마음이 서로 관통하여 이어지는 삶이 중심이 되는 수업을 꿈꿔본다. 아이들이 스스로 생각의 힘을 키울 수 있는 그러한 수업을 꿈꿔본다. 경쟁이 아닌 협력하여 창조할 수 있는 그런 수업을 꿈꿔본다.

로렌스 굴드가 남긴 명언을 교사의 입장에서 재해석한 글로써 우리들의 이야기를 끝내고자 한다.

교사는 아이들에게
교사가 원하는 것,
희망하는 것을
억지로 떠다 맡겨서는 안 된다.
그것이 실패의 원인이다.

교사가 해야 할 일은
학생들이 지니고 있는
기본적인 성격이나 기질을
변화시키는 것이 아니라
아이들이 가지고 있는 그대로,
그들이 표현하고 싶은 그대로를
존중해서 여러 분야가 모여 전체를 이룬
사회에 적응하도록 도와주는 것이다.

교사가 원하는 방향과
다른 행동을 하고,
말을 하더라도
교사는 반대해서는 안 된다.

찬성하고 반대하고에 따라
그 결과는 큰 차이가 있다.
찬성해주면
아이는 용기를 얻을 것이며,
반대하면 위축될 것이다.

책장을 덮으면서…

이 책을 함께 써내려간 우리는 초안을 마무리 짓고서, 함께 학교를 나와 운동장을 터벅터벅 걸었다. 둘이 함께 하늘을 쳐다보며 말이다. 겨울 방학이어서 운동장에는 아무도 없었고, 쓸쓸한 세찬 바람만 불고 있었다. 그냥 함께 글을 쓴 우리 둘은 말없이 운동장을 걸었다. 어떠한 생각을 서로 하는지 알지 못한 채로 그저 함께 걸었다. 서로 말은 하지 않았지만 같은 생각을 하며 함께 걸어가고 있음을 느낄 수 있었다.

그러다 선배 교사가 물어왔다.

"함께 책을 써내려가면서 나는 겨울나무를 다시 천천히 살펴보게 되는 습관이 생겨버렸다네. 그리고 겨울나무의 나뭇가지에 있는 새싹의 눈들을 보게 되었고, 아이들을 생각하게 되었다네. 그러면 우리들은 과연 무엇일까? 새싹의 눈들이 힘들게 버티며 견디고 있는 그 나무일까? 나뭇가지일까? 아니면 또 다른 새싹의 눈일까?"

후배교사는 생각했다. 예전 같았으면 새싹이 돋고 잎을 틔우기 위해 잔뜩 웅크려서 겨울을 준비하는 새싹의 눈들이 학생들이고, 이를 지켜주는 나무가 교사라고 말이다. 아니 나무까지는 아니더라도 적어도 나뭇가지 정도는 교사일 것이라고 말이다.

그런데 지금은 나무도 아니며, 나뭇가지도 아니라고 생각을 하게 되었다. 우리 교사들 역시 또 다른 나뭇가지에 달려 있는 또 다른 새싹의 눈이라는 사실을 이제야 조금씩 깨닫게 되었다.

교사들은 아이들이라는 새싹의 눈들이 새싹이 돋고 잎이 될 수 있도록 많은 햇빛과 물을 통해 영양분을 만들어서 새싹의 눈들에게 양분을 제공해주는 나무 혹은 나뭇가지가 아닌 것이다. 그저 그들보다 먼저 태어나서 또 다른 나뭇가지에 함께 매달려 있는 또 다른 새싹의 눈들일 뿐인 것이다. 그동안 교사들은 자신들이 새싹의 눈들이 안전하게 버티고, 새싹이 돋고 아름다운 잎으로 성장할 수 있도록 양분을 제공하고, 어떻게 하면 성장할 수 있는지 그 길을 안내하고 알려주는 나무와 같은 역할을 해야 한다고 생각했던 것은 아니었는지 스스로 반문해 보았다. 그래서 더 많은 것을 알려주려고 했고, 가르쳐주려고 했으며, 이로 인해 그동안 우리들은 그렇게도 열심히 칠판에 판서하고, 목이 아플 정도로 설명을 하고, 시험이라는 점수로 학생들을 평가하고 서열화하여 줄을 세웠던 것은 아니었는지 반성하게 되었다. 얼마나 많은 것을 암기하고 기억하고 있는지를 평가하고, 그 점수로 학생들을 서열화하고 줄을 세우면서 어떻게 하면 더 잘 할 수 있고, 더 많이 기억할 수 있고, 더 높은 점수를 받을 수 있는지를 암묵적(아니 드러내놓고 그런 것 같다)으로 아이들에게 가르쳐주고 있었던 것은 아니었을까?

교사의 역할은 나무도 나뭇가지도 아닌 것 같다. 우리 교사들 역시 또 다른 새싹의 눈인 것 같다. 다만 학생들이라는 새싹의 눈들보다는 먼저 생겨난 새싹의 눈일 것 같다. 先生이라는 단어를 보면 알 수 있지 않은가? 먼저 태어나서 미리 세상을 알고, 어떻게 살아가면 좋을지를 먼저 경험하여 터득한 사람이 先生은 아닐까? 미리 태어나서 배웠기에 가르쳐주어야 하는 것이 아니라, 그저 교사로서 자신이 어떻게 삶을 살아왔는지를 교사 자신의 삶의 이야기가 묻어나는 수업으로 깨닫게 해주고, 아이들이 어떻게 반응하고 따라오는지를 지켜봐주고 격려해주는 존재가 아닐까?

먼저 생겨나서 견디고 있는 새싹의 눈들로써 어떻게 견디고 버티면 새싹이 돋고 잎이 될 수 있는지를 보여주는 역할을 해야 하는 것이 바로 교사들의 역할인 것 같다.

그저 옆에서 지켜봐주고, 격려해주면서 함께 새싹이 돋고 잎이 될 수 있는 존재가 바로 교사인 것이다. 그래서 새싹의 눈들이 새싹이 돋고 잎이 날 수 있도록 양분을 제공하고 가르쳐주고 알려주는 역할이 교사가 아님을 이제는 다시금 조금씩 깨닫고 있는 중이다.

나무는 사회이다

그렇다면 새싹의 눈이 달려 있는 나무는 무엇이 되어야 하는가? 그것이 바로 사회라고 생각한다. 교사와 학생은 사회라는 나무에 함께 살아가면서, 잦은 시행착오와 힘든 고통과 어려움을 함께 겪으며 실패에도 함께 버티고 견디면서 싹이 돋고 잎이 될 수 있도록 서로 격려해주고 응원해주는 관계인 것 같다.

새싹의 돋움, 잎의 탄생을 칭찬하기 보다는 그렇게 까지 함께 견디고 버티고 노력한 것에 대해 격려하고 감사할 줄 아는 관계 형성이 필요한 것 같다.

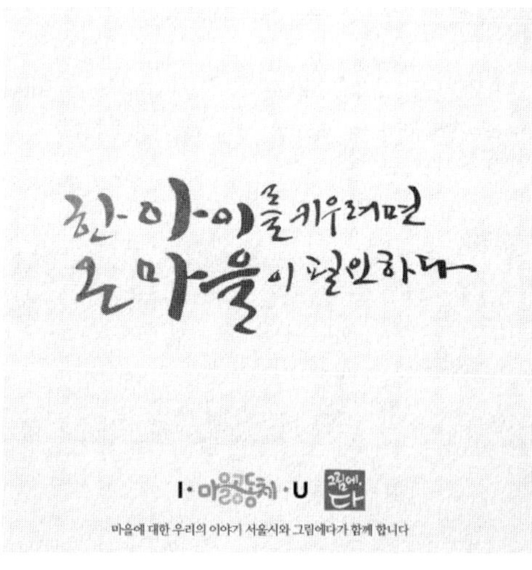

아프리카의 한 속담 중에 이런 것이 있다.

한 아이를 기르기 위해서는 온 마을이 필요하다

본 저자들은 이런 마을이 바로 나무이며, 이것이 곧 사회라고 생각을 한다. 마음, 신체, 정신이 모두 건강한 한 아이를 기르기 위해서는 부모의 양육도 중요하며, 교사의 격려와 감사, 학교의 보살핌, 주변 사람들의 관심과 애정이 필요하며, 이를 위해서 한 아이의 주변 사람들 모두의 협력과 관심이 필요하다고 할 수 있다.

이처럼 한 아이를 바르고 건강하게 기르기 위해선 사회가 필요하며 교사들은 그러한 사회 속의 한 존재일 뿐 인 것이다. 아이를 가르칠 수 있는 유일한 존재가 아니라 말이다. 이제는 교사가 모든 것을 줄 수 있으며, 알려줄 수 있으며, 가르쳐줄 수 있다는 생각을 버리는 것에서부터 시작할 필요가 있다. 그러한 생각의 버림, 내려놓음 없이는 교사의 성장은 매우 더딜 수밖에 없으며, 과거의 교사들의 모습을 그대로 답습하는 것에서 그칠 수밖에 없음을 조금씩 깨닫고 있다.

어쩌면 교사의 성장은 무엇인가를 더 많이 배우고, 채우는 것이 아니라 비움과 내려놓음이 첫 시작의 열쇠가 아닐까라는 생각을 하게 된다.

이제 우리 두 저자는 함께 학교를 옮겨야 하는 해가 되었다. 후배교사가 교직생활을 처음 시작할 때 만난 선배교사였고, 후배교사의 9년이라는 학교 살이 중에서 6년이라는 세월을 선배교사와 함께 지냈다. 6년 동안 함께 한 학교 살이 중 2016년은 서로의 속내를 더 많이 알게 된 시기였던 것 같다.

그리고 그 둘은 다시 다짐을 하고 있다. 다음 해, 또 다른 학교에서도 더 많이 채우려고 하지 않고, 더 많이 알려주려고 하지 않고, 더 많이 가르쳐주려고 하지 않기로 말이다.

오늘도 우리는 무엇을 먼저 비우고 내려놓으면서 시작해야 할지를 고민하면서 학교살이를 시작하고자 한다. 왜 그러냐고?

비우지 않고는 채울 수 없다고 했기 때문이다.

버리면 얻는다.

금을 얻기 위해서는
마음속에 가득 찬 은을 버려야 하고
다이아몬드를 얻기 위해서는
또 어렵게 얻는 그 금마저 버려야 한다.
버리면 얻는다.
그러나 버리면 얻는다는 것을 안다 해도
버리고 나서 오는 것이 아무것도 없을까 봐
그 미지의 공허가 무서워서
우리는 하찮은 오늘에 집착하기도 한다.

– 공지영, 수도원 기행 중에서

무엇을 얻기 위해서는 구해서 얻는 것과 버려서 얻는 방법 2가지가 있다고 한다. 그러나 무엇을 얻고 난 뒤 이 둘은 큰 차이가 있다. 구해서 얻게 되면 또 다른 무언가를 얻고 싶어 하고, 힘들게 얻는 것에 대한 만족은 그리 오래 가지 못하게 된다. 하지만 버려서 얻게 되면 아무리 작아도 덤으로 얻는 것 같아 만족과 기쁨 정도가 더 크게 된다. 그리고 버려서 얻으면 마음의 평안과 행복을 느끼게 된다.

세 잎 클로버의 꽃말은 행복이고, 네 잎 클로버의 꽃말은 행운이라고 한다. 우리는 네 잎 클로버라는 행운을 찾기 위해서 그토록 이나 많았던 세 잎 클로버라는 행복을 짓밟게 했던 것은 아니었을까 되물어본다. 우리들도 그렇게 행운을 위해 행복을 짓밟고 있던 것은 아니었을까? 이제는 내려놓고, 버림으로써 마음의 평안과 행복을 느끼고, 새롭게 얻게 되는 것에 대한 만족과 기쁨을 누려보기를 희망해본다. 그것이 성장의 첫 발걸음이 되기를 바래본다.

감사의 말 1

사소한 것의 소중함을 알아야해
우리 삶은 사소한 것들이 모여
인생이라는 그림을 완성하거든

누군가는 나무보다
큰 숲을 보라 하지
나무 밑의 풀은
보지 못한 채 말이야

사소한 것을 소중하게 여기지 않는다면
결국 큰 숲도 이루지 못하는 거야

많은 사람들이 큰 숲이 되려 하지만
누군가는 숲을 이루는 작디작은 풀이 되어야 해
결국 숲이 사소한 것들이 모여 이루어지는 거니까

- 전승환, 나에게 고맙다 중에서 '사소함의 가치'

그동안 저자는 큰 숲이 되기 위해서 그리 길지 않은 교사로서의 삶을 앞만 보며 살아온 것 같다. 모두에게 사랑받고 인정받으며 화려한 주인공이 되기 위해서 앞만 보며 열심히 달려온 것 같다. 작은 풀과 같은 사소한 것들이 모여서 숲이 된다는 사실을 잊은 채, 그저 큰 숲이 되기 위해서 말이다.

얼마 전까지도 저자는 적어도 교사들은 그래야 되는 거라고 믿었고, 그러한 역할을 수행해야 한다고 주장해왔다. 아이들에게 교사는 큰 숲이 되어야 하고, 동료교사들보다 더 큰 숲이 되어야만 승진을 할 수 있다고 믿어왔으니 말이다.

그런데 이러한 믿음이 아집이었음을, 잘못된 오해와 편견이었음을 주변 선생님들과의 만남을 통해 조금씩 깨닫게 되었던 것 같다. 함께 글을 써내려간 이규진 선생님, 그리고 항상 곁에서 부족한 제자를 응원해주고 격려해주는 김규태 교수님과의 만남이 그러한 것 같다. 그저 앞만 보며 달려가던 저자에게 교사란 어떠한 존재가 되어야 하는지를 깨닫게 해준 두 분에게 이 글을 통해 진심으로 감사의 인사를 전하고자 합니다.

교직에 첫 발을 내딛는 순간부터, 지금까지, 그리고 앞으로도 계속 연을 이어나가게 될 이규진 선생님, 선배님 덕분에 주변에 따뜻한 선생님들이 많다는 사실을 알게 되었습니다. 성격 까칠하고, 예민한 저자를 받아주시고, 이끌어주신 김규태 교수님께, 교수님과의 만남으로 인해 학교와 교육의 핵심이 되어야 할 교사로서의 삶이 어떠해야 하는지를 깨닫는 소중한 시간을 가질 수 있었습니다.

거꾸로 배움의 세 번째 이야기를 끝으로, 시리즈의 완결이라는 결실을 맺으면서, 첫 번째 이야기, 두 번째 이야기, 그리고 지금의 마지막 세 번째 이야기까지, 출판을 허락해주시고, 책이 출간되기까지 모든 과정에서 세심한 배려와 관심을 주신 강철원 대표님과 양성원 식구들 모두에게 감사의 인사를 전합니다. 처음에 시리즈로 출간하자는 교수님의 제안을 받고는 많이 망설였고, 불가능할 것이라고 여겼었는데, 항상 곁에서 응원해주기고, 격려해주시고, 배려해주셔서 힘든 일을 해낼 수 있었습니다. 감사합니다.

나의 가족, 나보다 훨씬 더 아이들을 배려와 격려로 이끌어주는 교사였지만, 지금은 나와 가족을 위해 헌신과 봉사, 그리고 기도로 힘들고 지친 나에게 사랑으로 응원해주는 나의 아내, 최혜선 선생님! 함께 교직에 몸을 담고 있으면서도 언제나 가족을 먼저 생각하는 당신 덕분에 이렇게 힘든 학교생활 속에서도, 글을 쓸 수 있었고, 책을 펴낼 수 있었습니다. 언제나 감사하고 사랑합니다. 그리고 언제나 좋은 아빠가 먼저 되어야지 생각을 하면서도, 학교생활보다 뒷전이 되기도 하지만, 언제나 아빠를 환한 미소로 맞이해주고 사랑의 뽀뽀를 해주는 이 세상 그 어떠한 보석보다 빛나는 나의 두 딸, 예슬, 예진이에게 사랑의 인사를 전합니다. 먼 훗날 나의 두 딸이 어른으로 성장하였을 때, 아빠의 이 글을 보면서 자랑스러워하고, 뿌듯해하기를 간절히 소망해봅니다. 나의 두 딸아! 너희들이 힘들고 지친 아빠에게 환한 미소로 에너지를 주어서 이렇게 책을 출간할 수 있었던 것 같단다. 진심으로 감사하고 사랑한단다. 살가운 말하나 잘 못하는 무뚝뚝한 장남이지만 이런 나를 태어나게 해주고 언제나 사랑으로 대해주시는 아버지, 어머니, 자주 연락을 못 드리고, 정다운 말 한마디 잘 못하는 늘 부족한 사위지만, 그러한 사위를 위해 늘 기도해주시는 장인어른, 장모님, 그리고 나의 동생 내외와 처남 내외에게도, 가족의 사랑과 관심으로 이렇게 책을 무사히 출판할 수 있었던 것 같아 감사의 인사를 전합니다.

마지막으로 이 책을 구입하시고, 읽어주시고, 부족한 저자의 생각에 동의해주시는 선생님들에게 진심으로 감사의 인사를 전합니다. 혹 글을 읽고, 불편해하셨을 선생님들에게는 심심한 사과의 인사도 함께 전하고자 합니다. 그저 서로의 생김새와 모습이 다르듯, 교육 철학도 다양할 수 있음을 너그러이 이해해주시기 바랍니다. 갈수록 힘들어지는 교직사회에서 어렵게 버티면서 살아오는 많은 선생님들에게 이 글을 빌려서 진심으로 감사와 응원의 인사를 전합니다. 그러한 선생님들이 있기에 우리 교육은 더욱 큰 희망이 있는 것 같습니다. 함께 버티고 견디며 성장하고 발전해나가기를 두 손 모아 기도합니다.

최경민 두 손 모아 드림

감사의 말 2

2006년 처음으로 교단에 서서 6학년 아이들을 만난 것이 엊그제 같은데, 벌써 11년이 흘렀다. 그 동안 지금까지 저자는 많은 아이들을 만나고 가르쳐왔다. 하지만 항상 마음 속에는 '과연 아이들을 위해 제대로 가르치고 있는가?' 라는 의문이 들었고 그 답을 찾기 위해 부단히도 노력하였다. 하지만 그 의문은 풀리지 않는 숙제 같았다. 그럴 때마다 교육의 길 위에서 만난 숱한 이정표를 때로는 지나치기도, 혹은 따라 가 보기도 하면서 많이 방황하였다. 그런 많은 시행착오 속에서 내린 작은 결론은 앞으로도 많은 실수와 후회가 있겠지만 새로운 시도를 멈추지 않을 것이라는 것이다. 지금 책을 쓰는 이 순간도 저자에게는 새로운 시도이며 또 다른 실패일수도 있지만 거기서 멈추지 않을 것이라고 확신한다.

저자는 아직도 교육이라는 길을 걷고 있는 교사다. 그 길 위에는 많은 이정표가 있을 것이고 때로는 길을 잃을 수도 있을 것이다. 그래도 가는 길을 멈추지 않고 계속 나아가고 싶다. 그러면서 지금보다 더 나은 길을 가기 위해 포기하지 않는 선생님으로서, 한 인간으로서 아이들에게 사표가 되고 싶다.

학문의 길로 나아갈 수 있게 부족한 제자를 이끌어주시는 박찬호 교수님과 학교 현장에서 겪는 많은 문제를 함께 고민해준 최경민 선생님을 통해 가르침이 무엇인지에 대해 깊이 생각해 볼 수 있었다. 이 자리를 빌려 저자에게 가르침이란 무엇인지 돌이켜볼 수 있게 해주신 두 분 선생님에게 깊은 감사의 인사를 전합니다.

그리고 항상 부족한 남편을 응원해주는 사랑하는 아내 덕분에 이 책을 쓸 수 있었습니다. 그리고 지금까지 바른 길로 갈 수 있게 이끌어주신 아버지와 하늘에 계신 어머니에게도 깊이 감사를 드립니다. 또한 물심양면으로 저를 응원하고 지원해주신 우리 큰형님 가족과 작은형님 가족에게도 그리고 사랑으로 대해주시는 장인 장모님께도 감사의 인사를 전합니다.

이규진 두 손 모아 드림

참고문헌

강금주(2013). 사춘기로 성장하는 아이 사춘기로 어긋나는 아이. 서울: 북클라우드.

강인애, 정준환(2011). 프로젝트 학습. 서울: 상상채널.

고도원(2008). 당신은 희망입니다. 서울: 오픈하우스.

교육과학기술부(2011). 공교육 강화 - 사교육 경감 선순환 방안.

기시미 이치로, 고가 후미타케(2015). 미움받을 용기. 서울: 인플루엔셜 (전경아 옮김).

길영로(2016). 넘버원이 아니라 온리원. 서울: 페가수스.

김경하(2016). 킬패트릭 The Project Method 관점에서 본 초등학교 프로젝트 수업에 대한 몇 가지 쟁점. 통합교육과정연구, 10(2), 71-95.

김소영, 이윤소(2015). 교육과정 자율화를 위한 구조 변화 및 지원 방식의 과제: 교육과정 결정 권한 분산을 중심으로. 지방교육경영, 18(6), 45-63.

김순남, 이병환(2016). 행복학교의 학생 행복도 분석. 교육문화연구, 22(2), 29-48.

김은영, 장덕호(2014). 연구학교와 혁신학교의 운영 실태에 대한 비교 연구: A지역 초등학교 사례를 중심으로. 교윢행적학회, 32(1), 75-105.

김정민(2015). 오늘, 행복을 쓰다. 경기: 북로그컴퍼니. 356

김정현, 박소영(2012). 방과 후 학교정책의 학교교육 기능 강화 기능성 탐색: 정규 수업과 방과 후 학교 수업 비교를 중심으로. 교육정치학 연구, 19(2), 1-21.

김정희, 강용원(2003). 교사의 전문적 능력개발을 위한 현직연수제도의 발전방향 탐색. 한국정책과학학회, 7(3), 400-425.

김진규(2011). 현장적용형 혼합학습 교사연수의 모형과 실천 전략. 교육문화연구, 17(1), 33-57.

김태현(2016). 교사, 삶에서 나를 만나다. 서울: 에듀니티.

김현섭(2013). 수업을 바꾸다. 경기: 한국협동학습센터. 198

노종희(1996). 교육개혁을 위한 학교공동체 구축. 교육행정학연구, 14(30), 64-79.

대전일보, 2011.07.04. 일자 19면 기사. 교육공동체로 가는 험난한 길.

도널드 L. 핀켈(2010). 침묵으로 가르치기. 경기: 다산초당 (문희경 옮김). 108

마사 누스바움(2016). 학교는 시장이 아니다. 경기: 궁리 (우석영 옮김).

메러디스 벨빈(2012). 팀이란 무엇인가. 경기: 라이프맵 (김태훈 옮김).
미야모토 마사하루(2014). 올 에프 선생님. 경기: 다산에듀 (황소연 옮김).
박일수(2012). 초등학교 교사의 교육과정 관점과 효과적인 수업행동에 관한 연구. 학습자중심교과교육연구, 12(4), 365-389.
백남진(2013). 교사의 교육과정 해석과 교육과정 잠재력. 교육과정연구, 31(3), 201-225.
변수정(2016). 학교공동체 형성에서 교장의 역할에 관한 교육인류학적 연구. 경북대학교 박사학위논문.
사이토 다카시(2015). 혼자 있는 시간의 힘. 경기: 위즈덤하우스 (장은주 옮김).
서근원(2004). 산들초등학교의 교육공동체 형성에 관한 교육인류학적 연구. 서울대학교 대학원 박사학위논문.
성열관, 이순철(2011). 혁신학교. 경기: 살림터.
손우정 역(2001). 교육개혁을 Design한다. 사토 마나부 저, 교육개혁 Design,공감.
손우정(2012). 배움의 공동체. 서울: 해냄출판사. 187
송경오(2011). 학생 개인 행복에 미치는 학교특성 탐색. 한국교육, 38(4), 39-64.
송상호(2010). 학교시대는 끝났다. 경기: 신인문사. 121
송연주, 이상수(2015). 학교교육붕괴 현상의 생태학적 탐색을 통한 극복 방안 모색: 교육공동체 내 신뢰 회복을 중심으로. 열린교육연구, 23(4), 285-309.
신경희(2012). 교육과정 자율적 운영에 관한 교사의 역할 수행 비교: 한국과 미국교사를 중심으로. 교사교육연구, 51(2), 297-312.
신을진(2015). 수업 코칭. 서울: 에듀니티.
신철균, 장용석(2010). 연구학교 제도의 특성 분석: 연구학교 주제 변화를 중심으로. 교육행정학회, 28(2), 281-305.
신혁석(2006). 공교육 정상화를 위한 학교와 정부의 역할. 한국교육학연구, 9(1), 141-198.
알프레드 아들러(2014). 인생에 지지 않을 용기. 서울: 와이즈베리 (박미정 옮김).
엄연옥(2009). 잘못된 자기주도 학습이 내 아이를 망친다. 서울: 한스미디어.
오찬숙(2014). 교사학습공동체의 개혁확산 과정에 관한 사례 연구. 고려대학교 박사학위논문.
오형문(2009). 연구학교 운영의 문제점과 개선방안 연구. 교육연구논총, 30(2), 1-22.
유주영, 유성상, 김진아, 권순정(2016). 국내 혁신학교 연구에 관한 동향 분석. 평생학습사회, 12(3), 81-105.

이경혜(2012). 행복한 학교. 경기: 바람의아이들.
이규혁(2013). 누구나 경험하지만 누구도 잘 모르는 수업. 서울: 교육공동체 벗.
이기표(2009). 제로에서 시작하라. 경기: 밝은내일.
이시도 나나코(2016). 미래교실. 서울: 청어람미디어 (김경인 옮김). 279.
이종국(2008). 정부 수립 이후 교과서의 위상에 관한 이해. 한국출판학연구, 34(2), 253-289.
이현국, 정동욱(2016). 초 · 중등학교 목적사업비 배분 분석. 교육재정경제연구, 25(2), 1-28.
장샤오헝(2014). 느리게 더 느리게. 경기: 다연 (최인애 옮김).
정성식(2014). 교육과정에 돌직구를 던져라. 서울: 에듀니티.
정승환(2016). 나에게 고맙다. 서울: 허밍버드.
정영수(2004). 미래지향적 교육공동체 형성의 방향과 과제. 교육행정학연구, 22(1), 111-134.
정현지(2016). 학교에 배움은 있습니다?. 경기: 쌤앤파커스.
조희명(2016). 인공지능 시대의 미래 교육. 인물과 사상, 221, 72-85.
주철안(2002). 단위학교 교육공동체 구축의 원리와 상황적 조건, 교육연구,12, 45-59.
주철안(2007). 학교공동체의 특성에 관한 분석적 고찰. 교육사상연구, 21(1), 201-224.
주철안, 손우정(2005). 학교혁신을 위한 학부모와 지역사회의 역할".지방교육경영 제9권. 118-130
최경민, 김규태(2015). 거꾸로 배움, 교실에서 찾은 아이들의 행복 열쇠. 경기: 양성원.
최경민, 김규태(2016). 거꾸로 배움 두 번째 이야기, 학생 바보 교사의 용기.. 경기: 양성원.
최우정, 전정수(2008). 우리나라 학교의 회계제도 발전방안에 관한 연구. 상업교육연구, 19, 275-323.
피에르 쌍소(2014). 느리게 사는 것의 의미. 경기: 공명 (강주헌 옮김). 58.
허학도(2005). 학교공동체 구성원 역할 탐구. 교육과학사.
혜민(2012). 멈추면 비로소 보이는 것들. 경기: 쌤앤파커스.
홍은숙(2012). 행복한 학교를 위한 교육적 성찰. 도덕교육연구, 24(3), 241-265.

Fullan, M. (2003). Change force with a vengeance. London: Routledge Falmer.
Johnson, Susan Moore (1990). Teachers at Work: Achieving Success in Our Schools. Basic Books.
Smylie, Mark A.& Hart Ann Weaver (1999). "School Leadership for Teacher Learning and Change: A Human and Social Capital Development Perspective" In Handbook of Research on Educational Administration. edited by Murphy & Louis. San Francisco: Jossey-Bass Inc. 421-44.

저 | 자 | 소 | 개

■ **최경민(교육학 박사)**

현) 상모초등학교 담임교사 및 연구부장
경북 학생활동중심 수업 선도 교사
경북 구미 학생활동중심수업 컨설턴트

〈주요 저서〉
교육조직행동 척도
거꾸러 배움 교실에서 찾은 아이들의 행복 열쇠

■ **이규진(교육학 석사)**

현) 상모초등학교 담임교사
계명대학교 일반대학원 교육학과 박사 수료

〈주요 저서〉
가르치고 배우며 함께 성장하는 길

■ **김규태(철학박사)**

현) 계명대학교 사범대학 교육학과 조교수
교육부 교직발전기획단 위원
한국교육개발원 자유학기제 컨설턴트

〈주요 저서〉
교육행정 및 교육경영
교육조직행동 척도
최근 교육학의 이해 등 다수

거꾸로 배움, 세 번째 이야기

가르치고 배우며 함께 성장하는 길

1판 1쇄 인쇄 — 2017년 9월 5일
1판 1쇄 발행 — 2017년 9월 10일

저 자 - 최경민 · 이규진 · 김규태
발 행 인 - 강 철 원
발 행 처 - 양 성 원
주 소 - 경기도 파주시 검산로 173번길 29-20
전 화 - 031-946-3861(代)
팩 스 - 031-946-3864
이 메 일 - tnwpub@naver.com
출판등록 - 2015년 8월 31일 제 2015-000211 호

ISBN 979-11-6126-044-0

정가 20,000원